café
com
Deus
pai

Editora Vélos
Itajaí - Santa Catarina
Tel.: 47 3083-8555
contato@editoravelos.com.br
www.editoravelos.com.br

Quaisquer citações nesta obra estão adaptadas ao Acordo Ortográfico de 1990, vigente desde janeiro de 2009.

Erratas e arquivos de apoio poderão ser encontrados no site da editora com a devida correção e/ou material aplicável à obra relativa.

A obra é comercializada na forma em que está. Não há direito a suporte técnico ou orientação pessoal/exclusiva ao leitor.

Direção geral
Junior Rostirola

Editor responsável
Michele Rostirola de Lima

Editor-assistente
Joshua Santos

Supervisão editorial
Marcos Vinicius Ferreira

Edição
Gisele Romão
Emanuelle Malecka

Copidesque
Amanda Stofela
Glaucia Peixer
Marcos Vinicius Ferreira
Fábio Peixer

Revisão de provas
Manuela Condack
Josemar Pinto

Diagramação e projeto gráfico
Jonatas Ilustre

Capa
Jonatas Ilustre

Ilustrações
Matheus Santos
Jonatas Ilustre

Fotografia
Carlos Furtado

Impressão e Acabamento
Gráfica Ipsis

Dados Internacionais de Catalogação na Publicação (CIP)
(Câmara Brasileira do Livro, SP, Brasil)

Rostirola, Junior
Café com Deus Pai: porções diárias de amor / Junior Rostirola. -- Itajaí, SC : Editora Vélos, 2025.

ISBN 978-65-85930-48-2

1. Autoconhecimento 2. Literatura cristã 3. Literatura devocional 4. Transformação 5. Vida cristã I. Título.

25-287742 CDD-242

Índices para catálogo sistemático:
1. Literatura devocional : Cristianismo 242
Livia Dias Vaz - Bibliotecária - CRB-8/9638

café com Deus pai

PORÇÕES DIÁRIAS DE AMOR

JUNIOR ROSTIROLA

vélos

PORÇÕES DIÁRIAS DE AMOR

Este **café com Deus Pai** pertence a:

café com Deus Pai

Este livro propõe uma jornada diária para conduzir você a viver um ano extraordinário sob a direção Daquele que pode todas as coisas!

365 **365:** uma página para cada dia do ano com uma mensagem muito especial direto do coração de Deus Pai para você.

† **LEITURA BÍBLICA:** leia as passagens sugeridas a cada dia e, ao findar o ano, você terá lido uma parte essencial da Bíblia.

★ **FRASE-DESTAQUE:** todo dia uma frase única e específica relacionada ao tema do devocional.

! **ANOTAÇÕES:** anote as suas descobertas. Sempre que Deus falar ao seu coração e direcionar algo durante a leitura, escreva na hora para não perder nada!

PÁGINAS INTERATIVAS: ao longo da jornada, haverá oportunidades para você interagir com as páginas deste livro.

Compartilhe o que Deus tem falado ao seu coração e marque @cafecomdeuspai e @juniorrostirola.

Dessa forma, vamos incentivar muitas pessoas a convidarem Deus Pai para um café diário!

DESFRUTE AO MÁXIMO

- Seu momento *Café com Deus Pai* será mais proveitoso se você deixar por alguns instantes a agitação do dia a dia e investir um tempo a sós com Ele, assim como faz quando deseja ficar a sós com alguém especial.
- Faça um café delicioso e escolha um lugar agradável, onde você se sinta bem.
- Livre-se das distrações e tenha um tempo de qualidade para aproveitar tudo o que Deus Pai tem para você!

DICA

PARA VOCÊ OU PARA PRESENTEAR ALGUÉM.

Caso você inicie a sua jornada no decorrer do ano ou até mesmo mais próximo do final, leia a página do dia em que estivermos no calendário e inclua uma do início. Assim, você fará duas leituras diárias, e o seu momento com o Pai será ainda mais especial.

Mas lembre-se: é realmente muito importante que você leia com prioridade a mensagem da data específica em que estivermos, combinado?

BEST
MAIS DE
10 MILHÕES
SELLER
café
com
Deus
pai
PORÇÕES DIÁRIAS DE AMOR
JUNIOR ROSTIROLA
vélos

Meus queridos,
trago nestas páginas uma novidade incrível, que está queimando em meu coração.

Neste ano, o tema deste livro traz um movimento lindo que proponho a partir de agora a todos nós:

PORÇÕES DIÁRIAS DE AMOR

É tempo de expressarmos ainda mais a essência que nos move, o amor.

Acredito que o amor é contagiante e que pode se espalhar silenciosamente por meio dos atos mais simples de gentileza e carinho pelo próximo. As maiores mudanças acontecem quando pessoas comuns decidem não deixar que seus dias passem sem sentido, mas se dispõem a ser o fator de mudança que gostariam de ver.

Tendo o amor de Deus Pai como norte, entendemos que fazemos parte de algo muito maior que nós mesmos e, então, compreendemos que juntos somos melhores!

Com o objetivo de espalhar o amor, surge o movimento **ATOS DE AMOR** para todos os leitores de ***Café com Deus Pai.***

Ao longo do ano, teremos cinco desafios específicos no decorrer do livro, e você é peça fundamental desse movimento.

AMOR

Já guarde na sua agenda os seguintes dias:

28 FEV

Pagar ou servir um café a alguém.

30 ABR

Deixar um mimo para alguém.

30 JUN

Doar um livro que você já leu.

30 SET

Compartilhar a mensagem

30 NOV

Mandar uma mensagem.

Imagine milhões de pessoas engajadas no mesmo propósito:

Espalhar o amor!

É isso que acontecerá, e você fará parte!

O tempo de amar é agora. O amor se revela nas atitudes do presente.

Eu desafio você a embarcar nesta jornada fascinante para, juntos, espalharmos o amor por onde passarmos!

café com Deus pai

ONDE A VIDA LHE
CAUSAR DOR,
SEJA AMOR.

@juniorrostirola

Assista ao vídeo com a palavra e oração para este mês.

JA
NEI
RO

café
com
Deus
pai

NOVO TEMPO

Não se amoldem ao padrão deste mundo, mas transformem-se pela renovação da sua mente, para que vocês experimentem a boa, agradável e perfeita vontade de Deus.

ROMANOS 12.2

Estamos no início de um novo ciclo, e pode ser que pensar na forma como o último ano se encerrou talvez não traga esperanças a você, mas a boa notícia é que esta é uma nova estação, uma etapa inaugurada em sua vida.

Os dias que passaram devem servir de referência e aprendizado, e não mais que isso. Não podemos trazer para esta nova fase pesos que ficaram no passado, e nem nos apegarmos com saudosismo às conquistas de outrora, pois o que Deus Pai deseja fazer em nossas vidas nessa nova estação, vai muito além do que pensamos, sonhamos ou imaginamos.

Não tenha medo de novos começos, há uma jornada sensacional a ser vivenciada neste novo ano, mas ela exige dedicação e entrega de sua parte, portanto, saia da zona de conforto e renove sua mente por meio de cada palavra que Deus derramará sobre você. Eleve suas expectativas, desapegue-se de antigos hábitos que lhe impediam de viver o novo e prepare-se para experimentar a boa, agradável e perfeita vontade de Deus.

Hoje, temos a oportunidade de recomeçar, avaliar as decisões que tomamos no passado e para onde elas nos conduziram no presente. Deus está convidando você para uma jornada de amor, por isso, entregue-se sem reservas, dedique-se em sua vida devocional e desenvolva um íntimo relacionamento com o Pai, pois Ele deseja apontar o caminho certo para sua vida e lhe proporcionar o melhor ano que você já viveu até aqui. É tempo de amar e de experienciar todas as dádivas que resultam do amor. Receba o meu abraço, o meu carinho, e seguiremos juntos com Café com Deus Pai!

Cada novo amanhecer traz consigo uma nova oportunidade.

@juniorrostirola

365 DEVOCIONAL
01/365

LEITURA BÍBLICA
COLOSSENSES 3.5-10
EFÉSIOS 4.17-24

ANOTAÇÕES

NOVOS COMEÇOS

Mudaste o meu pranto em dança, tiraste a minha veste de lamento e me vestiste de alegria, para que o meu ser cante louvores a ti e não se cale. Ó Senhor, meu Deus, eu te darei graças para sempre.

SALMOS 30.11,12

As cicatrizes geram em nós força para vencer um dia de cada vez.

@juniorrostirola

DEVOCIONAL 365
02/365

LEITURA BÍBLICA †
EZEQUIEL 16.8-13

Há alguns anos, quando minha filha, Isabella, ainda era criança, estava sentada desenhando com seus lápis de cera. De repente, veio até mim chorando, segurando o que restava de um de seus lápis de cera que havia se partido ao meio. Com os olhos marejados, ela dizia que havia perdido seu lápis favorito. Aquele momento poderia ter acabado ali, em frustração e tristeza. Mas olhei para ela e, com um sorriso, disse: "Filha, agora você tem dois lápis de cera dessa cor". Seus olhos brilharam, e, num instante, a tristeza se transformou em alegria. Ela saiu pulando, comemorando o "novo" lápis que havia ganhado.

Às vezes, a vida faz o mesmo conosco: parte algo ao meio, interrompe nossos planos, quebra expectativas. Dói. Mas a verdade é que Deus tem o poder de transformar perdas em multiplicações, lágrimas em celebrações. A forma de enxergarmos as circunstâncias muda tudo. Quando passamos a olhar com os olhos da fé, começamos a perceber que é possível extrair um grande ensinamento diante de cenários contrários.

Talvez hoje você esteja olhando para algo que se quebrou em sua vida, um sonho, um relacionamento, uma segurança. Talvez esteja segurando as metades do que um dia foi inteiro e pensando que tudo está perdido. Mas o Pai, que vê além das aparências, talvez esteja sussurrando: "Você não perdeu. Eu estou multiplicando".

Isaías 61.3 nos lembra de que Deus transforma cinzas em coroa, e pranto, em óleo de alegria. Escolha enxergar as metades como novos começos. Afinal, com Deus, até lápis quebrados ganham um novo sentido.

ANOTAÇÕES

CONFIE

Os que conhecem o teu nome confiam em ti, pois tu, Senhor, jamais abandonas os que te buscam.

SALMOS 9.10

Deus nos convida a um tempo de romper barreiras, de deixar para trás os medos que nos paralisam e nos impedem de viver a plenitude que Ele planejou para nós. Muitas vezes, a escassez e a acomodação nos fazem acreditar que não há mais o que conquistar. Mas hoje Deus quer abrir seus olhos para o que Ele tem preparado.

Confiar é apenas o começo. Para viver o novo de Deus, é necessário ação. Deus espera que façamos nossa parte. Ele multiplica o azeite, mas espera que busquemos as vasilhas. Ele ressuscita os mortos, mas nos convida a remover a pedra. Cada milagre exige uma resposta de fé e obediência.

Talvez haja algo em sua vida que está impedindo você de prosseguir. Pode ser a mágoa, um trauma, uma palavra de derrota, uma fraqueza, o medo. Talvez você esteja esperando que as coisas mudem, que Deus faça alguma coisa, mas a grande realidade é que você precisa fazer a sua parte. Quebrantar-se diante de Deus faz parte do processo da obediência. Na verdade, tudo de que precisamos é lançar fora a capa da religiosidade, porque muitas vezes nos escondemos atrás dela, não permitindo que o Senhor atue no profundo da nossa alma, e assim vivemos de forma mascarada.

Permita-me perguntar: o que não está resolvido em sua vida? Você precisa resolver as suas pendências, consertar aquilo que precisa ser consertado. Se for necessário liberar perdão, libere-o; se for preciso se arrepender, arrependa-se; se tiver de se humilhar, humilhe-se diante do Senhor; se for preciso deixar caminhos e escolhas erradas, deixe-os e comece a partir de hoje um novo caminhar com Deus. Peça que o Espírito Santo venha guiar você e não permita mais que as coisas contrárias desta vida o deformem. Preocupe-se menos em aparentar, seja verdadeiro e viva uma vida autêntica a partir de hoje.

Depositar a confiança em Deus torna possível todas as coisas.

@juniorrostirola

365 DEVOCIONAL
03/365

✝ LEITURA BÍBLICA
DEUTERONÔMIO 31.6
SALMOS 37.5; 91.14,15
NAUM 1.7
ISAÍAS 26.3,4
HEBREUS 13.5

ANOTAÇÕES

PEDRAS NO CAMINHO

Não só isso, mas também nos gloriamos nas tribulações, porque sabemos que a tribulação produz perseverança; a perseverança, um caráter aprovado; e o caráter aprovado, esperança.

ROMANOS 5.3,4

café com Deus Pai

Os desafios possuem tamanhos capazes de medir a nossa capacidade de nos reinventar.

@juniorrostirola

DEVOCIONAL 365
04/365

LEITURA BÍBLICA
TIAGO 1.2-4

ANOTAÇÕES

Certa vez, ao visitar um amigo querido, estacionei meu carro em frente à sua casa e logo percebi algo fora do comum: uma parte da calçada estava quebrada, e bem ali, no meio da calçada, havia uma pedra quadrada, aparentemente mal posicionada. Num primeiro olhar, aquilo me pareceu apenas um incômodo, talvez até um descuido; afinal, atrapalhava quem tentasse estacionar ali. Mas, curioso, comentei com meu amigo sobre a tal pedra, e sua resposta me surpreendeu.

Ele me contou que aquela parte da calçada havia sido danificada por causa de uma obra da prefeitura na rua, e que a pedra deixada ali havia ganhado um novo propósito: ele a usava como degrau para ajudar sua filha pequena a subir no carro quando a levava para a escola. Aquilo que parecia um obstáculo era, na verdade, uma ponte. Aquilo que aos meus olhos de início era um problema, para aquela família era uma solução.

Na vida, muitas vezes nos deparamos com "pedras no caminho" — interrupções, perdas, situações que parecem sem sentido. Mas Deus, em sua sabedoria e em seu amor, transforma o que era tropeço em degrau. Ele não remove todas as dificuldades, mas nos ensina a usá-las como apoio para o próximo passo.

Romanos 8.28 diz *"que todas as coisas contribuem juntamente para o bem de todos aqueles que amam a Deus"*. Isso inclui as pedras, os buracos e até as calçadas quebradas da vida. Então, escolha olhar com fé para os desafios diante de você e, quem sabe, perceber que Deus já está usando até aquilo que parece fora de lugar para levar você, e quem você ama, mais longe.

DEUS TEM O MELHOR

Pedro disse:
— Não tenho prata nem ouro, mas o que tenho dou a você. Em nome de Jesus Cristo, o Nazareno, ande.

ATOS 3.6

café com Deus pai

Na entrada do templo, na porta chamada Formosa, um homem acometido de uma deficiência mendigava diariamente, buscando esmolas daqueles que iam orar. Ele não imaginava que aquele dia seria diferente, porque Deus tinha algo muito maior para lhe oferecer.

Quantas vezes buscamos soluções passageiras para nossos problemas? Tal como o homem, pedimos esmolas a Deus: um pequeno alívio para a dor, uma ajuda momentânea para as dificuldades. Mas Deus não quer nos dar apenas um alívio; Ele quer nos transformar por completo. Pedro e João não tinham prata nem ouro, mas tinham algo muito mais valioso e definitivo: o poder do nome de Jesus. Com autoridade, Pedro declara a cura, e aquele homem, que nunca tinha andado, levanta-se, anda e começa a louvar a Deus.

Esse relato nos mostra que Jesus sempre tem o melhor para nós. Quando confiamos Nele, Ele nos dá mais do que pedimos ou imaginamos. Não importa o tamanho da sua necessidade hoje — seja um problema financeiro, seja uma enfermidade, seja uma luta interior —, Jesus quer trazer transformação completa.

Assim como o coxo foi curado e se tornou testemunha do poder de Deus, sua vida também pode ser um testemunho. Deus sempre faz muito além daquilo que sonhamos porque seu amor e suas obras estão muito além de nossa limitada compreensão humana. Aprendo com essa passagem o seguinte: o paralítico desejava apenas uma esmola, porém Deus queria dar a ele algo que nenhum dinheiro pagaria. Decida hoje confiar nos planos que o Pai tem para a sua vida; afinal, eles são sempre melhores e maiores que os seus.

Limitamos o agir de Deus quando escolhemos viver os nossos planos.

@juniorrostirola

365 DEVOCIONAL
05/365

✝ LEITURA BÍBLICA
MARCOS 16.17,18
JOÃO 14.12,13
ATOS 4.10
TIAGO 5.14,15
MATEUS 10.8

ANOTAÇÕES

SEMEANDO AMOR

Escutem atentamente! O semeador saiu a semear. Aconteceu que, enquanto ele semeava, uma parte caiu à beira do caminho, e as aves vieram e a comeram.

MARCOS 4.3,4

Vivemos dias corridos. O trabalho, os estudos e os inúmeros compromissos consomem nosso tempo, deixando pouco espaço para o que realmente importa. Existe uma história de um pai humilde, em que um simples nó tornou-se um elo de amor. Apesar da rotina exaustiva, ele não abria mão de comunicar seu amor ao filho: todas as noites, mesmo quando o menino já dormia, ele dava um beijo de boa-noite e fazia um nó no lençol. Esse pequeno gesto era a prova de sua presença, um símbolo silencioso que dizia: "Eu estive aqui, e amo você".

Essa história nos lembra da Parábola do Semeador. A semente que cai entre os espinhos é sufocada pelas preocupações e correria da vida. Quantas vezes nossa vida espiritual e nossos relacionamentos são sufocados pelo ritmo frenético de nossa vida? Esquecemos de semear amor em boa terra: na família, no casamento, nas amizades. Jesus nos ensina a priorizar. A semente é a Palavra de Deus, e nosso coração deve ser boa terra para ela germinar. Quando damos a Deus o lugar prioritário, nosso amor por Ele se reflete no amor à nossa família e ao próximo. Pequenos gestos, como aquele nó no lençol, são sementes de afeto que podem transformar vidas.

Seja criativo na maneira de demonstrar amor. Não é necessário algo grandioso, mas algo sincero. Um bilhete, um abraço, uma palavra de encorajamento — gestos pequenos que fazem diferença. Assim como aquele filho entendia o amor de seu pai pelo nó no lençol, que as pessoas ao seu redor percebam o amor de Deus em você.

Lembre-se: quem vive na presença do Pai se torna alguém melhor para a família, para a sociedade e para o Reino de Deus. Que você seja boa terra, permitindo que as sementes do amor e da fé frutifiquem abundantemente.

Não permita que o espinho do ódio sufoque a semente do amor. Vamos amar!

@juniorrostirola

DEVOCIONAL 365
06/365

LEITURA BÍBLICA
MATEUS 13.3,4
LUCAS 8.11,12
SALMOS 126.5,6
ISAÍAS 55.10,11

ANOTAÇÕES

OLHE PARA A FRENTE

"Esqueçam o que se foi; não vivam no passado. Vejam, eu farei uma coisa nova! Ela está prestes a acontecer! Vocês não a percebem? Até no deserto vou abrir um caminho e riachos no ermo."

ISAÍAS 43.18,19

café com Deus pai

Existem momentos em que olhar para trás dói. Feridas, traumas, decepções; muitos de nós temos algo não resolvido no caminho. Mas viver preso ao que passou é como tentar dirigir um carro, olhando apenas para o retrovisor. Além de perigoso, é totalmente improdutivo.

Há momentos em que tudo o que conseguimos ver são os escombros de uma dor passada. E essas dores do passado parecem nos congelar no tempo. Comigo foi assim. Cresci entre medos, violência e inseguranças. E por muito tempo acreditei que não havia mais esperança para mim. Mas, quando me encontrei com Deus, Ele me mostrou algo maior: meu passado não era o meu destino.

Deixar para trás não é esquecer, mas curar. É olhar para as cicatrizes com gratidão, não com vergonha e lamento. É permitir que Deus use até aquilo que nos machucou como sementes para um novo começo.

Quantas vezes ficamos presos a ofensas, frustrações ou até mesmo boas memórias, com medo de que nada melhor possa vir. Mas a promessa de Deus é clara: Ele faz novas todas as coisas. E, para viver o novo, é preciso se desapegar do velho.

Talvez seu maior desafio hoje seja deixar ir: uma culpa, um nome, um trauma, uma lembrança. Mas você pode prosseguir. Não sozinho, mas com aquele que cura, restaura e transforma tudo em algo melhor.

Avance, pois não há mais nada para você no que ficou para trás. O que Deus tem pela frente é infinitamente maior.

Não tenha o passado como residência, mas como referência.

@juniorrostirola

365 DEVOCIONAL
07/365

✝ LEITURA BÍBLICA
FILIPENSES 3.13,14
ROMANOS 8.28

ANOTAÇÕES

EXCESSO DE BAGAGEM

café com Deus Pai

Venham a mim todos os que estão cansados e sobrecarregados, e eu darei descanso a vocês. [...] Pois o meu jugo é suave, e o meu fardo é leve.

MATEUS 11.28,30

Não permita que a sua bagagem o impeça de alcançar seu destino.

@juniorrostirola

DEVOCIONAL 365
08/365

LEITURA BÍBLICA †
GÊNESIS 33

ANOTAÇÕES

Cada ser humano traz nas costas uma bagagem. Ali estão guardados sonhos e planos, mas também dores e dificuldades. Muitas vezes, essa mala fica tão pesada que torna-se difícil de ser carregada; o peso é tamanho que paralisa quem a carrega. A única maneira de prosseguir é deixar para trás a sobrecarga e seguir adiante somente com as partes boas.

Existem regulamentos quanto ao peso máximo permitido para malas em viagens de avião, trem e ônibus. Quando o limite permitido é excedido, há duas opções: deixar algo para trás ou pagar uma taxa adicional. Da mesma forma acontece em nossa vida. Quando a nossa bagagem se torna pesada demais, temos de escolher entre abrir mão de algo ou pagar um preço adicional. Na vida, esse valor não é financeiro, mas emocional e espiritual.

Talvez hoje você se sinta incapaz de se mover. Paralisado pelo passado, você deixa de viver o presente e de caminhar em direção ao destino que Deus Pai preparou. A única forma de avançar é livrar-se do peso extra. Para isso, você tem de abrir a sua bagagem e analisar item por item para escolher o que deseja levar adiante.

Encorajo você a enfrentar seus dilemas familiares, a se libertar do rancor e da mágoa pelas injustiças que sofreu, a perdoar quem o machucou e a permitir que as feridas enfim cicatrizem. Não importa há quanto tempo você carrega essa bagagem, o importante é escolher tirá-la dos seus ombros agora mesmo.

Por mais que esse processo seja difícil, entenda que é necessário, mas fique tranquilo, você não estará sozinho. Jesus o ajudará a terminar da melhor forma. Ao final, você verá quão libertador é refazer as malas e deixar de carregar o peso desnecessário! Confie que Ele pode trazer alívio e descanso à sua alma.

SACUDA A POEIRA

Talvez o SENHOR *considere a minha aflição e me retribua com o bem a maldição que hoje recebo.*

2SAMUEL 16.12

Todos nós já passamos por momentos em que parecemos estar no fundo do poço. Histórias assim tocam nossa alma porque nos lembram da nossa fragilidade e também da força que Deus pode gerar em nós. Uma parábola antiga, contada na península Ibérica, fala de um burro que caiu num poço. Como era velho e considerado sem valor, seus donos decidiram não salvá-lo. Começaram a jogar terra para abreviar seu sofrimento e enterrá-lo ali mesmo.

No entanto, o burro fez algo completamente inesperado. A cada pá de terra que caía sobre suas costas, ele sacudia e dava um passo para cima. Aos poucos, a terra que deveria sepultá-lo tornou-se sua rampa. E ele saiu do poço não porque foi resgatado, mas porque não desistiu.

Quantas vezes a vida tenta nos enterrar? Críticas, fracassos, palavras duras, injustiças, circunstâncias contrárias... Tudo isso parece pesado demais ao cair sobre nossos ombros todos os dias. Mas Deus nos convida a fazer o mesmo que aquele burro: sacudir a terra e continuar aproveitando a oportunidade. O que parecia o fim pode ser o começo de uma nova etapa.

Nada está fora do alcance de Deus. Ele transforma maldição em bênção, dor em crescimento, ofensa em maturidade. Como disse Paulo, "*todas as coisas contribuem juntamente para o bem de todos aqueles que amam a Deus*" (Romanos 8.28), e isso inclui até a terra que jogam sobre você.

Escolha não se render. Sacuda o peso da alma. Suba um pouco mais. Deus está transformando cada situação em degraus que o levam para fora do poço e direto para os propósitos Dele.

Tenha os fatos como aliados, não como inimigos.

@juniorrostirola

365 DEVOCIONAL
09/365

† LEITURA BÍBLICA
ROMANOS 8.28
SALMOS 40.1-3

ANOTAÇÕES

BEM-SUCEDIDOS

Marta! Marta! Você está preocupada e inquieta com muitas coisas, contudo, apenas uma é necessária! Maria escolheu a boa parte, e esta não lhe será tirada.

LUCAS 10.41,42

Deus deve estar no topo da sua lista de prioridades.

@juniorrostirola

DEVOCIONAL 365
10/365

LEITURA BÍBLICA †
MATEUS 6.19-34

O que é ser bem-sucedido para você? Talvez a primeira coisa que venha à sua mente seja conforto financeiro, mérito e reputação. Nossa cultura infelizmente resume o valor dos indivíduos às conquistas materiais e ao *status*. A vida se torna uma busca desenfreada por casa, carro, promoções, aumentos, prêmios. Por mais importante que seja nos dedicar aos estudos e ao trabalho, bem como aproveitar o fruto desse trabalho, devemos nos lembrar de que nada disso deve ser a prioridade.

Não tenho dúvida de que você tem muitas coisas importantes a resolver, tarefas a cumprir e atividades a desempenhar. Ainda assim, eu gostaria que você refletisse: em uma lista de prioridades, em qual posição está o seu relacionamento com Deus? Em meio à agenda lotada, à rotina conturbada, à busca por bens materiais e sucesso segundo os parâmetros do mundo, você tem dado mais atenção a essas coisas ou ao Reino de Deus?

Precisamos ter em mente que não levaremos conosco nada do que acumularmos na terra. O verdadeiro sentido do sucesso é, sobretudo, ter um relacionamento saudável, íntimo e profundo com Deus Pai. Podemos, sim, buscar estabilidade financeira, recursos materiais e objetivos pessoais, mas a prioridade deve ser o tesouro que não poderá ser tirado de nós.

Muitos dizem que a chave para o sucesso é o esforço. Outros dizem que é a disciplina ou, ainda, a autoconfiança. Na verdade, o grande segredo para o sucesso está registrado em Mateus 6.33: *"Busquem, pois, em primeiro lugar o reino de Deus e a sua justiça, e todas essas coisas serão acrescentadas a vocês"*.

ANOTAÇÕES

NOVAS REALIDADES

"Como os céus são mais altos do que a terra, assim os meus caminhos são mais altos do que os seus caminhos, e os meus pensamentos, mais altos do que os seus pensamentos."

ISAÍAS 55.9

café com Deus pai

Você já tentou vestir uma roupa que não serve mais? É incômodo e desconfortável. Quando uma roupa já não serve, seja porque encolheu, seja porque houve uma mudança no seu corpo, está na hora de trocá-la por uma que se ajuste melhor. Ainda assim, muitas vezes insistimos em vesti-la.

Em várias circunstâncias da vida, também insistimos em permanecer em lugares, situações e rodas de amizades nos quais não cabemos mais, pois não condizem com quem somos. Pensamos que não merecemos mais do que aquilo que nos é proposto. Será que existe alguma área da sua vida que esteja desconfortável? Será que você tem se apertado para conseguir caber em algum lugar?

Quando uma situação fica insustentável, precisamos procurar uma nova realidade. Em um período da minha vida, precisei pedir demissão do meu trabalho para não ser conivente com as práticas erradas ali existentes. A partir da minha decisão, pude viver novas realidades. Muitas vezes, ficamos presos em nós mesmos, pois acreditamos que é impossível viver o novo. Mas Deus sempre nos mostra uma nova direção e nos leva a conquistar o que é maior e melhor do que esperávamos ou imaginávamos. Temos de nos lembrar de que os caminhos e os pensamentos do Senhor são mais altos do que os nossos e que Ele tem poder para nos tirar de lugares e contextos dos quais nós, por conta própria, não conseguimos sair.

Se há algum aspecto de sua vida em que você tem se comprimido e se acomodado, este é o momento de se apropriar das promessas de Deus para a sua vida e pedir a Ele que lhe dê uma nova visão. Com a ajuda do Senhor, você pode ganhar novas vestes, superar as limitações e os impedimentos, e prosseguir em direção à transformação. Minha oração hoje é que você tenha visão do que Deus tem para você.

Uma vida nobre tem a ver com nossos relacionamentos.

@juniorrostirola

365 DEVOCIONAL
11/365

✝ LEITURA BÍBLICA
2REIS 6.1-7
SALMOS 1

ANOTAÇÕES

VOLTE A SONHAR

Àquele que é capaz de fazer infinitamente mais do que tudo o que pedimos ou pensamos, segundo o seu poder que atua em nós.

EFÉSIOS 3.20

O impossível de hoje é o milagre de amanhã.

@juniorrostirola

DEVOCIONAL 365
12/365

LEITURA BÍBLICA †
JEREMIAS 32.17
LUCAS 1.37
ROMANOS 16.25
ISAÍAS 55.8,9

ANOTAÇÕES

Começar um novo ano é uma oportunidade para renovar sonhos e visualizar um futuro promissor. Entretanto, nenhuma construção será sólida se o Espírito Santo não estiver presente em nossos planos, porque Ele é o poder de Deus em nós, que nos guia em cada etapa.

Você já parou para pensar nos sonhos que Deus pôs em seu coração? Sonhar é um convite de Deus para caminhar em direção ao futuro que Ele planejou para você. No entanto, muitas vezes, deixamos nossos sonhos adormecerem diante dos desafios da vida, o que nos leva ao desânimo. Mas hoje o Espírito Santo está chamando você e lhe dando um alerta: volte a sonhar!

Deus usa pessoas que sonham. Ele não nos criou para uma existência inexpressiva, mas para experimentarmos sua grandeza em cada detalhe. Sonhar exige fé, e a fé sempre requer ação. É preciso coragem para arriscar e confiar em que Deus é capaz de nos conduzir além do que imaginamos. Mas sonhar também exige perseverança. Grandes realizações não acontecem do dia para a noite. Muitas vezes, enfrentamos o medo de falhar, mas precisamos atentar para as palavras de Gálatas 6.9: *"Não nos cansemos de fazer o bem, pois no tempo próprio colheremos se não desistirmos"*.

Permita que o Espírito Santo guie seus sonhos e confie no poder de Deus para fazer infinitamente mais. Mantenha sua fé firme e jamais desista. Comece a sonhar os sonhos de Deus, e Ele lhe dará oportunidades para realizá-los.

VIDA TRANSFORMADA

Eu também não a condeno. Vá e, de agora em diante, abandone a sua vida de pecado.

JOÃO 8.11

café com Deus Pai

O encontro com Jesus nos coloca diante de uma decisão. Podemos permanecer onde estamos ou podemos segui-lo. A segunda opção, porém, vem com uma condição: abandonar o passado. Quando Jesus chamou Pedro e André para serem seus discípulos e prometeu fazer deles pescadores de homens, a Bíblia diz que eles *"deixaram as redes e o seguiram"* naquele instante (Mateus 4.20). Assim também foi com Tiago e João, que deixaram o barco imediatamente para segui-lo (v. 22).

Para seguir Jesus, temos de deixar para trás a vida que costumávamos ter. No livro Metanoia (2019), meu amigo e pastor JB Carvalho trata do papel humano no processo de transformação; somos responsáveis por nossa vida e nossos resultados. Ele afirma: "A porta de mudança é aberta pelo lado de dentro". Como isso é forte! Não somos nós que operamos a transformação, mas é nossa a responsabilidade de abrir a porta da mudança.

Se você quer seguir Jesus, precisa abrir a porta. Isso implica, sim, em renúncias, mudanças de atitudes e hábitos, em transformação de caráter. Contudo, nada que deixemos para trás vale mais do que o que ganhamos quando seguimos Cristo. Jesus nos chama a viver em santidade e transformação em resposta ao amor do Pai e à graça que nos resgatou de nossa condição caída e quebrada.

Vale a pena renunciar à antiga vida, uma vez que com Jesus tudo se faz novo. Começamos, então, a entender que nada é mais precioso do que poder segui-lo. Pela graça, somos chamados. Pelo poder do Espírito, transformados. Portanto, não olhe para trás, porque o que está à frente é muito melhor.

Renúncias fazem parte da vida daqueles que querem ser transformados.

@juniorrostirola

365 DEVOCIONAL
13/365

✝ LEITURA BÍBLICA
LUCAS 5.1-11

ANOTAÇÕES

O VERDADEIRO AMOR

Filhinhos, não amemos de palavra nem da boca para fora, mas em ação e em verdade.

1JOÃO 3.18

café com Deus Pai

Quando amamos, estendemos as mãos sem esperar nada em troca.

@juniorrostirola

DEVOCIONAL 365
14/365

LEITURA BÍBLICA †
MATEUS 25.35-40
ROMANOS 12.9-14

ANOTAÇÕES

Vivemos tempos em que a lógica do amor humano falha, gerando frustrações e decepções. Isso acontece porque esse amor está fundamentado na expectativa de retorno, ao passo que o amor segundo a ótica de Deus Pai flui livre e generosamente. Jesus nos ensina que o verdadeiro poder do amor não está nos resultados que ele traz, mas sim na decisão de amar de forma livre e incondicional.

Uma das verdades mais lindas da Bíblia está na revelação do amor de Deus em relação a cada um de nós, e ele é manifesto em sua essência mais pura por meio de Jesus, o unigênito do Pai. Ele é um retrato vivo do amor incondicional de Deus, que o entregou por nós sem esperar nada em troca. Seu desejo é apenas que venhamos aceitar esse amor e compartilhá-lo por meio de nossa vida e atitudes. Com isso, aprendo que a beleza do amor está em sua natureza voluntária e não egoísta, que age sem esperar algo em troca.

Mundo afora são nítidos os reflexos da falta de amor, pois vivemos num tempo difícil em que o ser humano tem olhado somente para si mesmo e se esquecido muitas vezes do próximo. Não podemos cair nesse erro, pois o padrão de Deus é amar ao próximo como a si mesmo. O grande desafio está em ressignificar a maneira pela qual amamos, desfazendo-nos das práticas do mundo e aprendendo com a fonte do verdadeiro amor, que é Jesus.

Hoje Deus nos desafia a amar como Ele nos amou, de maneira incondicional, sem esperar nada em troca. Este é um chamado do Pai para cada um de nós, que tem por objetivo semear graça, perdão e paz nos corações muitas vezes feridos e carentes do verdadeiro amor. Vamos juntos nessa jornada, transformar e revolucionar o mundo por meio do amor de Jesus.

PEÇA, BUSQUE, BATA À PORTA

Peçam, e será dado a vocês; busquem e vocês encontrarão; batam, e a porta será aberta a vocês.

MATEUS 7.7

café com Deus pai

A oração é um pilar fundamental da vida cristã. Por meio dela, nos relacionamos com Deus, expressamos nossas necessidades e nossos desejos, buscamos orientação, direcionamento, consolo, fidelidade e amor. Contudo, muitos de nós hesitam em orar, como se as nossas súplicas pudessem, de alguma forma, incomodar o Senhor.

Há pessoas que têm dificuldade de pedir ajuda aos outros, seja por vergonha e timidez, seja porque querem provar que são independentes e autossuficientes. Jesus, porém, nos aconselha a fazer o contrário: pedir, buscar, bater. Isso significa que Ele nos ensina a orar com intensidade, persistência e constância.

Quando não temos intimidade com alguém, é raro nos sentirmos confortáveis para pedir ajuda a essa pessoa. Podemos até dizer que enfrentamos dificuldades ou desabafar, mas dificilmente pediremos ajuda. Isso também acontece no nosso relacionamento com Deus. Se não temos um relacionamento pessoal com Ele, podemos nos sentir desconfortáveis, como se o Senhor não nos desse abertura para ser sinceros e vulneráveis.

Por isso é tão importante que sejamos intencionais ao desenvolver a intimidade com Deus. Não podemos ter receio ou vergonha de falar com Ele, como se fosse um parente distante. Nosso Pai amoroso quer nos ouvir, se comunicar, se relacionar. Ele deseja que confiemos Nele a ponto de nos apresentarmos com fé e pedirmos que intervenha em nossa angústia e dificuldade. Deus não quer somente que você espere pelo milagre de que precisa, mas que busque um relacionamento íntimo com Ele a ponto de reconhecer que você não está sozinho na caminhada.

Sua atitude e sua fé serão determinantes para seu milagre!

@juniorrostirola

365 DEVOCIONAL
15/365

✝ LEITURA BÍBLICA
MARCOS 5.21-43

ANOTAÇÕES

TEMPO DE REVIVER

Assim, profetizei conforme a ordem recebida. Enquanto eu profetizava, houve um barulho, um chocalhar, de forma que os ossos se juntaram, osso com osso.

EZEQUIEL 37.7

É possível reviver quando entregamos nossas impossibilidades a Jesus.

@juniorrostirola

DEVOCIONAL 365
16/365

LEITURA BÍBLICA
JOÃO 11.43,44
EZEQUIEL 37.4-6
ROMANOS 4.17

Deus é infinitamente poderoso, capaz de realizar coisas que vão além da nossa compreensão. Para Ele, nada é impossível. No entanto, há uma parte que nos cabe: agir com fé e declarar as promessas do Senhor. Não podemos nos acomodar esperando que tudo aconteça sem nosso esforço. É preciso crer, profetizar e lutar pelas mudanças que desejamos ver.

Talvez você esteja enfrentando situações que parecem perdidas, como um casamento desfeito, uma doença considerada incurável ou um sonho que já deu por encerrado. Em momentos assim, a tendência é enxergar um ponto final onde Deus vê uma vírgula. O maior desafio de profetizar sobre esses "vales de ossos secos" é deixar de lado a ideia de que tudo deve acontecer no nosso tempo, conforme nossos planos. O Senhor não nos manda mover o mundo com a força dos braços, mas sim declarar palavras de fé e encher nosso coração de esperança.

Não olhe para o que seus olhos naturais enxergam como sendo o desfecho final. Profetize vida sobre o que parece estar morto. Declare palavras de poder, confie no Senhor e acredite no que Ele pode fazer. Não se contente com o superficial nem se acomode diante das adversidades. Deus nos chama a uma postura de fé ousada, que vai além das circunstâncias.

Assim como o vale de ossos secos, Deus pode fazer reviver o que parecia acabado. Ele pode transformar seu momento de crise em uma nova oportunidade de vitória. Não aceite a derrota como uma condição permanente. Declare vida sobre sua história, sobre seus sonhos, sobre sua família e saúde. Lembre-se: Jesus se entregou na cruz para que a vida, não a morte, reine sobre você.

ANOTAÇÕES

FUJA DA ARMADILHA DO ORGULHO

17 | JAN

Por que você repara no cisco que está no olho do seu irmão, mas não se dá conta da viga que está no seu próprio olho?

MATEUS 7.3

O orgulho é uma das armadilhas mais perigosas em que alguém pode cair. Ele nos leva a pensar que somos superiores às demais pessoas e nos cega em relação às nossas fraquezas e imperfeições. Usamos uma lupa para aumentar os erros dos outros e colocamos uma venda para ignorar os nossos.

Por nos considerar melhores, oramos para que Deus abra os olhos do próximo e o ajude a se arrepender. Reclamamos de cônjuge, filhos, familiares, trabalho, país; de tudo. No entanto, a mudança deve começar em nós. Antes de orar pelo seu próximo, ore por você mesmo e peça a Deus que o ajude a enxergar suas fragilidades e lhe mostre como você pode melhorar.

Não podemos ser como os hipócritas que apontam o dedo acusador para o outro, mas se esquecem de que são igualmente carentes da graça e da misericórdia do Senhor. Pessoas orgulhosas contam vantagem de suas conquistas sem perceber que de nada vale uma boa ação se a intenção não for verdadeira e baseada no amor.

Precisamos aprender a olhar para nós mesmos e a pedir a Deus que retire de nós o orgulho que nos impede de ver a verdade. O Senhor não quer que lhe entreguemos gestos e ofertas como se isso pudesse de alguma forma aumentar nossa pontuação no ranking divino, pois, em Salmos 51, está escrito: *"Os sacrifícios que agradam a Deus são um espírito quebrantado; um coração quebrantado e contrito, ó Deus, não desprezarás"* (v. 17).

Eu o convido a olhar para você mesmo de acordo com a verdade e pedir a Deus para ajudá-lo a se tornar manso e humilde de coração, assim como Jesus (cf. Mateus 11.29).

O orgulho é uma venda que nos impede de enxergar o que está em ruínas dentro de nós.

@juniorrostirola

365 DEVOCIONAL
17/365

✝ LEITURA BÍBLICA
LUCAS 18.9-17

ANOTAÇÕES

METANOIA

Mas os humildes herdarão a terra e desfrutarão pleno bem-estar.

SALMOS 37.11

café com Deus pai

Renunciar àquilo que pode me levar a viver fora dos planos de Deus é mais do que renúncia; é sabedoria.

@juniorrostirola

DEVOCIONAL 365
18/365

LEITURA BÍBLICA †
1REIS 17

Muitas pessoas vivem com mentalidade de escassez, pois dão atenção apenas às suas limitações, fraquezas e dificuldades. Quando olham ao redor, pensam no que lhes falta, não no que já têm. Esquecem-se de que Deus já nos entregou o que Ele tem de melhor, Jesus, que, com sua morte na cruz, conquistou para nós o direito de vivermos eternamente no céu com Ele.

Todo aquele que não consegue ser grato, feliz, ter perspectiva de melhora, nem encontrar motivação para buscar oportunidades de crescimento, vive em escassez, o que provoca medo e estagnação. Esse estilo de vida gera prisão emocional. Precisamos nos lembrar de que temos à nossa disposição uma vida extraordinária planejada por Deus para ser abundante e plena.

O próprio Jesus afirmou: *"O ladrão vem apenas para roubar, matar e destruir; eu vim para que tenham vida e a tenham plenamente"* (João 10.10). Não precisamos viver refreados pelo ladrão, podemos desfrutar da plenitude, mas, para isso, devemos expandir a mentalidade limitada.

Ter vida em plenitude não significa ter riqueza financeira, tampouco acumular bens materiais. Tudo isso é temporário. Plenitude também não é falta de problemas, pois Cristo nos disse que teríamos aflições (João 16.33). Em vez disso, o que Deus nos entrega é paz, satisfação e contentamento em Jesus, de tal maneira que passamos a compreender que já não nos falta nada. Em Cristo, temos tudo de que precisamos — tanto para o corpo como para a alma e o espírito —, de modo que todas as nossas necessidades são supridas nele (Filipenses 4.19).

Ainda que em toda a terra haja escassez, o Senhor nos proporciona abundância verdadeira. Longe Dele, há apenas vazios, anseios, medos e destruição. Então, entregue sua vida por inteiro a Jesus, e Ele satisfará todas as suas necessidades. Você nasceu para estar em sua presença!

ANOTAÇÕES

FOQUE NA PALAVRA

Quem fica observando o vento não plantará, e quem fica olhando para as nuvens não colherá.

ECLESIASTES 11.4

Você já percebeu como a nossa mente sempre encontra motivos para adiar? Quando decidimos mudar algo em nossa vida, sempre aparece uma desculpa: "Ainda não é o momento certo", "Estou esperando as circunstâncias melhorarem", "Talvez amanhã". Mas será que a vida realmente espera por nós?

Quantas vezes deixamos de agir porque estamos esperando o momento perfeito? Olhamos para as circunstâncias e ficamos analisando se o vento está favorável. Mas a verdade é que, se ficarmos esperando condições ideais, nunca daremos o primeiro passo, porque sempre faltará algo.

Salomão nos ensina que quem fica analisando o vento nunca semeia. E o que acontece com quem não planta? Nunca colhe! Muitas vezes, deixamos de agir por medo do que pode dar errado. Pensamos demais, nos preocupamos demais e, no fim, ficamos paralisados diante de um quadro que imaginamos, o qual, na maioria das vezes, não reflete a realidade.

Pedro viveu algo semelhante quando pediu para andar sobre as águas. Ele caminhava firme enquanto seus olhos estavam fitos em Jesus. Mas, no momento em que se sentiu açoitado pelo vento, Pedro sentiu medo e começou a afundar. O vento sempre vai soprar, mas a pergunta é: Você vai se concentrar no medo ou na palavra de Deus?

O vento pode ser a dúvida, a insegurança, o passado que tenta nos prender. Mas Jesus nos diz: "Eu estarei com você todos os dias, até o fim".

Se você esperar todas as condições serem perfeitas, nunca dará o primeiro passo. O tempo certo para confiar em Deus é agora. Não deixe o vento decidir sua vida; siga a Palavra!

É preciso ousadia para agir e fé para começar.

@juniorrostirola

365 DEVOCIONAL
19/365

✝ LEITURA BÍBLICA
PROVÉRBIOS 20.4; 22.13
TIAGO 2.17
GÁLATAS 6.9
LUCAS 9.62

ANOTAÇÕES

A LIBERDADE DO PERDÃO

Contudo, quando chegaram a Jesus, constatando que ele já estava morto, não lhe quebraram as pernas. Em vez disso, um dos soldados perfurou o lado de Jesus com uma lança, e logo saiu sangue e água.

JOÃO 19.33,34

café com Deus pai

Independentemente de quanto a vida o machucar, perdoar sempre será a melhor opção.

@juniorrostirola

DEVOCIONAL 365
20/365

LEITURA BÍBLICA ✝
ÊXODO 12.46
SALMOS 34.20
HEBREUS 9.12-14
ZACARIAS 12.10

ANOTAÇÕES

Jesus, após entregar seu espírito e expirar na cruz, teve seu corpo perfurado por uma lança, para que sua morte fosse confirmada. Jesus, com um coração quebrantado e ferido, não apenas sofreu pelas mãos dos soldados, mas também pela humanidade. Ele foi condenado por homens e contado entre os criminosos, mesmo sem jamais ter cometido pecado.

As Escrituras nos dizem que Ele foi moído pelas nossas iniquidades, ferido para que, por meio de suas feridas, pudéssemos encontrar cura. Enquanto na cruz, Jesus orou ao Pai pelo perdão daqueles que o condenaram, mostrando-nos que em Deus não há espaço para ressentimentos e que o perdão, sendo uma escolha, não um sentimento, deve ser liberado o mais rápido possível, a fim de que o ressentimento não tome o nosso coração.

Com certeza já fizeram mal a você. Pessoas erraram com você, o magoaram, o traíram ou entristeceram seu coração com determinadas atitudes, mas o fato é que você não ganha nada se decidir guardar essas mágoas e ressentimentos; pelo contrário, você só sai perdendo. Quando carregamos muitos pesos no coração, a jornada da vida se torna cansativa e desgastante.

O coração de Jesus está aberto para nós. Em seu sacrifício, encontramos perdão, vida abundante, salvação eterna, cura para a nossa alma e sustento para os nossos dias. Tudo o que precisamos foi conquistado na cruz. Nada fizemos para merecer, mas Jesus pagou todo o preço para que eu e você pudéssemos desfrutar da liberdade do céu na terra.

PARE E OUÇA

Sonda-me, ó Deus, e conhece o meu coração; prova-me e conhece as minhas inquietações.

SALMOS 139.23

A vida é muito barulhenta. São tantas vozes, tarefas, preocupações e distrações que, muitas vezes, perdemos a conexão com aquilo que realmente importa.

Há momentos em que é preciso parar e simplesmente ouvir. Ouvir o que sua alma está gritando no silêncio. Ouvir aquilo que você tem ignorado em seu interior. Foi isso que Ana fez, no templo, quando derramou seu coração diante do Senhor. Não foram palavras em voz alta. Foi uma oração sussurrada, quase imperceptível, mas totalmente audível aos ouvidos de Deus (1Samuel 1.13).

Foi assim também com Neemias, que, no meio de uma conversa com o rei, fez uma oração silenciosa, rápida, interna, e Deus respondeu (Neemias 2.4). Até Jesus, no Getsêmani, antes da cruz, viveu esse momento de conversa profunda com o Pai. Sua alma estava angustiada até a morte. Ele não fingiu força, não escondeu sua dor. Ele orou, suou gotas de sangue e, mesmo assim, disse: "Seja feita a tua vontade".

Deus é especialista em traduzir lágrimas, entender suspiros e interpretar silêncios. O que você não consegue dizer em palavras, Ele entende perfeitamente.

Talvez hoje tudo o que você precise é sentar, respirar fundo e, sem pressa, perguntar à sua própria alma: "O que está doendo aí dentro? Por que você anda tão inquieta?". E, logo depois, fazer o que o salmista aconselha: *"Derrame diante dele o coração"* (Salmos 62.8). Sim, sua alma tem coisas para dizer e Deus tem coisas para te responder. Às vezes, tudo o que Ele espera é que você pare, respire e comece a ouvir.

café com Deus pai

Em Deus está o descanso que a sua alma precisa.

@juniorrostirola

365 DEVOCIONAL
21/365

✝ LEITURA BÍBLICA
SALMOS 62

ANOTAÇÕES

LENTES NOVAS

Miserável homem que sou! [...] Graças a Deus por Jesus Cristo, o nosso Senhor!

ROMANOS 7.24,25

Uma parte da população mundial precisa de óculos ou lentes de contato para melhorar a visão. Assim que coloca o acessório, a visão das coisas é transformada. De maneira semelhante, passamos a enxergar Deus, a vida e a nós mesmos de outra forma quando nos relacionamos com Deus Pai. Nossa visão de mundo fica mais nítida, e a perspectiva puramente humana dá lugar à perspectiva espiritual.

A proximidade com Deus Pai nos dá lentes novas que nos permitem ver melhor nossa condição e deixam claro quanto precisamos da graça. Quanto mais perto estamos de Deus, mais percebemos que precisamos Dele, mais queremos estar em sua presença, mais conscientes ficamos das nossas dificuldades e da nossa realidade pecaminosa.

A intimidade não nos faz pensar que somos superiores; pelo contrário, conforme entendemos melhor a grandeza de Deus, temos mais clareza da nossa pequenez. Contemplamos a glória do Pai e percebemos o quanto Ele é santo; então, compreendemos que somos miseráveis. Os orgulhosos estão tão distantes de Deus que não conseguem perceber como são pequenos.

Contudo, as mesmas lentes de intimidade que levaram Paulo a declarar "Miserável homem que sou!" também o levaram a dizer: "Graças a Deus por Jesus Cristo, o nosso Senhor!". A intimidade com Deus Pai nos torna sensíveis, cheios de temor e, sobretudo, extremamente gratos pela vida que recebemos mediante o sacrifício de Jesus.

Talvez você precise ajustar suas lentes neste momento para ter uma visão melhor não só das coisas lá fora, mas da sua própria vida. Afinal, você foi criado para se relacionar com Deus Pai, e, a partir do momento em que entende e vive isso, tudo se torna mais claro, e sua perspectiva é completamente transformada.

A intimidade com Deus transforma nossa perspectiva.

@juniorrostirola

DEVOCIONAL 365
22/365

LEITURA BÍBLICA
1TIMÓTEO 1.12-20

ANOTAÇÕES

FAÇA A SUA PARTE

Jesus disse aos serviçais:
— Encham os potes com água.
E os encheram até a borda.

JOÃO 2.7

Não há limites para o poder de Deus. Ele pode fazer todas as coisas, inclusive aquelas que nem sequer imaginamos. Ele é capaz de fazer até mesmo o que consideramos impossível. Apesar de ser Todo-poderoso para realizar milagres e operar o sobrenatural por conta própria, Deus nos convida a fazer parte de sua obra.

A Bíblia está cheia de relatos de homens e mulheres que, por agir com fé e obediência, tiveram a vida completamente transformada por Deus. Pessoas limitadas confiaram no poder ilimitado de Deus e viram milagres extraordinários que jamais poderiam ser realizados por seres humanos; somente a intervenção divina poderia produzir algo tão maravilhoso.

Deus prometeu dar a Abraão uma descendência numerosa e abençoar todos os povos da terra por meio dele, mas, primeiro, Abraão teve de sair de sua terra e ir aonde o Senhor lhe ordenou. Deus abriu o mar Vermelho para que seu povo passasse, mas os israelitas precisaram seguir adiante. Ele multiplicou o azeite da viúva, mas ela precisou juntar vasilhas vazias antes disso. Jesus transformou a água em vinho, mas os servos tiveram de encher os potes com água primeiro. Cristo alimentou a multidão, mas esperou que um jovem lhe entregasse seus cinco pães e dois peixes. O Senhor também ressuscitou Lázaro, mas antes ordenou que a pedra fosse removida por quem estava ali.

Da mesma forma, Deus deseja operar o sobrenatural na sua vida. Antes, porém, quer que você tome atitudes de fé e viva em obediência. Ele tem poder para fazer muito mais do que você imagina ou sonha. E você, está disposto a agir?

café com Deus pai

Suas atitudes serão determinantes para o seu milagre.

@juniorrostirola

365 DEVOCIONAL
23/365

✝ LEITURA BÍBLICA
JOÃO 2.1-11

ANOTAÇÕES

O SEGREDO DA GRANDEZA

O Senhor julgue entre mim e ti. Vingue ele os males que tens feito contra mim, mas não levantarei a mão contra ti.

1SAMUEL 24.12

Ser grande é resistir às adversidades.

@juniorrostirola

DEVOCIONAL 365
24/365

LEITURA BÍBLICA
1SAMUEL 24

Quando vemos grandes homens e mulheres de fé, muitas vezes nos perguntamos qual é o segredo de sua grandeza. Com frequência, pensamos que eles têm vida fácil, livre de dificuldades. No entanto, é exatamente o contrário. O que torna essas pessoas diferentes é a forma com que elas resistem às adversidades e superam os problemas.

Um dos personagens bíblicos de maior influência foi Davi. Ele foi um guerreiro valente e um rei poderoso. Ao longo de sua vida, conquistou terras, venceu batalhas e triunfou sobre seus inimigos. Seu nome foi exaltado na terra quando matou, ainda jovem, o gigante filisteu Golias. Entretanto, Davi se tornou grande no céu quando teve a oportunidade de se vingar de Saul e matá-lo, mas não o fez.

Davi foi perseguido por Saul por muito tempo, sofreu tentativas de assassinato e teve de se esconder em uma caverna para não ser morto. Diante da oportunidade de se vingar, porém, por temor a Deus, entregou a situação ao Senhor. Sua atitude constrangeu Saul, a ponto de, aos prantos, ele dizer: *"O Senhor o recompense com bem, pelo modo com que você me tratou hoje"* (1Samuel 24.19).

Ser grande não é, necessariamente, ser forte para lutar e matar gigantes. É ter discernimento para avaliar cada situação, até mesmo perante a injustiça. Se hoje você está em um cenário de dor, medo ou angústia, peça a Deus que lhe dê sabedoria para resistir com fé e temor. Como Davi, diante das adversidades, nossa atitude deve ser entregar nossas dificuldades a Deus, confiantes de que Ele lutará por nós.

ANOTAÇÕES

UMA NOVA CHANCE

Afaste-se do mal e faça o bem;
busque a paz com perseverança.

1PEDRO 3.11

Às vezes, tomamos decisões erradas, e acabamos desagradando ao coração de Deus. Isso pode acabar gerando em nós um sentimento de afastamento do Pai, fruto da culpa e do sentimento de indignidade, mas compreenda: Nenhum de nós é merecedor do amor e do perdão de Deus, mas Ele gratuitamente o oferece, mediante nosso sincero arrependimento e disposição de mudar.

A palavra "arrependimento" incorpora essencialmente em seu significado a ideia de mudança de mente. Ou seja, não se limita a um sentimento, mas implica a decisão de mudar. Não podemos confundir arrependimento com remorso, pois este é apenas o abatimento de sua consciência por ter feito algo errado, mas não necessariamente implica uma mudança de comportamento. Já o arrependimento, que é o que Deus espera de nós, diz respeito a novas atitudes, uma verdadeira e perceptível mudança.

Na cruz, eu e você fomos reconciliados com Deus, por meio de Cristo. Quando há um genuíno desejo de mudar o rumo de nossa vida, basta que o arrependimento opere em nosso coração, levando-nos a trilhar um novo caminho, dessa vez distante dos erros passados.

Não importa o que você tenha feito ou por onde tenha andado, se hoje se arrepender e mudar, é perdoado por Jesus. Há uma oportunidade de viver o novo de Deus, e isso não é por merecimento, mas pela graça e bondade do Pai. Não perca tempo, arrependa-se e volte-se completamente para Jesus, pois Ele está pronto para o abraçar e perdoar seus pecados. Não permita que as mentiras soprem nos seus ouvidos dizendo que você nunca mais será amado por Deus. Saiba que não há nada que você fez de errado que fará Deus amá-lo menos. Simplesmente arrependa-se.

Jesus não quer condená-lo, mas sim amá-lo, abraçá-lo e perdoá-lo.

@juniorrostirola

365 DEVOCIONAL
25/365

✝ LEITURA BÍBLICA
SALMOS 34.14
ROMANOS 12.18
TIAGO 3.17,18
ISAÍAS 1.16,17

ANOTAÇÕES

QUAL É O SEU VALOR?

Não se vendem cinco pardais por dois asses? Contudo, nenhum deles é esquecido por Deus. Até os cabelos da cabeça de vocês estão todos contados. Não tenham medo; vocês valem mais do que muitos pardais!

LUCAS 12.6,7

café com Deus pai

O mais alto valor foi pago por Jesus na cruz por mim e por você.

@juniorrostirola

DEVOCIONAL 365
26/365

LEITURA BÍBLICA
1CORÍNTIOS 6.19,20
1PEDRO 1.17-21

O quadro da Mona Lisa, obra ilustre de Leonardo da Vinci, não está à venda. Mesmo assim, em 2014, seu valor estimado era de 2,5 bilhões de dólares. É assim porque ele tem os dois aspectos que tornam algo valioso. O primeiro é o autor, ou seja, quem o criou. No caso da Mona Lisa, apesar de existirem réplicas e releituras, a autoria do grande artista italiano aumenta seu valor.

O segundo fator é quanto alguém está disposto a pagar. Antes de ser levada ao Museu do Louvre, a Mona Lisa ficou mais de duzentos anos como propriedade da monarquia francesa, porque o rei Francisco I a comprou por cerca de 15 quilos de ouro. Com toda a certeza, caso fosse colocada à venda novamente, muitos colecionadores estariam dispostos a comprá-la, ainda que tivessem de pagar um preço extremamente alto.

Ao longo da vida, muitas vezes questionamos se temos algum valor. A resposta é sim, com toda a certeza. Esse valor não vem de nós mesmos nem dos nossos esforços, mas do nosso Criador, o artista de nossa vida, cujo valor é mais alto que o preço do ouro, da prata ou de qualquer riqueza deste mundo.

O nosso valor não está, portanto, em nada que façamos ou conquistemos, mas no amor incomparável pelo qual fomos criados e comprados. Eu termino este texto com parte de uma canção, que diz muito sobre cada um de nós:

"Quero que valorize o que você tem
Você é um ser, você é alguém
Tão importante para Deus
Nada de ficar sofrendo angústia e dor
Nesse seu complexo interior
Dizendo, às vezes, que não é ninguém
Eu venho falar do valor que você tem
Eu venho falar do valor que você tem!"
(Letra: Armando José da Silva Filho)

ANOTAÇÕES

A IMPORTÂNCIA DA ORAÇÃO

Dediquem-se à oração, vigiando por meio dela com ações de graças.

COLOSSENSES 4.2

café com Deus Pai

De acordo com uma pesquisa de 2024 conduzida pelo portal Electronics Hub, os brasileiros passam, em média, 54,7% das horas em que estão acordados em frente a uma tela, o que equivale a mais de nove horas diárias. É claro que isso acontece, em muitos casos, em razão do trabalho, mas esses dados alarmantes provocam questionamentos, como: O que essas pessoas têm feito o restante do tempo? O que têm deixado de fazer para poder usar tanto as telas? Quanto tempo os cristãos têm se dedicado à oração?

Com tantas distrações e tarefas para realizar ao longo do dia, precisamos nos lembrar de fazer da oração nossa prioridade. Não podemos negligenciar a oração, pois ela é vital para nossa vida espiritual da mesma maneira que o oxigênio é para nossos pulmões. Se não orarmos, nosso relacionamento com Deus se deteriora, perde a força. Ficamos fracos, nos tornamos vulneráveis e desatentos, mais suscetíveis a cair em tentação e a nos desviar do caminho do Senhor.

Ao se preparar para seu dia, ao realizar suas tarefas ou ao aproveitar momentos de lazer e descanso, lembre-se da instrução de Jesus: "Vigiem e orem" (Mateus 26.41). A oração não é um protocolo ou um afazer que deve ser riscado de uma longa lista de tarefas como feita. Deve ser algo que nos move, transforma e sustenta. Você tem se relacionado com Deus por meio da oração? Como filhos, devemos ansiar passar um tempo de qualidade com o Pai. E, como Pai amoroso, o Senhor está sempre atento à nossa voz e deseja que o busquemos. Decida buscar ao Senhor de todo o seu coração.

Talvez tudo o que você precisa esteja a uma oração de distância.

@juniorrostirola

365 DEVOCIONAL
27/365

LEITURA BÍBLICA
MATEUS 26.36-46

ANOTAÇÕES

O CAMINHO

Entrem pela porta estreita, pois larga é a porta e amplo é o caminho que leva à perdição, e são muitos os que entram por ela. Mas estreita é a porta e apertado é o caminho que leva à vida, e são poucos os que a encontram.

MATEUS 7.13,14

Que o nosso compromisso seja maior que os nossos medos e que a nossa perseverança seja tão grande quanto a nossa fé.

@juniorrostirola

DEVOCIONAL 365
28/365

LEITURA BÍBLICA
FILIPENSES 3.18,19
APOCALIPSE 3.15,16
LUCAS 13.24

ANOTAÇÕES

No texto que lemos, Jesus estava proferindo o Sermão do Monte, e ali Ele apresentou escolhas claras para todos que o ouviam. Era um momento decisivo, em que cada um precisaria optar por um caminho. Assim é a vida: uma estrada repleta de bifurcações. A cada decisão que tomamos, novas escolhas surgem adiante, e muitas vezes somos tentados a optar por atalhos aparentemente fáceis, mas que nos desviam do propósito de Deus.

A verdade é que, quando compreendemos que o que sustenta a nossa vida não são nossas habilidades, os nossos talentos ou a nossa posição social, mas sim Deus, passamos a viver em outro nível, e nesse processo não há atalhos. Se, em algum momento, você estiver enfrentando dificuldades e sentir-se tentado a escolher o caminho mais rápido e fácil, cuide-se. Princípios não podem ser quebrados e, quando são, cedo ou tarde isso nos prejudicará. Em Gálatas 6.7, está escrito que tudo aquilo *"que o homem semear, isso também colherá"*. O fato é que a colheita espiritual depende da ousadia com que plantamos obediência a Deus.

Não se engane: não há como viver o sobrenatural de Deus sem estar em alinhamento com a sua Palavra. Viver fora da vontade do Pai é perder de vista a maior de todas as promessas: a vida eterna. Por isso, é indispensável permitir que o Espírito Santo guie sua vida, revelando o que precisa ser ajustado e afastando tudo o que não está em conformidade com o propósito do Pai.

Jesus é a estrada que nos leva ao Pai, e escolher esse caminho é, sem dúvida, a melhor e mais importante decisão que você pode tomar em sua vida. Plante obediência e siga no caminho certo, porque Jesus deseja guiar você rumo a um propósito eterno.

ESTAÇÕES

Vá à formiga, ó preguiçoso!
Observe os caminhos dela e seja sábio!

PROVÉRBIOS 6.6

Desde pequenos, ouvimos histórias que carregam lições profundas que podem ecoar por toda a vida. Uma dessas é a clássica fábula da cigarra e da formiga. Pode parecer simples e até mesmo infantil, mas carrega uma verdade que ecoa diretamente nas Escrituras: o valor do preparo.

A história conta que a cigarra passou o verão inteiro cantando, distraída pelo prazer do momento. Já a formiga, diligente, trabalhava e se preparava para o inverno. Quando finalmente o inverno chegou, a cigarra, tremendo de frio e com muita fome, procurou ajuda. Mas a formiga, que havia planejado e trabalhado duro por tanto tempo, negou auxílio.

Essa história nos confronta com algo que a Bíblia reforça: a vida tem estações. O verão da nossa vida — quando tudo vai bem, quando há força, paz e abundância — é o tempo de plantar, fortalecer as bases. Mas muitos desperdiçam esse tempo com distrações, deixando o espírito adormecido, como se os dias difíceis e o inverno nunca fossem chegar.

Contudo, ele sempre chega, para alguns mais cedo do que para outros. Pode vir como uma crise, uma perda, uma dúvida. Então, o que foi semeado em fé começa a florescer em esperança. Como disse Jesus, aquele que ouve sua palavra e a pratica é como quem constrói sobre a rocha — a tempestade vem, mas a casa permanece de pé (cf. Mateus 7.24-27).

Hoje é tempo de crescer, orar, servir, aprender. Plante com fé e sabedoria no verão, e o inverno será apenas um tempo passageiro. Você pode passar por várias estações na vida, mas Deus estará em todas elas!

café com Deus pai

A sabedoria está em plantar hoje o que você vai colher amanhã.

@juniorrostirola

365 DEVOCIONAL
29/365

LEITURA BÍBLICA
PROVÉRBIOS 6.6-8
MATEUS 7.24-27

ANOTAÇÕES

O SENHOR É BOM

Por isso, mandaram prender os apóstolos [...] No entanto, durante a noite, um anjo do Senhor abriu as portas do cárcere, levou-os para fora e disse: - Dirijam-se ao templo e relatem ao povo toda a mensagem desta Vida.

ATOS 5.18-20

É impossível, mas Deus pode!

@juniorrostirola

DEVOCIONAL 365
30/365

LEITURA BÍBLICA ✝
ATOS 4.18-20; 12.7-9
2TIMÓTEO 2.9
DANIEL 3.24,25
MATEUS 10.28
HEBREUS 1.14

Quando lemos essa história dos apóstolos, percebemos como a bondade de Deus se manifesta em meio à perseguição. Os apóstolos foram presos por causa de sua fé e da mensagem que compartilhavam, mas Deus não os deixou sozinhos. Durante a noite, um anjo abriu os portões da cadeia e os libertou, dando-lhes uma ordem clara para que, ao sair, continuassem pregando o evangelho com ousadia.

Essa passagem nos lembra de que, quando estamos no caminho que Deus traçou, ainda que tudo pareça perdido, podemos nos tranquilizar, pois Ele irá intervir. Salmos 118.5 diz: *"Na minha angústia clamei ao Senhor; o Senhor me respondeu, dando-me ampla liberdade"*. Ele ouve nosso lamento e intervém mesmo na noite mais escura da alma. Não importa qual tenha sido o diagnóstico ou a notícia que você recebeu, Deus está atento à sua oração.

Quando tudo parece desabar, o Pai nos fortalece. Ele é nossa força nas batalhas e nosso refúgio nas tempestades. Você não precisa lutar sozinho, porque o Senhor é o seu sustentador. Ele levanta o fraco e dá forças ao que já está sem vigor. Em um mundo cheio de trevas e incertezas, Deus ilumina o nosso caminho, guiando-nos. Ele nos protege de todo o mal. Suas promessas brilham como faróis, apontando a direção certa.

Ainda que você esteja vivendo um cenário conturbado, não tenha dúvida daquilo que o Senhor quer fazer em você e por seu intermédio. Ele não quer simplesmente fazer algo paliativo, mas sim restaurar e transformar por completo sua vida e família. Permita que suas ações sejam direcionadas pelo poder e agir do Espírito Santo. Mesmo que a restauração leve tempo, tudo que você precisa é perseverar. Servimos ao Deus das causas impossíveis, e tudo é possível ao que crê.

ANOTAÇÕES

DESCANSE

Lancem sobre ele toda a sua ansiedade, porque ele cuida de vocês.

1PEDRO 5.7

A ansiedade não bate na porta; ela entra sem pedir licença. Sem ser convidada, ela se instala nos pensamentos, bagunça a rotina, embaralha os sentimentos. É uma inquietação que começa pequena, mas, se não for tratada, toma proporções que afetam a mente, o corpo, os relacionamentos e até mesmo a fé.

Jesus sabia muito bem disso, por isso nos exorta: *"Não se preocupem com a própria vida"* (Mateus 6.25). Ele não disse isso para nos expor, mas para nos libertar. Deus não minimiza nossas angústias; Ele se importa com cada uma delas. É por isso que a Palavra nos convida a lançar toda ansiedade aos pés do Pai. Toda ansiedade, não só a grande, mas também aquela que você achou que deveria resolver sozinho.

Quando não temos controle, temos a escolha: ou sucumbimos à ansiedade, ou descansamos na fidelidade de Deus. Ele cuida de cada detalhe da sua vida. Quando você ora, não está apenas falando de um problema; está entregando um peso. A oração não é um protocolo religioso, mas um abraço de confiança no Pai.

Não tenha vergonha de buscar ajuda humana. Deus também age por meio de pessoas: conselheiros, amigos, profissionais da saúde e familiares. Cuide do corpo, da alma e do espírito com responsabilidade. E, acima de tudo, lembre-se: a paz verdadeira não é ausência de problemas, mas estar com Deus enquanto enfrenta-os. Respire fundo, ore, entregue e confie. Deus está segurando você com mãos firmes e amorosas. Sinta o cuidado e o amor de Deus hoje!

Não tenha medo do amanhã; Deus já está lá.

@juniorrostirola

365 DEVOCIONAL
31/365

† LEITURA BÍBLICA
MATEUS 6

ANOTAÇÕES

café com Deus pai

O MELHOR MOMENTO PARA **AMAR** É AGORA, PORQUE VOCÊ NÃO SABE POR **QUANTO TEMPO** TERÁ ESSA OPORTUNIDADE.

@juniorrostirola

Assista ao vídeo com a palavra e oração para este mês.

FE
VE
REI
RO

café
com
Deus
pai

JESUS, O CAMINHO

Rute, porém, respondeu: "Não insistas comigo para que te abandone e que não mais te acompanhe. Aonde fores, irei; onde repousares, ali repousarei! O teu povo será o meu povo, e o teu Deus será o meu Deus!".

RUTE 1.16

As escolhas fundamentadas em fé e ousadia têm o poder de moldar nosso destino. No entanto, decisões opostas podem nos levar a caminhos incertos e indesejados. O exemplo da sogra Noemi com suas noras Rute e Orfa revela como a vida é permeada por escolhas cruciais. Após a perda de seus respectivos maridos, elas se viram perdidas, sem rumo.

Diante da adversidade, Rute permaneceu ao lado de Noemi. Percebo que a vida é feita de escolhas, e em determinados momentos é impossível fugirmos delas. Hoje mesmo, ao se levantar da cama, você optou por encarar suas responsabilidades e tomar decisões que conduzirão você a caminhos distintos. Já Orfa, a outra nora, escolheu aparentemente o caminho mais fácil e seguro, retornando à sua zona de conforto.

Ao contemplarmos as opções que a vida nos oferece, percebemos estradas pavimentadas e sinalizadas, mas também trilhas lamacentas e esburacadas, sem direção clara. Contudo, as escolhas desafiadoras frequentemente proporcionam experiências únicas e transformadoras. Rute, ao optar por seguir Noemi, viveu algo extraordinário. Caminhar pela fé significa avançar mesmo quando o caminho parece incerto, confiando que Deus providenciará o necessário.

Embora a vida nos ofereça diversos caminhos, saiba que só existe um que o leva ao Pai: Jesus. Assim como Rute, que optou por seguir Noemi e servir a Deus, faça o mesmo neste dia. Ele tem o melhor preparado para você e deseja conduzi-lo pela mão em direção a uma vida extraordinária, mas lembre-se: a decisão sempre será sua.

café com Deus pai

A sabedoria reside nas escolhas que fazemos.

@juniorrostirola

365 DEVOCIONAL
32/365

✝ LEITURA BÍBLICA
LUCAS 9.57-62
MATEUS 16.24-28

ANOTAÇÕES

NOS CABE AMAR

Não julguem, e não serão julgados. Pois, da mesma forma que julgarem, vocês serão julgados; a medida com que medirem será usada como medida para vocês.

MATEUS 7.1,2

Somos produtos de construções sociais distintas, alguns com lares saudáveis, enquanto outros enfrentam o desafio de famílias desestruturadas. Minha própria história reflete esse contraste. Criado em um lar disfuncional, onde a paz era inexistente, poderia ter escolhido amar menos, dadas as circunstâncias, mas aprendi com minha mãe que o amor supera o julgamento, pois as ações não definem essencialmente quem somos.

Crescer em meio ao alcoolismo de meu pai trouxe sofrimento constante, mas minha mãe, apesar de tudo, via nele qualidades que outros não enxergavam. Ela acreditava na bondade interior de meu pai, mesmo diante do sofrimento causado por suas ações. Hoje percebo que minha mãe estava certa. Sua compaixão não permitiu que o sofrimento e os defeitos de meu pai anulassem sua verdadeira essência.

Essa lição, proveniente de uma experiência difícil, me ensinou que é possível amar mais, independentemente das circunstâncias. Com o tempo, compreendi que não podemos dar o que não recebemos, e meus antepassados, assim como meu pai, tinham problemas com o alcoolismo e a violência, e ele cresceu nesse meio. Hoje testemunho que é possível quebrar esse ciclo, pois Deus, em sua sabedoria, nos ama incondicionalmente.

A partir de hoje, fuja de todo e qualquer tipo de julgamento, pois não é nossa função apontar ou criticar outros, mas, assim como aprendemos de Deus, devemos acolher, respeitar e amar. Seja diferente, reflita o caráter de Jesus por meio de suas palavras e atitudes. Não fomos criados para julgar, mas para amar em todo tempo.

Troque seus julgamentos pelo amor.

@juniorrostirola

DEVOCIONAL 365
33/365

LEITURA BÍBLICA
LUCAS 6.36-41
ROMANOS 14.10-14

ANOTAÇÕES

O PODER DAS PALAVRAS

Nenhuma palavra torpe saia da boca de vocês, mas apenas a que for útil para edificar os outros, conforme a necessidade, para que transmita graça aos que a ouvem.

EFÉSIOS 4.29

Fala-se muito do poder das palavras. Um provérbio popular diz: "Há três coisas na vida que nunca voltam atrás: a flecha lançada, a palavra pronunciada e a oportunidade perdida". Ainda assim, o tempo todo palavras são usadas para ferir. Todos nós já fizemos isso em algum momento, seja de maneira intencional, seja impensada. Quantas vezes nos arrependemos assim que terminamos de falar, mas nos damos conta de que o estrago já foi feito e não podemos retirar o que foi dito, não é mesmo?

A Bíblia contém diversos ensinamentos a respeito disso. O próprio Jesus advertiu: *"[...] a boca fala do que está cheio o coração"* (Mateus 12.34). Se queremos viver de maneira agradável a Deus, precisamos cuidar não somente de nossas ações, mas também de nossas falas e até dos nossos pensamentos.

Conflitos sempre existirão; o que importa é como nos posicionamos e nos comportamos quando surgem. Não podemos usar nossas palavras para causar mágoa, discórdia e destruição, tampouco para mentir e caluniar. Pelo contrário, precisamos de sabedoria para falar somente o que traz edificação, crescimento e bênçãos.

Não devemos ser motivados pela vingança, tampouco nos esquivar ou dar desculpas rasas. Em vez disso, precisamos agir com critérios que nos ajudem a solucionar os conflitos. Temos de evitar as ofensas e concentrar-nos em resolver problemas e permanecer firmados no amor. Contudo, cuide, a partir de hoje, das suas palavras, pois elas têm poder de abençoar ou amaldiçoar. Entenda que você nasceu para fazer a diferença na vida do próximo. Sua melhor decisão será sempre a de amar.

Toda verdade dita sem amor perde a razão.

@juniorrostirola

365 DEVOCIONAL
34/365

† LEITURA BÍBLICA
TIAGO 3

ANOTAÇÕES

VOCÊ ENFRENTARÁ OPOSIÇÕES

Então, eu lhes disse: -Vejam a situação terrível em que estamos: Jerusalém está em ruínas, e as suas portas foram destruídas pelo fogo. Venham, vamos reconstruir os muros de Jerusalém para que não fiquemos mais nesta situação humilhante.

NEEMIAS 2.17

Há momentos em nossa vida em que tudo parece estar em ruínas. Como Jerusalém nos dias de Neemias, podemos nos encontrar cercados por entulhos, muros derrubados e portas queimadas. Esse cenário de destruição não é apenas físico; muitas vezes, reflete também o estado do nosso coração, da nossa fé ou até mesmo da nossa família.

Neemias enxergou a miséria de Jerusalém. Mais do que isso, ele viu que a destruição física era um retrato do estado espiritual e emocional do povo. Eles viviam por décadas na destruição e não faziam nada para mudar, pois estavam sem forças, a ponto de não serem capazes de reconstruir os muros sozinhos. Quantas vezes nos encontramos da mesma forma, acomodados e sem forças para reconstruir aquilo que está em ruínas em nossa vida, muitas vezes até culpando os outros pelos nossos problemas.

Neemias estava disposto a reconstruir os muros da cidade, mesmo sabendo que, a partir do momento em que ele iniciasse a obra, enfrentaria opositores. Toda vez que você se levantar para fazer a vontade de Deus e cumprir o seu chamado, opositores se levantarão. O Inimigo tentará colocar obstáculos em seu caminho. Muitas vezes, isto acontece em nossa vida: oposições aparecem para nos desestimular, tentando nos fazer acreditar que aquilo que realizamos não é relevante ou que estamos equivocados.

Neemias orou, planejou e trabalhou junto com o povo. Assim também, somos chamados a agir. É preciso estar preparado, pois oposições inevitavelmente surgirão. Contudo, não se intimide nem dê ouvidos aos seus opositores quando você estiver fazendo uma grande obra. Talvez, em sua vida, os "muros caídos" representem áreas vulneráveis — seus relacionamentos, sua fé, suas emoções ou seus sonhos, sua família. Não baixe a cabeça; saiba que Deus está com você nessa empreitada. Força!

Em Deus encontramos forças para reconstruir o que está em ruínas em nossa vida.

@juniorrostirola

DEVOCIONAL 365
35/365

LEITURA BÍBLICA
EZEQUIEL 36.33-36
JEREMIAS 29.7
SALMOS 102.16
ESDRAS 5.2
ISAÍAS 58.12

ANOTAÇÕES

NÃO JOGUE A TOALHA

Bem-aventurado o homem que persevera na provação, porque, depois de aprovado, receberá a coroa da vida que o Senhor prometeu aos que o amam.

TIAGO 1.12

"Jogar a toalha" significa desistir ou se render. No boxe, quem joga a toalha demonstra que deseja parar a luta, seja por cansaço, seja para prevenir lesões graves. Dessa forma, o adversário vence automaticamente.

Se você pensar um pouco, talvez se lembre de alguma situação na qual tenha jogado a toalha: projeto, relacionamento, emprego, sonho. Diante dos desafios e dificuldades, muitos pensam em desistir. Cansaço e frustração levam as pessoas a acreditarem que não são fortes ou capazes o bastante. Sem perceber razões para continuar, a maioria já jogou a toalha em algum momento da vida.

Na área espiritual, enfrentamos tribulação quando nos sentimos pressionados, frustrados e desmotivados. Diante disso, temos uma decisão. Podemos jogar a toalha e deixar que as circunstâncias prevaleçam, ou podemos continuar, ainda que não tenhamos forças. Nosso Deus é forte o suficiente para nos sustentar.

Após a conversão, Paulo enfrentou diversos problemas. Em cada um deles, porém, escolheu continuar proclamando o evangelho e adorando a Deus com todas as suas forças. Quando foi preso por pregar a Palavra, ele não jogou a toalha; pelo contrário, orou e louvou a Deus com ainda mais intensidade, tamanha a sua fé.

Não sei qual circunstância você tem vivido hoje; entretanto, independentemente de qual seja, eu o encorajo a desenvolver uma fé robusta, para que, como Paulo, você não queira desistir, mas permanecer, sabendo que não está só. Existe um Deus que nos encoraja, nos ajuda, supre, liberta, ampara, preenche e nos envolve com seu amor, basta nos voltarmos para Ele. *"É Deus quem me reveste de força e torna perfeito o meu caminho. Torna os meus pés ágeis como os da corça; sustenta-me firme nas alturas. Ele treina as minhas mãos para a batalha e os meus braços para vergar um arco de bronze. Tu me dás o escudo da tua salvação, e a tua mão direita me sustém; a tua ajuda me fez grande"* (Salmos 18.32-35).

Em Deus é possível não desistir.

@juniorrostirola

365 DEVOCIONAL
36/365

LEITURA BÍBLICA
ATOS 16.16-40

ANOTAÇÕES

ONDE ESTÁ SUA FÉ?

Durante muito tempo, Israel esteve sem o verdadeiro Deus.

2CRÔNICAS 15.3

café com Deus Pai

A distração pode levar você a depositar a sua fé no lugar errado.

@juniorrostirola

DEVOCIONAL 365
37/365

LEITURA BÍBLICA
DEUTERONÔMIO 4.29
JOÃO 15.5,6
SALMOS 145.18
JEREMIAS 29.13
TIAGO 4.8

ANOTAÇÕES

Você já se perguntou onde está sua fé? Ou, mais importante, em quem ela está fundamentada? No mundo, encontramos inúmeras formas de espiritualidade, mas será que todas nos levam ao verdadeiro Deus? Podemos até ter uma fé sincera, mas, se ela estiver direcionada ao lugar errado, não será suficiente.

Quantas vezes confiamos em coisas passageiras? Fé em nós mesmos, em amuletos e tradições. Mas a Bíblia, em Provérbios 28.26, nos lembra: *"Quem confia em si mesmo é tolo"*. Somente a fé em Jesus pode salvar e transformar, e isto é o que nos falta muitas vezes: reconhecer nossa fragilidade e depender completamente de Deus.

Não basta dizer que acredita em Deus ou frequentar uma igreja. Em Tiago 2.19, está escrito que até os demônios creem e estremecem. Portanto, o que faz diferença é uma entrega verdadeira e uma fé fundamentada no sacrifício de Jesus, porque, quando depositamos nossa fé em Cristo, Ele nos restaura e nos dá uma nova vida. Aproxime-se de Jesus, deixe para trás as crenças vazias e as práticas que não satisfazem, e receba o toque transformador daquele que é o único caminho, a verdade e a vida. A verdadeira fé não é sobre religião, tradição ou mérito próprio. É sobre conhecer Jesus e se entregar a Ele, o autor da nossa salvação.

Talvez até hoje você seja um religioso, não alguém íntimo de Deus Pai, a ponto de quebrar toda formalidade e, sem nenhuma barreira, caminhar e aceitar o chamado Dele. Quantas vezes eu ouvi pessoas dizerem: "Eu acredito em Deus, vou à igreja toda semana, mas não consigo senti-lo". O único e verdadeiro Deus deseja se apresentar a você. Ele está batendo na porta, mas você precisa abri-la e receber a mudança que Ele deseja estabelecer. Não perca mais tempo, tome a decisão mais importante de sua vida, e veja tudo ser feito novo. Você está pronto para dar esse passo?

ESTRANGEIROS NO MUNDO

A nossa cidadania, porém, está nos céus, de onde esperamos ansiosamente o Salvador, o Senhor Jesus Cristo.

FILIPENSES 3.20

café com Deus Pai

"A vida é uma viagem", diz o ditado popular. Viajar é realmente muito bom, mas nada se compara à sensação de voltar para casa. Principalmente em viagens longas ou para lugares cuja cultura, idioma e culinária são diferentes dos nossos, é comum sentirmos saudade de casa. Por melhor que seja o local em que estamos, não encontraremos o mesmo senso de pertencimento e identificação; sempre nos sentiremos deslocados.

Quando criança, eu nunca me encaixava nos grupos, não conseguia me identificar com outras pessoas. Essa falta de identificação fazia com que eu me sentisse sozinho e diferente, como se estivesse viajando, rodeado de estranhos. Após a minha conversão, descobri o meu propósito e então entendi que não poderia mais perder tempo, pois fui chamado por Deus para viver uma estação nesta terra que não diz respeito só a mim, mas a Deus e ao meu próximo. Sei que sou somente um peregrino cujo objetivo é voltar para casa.

Por mais que vivamos nesta terra agora, não pertencemos a ela. Somos cidadãos do Reino de Deus e estamos somente de passagem por este mundo. Somos estrangeiros, e o nosso destino é o céu, onde os filhos se reunirão com Deus Pai.

Se você olha ao seu redor e sente que não há nada de melhor para você a não ser este mundo no qual vive, quero que você entenda: *"Nenhum olho viu, nenhum ouvido ouviu, e coração nenhum concebeu o que Deus preparou para aqueles que o amam"* (1Coríntios 2.9). Entenda que sua morada aqui na terra não é definitiva; então, não trabalhe só para este tempo, mas sim para a eternidade com Deus. A certeza que podemos ter é que o céu é infinitamente melhor do que tudo que poderíamos viver na terra. E o caminho que nos levará à eternidade com Deus é Jesus. Ele mesmo disse: *"Eu sou o caminho, a verdade e a vida. Ninguém vem ao Pai, a não ser por mim"* (João 14.6).

O mais importante da vida não é a situação em que estamos, mas a direção em que nos movemos.

@juniorrostirola

365 DEVOCIONAL
38/365

† LEITURA BÍBLICA
GÊNESIS 19.1-29

ANOTAÇÕES

O CAMINHO MAIS DOCE

Sejam bondosos e compassivos uns para com os outros, perdoando-se mutuamente, como Deus os perdoou em Cristo.

EFÉSIOS 4.32

O rancor traz amargura e prisão, mas o perdão traz cura e liberdade.

@juniorrostirola

DEVOCIONAL 365
39/365

LEITURA BÍBLICA
MATEUS 18.21-25
1PEDRO 4.8

ANOTAÇÕES

Vivemos em um tempo em que, cada vez mais, as pessoas escolhem o caminho amargo do rancor, da vingança e do orgulho. Elas se apegam às ofensas do próximo e nutrem sentimentos negativos que não servem para nada além da autodestruição. Mas existe um caminho mais doce, o qual somos chamados a percorrer. O pregador Spurgeon explicou: "Ser perdoado é tamanha doçura que torna insípido o mel. Existe, porém, algo ainda mais doce: perdoar."

Perdoar o outro nem sempre é fácil. Perdoar a nós mesmos pode ser ainda mais complicado. Ainda assim, como discípulos de Jesus, somos chamados a amar como Ele amou e, como fruto desse amor, a perdoar como Ele perdoou. Jesus dedicou boa parte de Seu ministério terreno a ensinar sobre isso e mostrou que o perdão divino e o perdão humano caminham juntos. Na oração que nos ensinou, disse: "*Perdoa as nossas ofensas, como também temos perdoado aqueles que nos ofendem*" (Mateus 6.12). Na sequência, afirmou: "*Pois, se perdoarem as transgressões uns dos outros, o Pai celestial também perdoará vocês. Mas, se não perdoarem uns aos outros, o Pai celestial não perdoará as transgressões de vocês*" (vv. 14,15).

A beleza do evangelho é esta: ninguém é tão bom que não precise da graça, e ninguém é tão ruim que não possa ser alcançado por ela. Se Deus Pai nos perdoou em Cristo, apesar dos nossos muitos erros, e estendeu a nós Sua graça, também temos de nos esforçar para perdoar uns aos outros, por amor a Deus e ao próximo. A quem você precisa perdoar? Pela ação do Espírito em nós, podemos tomar o caminho mais doce e escolher o perdão.

UMA VIDA FRUTÍFERA

Portanto, vão e façam discípulos de todas as nações [...] ensinando-os a obedecer a tudo o que eu ordenei a vocês. E eu estarei sempre com vocês, até o fim dos tempos.

MATEUS 28.19,20

A Bíblia alerta sobre os perigos da espiritualidade infrutífera: ramos que não dão fruto são cortados. Se, porém, permanecer na videira, dá fruto e é podado, para frutificar ainda mais. Ao usar a figura da videira e do agricultor, Jesus nos ensina que não é possível gerar fruto, a menos que permaneçamos Nele e sejamos continuamente cuidados pelo Pai. *"Como um ramo não pode dar fruto por si mesmo se não permanecer na videira, assim vocês também não podem dar fruto se não permanecerem em mim. Eu sou a videira, e vocês, os ramos. Se alguém permanecer em mim, e eu permanecer nele, esse dará muito fruto, pois sem mim vocês não podem fazer nada"* (João 15.4,5).

Para isso, devemos obedecer aos mandamentos de Deus, uma vez que uma vida frutífera envolve dependência e obediência ao Senhor. Se não estivermos unidos a Jesus e se não obedecermos aos mandamentos da Palavra, não poderemos fazer nada que tenha valor eterno.

A boa notícia é que o mesmo Deus que tem poder para dar filhos à mulher que não poderia gerar, tem poder para quebrar o ciclo de esterilidade espiritual em nossa vida. Firmado no amor de Jesus, você será capaz de frutificar, e esse fruto não será passageiro, mas permanecerá pela eternidade.

Ainda que seus olhos físicos não consigam enxergar a quantidade de frutos que virão por meio das suas sementes, eu profetizo que serão incontáveis diante do propósito que Deus tem para a sua vida e declaro sobre você o que diz Salmos 1.1-3: *"Bem-aventurado aquele que não anda segundo o conselho dos ímpios, não se detém no caminho dos pecadores, nem se assenta na companhia dos zombadores. Ao contrário, a sua satisfação está na lei do Senhor, e na sua lei medita dia e noite. É como árvore plantada junto a ribeiros: dá fruto no tempo e as suas folhas não murcham. Tudo o que ele faz prospera"*.

A colheita sempre será maior que a semeadura.

@juniorrostirola

365 DEVOCIONAL
40/365

✝ LEITURA BÍBLICA
JOÃO 15.1-17

ANOTAÇÕES

café com Deus Pai

POR QUE ESTOU AQUI?

Tu criaste o íntimo do meu ser e me teceste no ventre da minha mãe.

SALMOS 139.13

Deus não faz nada por acaso. Ele foi intencional ao criá-lo.

@juniorrostirola

DEVOCIONAL 365
41/365

LEITURA BÍBLICA †
JEREMIAS 1

Acredito que uma das nossas grandes dificuldades seja entender a razão pela qual viemos ao mundo. A maioria de nós já questionou em algum momento qual o propósito da própria existência. Principalmente em momentos de crise e dificuldades, é ainda mais comum questionarmos: "Por que estou aqui?".

Rick Warren, autor do *best-seller Uma vida com propósitos*, afirma que não é possível descobrir o sentido da vida se olharmos para dentro de nós mesmos; devemos nos concentrar em nosso Criador, porque é Dele que vêm todas as respostas de que precisamos. Não existe nenhum outro caminho capaz de revelar a nossa identidade e o nosso propósito. Segundo o escritor: "Você foi feito por Deus e para Ele, e, até que compreenda isso, a vida jamais fará sentido".

Enquanto muita gente pensa que a vida humana é fruto de mero acaso, acidente ou coincidência, a Palavra nos mostra um Deus que não faz nada por acaso. Somos criaturas de um Criador intencional que tem um propósito para cada um de nós antes mesmo de existirmos. Somos filhos de um Pai que nos escolheu antes de nos formar no ventre (cf. Jeremias 1.5).

Você não é fruto do acaso. Você não é um acidente. Você não é uma coincidência. Você é um filho amado de Deus Pai, e Ele tem um propósito para a sua vida. Portanto, pare de buscar a resposta em outras coisas e lugares; busque-a em Deus. Somente Deus é capaz de explicar a criação e afirmar quem de fato somos. Não permita, então, que as mentiras, circunstâncias contrárias e opiniões alheias definam você. Existe um propósito para ser realizado na sua vida e por meio dela.

ANOTAÇÕES

SE VEM DE DEUS, NÃO TENHA MEDO

Não fui eu que ordenei a você? Seja forte e corajoso! Não se apavore nem se desanime, pois o Senhor, o seu Deus, estará com você por onde você andar.

JOSUÉ 1.9

Algumas pessoas resistem à mudança porque têm medo de sair da zona de conforto, de perder o controle, das incertezas ou das falhas. Outras, em virtude de experiências passadas negativas, optam por não fazer novas tentativas. Apesar de esse medo ser comum, não é normal ou aceitável deixar de viver por medo, uma vez que mudanças são inevitáveis, e elas vêm para o nosso crescimento. Quando, porém, somos paralisados pelo medo, deixamos de viver as novidades de Deus para nossa vida.

Quantas vezes as pessoas rejeitam os planos que Deus tem para a sua vida por medo! Assim como ordenou a Josué que fosse forte e corajoso e garantiu estar com ele por onde andasse, o Senhor também nos assegura Sua presença constante conosco e nos convida a viver coisas novas. Grandes eram os planos de Deus para Josué, pois ele conduziria o povo de Israel a herdar a terra prometida, e todo lugar em que pusessem os pés lhes seria concedido. É possível que o chamado fosse intimidador, pois liderar o povo não seria uma tarefa fácil. Contudo, o segredo que levaria Josué a ter êxito seria a obediência a Deus.

Obedecer a Deus fará com que o seu caminho prospere e você seja bem-sucedido na missão que Ele lhe confiou. Portanto, se Deus está com você — e Ele está —, não há motivo para temer os planos que Ele tem para a sua vida, pois Ele sempre sabe o que é melhor para cada um de nós. Melhor do que ter as situações sob o seu controle é saber que Deus é quem as controla. Quer um conselho? Entregue a Ele o controle de tudo!

Obedecer a Deus é caminhar na certeza de não errar.

@juniorrostirola

365 DEVOCIONAL
42/365

✝ LEITURA BÍBLICA
JOSUÉ 1

ANOTAÇÕES

O MELHOR CAMINHO

Que a integridade e a retidão me protejam, porque a minha esperança está em ti.

SALMOS 25.21

Quem se esquece de quem é pode se tornar qualquer pessoa.

@juniorrostirola

DEVOCIONAL 365
43/365

LEITURA BÍBLICA
GÊNESIS 39

Como pai, uma das minhas maiores alegrias é saber que meus filhos são pessoas de bom caráter, íntegros, justos e honestos. Quando eles escolhem com sabedoria, tratam o próximo com amor, são dedicados no serviço a Deus e demonstram amor pela Palavra, vejo quanto a paternidade é gratificante. Criar filhos neste mundo é desafiador, mas não existe maior recompensa do que ver que eles seguem os princípios que lhes foram ensinados desde pequenos.

O desejo de Deus é que cada um de nós viva de acordo com os princípios Dele. Quando somos obedientes, dedicados, generosos e amorosos, agradamos ao Senhor. O coração do Pai se enche de alegria quando escolhemos ser sábios. Como filhos amados de Deus, devemos obedecer à sua vontade soberana e praticar seus ensinamentos com a confiança de que Ele sabe o que é melhor para nós.

Passamos por diversas situações que exigem que tomemos decisões: recebemos propostas tentadoras e oportunidades aparentemente inofensivas, mas que não trazem nada além de prejuízo e angústia. Algumas pessoas tentam nos convencer a escolher o caminho errado e afirmam que somente a felicidade importa. Diante disso, como responderemos? Será que a nossa reação reflete os princípios e planos do nosso Pai?

Não importa o cenário da sua vida, sua melhor decisão sempre será obedecer a Deus, pois só Ele conhece o mais profundo da sua alma. Em sua caminhada, quando as dúvidas vierem, sugiro a você consultar a Deus, pedindo-lhe direção e instrução. Não permita que o seu caráter seja moldado pelo mundo, pela cultura e por outras pessoas, mas seja capaz de permitir que o seu caráter influencie e inspire outras pessoas a estarem mais perto de Deus.

ANOTAÇÕES

NÃO SE ESCONDA

Nada, em toda a criação, está oculto aos olhos de Deus. Tudo, porém, está descoberto e exposto diante dos olhos daquele a quem havemos de prestar contas.

HEBREUS 4.13

O esconde-esconde é uma brincadeira muito popular entre as crianças. Enquanto um fica contando de olhos fechados, todos os outros se escondem. O problema é que, quando adultos, continuamos tentando nos esconder. Fingimos não ter problemas, disfarçamos conflitos em relacionamentos, fantasiamos que os erros não têm consequências, nos escondemos de outras pessoas e até mesmo de Deus.

A verdade, porém, é que é impossível ocultar qualquer coisa dos olhos do Senhor. Ele vê também o que está em nosso interior, os pensamentos e sentimentos que tentamos esconder, ou até mesmo um mau hábito, que, por sua vez, pode ser ou não um pecado. Todavia, ele é sempre maléfico à sua vida física, emocional ou espiritual e, naturalmente, se não for tratado, poderá se tornar um vício, uma dependência, um pecado, e seus efeitos sempre serão destruidores. Cuidado, "*o homem é escravo daquilo que o domina*" (2Pedro 2.19). De nada adianta encobrir de Deus aquilo que está claramente diante dos olhos Dele. A melhor escolha é se aproximar Dele e reconhecer que somos dependentes de Seu amor e de Sua misericórdia.

Não importa quais sejam as nossas guerras internas, mascará-las nunca será a solução. Pelo contrário, isso só nos afasta da identidade de filhos de Deus. Devemos caminhar em direção a ter uma vida bem resolvida em todos os aspectos, pois, quando não caminhamos dessa forma, a tendência é vivermos longe de nossa verdadeira essência.

Entregue com sinceridade o seu coração a Deus e permita-lhe que trabalhe no mais profundo, trazendo cura, renovo, transformação, conduzindo-o a uma vida de verdade. Salmos 34.18 diz: "*O Senhor está perto dos que têm o coração quebrantado e salva os de espírito abatido*". Ele está com você e quer ajudá-lo a resolver todas as pontas soltas da sua vida, levando-o a viver a sua verdadeira identidade.

Liberdade é poder escolher não fazer aquilo que destrói a sua vida.

@juniorrostirola

365 DEVOCIONAL
44/365

✝ LEITURA BÍBLICA
JONAS 1

ANOTAÇÕES

DEIXE A LUZ BRILHAR

Vocês são a luz do mundo. Não se pode esconder uma cidade construída sobre um monte.

MATEUS 5.14

A escuridão pode até vir ao nosso encontro, mas ela não prevalece por causa da luz de Cristo em nós.

@juniorrostirola

DEVOCIONAL 365
45/365

LEITURA BÍBLICA
MATEUS 5.14-16
FILIPENSES 2.15

Conta-se que, numa noite escura, uma vela acesa se orgulhava de sua luz. Naquele quarto, ela era tudo. Iluminava cada canto, afastava sombras e trazia conforto. Mas, ao amanhecer, quando o sol surgiu, forte, intenso, imponente, a vela se encolheu e pensou: "Minha luz é tão pequena perto dele...". Então, refletiu e entendeu: "Sim, o sol é maior. Mas, na escuridão da noite, minha luz foi essencial".

Essa parábola nos lembra de algo precioso: você não precisa ser grande, perfeito ou ter tudo resolvido para fazer a diferença. Em tempos e lugares onde a escuridão é densa, na tristeza de alguém, na solidão de uma pessoa, no desânimo de um amigo, uma simples palavra, um gesto de amor, um abraço ou uma oração pode ser luz suficiente.

A vida é assim. Muitas vezes, olhamos para nossas limitações e achamos que somos pequenos demais para fazer a diferença. Acreditamos que só quem tem muito, sabe muito ou pode muito é que realmente provoca impacto. Mas isso não é verdade. Deus não espera que você seja o sol. Ele o chamou para ser luz onde há escuridão, pequena ou grande.

Jesus disse: "Vocês são a luz do mundo". E sabe? O mundo está cheio de cantos escuros esperando por uma pequena vela acesa. É bom reforçar que às vezes essa luz é um sorriso, uma escuta com atenção, um abraço, uma oração, uma palavra de ânimo. E isso já muda tudo.

Nunca subestime a luz de Deus que está em você. Mesmo pequena, na escuridão ela faz toda a diferença. Onde há trevas, até uma chama simples se torna esperança.

ANOTAÇÕES

CONSTRUINDO CATEDRAIS

Tudo o que fizerem, seja em palavra, seja em ação, façam-no em nome do Senhor Jesus, dando graças a Deus Pai por meio dele.

COLOSSENSES 3.17

Você já parou para pensar no real propósito do seu trabalho? Uma antiga parábola medieval conta que um viajante observava três pedreiros trabalhando em silêncio na mesma construção. Curioso, perguntou ao primeiro: "O que está fazendo?". Ele respondeu de forma seca: "Estou colocando pedras". Perguntou ao segundo, que respondeu com cansaço: "Estou construindo uma parede". Por fim, o terceiro sorriu e disse com entusiasmo: "Estou construindo uma catedral para Deus".

Nem sempre é o que fazemos que cansa, mas o fato de não sabermos por que o fazemos. Todos estavam realizando o mesmo trabalho. A diferença estava no significado que atribuíam ao que faziam.

A vida pode se tornar pesada quando perdemos o propósito. Cuidar dos filhos, servir pessoas, liderar uma equipe ou até mesmo fazer tarefas simples pode parecer pouco, mas, quando você entende que tudo pode ser feito para Deus, o comum se torna extraordinário.

Deus não está apenas interessado no que você faz, mas em como e por quem você faz. O serviço mais simples, quando realizado com amor e reverência, torna-se adoração. Como diz a Palavra: "*Tudo o que fizerem, façam de todo o coração, como para o Senhor*" (Colossenses 3.23).

Hoje, olhe para o seu trabalho com outros olhos. Talvez você ache que está apenas colocando pedras. Mas, aos olhos de Deus, você pode estar construindo uma linda catedral.

O seu melhor sempre honrará a Deus e impactará aqueles que estão à sua volta.

@juniorrostirola

365 DEVOCIONAL
46/365

✝ LEITURA BÍBLICA
COLOSSENSES 3.22-24
1CORÍNTIOS 10.31

ANOTAÇÕES

O CUIDADO COM O CORPO

Além do mais, ninguém jamais odiou o próprio corpo; antes, alimenta-o e dele cuida, como também Cristo faz com a igreja.

EFÉSIOS 5.29

Todos nós somos suscetíveis a ser afligidos por diversas enfermidades, e a realidade é que, independentemente da nossa fé, não somos imunes às fragilidades humanas. Eu mesmo já enfrentei momentos difíceis no que diz respeito à saúde física.

Mesmo após termos um encontro real com Jesus, os desafios e as adversidades continuam a surgir; o que muda na realidade, é a forma de nos comportar diante deles. Entenda que doenças não necessariamente são consequências diretas do pecado, mas podem surgir em decorrência da idade, de causas naturais ou acidentes, ou até mesmo por causa da negligência com a saúde.

Se não cuidarmos do nosso corpo, corremos o risco de comprometer nossa missão aqui na terra. Um jovem pastor chamado Robert McCheyne, aos 29 anos, se encontrava no leito de morte quando virou-se para um amigo e disse: "Deus me deu uma mensagem para entregar e um cavalo para cavalgar. Infelizmente, matei o cavalo e agora não tenho como entregar a mensagem". Sua missão se encerrava ali, e ele reconheceu que não cuidou adequadamente de sua saúde, interrompendo seu propósito. Sobre esse assunto, meu amigo Luciano Subirá diz o seguinte: "Cuidar do corpo não é apenas um ato de amor-próprio, mas sim um comportamento sábio".

Eu e você temos uma grande responsabilidade: zelar pelo corpo que Deus nos deu, tendo uma alimentação saudável, prática de exercícios físicos e o devido tempo de descanso, pois a negligência com esse presente pode interromper abruptamente os planos que o Senhor traçou para a nossa vida. A partir de hoje, desafio você: se for preciso, mude seus hábitos e busque uma vida equilibrada e saudável. Assim, você terá uma qualidade de vida totalmente diferente.

Concentre suas energias naquilo que de fato realmente importa.

@juniorrostirola

DEVOCIONAL 365
47/365

LEITURA BÍBLICA †
JOÃO 11.3,5
MATEUS 8.14,15
2REIS 4.32-35
LUCAS 7.12-15

ANOTAÇÕES

PROTEJA O SEU CARÁTER

[...] Vocês não sabem que um pouco de fermento faz fermentar toda a massa?

1CORÍNTIOS 5.6

O fermento é um ingrediente utilizado para aumentar o volume de uma massa, como pães, bolos ou tortas. Antigamente, separava-se uma parte da massa de pão para fazer o processo de fermentação de um dia para o outro. No dia seguinte, a porção levedada era misturada com o restante para, depois, ser assada.

Na Bíblia, o fermento muitas vezes é um símbolo do pecado. Assim como um pouco de fermento é suficiente para fermentar toda a massa, o pecado, não importa quão pequeno pareça para nós, é suficiente para nos contaminar. Por isso, temos de nos abster de tudo o que possa nos corromper, pois o desejo de Deus Pai é que sejamos purificados pela ação contínua do Espírito Santo em nossa vida.

Precisamos refletir, à luz da Palavra, se algo em nossa vida tem nos contaminado e nos impedido de ser quem Deus Pai deseja que sejamos: purificados, santificados e aperfeiçoados segundo o caráter de Jesus, pelo poder do Espírito Santo. Livre-se, portanto, do fermento velho da intolerância, do preconceito, da malícia, da maldade, do orgulho, da ingratidão, da idolatria, dos princípios mundanos.

Muitas pessoas falham em perceber que certos hábitos, princípios e valores contaminam a vida espiritual. Por isso, é necessário que protejamos nosso caráter, a fim de que não sejamos corrompidos pelo pecado, por falsas doutrinas ou por ensinos contrários às Escrituras; não se engane! Fuja de qualquer coisa que desagrade a Deus.

Livre-se do que contamina sua vida.

@juniorrostirola

365 DEVOCIONAL
48/365

✝ LEITURA BÍBLICA
MATEUS 16.5-12

ANOTAÇÕES

NOSSO CORAÇÃO REVELA QUEM SOMOS

Porque com o coração se crê para a justiça e com a boca se confessa para a salvação.
ROMANOS 10.10

Abandone os velhos hábitos para receber o novo de Deus.

@juniorrostirola

DEVOCIONAL 365
49/365

LEITURA BÍBLICA
MATEUS 10.32
EFÉSIOS 2.8,9
JOÃO 1.12

ANOTAÇÕES

Crer no impossível de Deus nunca será algo simples, pois isso desafia nossa realidade humana e confronta a incredulidade que muitas vezes nos torna pragmáticos e insensíveis às coisas do alto. Mas, para que o Senhor opere em nossa vida, precisamos alinhar nosso coração ao Dele, permitindo que a fé guie nossos passos.

Você certamente já ouviu Jesus dizer: *"Pois a boca fala do que está cheio o coração"* (Mateus 12.34). Essa verdade nos convida a refletir: o que temos carregado em nosso coração? Quais têm sido nossas palavras nos últimos dias? Será que elas têm transmitido vida e amor às pessoas ao nosso redor? Nosso coração será inundado pelo amor de Jesus apenas quando o convidarmos para habitar plenamente em nós. Esse é o primeiro passo para uma nova vida, marcada pela experiência transformadora da salvação que cura, restaura e traz paz.

Talvez hoje você carregue no coração mágoas, dores ou cicatrizes que foram trancadas em um depósito emocional, protegidas por chaves de medo e rejeição. Você pode ter dito a si mesmo: "Ninguém acreditará em mim; então, jamais abrirei isso para alguém". Mas saiba que seu coração não foi feito para ser um depósito de sujeiras ou fardos pesados. Ele é o lugar onde Deus deseja derramar sua graça, sua cura e sua presença.

Aprendi algo precioso em minha caminhada que quero compartilhar com você: mais do que falar sobre o que sentimos, acabamos por expor aquilo que temos coragem de permitir que alguém saiba. Expor nossas dores não é um sinal de fraqueza, mas sim de força e de desejo de viver uma nova realidade.

Não permaneça preso às mentiras da rejeição e às dores da vida. Liberar sua dor é abrir espaço para o agir de Deus. Ele está pronto para ouvir e ajudar você a começar de novo. Faça isso agora. Permita que Ele limpe seu coração e o guie a um novo tempo.

O ESPELHO DA VIDA

Incontáveis são os problemas que me cercam; as minhas iniquidades me alcançaram, e já não consigo ver [...]

SALMOS 40.12

café com Deus pai

Certo dia, um jovem perguntou a um sábio: "Por que é tão difícil enxergar a verdade?". O mestre o levou até um espelho coberto de sujeira. "A verdade está aqui, cristalina diante de você", respondeu ele. "Mas seus medos, mentiras, desejos e orgulho cobriram o reflexo. O problema não é o espelho. É a poeira que o esconde."

Essa pequena parábola nos revela uma verdade poderosa: muitas vezes, não conseguimos discernir o que Deus está nos mostrando porque estamos vendo tudo através de filtros embaçados. A verdade não está longe, mas, muitas vezes, são as circunstâncias que mancham o espelho da vida.

Jesus disse: *"Bem-aventurados os puros de coração, pois verão a Deus"* (Mateus 5.8). Ou seja, quem mantém o coração limpo consegue enxergar com os olhos da fé. Mas isso exige entrega e humildade. Peça ao Pai hoje que limpe o espelho da sua alma. Deixe Deus Pai revelar o que está nublado. Pode ser um ressentimento antigo, uma preocupação disfarçada, uma ferida aberta, uma vaidade escondida, um apego, uma expectativa frustrada, um trauma do passado, uma decepção, um desejo que tomou o lugar da vontade de Deus, ou até mesmo um pecado, que como poeira se acumulou com o tempo.

Quanto ao pecado, Davi orava assim: *"Absolve-me dos que desconheço!"* (Salmos 19.12). Ele reconhecia que até aquilo que ele não enxergava poderia estar atrapalhando seu relacionamento com Deus.

Lembre-se: Quando o espelho está limpo, enxergamos com clareza quem somos, e a verdade nos liberta. O que tem manchado o espelho da sua vida?

Sua vida é um espelho que reflete o quê?

@juniorrostirola

365 DEVOCIONAL
50/365

✝ LEITURA BÍBLICA
SALMOS 19.12-14
MATEUS 5.8

ANOTAÇÕES

FÉ EM AÇÃO

café com Deus Pai

Onde não há revelação divina, o povo se desvia; mas bem-aventurado é quem obedece à lei!

PROVÉRBIOS 29.18

No texto que lemos, fica claro que, se não estivermos com o coração e a vida alinhados com Deus, as coisas não irão bem. É Deus quem aponta o caminho, e, se tivermos sabedoria para andar de acordo com Seus propósitos, certamente seremos abençoados em todas as áreas de nossa vida.

Alguns grandes homens de Deus receberam revelações do Senhor, seguiram-nas à risca e marcaram sua geração. José, ainda jovem, recebeu sonhos que mostravam onde ele iria chegar, mas passaram-se décadas até que isso acontecesse, e no trajeto enfrentou a rejeição, traição, prisão e incontáveis dificuldades. Do mesmo modo, Josué e Calebe foram obedientes e confiaram em Deus, mas, apesar disso, levou quarenta anos para que vissem tudo aquilo começar a se tornar realidade.

E você? Que promessas e visões Deus já depositou em seu coração? Elas se cumpriram, ou ficaram esquecidas diante dos desafios da vida? Talvez você tenha engavetado as promessas e desistido daquilo de que Deus não desistiu. Ele é fiel e justo para cumprir cada palavra que liberou sobre sua vida e família. Ainda que o cenário ao redor seja de medo e desesperança, saiba que, se você voltar seus olhos para a promessa, a verá se materializar no tempo de Deus.

Este é o ano em que seus sonhos serão desenterrados, seus projetos sairão da gaveta e as promessas passarão a se cumprir, caso você creia, se posicione e se lance totalmente aos pés do Pai. Quem dá o cumprimento às promessas é Deus, mas você precisa fazer sua parte, seguindo cada apontamento que Ele deu a você. Neste novo ano, coloque sua fé em ação e viva a concretização dos planos de Deus em sua vida.

Levante-se em fé, e Deus andará à sua frente.

@juniorrostirola

DEVOCIONAL 365
51/365

LEITURA BÍBLICA
2CRÔNICAS 15.3-5
SALMOS 119.105
ISAÍAS 30.21
OSEIAS 4.6

ANOTAÇÕES

CONSTRUINDO

Tudo o que fizerem, façam de todo o coração, como para o Senhor, não para os homens.

COLOSSENSES 3.23

café com Deus pai

Muitas vezes, a gente acha que algumas tarefas são tão somente isto: tarefas. Que alguns dias são tão somente dias. Mas não são. Tudo o que fazemos constrói alguma coisa — mesmo que pareça pequena demais.

Conta-se que um velho carpinteiro estava prestes a se aposentar depois de anos de trabalho fiel. Seu patrão lhe pediu apenas uma última obra: construir mais uma casa. Cansado, o carpinteiro aceitou, mas sem ânimo. Usou materiais baratos, não conferiu detalhes, e fez o serviço de qualquer jeito. Quando terminou, o patrão lhe entregou as chaves, dizendo: "Essa casa é sua. Um presente pelos seus anos de serviço".

Surpreso e arrependido, o carpinteiro percebeu que havia construído, com negligência, a casa em que ele mesmo viveria. A lição? Tudo que fazemos — cada decisão, cada palavra, cada atitude — está construindo algo em nós, e um dia viveremos no que edificamos.

Por isso, a Palavra nos convida: "Façam de todo o coração, como para o Senhor". Mesmo nas pequenas tarefas, mesmo cansados, mesmo quando ninguém está olhando. Porque o que fazemos, o fazemos primeiro para Deus e, depois, para nós mesmos.

Hoje, avalie como você tem construído sua vida. Com pressa? Com descuido? Ou com excelência, fé e propósito? Se for preciso rever a forma de como você está fazendo as suas escolhas, o tempo é oportuno, pois você está em processo de construção. Ainda é possível corrigir aquilo que está fora do propósito de Deus na sua vida. A casa que você está construindo é onde você vai morar amanhã.

Sua decisão hoje refletirá no seu amanhã.

@juniorrostirola

365 DEVOCIONAL
52/365

✝ LEITURA BÍBLICA
MATEUS 7.24-27

ANOTAÇÕES

ESCOLHA AMAR

De onde vêm as guerras e as brigas que há entre vocês? Não vêm das paixões que guerreiam dentro de vocês?

TIAGO 4.1

Dias atrás, presenciei algo que me deixou triste e pensativo. Um senhor tentava atravessar a faixa de pedestres, mas ninguém parava. Ele esperou, insistiu, até que se arriscou a atravessar. Um carro, que vinha em alta velocidade e que ainda não era visível quando ele começou a travessia, surgiu buzinando com agressividade. Aquele senhor apontou para a faixa, esperando que o motorista ao menos entendesse. Em resposta, ele abriu o vidro e o insultou, com palavras duras e gratuitas. Tudo por aquele homem exercer um simples direito: atravessar na faixa de pedestres com segurança. Aquela cena foi um retrato da frieza que existe hoje em nosso mundo.

Naquele instante, senti na pele o que Jesus já nos havia advertido em Mateus 24.12: "Por causa do aumento da iniquidade, o amor de muitos esfriará". É exatamente isso que vemos: um mundo que se desacostumou a amar, a considerar o outro, a respirar empatia. Mas o texto não termina ali. Jesus segue dizendo que aquele que perseverar até o fim será salvo. Ou seja: não podemos nos conformar com o esfriamento do amor e responder fogo com fogo. Somos chamados a amar, apesar de o mundo nos ser hostil na maioria das vezes.

É fácil retribuir gentileza com gentileza. Mas Jesus nos ensinou a ir além: amar até mesmo quem nos fere. Em um mundo de buzinas e insultos, seja o olhar que acolhe, a palavra que cura, o gesto que ilumina. Seja a luz que aponta a faixa invisível entre a pressa e o respeito, entre a indiferença e o cuidado. Amar, hoje, é um ato de resistência. Cuide para que o seu amor não esfrie, mas que ele inflame corações e aqueça um mundo tão gelado.

A verdadeira autoridade não está no poder de jogar pedras, mas de fazê-las cair.

@juniorrostirola

DEVOCIONAL 365
53/365

LEITURA BÍBLICA
MARCOS 7.21-23
TIAGO 1.14,15

ANOTAÇÕES

FRÁGIL, MAS BELO

Observem as aves do céu [...] Vejam como crescem os lírios do campo. Eles não trabalham nem tecem.

MATEUS 6.26-28

Você já reparou na sutileza das flores? Apesar de belas, elas não forçam nada; não gritam para chamar a atenção, mas apenas crescem, firmadas na terra, banhadas pela luz do sol e regadas pelas chuvas. Elas simplesmente estão e, por permanecerem, florescem. Deus Pai nos convida a olhar para elas e aprender.

No ritmo acelerado que vivemos, às vezes caímos no engano de pensar que ser útil para Deus é definido por fazer muito, provar muito, entregar sempre algo grandioso. Mas Jesus nos lembra de que tudo começa com o foco certo. E o foco não está apenas no resultado, mas especialmente na Fonte.

Ele falou: "*Permaneça em mim*" (João 15.4). E é nessa permanência que a vida começa a fluir, não na agitação, mas na tranquilidade, com naturalidade, como um rio que nasce silencioso por entre as rochas e se torna abundante, avançando para grandes cachoeiras, para por fim desembocar no mar. Quem vive com os olhos fixos em Deus, sem a motivação de se mostrar, acaba florescendo exatamente como deveria. Pois não está buscando apenas crescimento, mas principalmente pertencimento.

As pessoas que deixam sua marca não são as mais barulhentas, mas aquelas que vivem com leveza e profundidade. Elas são como as estrelas no céu, silenciosas, mas presentes. Como os lírios no campo, frágeis, porém belos.

Talvez hoje, por mais que o mundo mande você gritar alto, tudo que você precisa é descansar, sem provar nada a ninguém. Você não precisa impressionar, mas apenas confiar. Simplesmente esteja e permaneça; então, você florescerá.

Assim como os lírios dos campos são belos, sua vida revela a grandeza de quem a criou.

@juniorrostirola

365 DEVOCIONAL
54/365

✝ LEITURA BÍBLICA
JOÃO 15

ANOTAÇÕES

RESPIRE FUNDO

Evite a ira e rejeite a fúria; não se aborreça: isso só leva ao mal.

SALMOS 37.8

Há dias em que a gente acorda bem. Outros, nem tanto. E basta alguém falar a coisa errada, fazer um comentário atravessado, ou agir com indiferença, e pronto: o sangue ferve e o coração se arma. A vontade de pagar na mesma moeda e fazer justiça com as próprias mãos vem. Mas essa não é a vontade de Deus.

Davi sabia muito bem o que isso significava. Como vemos em 1Samuel 25, quando foi ofendido por Nabal, Davi partiu em direção ao confronto, com a espada em punho e fúria no coração. Ele estava decidido e certamente pensava: "Esse homem vai pagar pelo que fez!". Mas, no meio do caminho, Deus colocou alguém com mansidão suficiente para frear uma guerra, antes mesmo de ela começar: uma mulher chamada Abigail.

Ela não gritou cheia de razão, nem tentou vencer com argumentos, mas levou graça. Curvou-se diante de Davi e, colocando-se à frente de seu marido, Nabal, assumiu uma culpa que nem era dela, escolhendo desarmar com sabedoria o que a ira estava prestes a incendiar.

O que acontece depois é lindo: Davi ouve, para, respira e reconhece que, se não fosse por aquela mulher, teria cometido um erro que o marcaria para sempre. Porque, quando o coração se enche de amargura, perdemos o rumo. Um apontamento importante é que Davi teve a capacidade de ouvi-la.

Como é importante parar e ouvir a voz de Deus e de pessoas que Ele envia em meio aos nossos conflitos internos. Talvez hoje você esteja a poucos passos de dizer ou fazer algo que, aos seus olhos, parece ser certo ou justo, mas que, no fundo, é só a dor falando mais alto. Convido você a meditar na palavra de hoje e compreender que você não está lendo este texto por acaso.

Às vezes, na vida vai ser preciso abrir caminho para o recomeço.

@juniorrostirola

DEVOCIONAL 365
55/365

LEITURA BÍBLICA
1SAMUEL 25

ANOTAÇÕES

PLANEJANDO COM DEUS

O plano pareceu bom ao faraó e a todos os seus oficiais. Então, o faraó disse a José:
— Uma vez que Deus lhe revelou todas essas coisas, não há ninguém tão criterioso e sábio como você.

GÊNESIS 41.37-39

Planejar deve ser mais do que organizar passos para alcançar um objetivo, mas um ato de fé e parceria com Deus. Quando deixamos o Espírito Santo nos guiar no planejamento, nossas ações ganham propósito, e nossos sonhos se alinham com os planos do Pai.

Você já pensou em como Deus é o maior exemplo de um planejador perfeito? Ele desenhou o universo com ordem, detalhou a criação do homem com precisão e amor. E, ainda assim, nos dá a oportunidade de planejar com sabedoria.

A história de José no Egito nos ensina muito sobre isso. Quando Deus revelou o sonho do faraó, José interpretou o que viria e elaborou um plano para salvar uma nação da fome. Planejar, para José, foi uma expressão de confiança em Deus.

Assim como José, somos chamados a organizar nossa vida, colocar nossos projetos diante de Deus e contar com o Espírito Santo para nos dar discernimento. Jesus também nos mostrou a importância do planejamento em suas ações, como na multiplicação dos pães e peixes. Ele iniciou com o que tinha, organizou as pessoas, agradeceu e trabalhou em equipe.

Que tal fazer o mesmo? Sonhe, ore, mas não pare aí. Planeje! Liste seus recursos, organize seu ambiente e mantenha uma atitude de gratidão e fé. **Lembre-se:** Deus não abençoa a desordem, mas nos ajuda quando nos rendemos à sua direção.

Convide o Espírito Santo a ser seu conselheiro e parceiro nos planos deste ano. Não faça nada sozinho. Quando você planeja com Deus, cada passo tem um propósito, e cada ação reflete a glória de Deus.

Quem não planeja o futuro planeja o fracasso.

@juniorrostirola

365 DEVOCIONAL
56/365

✝ LEITURA BÍBLICA
DANIEL 5.14
PROVÉRBIOS 2.6
TIAGO 1.5
SALMOS 75.6,7

ANOTAÇÕES

OUÇA

Mas, se alguém obedece à sua palavra, nele verdadeiramente o amor de Deus está aperfeiçoado [...].

1JOÃO 2.5

Sem dar ouvidos a Deus, você nunca saberá o que Ele tem a dizer.

@juniorrostirola

DEVOCIONAL 365
57/365

LEITURA BÍBLICA ✝
SALMOS 1

ANOTAÇÕES

O autor Mark Batterson certa vez disse em uma entrevista: "Quando você abre a sua Bíblia, Deus abre a boca". Quão poderoso é isso! Quando nos dispomos a ouvi-lo, Ele fala conosco. A Palavra é um meio de Deus se revelar a nós e se comunicar conosco. Nas Escrituras, há ensino, instrução e aconselhamento para todas as situações que a vida nos apresenta, pois é fonte de sabedoria e orientação do alto.

Muitas pessoas dizem desejar ouvir a voz de Deus, mas não dedicam tempo algum do dia para orar e ler a Bíblia. Como alguém poderia receber a orientação Dele sem parar para ouvi-lo?

Se não priorizamos a oração e a leitura da Palavra, estamos negligenciando o relacionamento com Deus Pai. Se queremos nos relacionar com Ele de maneira pessoal e profunda, precisamos nos empenhar em cumprir a nossa parte. Não existe sabedoria e amor a Deus onde não há dedicação ao conhecimento e à prática da Palavra.

Em João 14.15, Jesus afirma: *"Se vocês me amam, obedecerão aos meus mandamentos"*. Isso significa que a obediência e o amor a Deus não podem ser separados um do outro. Como está escrito em 1João 2.5, o amor é aperfeiçoado por meio da obediência. Não podemos obedecer à vontade do Pai se não conhecermos as Escrituras e as praticarmos.

Se você deseja ter intimidade com Deus Pai, estude a Bíblia e ore todos os dias. Neste livro, proponho a você leituras complementares diárias para ajudá-lo a crescer espiritualmente. Leia e anote o que Ele fala ao seu coração. Lembre-se, porém, de que nada disso é uma obrigação ou tarefa para riscar da lista como cumprida; na verdade, é um precioso privilégio que Deus nos deu para que possamos nos aproximar Dele. Você se surpreenderá com o resultado.

BASE SÓLIDA

No entanto, quem ouve estas minhas palavras e não as pratica é como o insensato que construiu a sua casa sobre a areia. Caiu a chuva, transbordaram os rios, sopraram os ventos e deram contra aquela casa. Ela caiu, e foi grande a sua queda.

MATEUS 7.26,27

Viver é sonhar e fazer incontáveis projetos ao longo dos anos. E, neste sentido, tudo o que fazemos em nossa vida tem como objetivo ser assertivos e colher bons resultados; afinal, ninguém planeja o próprio fracasso. Mas, muitas vezes, as coisas não acontecem como gostaríamos, e nos vemos frustrados ao ver tudo aquilo que planejamos, e nos esforçamos por tanto tempo para construir, desmoronar diante de nossos próprios olhos, como um castelo de areia sendo consumido pelas ondas do mar.

Assim como em uma construção, você pode errar na edificação por não ter uma base sólida, algumas coisas em sua vida podem ter dado errado por terem sido construídas em cima de uma estrutura frágil. Então, sua conclusão é de que você fracassou, e a sensação de vazio toma conta da sua vida. Diante disso, o mais comum seria simplesmente desistir de tudo. Entretanto, é possível em Deus desconstruir e recomeçar com a estrutura ideal para todos os seus projetos de vida.

Não se garanta na força do seu braço, porque isso pode frustrá-lo. Certa vez, ouvi uma história em que o leão, que inicialmente despreza o ratinho, é ajudado por ele quando fica preso em uma rede. O ratinho, com sua inteligência e agilidade, consegue resgatar o leão, provando que a força não é a única forma de superar obstáculos.

Quando buscamos sabedoria do alto, agimos de forma correta, com menos cansaço e mais assertividade. Por exemplo, na construção, nada adianta acelerarmos a obra se não sentarmos, fizermos um projeto e analisarmos se ele é adequado ao terreno. Às vezes, aceleramos as coisas, e isso não é saudável, gerando grandes prejuízos. Gosto sempre de lembrar de que o mais importante não é a velocidade em que estamos, mas a direção em que nos movemos. Agir com sabedoria é você buscar em Deus aquilo que Ele tem preparado para você, pois assim o término da sua obra lhe trará satisfação, alegria e prazer.

Quando Deus é a base, a construção é segura.

@juniorrostirola

365 DEVOCIONAL
58/365

✝ LEITURA BÍBLICA
DEUTERONÔMIO 30.16
LUCAS 6.46-49
SALMOS 1.1-3
JOÃO 14.23,24

ANOTAÇÕES

CONTAGIE COM AMOR

Então Cristo habitará em seu coração à medida que vocês confiarem nele. Suas raízes se aprofundarão em amor e os manterão fortes.

EFÉSIOS 3.17, NVT

Seja influenciado por Jesus, para que o vejam em você.

@juniorrostirola

As redes sociais transformaram a maneira de acessarmos as notícias. Nos últimos anos, temos visto a ascensão de influenciadores digitais, os *influencers*. Esse crescimento impacta a forma com que as pessoas falam, se vestem e pensam, o que consomem, os locais que frequentam. Entretanto, a influência sobre outros indivíduos sempre existiu, ainda que de modos diferentes.

Jesus Cristo é, sem dúvida, a pessoa mais influente que já passou pela terra. Os discípulos o seguiram no decorrer de Seu ministério e aprenderam com Ele e com Seu estilo de vida. Mesmo aqueles que não tiveram a oportunidade de estar fisicamente com Jesus são influenciados por Ele e por Seus ensinamentos até hoje.

No livro *Em seus passos, o que faria Jesus?*, Charles M. Sheldon convida os leitores a refletirem a respeito do que Jesus faria em seu lugar. Você já pensou nisso? Existe alguma dúvida de que Jesus demonstraria amor a todos com quem Se encontrasse? Também deve ser assim o nosso modo de agir. Como seguidores de Cristo, devemos ser influenciados pelos exemplos Dele. A forma como Ele viveu deve estar marcada em nosso coração e em nossa mente, para sermos impulsionados a seguir Seus passos.

Além disso, somos chamados a viver de tal maneira que exerçamos influência, não para que as pessoas nos sigam ou queiram ser parecidas conosco, mas para que sigam Jesus e queiram ser mais parecidas com Ele. Por onde passarmos, temos de contagiar os outros com o amor de Cristo. Que a influência Dele na nossa vida seja a marca que nos distingue.

DEVOCIONAL 365
59/365

LEITURA BÍBLICA †
1JOÃO 3

ANOTAÇÕES

AMAR UNS AOS OUTROS

É ESTAR SENSÍVEL A PONTO DE SE DOAR AO PRÓXIMO.

HOJE É DIA DE

Espalhar o Amor

Vamos juntos!

E O ATO DE AMOR DE HOJE É...

Pagar ou servir um café a alguém.

Seja numa cafeteria, seja no trabalho, seja na sua casa, o importante é neste dia demonstrar amor por meio de um ato tão simples e ao mesmo tempo tão importante para aquele que o recebe. Talvez isso seja tudo o que essa pessoa precise no dia para se sentir amada.

Juntos vamos impactar o Brasil espalhando o amor!

Junto com o ato de amor, deixe um bilhete escrito assim:

"Você é importante e amado por Deus Pai".

Assista para entender melhor.

Compartilhe o seu ato de amor para inspirar alguém!

Unidos no mesmo propósito, espalhando o amor.

café com Deus pai

OS BRAÇOS
QUE **ABRAÇAM**
SÃO MAIS
IMPORTANTES
QUE OS
LÁBIOS QUE
CONDENAM.

@juniorrostirola

Assista ao vídeo com a palavra e oração para este mês.

MAR
ÇO

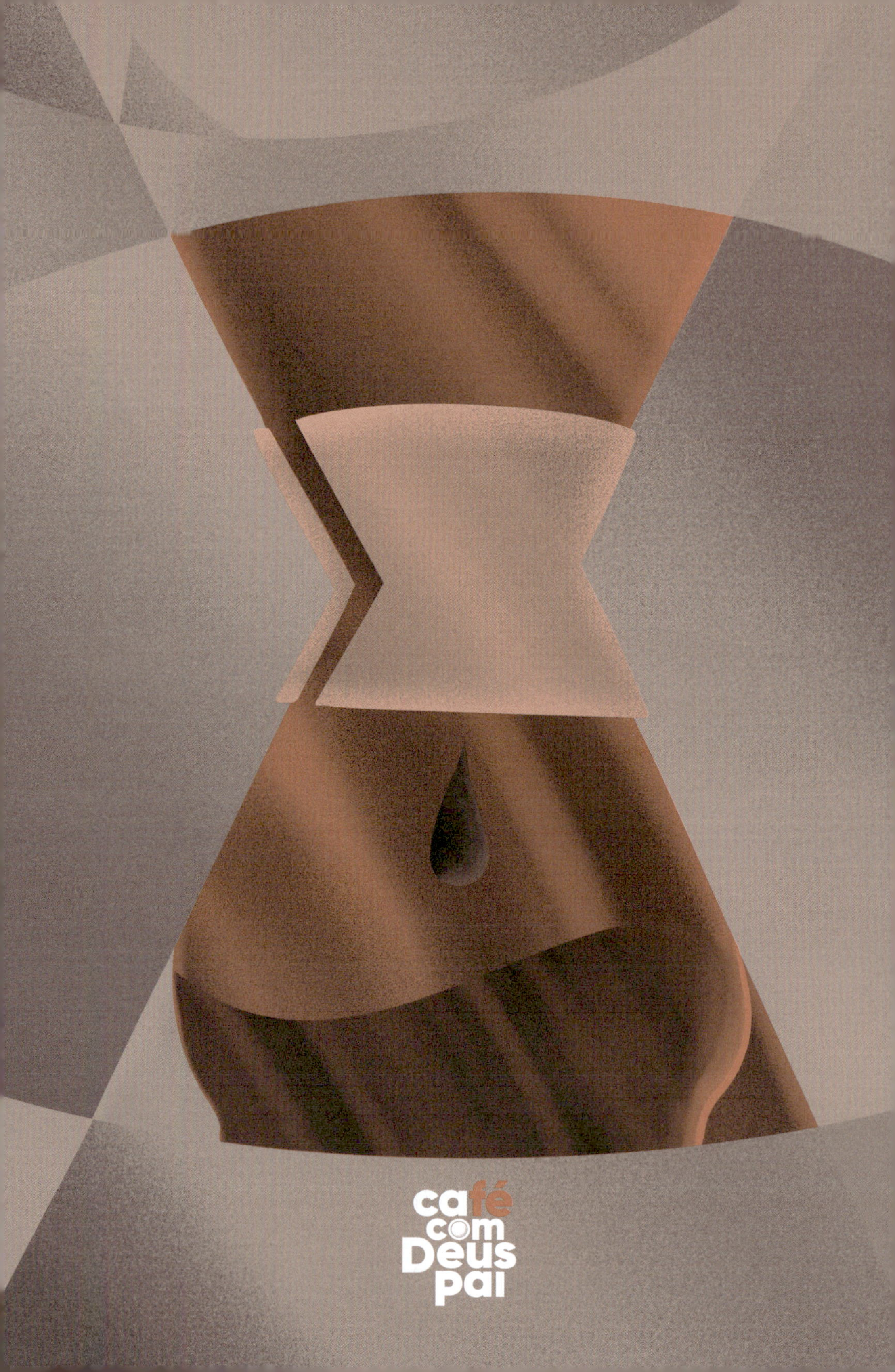
café
com
Deus
pai

UM COMPROMISSO COM DEUS

Vocês viram o que fiz ao Egito e como transportei vocês sobre asas de águias e os trouxe para junto de mim. Agora, se me obedecerem fielmente e guardarem a minha aliança, vocês serão o meu tesouro especial entre todas as nações.

ÊXODO 19.4,5

A história entre Deus e a humanidade é marcada por alianças. Desde Adão até os israelitas, Deus sempre estabeleceu pactos para manifestar seu amor, sua fidelidade e seu compromisso com o homem. Uma aliança com Deus não é um contrato, mas um relacionamento profundo e cheio de propósito, no qual as partes se comprometem em cumprir o que ficou acordado.

Deus não falha em sua aliança. Ele promete abençoar, proteger e guiar. Sua fidelidade dura para sempre. Ele é o mesmo Deus que sustentou Noé em meio ao Dilúvio, que fez de Abraão pai de nações e que libertou Israel do Egito. Ele nunca falhou em suas promessas e jamais falhará. Mas uma aliança requer reciprocidade. No que diz respeito a nós, precisamos confiar plenamente em Deus, mesmo quando não enxergamos o próximo passo; buscar o que vem do céu antes das coisas deste mundo; renunciar ao pecado; alinhar nossas prioridades; desenvolver uma vida disciplinada de oração, meditação na Palavra e consagração. Não se trata de perfeição, mas de um coração disposto a obedecer.

Em Êxodo 24.3, quando Israel declarou: "Faremos tudo o que o Senhor falou", eles afirmaram seu compromisso com Deus. Assim também devemos responder hoje, escolhendo viver comprometidos com sua vontade. Essa aliança nos desafia a amar, perdoar e perseverar, mesmo diante das adversidades.

Deus nos convida a renovar nossa aliança com Ele todos os dias, e hoje é o dia de reafirmar seu compromisso, de viver segundo o propósito do Pai e experimentar o poder transformador de uma vida fiel e aliançada com Deus.

É na fidelidade a Deus que reafirmamos nossa aliança com Ele.

@juniorrostirola

365 DEVOCIONAL
60/365

† LEITURA BÍBLICA
DEUTERONÔMIO 7.6
ISAÍAS 40.31
JEREMIAS 31.3
MALAQUIAS 3.17
1PEDRO 2.9
SALMOS 103.19

ANOTAÇÕES

café com Deus pai

O JUSTO

Os justos florescerão como a palmeira,
[...] plantados na casa do SENHOR,
florescerão nos átrios do nosso Deus.

SALMOS 92.12,13

Essas palavras são do salmista Davi, que era músico e um poeta nato. Ao descrever a vida do justo, propôs que o justo florescerá como a palmeira. O justo é aquele que teme ao Senhor e não anda pela própria justiça, mas pela misericórdia de Deus. E de que forma nos enquadramos aqui?

Se eu for explicar como cresce e floresce uma pessoa bem-sucedida, diria: observe a palmeira, que incrivelmente cresce de dentro para fora, enquanto as demais árvores crescem por camadas exteriores, uma em cima da outra. Que bela lição extraímos dessa analogia! Todo crescimento de um ser humano quando é exterior não é saudável, pois é necessário crescer primeiramente dentro de si.

Outra característica da palmeira é o coração branco e macio, não podendo estragar-se tão facilmente. "*Senhor, quem entrará no santuário para te louvar? Quem tem as mãos limpas e o coração puro*" (cf. Salmos 24.3,4). Se o seu coração estiver contaminado, você não florescerá. E eu vou mais longe: você não verá a Deus. Veja a importância de proteger o coração.

Estudando ainda mais a palmeira, observo outras características: elas se alimentam por meio de raízes profundas; se você curvá-la e colocar uma pedra em cima para impedir seu crescimento, ela continuará crescendo; uma árvore normal aguenta 50 km/h de vento, enquanto a palmeira aguenta cinco vezes mais; se cortarmos uma palmeira próximo à sua raiz, ela voltará a crescer; e, pasme: até no deserto, enfrentando altas temperaturas, ela continua a se desenvolver. É maravilhoso saber que a vida do justo é comparada à palmeira!

Quero declarar que você crescerá, florescerá e frutificará. Ainda que o cenário da sua vida pareça desfavorável e até tente paralisar você, não tema. Há uma promessa: o justo florescerá!

Só suporta o vento quem tem raiz.

@juniorrostirola

DEVOCIONAL 365
61/365

LEITURA BÍBLICA †
SALMOS 92

ANOTAÇÕES

O SENHOR ESTÁ COM VOCÊ

Então, o anjo do Senhor apareceu a Gideão e lhe disse: - O SENHOR está com você, poderoso guerreiro.

JUÍZES 6.12

café com Deus Pai

O caminho do justo não é perfeito, mas é iluminado por Deus. Mesmo quando tropeçamos, Ele nos guia para nos colocar de pé novamente. Mas há momentos em que nossos passos parecem perdidos, e os caminhos, tão confusos quanto os pensamentos de Gideão diante do caos que Israel vivia.

Relembrando a história, os midianitas roubavam suas colheitas, destruíam suas terras e deixavam a vida do povo em ruínas. Trazendo para a nossa realidade, quantas vezes nossa vida também não se assemelha a esses campos devastados? Perdemos a paz, o controle e, muitas vezes, a esperança.

A atitude de Gideão foi se esconder, com medo e cheio de dúvidas, mas Deus o viu. Não como alguém pequeno ou incapaz, mas como um guerreiro. Quantas vezes duvidamos das palavras de Deus sobre nós? Preferimos olhar para nossos fracassos, limitações e decepções. Quando Deus se revela, Ele também nos desafia a olhar para dentro de nós mesmos. Israel estava cercado por problemas, mas Deus lembrou a seu povo que eles haviam se afastado Dele, e o chamado era claro: voltar. Gideão teve que encarar suas próprias dores, medos e dúvidas e entendeu que a culpa não era de Deus, e sim dos caminhos que haviam escolhido.

Confiar no Senhor é avançar em um ato de fé, uma atitude de acreditar mais Nele do que nos medos, críticas ou quaisquer outras intimidações da vida. Deus não quer que o nosso comportamento seja superficial ou covarde; Ele deseja que tenhamos a motivação mais profunda do nosso ser e quer ver a mudança acontecer de dentro para fora. Não esqueça disto: em cada batalha, Ele está com você, como nos lembra Isaías 41.10: *"Por isso, não tema, pois estou com você; [...]."*

Decida entregar seu coração ao Pai, pois Ele está pronto para restaurar o que foi quebrado e reconstruir o que foi destruído. Em Deus, você é um vencedor.

As nossas atitudes definem muitas das nossas conquistas.

@juniorrostirola

365 DEVOCIONAL
62/365

✝ LEITURA BÍBLICA
1CORÍNTIOS 1.27,28
2CORÍNTIOS 12.9
ROMANOS 8.31
JEREMIAS 1.6-8
SALMOS 118.6
ISAÍAS 43.1,2

ANOTAÇÕES

OBEDEÇA MESMO SEM ENTENDER

[...] e ele disse: - Assim diz o SENHOR: "Cavem muitas cisternas neste vale".

2REIS 3.16

Em tempos desafiadores, muitas vezes somos moldados a apenas sobreviver. Crescemos com a escassez, adaptados às limitações, acreditando que nossa realidade é tudo o que podemos alcançar. Quando Deus entra em cena, Ele nos convida a romper esses limites e a viver além do que os olhos podem ver.

A história de Josafá, rei de Judá, nos mostra a importância da fé em tempos de crise. Quando enfrentou a ameaça de Moabe, ele percebeu que não tinha o básico, como a água, para continuar a batalha. Nesse momento, o rei que vivia pela fé, não pelas circunstâncias, perguntou: *"Será que não há aqui um profeta do Senhor, para que consultemos o Senhor por meio dele?"* (v. 11). A busca mudou o curso da história. O profeta Eliseu trouxe uma palavra que parecia contraditória: *"Cavem muitas cisternas neste vale. [...] vocês não verão vento nem chuva; contudo, este vale ficará cheio de água"* (v. 16,17).

Essa ordem nos ensina que muitas vezes, Deus nos pede para agir, sem sinais aparentes, confiando que Ele trará o milagre. Aquele vale seco seria transformado, mas primeiro era necessário cavar. Assim também é em nossa vida. Quantas vezes você cavou sem ver resultados? Quantas orações, esforços e sementes parecem ter sido em vão? Deus diz hoje a você: "Continue cavando, porque as águas virão, ainda que não haja vento nem chuva". Esta tem sido minha oração: "Pai, não me deixe duvidar que o Senhor está fazendo neste tempo em minha vida. Quero ser obediente, não olhar para a direita nem para a esquerda. Ajude-me a não perder o foco, mas a me manter firme no mais importante: o propósito para o qual eu nasci".

Eu o convido a fazer a mesma oração hoje. Deus está chamando você para a obediência, ainda que não faça sentido aparente. Os vales secos serão encharcados, os campos darão seus melhores frutos, e sua vida será um testemunho para a glória de Deus.

Não permita que as distrações da vida roubem aquilo que Deus planejou para você.

@juniorrostirola

DEVOCIONAL 365
63/365

LEITURA BÍBLICA
HEBREUS 11.1
SALMOS 81.10
ISAÍAS 43.19
FILIPENSES 4.19
ÊXODO 14.21,22
JOSUÉ 3.13

ANOTAÇÕES

MANTENHA A CALMA

"Quando ficarem irados, não pequem". Não permitam que o sol se ponha enquanto durar a ira de vocês e não deem lugar ao Diabo.

EFÉSIOS 4.26,27

Manter a calma é um exercício muito difícil de praticar em meio aos compromissos e à agitação do dia a dia, porque, diante dos desafios, naturalmente acumulamos estresse, e isso acaba funcionando como gotas sendo acumuladas em um copo; sem que percebamos, ele vai se enchendo até transbordar, levando-nos à ira. O fato é que essa é a natureza do ser humano, e só é possível vencer esse sentimento com o auxílio do Espírito Santo.

Muitas vezes, não nos damos conta, mas é preciso vigiar, porque um momento de ira pode nos levar a tomar decisões precipitadas, magoando pessoas ou nos levando a atitudes que terão sérias consequências, destruindo relacionamentos ou afastando pessoas amadas.

Ao percebermos que o copo está se enchendo, é preciso parar, respirar e refletir sobre os fatores que geram estresse em nossa vida e buscar ajuda em Deus. Ao nos depararmos com circunstâncias estressantes, precisamos pautar nossa conduta com discernimento e sem murmuração, pois esta é um combustível responsável por aumentar ainda mais nossos problemas.

Não sei quais são as situações que levam você à ira, fazendo-o pecar em palavras e atitudes, mas estou convicto de que somente o Espírito Santo pode ajudar você nesse caso. Gosto de pensar na forma como Jesus agiria se lidasse com as situações cotidianas. Ao fazer isso, geralmente percebo que em muitos casos Ele faria diferente de mim, e isso me constrange a mudar de atitude. Já diz o provérbio: "*A resposta calma desvia a fúria, mas a palavra ríspida desperta a ira*" (Provérbios 15.1). Peça direção a Deus, e Ele lhe dará a mansidão e o domínio próprio necessários para vencer essas batalhas e manter a paz com todos.

Quando mantemos a calma, não erramos facilmente.

@juniorrostirola

365 DEVOCIONAL
64/365

✝ LEITURA BÍBLICA
MATEUS 5.21-24
COLOSSENSES 3.8-13

ANOTAÇÕES

ALÍVIO

Venham a mim todos os que estão cansados e sobrecarregados, e eu darei descanso a vocês.

MATEUS 11.28

Quem nunca se sentiu cansado, sobrecarregado e até mesmo desanimado? A vida, em seu ritmo frenético, nos empurra para cargas que nem sempre conseguimos suportar. As responsabilidades parecem nunca acabar, as contas chegam e as forças começam a faltar. É como se constantemente estivéssemos correndo para não ser esmagados por uma pedra gigante que todos os dias rola em nossa direção.

Jesus, porém, nos faz um convite cheio de graça: "Venham a mim". Não é um chamado apenas para buscar alívio passageiro, mas para viver um descanso que transforma nossa essência. O descanso que Jesus oferece não é ausência de desafios, mas uma troca: Ele assume o peso do nosso cansaço e nos ensina a caminhar com leveza, moldados por Sua mansidão e humildade. Essa troca só acontece quando decidimos confiar e entregar a Ele o controle de nossa vida.

Muitas vezes, corremos em busca de soluções humanas, acreditando que nelas encontraremos paz. Como o homem à beira do tanque de Betesda, esperamos que algo ou alguém nos mova. Contudo, assim como Jesus se aproximou daquele homem, Ele também se aproxima de nós, dizendo: *"Levante-se! Pegue a sua maca e ande"* (João 5.8). O descanso verdadeiro não vem do que podemos fazer, mas do que Ele já fez por nós.

É na presença de Deus que renovamos nossas forças. Por meio da oração e da Palavra, aprendemos que nossas maiores lutas são vencidas de joelhos. A paz de Cristo nos eleva acima das circunstâncias e nos lembra de que Deus é o nosso refúgio.

Hoje Jesus o convida a trocar a inquietação pela paz que excede todo o entendimento. Caminhe com Ele, aprenda Dele e permita que a paz Dele guarde o seu coração. O descanso que você precisa está disponível Nele.

Parece impossível? Não se Deus estiver com você!

@juniorrostirola

DEVOCIONAL 365
65/365

LEITURA BÍBLICA
MATEUS 6.31-34
ISAÍAS 40.29-31
SALMOS 34.18
1PEDRO 5.7
JOÃO 6.37

ANOTAÇÕES

07 | MAR

OBEDEÇA

Dentro do peixe, Jonas orou ao Senhor, o seu Deus, e disse: "No meu desespero, clamei ao Senhor, e ele me respondeu. Do Sheol, gritei por socorro, e ouviste o meu clamor".

JONAS 2.1,2

Cada um de nós enfrenta condições diferentes ao longo da nossa existência; é fato. Podemos não escolher o que a vida nos trará, mas podemos definir o que vamos fazer com o que ela nos entregar. Se estivermos deslocados do nosso destino, não prejudicaremos apenas a nós mesmos, mas poderemos até causar tempestades na vida das outras pessoas.

Foi exatamente o que aconteceu com Jonas ao desobedecer a ordem dada por Deus. Como consequência, ele prejudicou os que estavam à sua volta, sendo necessário ser lançado fora da embarcação a fim de salvar toda a tripulação.

Talvez você pense: "Mas eu não fiz escolhas erradas nem desobedeci a nenhuma ordem e mesmo assim a vida acabou me machucando. O que fizeram com a minha vida não me deu escolha". Eu entendo você, também já pensei assim. Mas, quando conheci Deus e me entreguei totalmente a Ele, entendi que, mesmo em meio a situações difíceis, é possível converter a dor em testemunho. Entendo que é melhor ser engolido por um grande peixe do que chegar ao lugar errado, porque os processos, ainda que difíceis, têm o poder de nos alinhar ao propósito.

Entenda que Deus não precisa de processos para nos dar algo, mas o fato é que muitas vezes nós é que precisamos deles. Quando os momentos difíceis chegarem em sua vida, não permita que o paralisem ou afastem você do propósito; pelo contrário, volte atrás se necessário e redefina sua rota de acordo com as orientações dos céus, pois só assim você viverá o propósito que Deus traçou para a sua vida.

A obediência a Deus gera o caminho que o levará ao propósito.

@juniorrostirola

365 DEVOCIONAL
66/365

✝ LEITURA BÍBLICA
SALMOS 107.28-30
SALMOS 42.6-8

ANOTAÇÕES

NOSSO MAIOR EXEMPLO

antes, esvaziou a si mesmo, assumindo a forma de servo, tornando-se semelhante aos homens.

FILIPENSES 2.7

Não existe uma posição na vida na qual se é importante demais para ajudar em tarefas humildes.

@juniorrostirola

DEVOCIONAL 365
67/365

LEITURA BÍBLICA
ISAÍAS 53.3-5
HEBREUS 2.14-17
MARCOS 10.45

ANOTAÇÕES

Nessa passagem, temos uma verdade muito marcante, que nos ensina profundamente acerca do caráter de Jesus. Ele, sendo o próprio Deus, decidiu esvaziar-se de Sua glória e assumir a posição de servo. Esse exemplo impactante nos desafia a olhar para dentro de nós mesmos e reconhecer o quanto ainda precisamos aprender com Cristo, buscando nos tornar mais parecidos com Ele, servindo uns aos outros com humildade.

Jesus nos ensina, por meio de Sua vida, que o verdadeiro valor não está em ocupar o lugar de destaque, mas em preparar o lugar para que outros possam se sentar. Essa lição foi vivida intensamente por Jesus, quando, mesmo sabendo que seria traído, escolheu lavar os pés de cada um dos discípulos. Um ato que não apenas demonstrou humildade, mas também revelou o coração de um líder disposto a entregar a Si mesmo, por amor a mim e a você.

Se o Rei dos reis não usou Suas prerrogativas para exaltar a Si mesmo, eu e você devemos abandonar qualquer sentimento de superioridade. Entenda que quem serve recebe mais do que quem é servido. O mais importante na vida não é quem senta na ponta da mesa, mas quem puxa a cadeira; quem está disposto a doar a sua vida em prol do seu próximo, pois, quanto mais doamos, mais nos parecemos com Jesus, que refletia o caráter do Pai em amor e compaixão.

Esta é a lição que devemos levar para nossa vida: a verdadeira liderança começa na humildade e no exemplo. Portanto, coloque-se à disposição para servir a Deus e às pessoas com alegria, pois o maior privilégio que podemos ter na terra é refletir a imagem de Jesus.

NÃO SE ABALE COM AS CRÍTICAS

- Filho, por que você fez isso conosco? O seu pai e eu estávamos aflitos à sua procura. Ele perguntou: - Por que vocês estavam me procurando? Não sabiam que eu devo estar envolvido nos assuntos do meu Pai?

LUCAS 2.48,49

café com Deus Pai

Em meio às celebrações da Páscoa, José e Maria não notaram que Jesus ficou para trás. Aos 12 anos, ainda era totalmente dependente dos pais, mas algo O diferenciava: Seu vivo e ardente senso de propósito. Jesus não buscava aplausos nem temia críticas; só queria cumprir Seu chamado e agradar ao coração do Pai.

Já mais velho e em Nazaré, Jesus entrou na sinagoga e pregou, mas Seus parentes e amigos O reconheceram e, como O conheciam desde a infância, não creram que Ele seria o Messias; para eles, Ele era apenas o filho de José e Maria.

Assim como Jesus enfrentou a rejeição, nós também podemos encontrá-la. Muitas vezes você não receberá o apoio ou reconhecimento, mas não pode se abalar por isso. Por diversas vezes, pessoas me frustraram e desanimaram com palavras ou opiniões nada construtivas, mas isso aconteceu porque foquei mais nas palavras delas do que nas verdades de Deus.

Hoje não me importo com as críticas, porque decidi viver as verdades do Pai. Não receba críticas de quem não caminha ao seu lado, pois muitas vezes, sem conhecimento de causa, criticam e invejam. Nem todos corresponderão às suas expectativas, mas não se deixe paralisar. O contrário também é verdadeiro: se você não vive em função dos elogios, tampouco deve viver em função das críticas. Em Provérbios 27.21, está escrito: *"[...] o que prova o homem são os elogios que recebe"*.

Certifique-se de estar na direção que Jesus traçou para a sua vida, cumprindo o que Ele tem lhe pedido. No final só você prestará contas a Deus. Ao receber críticas, não permita que elas o paralisem e, ao obter elogios, entregue-os a Deus, mas nunca permita que atinjam seu coração e acabem tornando-o orgulhoso ou ferido. Em todo o tempo, assim como Jesus, mantenha-se firme e siga com confiança rumo ao cumprimento do seu propósito aqui na terra.

Não deixe o barulho da opinião alheia abafar quem você é.

@juniorrostirola

365 DEVOCIONAL
68/365

✝ LEITURA BÍBLICA
MATEUS 2.13; 12.46,47
1SAMUEL 1.3
LUCAS 2.44

ANOTAÇÕES

O QUE DEUS NUNCA VIU

Nada, em toda a criação, está oculto aos olhos de Deus. Tudo, porém, está descoberto e exposto diante dos olhos daquele a quem havemos de prestar contas.

HEBREUS 4.13

Deus nunca viu uma situação que Ele não possa transformar.

@juniorrostirola

DEVOCIONAL 365
69/365

LEITURA BÍBLICA †
ECLESIASTES 12.14
SALMOS 139.1-4
LUCAS 12.2,3
SALMOS 33.13-15E

ANOTAÇÕES

Você já parou para pensar no que Deus nunca viu? Pode parecer uma pergunta estranha, mas a resposta revela quem Ele é e como se relaciona conosco. Deus, em sua infinita grandeza, nunca viu alguém que Ele não pudesse amar. Não importa quão distante ou quebrado você se sinta, o amor de Deus está sempre à sua disposição. Não há limites para esse amor que envolve, cura e restaura.

Em João 8, há a história da mulher apanhada em flagrante adultério que foi levada diante de Jesus. Os acusadores estavam prontos para julgá-la, mas Ele olhou para ela com misericórdia e disse: *"Eu também não a condeno. Vá e [...] abandone a sua vida de pecado"* (v. 11). É isso que o amor de Deus faz. Ele não só nos ama, mas nos perdoa. Ele não guarda mágoas, apenas nos dá a chance de recomeçar, contanto que estejamos dispostos a mudar.

Quando pensamos em situações que parecem insuperáveis — seja uma doença, seja um problema sem solução, seja um sonho que parece morto —, Deus nos mostra que nada está além do Seu alcance. Em Betesda, um homem esperava havia trinta e oito anos por cura. Jesus o encontrou e, com apenas uma palavra, transformou sua história. O mesmo Deus que levantou aquele homem está ao seu lado hoje, pronto para agir em sua vida.

Hoje, enquanto você enfrenta seus desafios, lembre-se: o mesmo Deus que vê todas as coisas nunca viu uma situação que Ele não possa transformar. Ele está ao seu lado, amando, perdoando e fazendo o impossível acontecer. Dê passos em direção ao perdão e à cura e mude completamente o rumo de sua vida.

O COMBUSTÍVEL DOS MILAGRES

Àquele que é capaz de fazer infinitamente mais do que tudo o que pedimos ou pensamos, segundo o seu poder que atua em nós, a ele seja a glória na igreja em Cristo Jesus, por todas as gerações, pelos séculos dos séculos! Amém!

EFÉSIOS 3.20,21

A magnitude dos milagres em nossa vida está intimamente vinculada ao tamanho da nossa fé. Qualquer dúvida acerca da capacidade de Deus em lidar com o impossível deve ser afastada, pois a Bíblia assegura que tudo é possível àquele que crê (Marcos 9.23). Surpreendentemente, o maior obstáculo para experimentarmos milagres somos nós mesmos, pois a ausência de fé pode paralisar nossa vida.

É crucial compreender que, enquanto muitas vezes aguardamos Deus de braços cruzados, Ele, na verdade, espera por nós de braços abertos. Seu desejo é abençoar nossa vida, ver seus filhos bem, vivendo aquilo que Ele sonhou para cada um deles. Mas a intervenção de Deus não se materializa sem a sincera disposição de interagirmos com tamanha graça. Fé, portanto, é a expectativa que abre os céus e atrai os milagres; é uma conexão vital.

Entender a fé como mais do que uma simples palavra é essencial. É uma atitude que atrai o poder e a intervenção de Deus em nossa vida. Semelhante a um motor sem combustível, uma vida sem fé nunca alcançará os espaços onde os milagres acontecem. Tanto isso é verdade que a Bíblia nos diz que, sem fé, é impossível agradar a Deus.

A partir de hoje, entenda que a fé não é apenas uma crença teórica, mas uma postura prática que abre espaço para a manifestação do poder e da vontade de Deus em sua vida. Ainda que o cenário ao redor seja contrário, lembre-se de que a fé não interroga nem calcula, mas sabe que Deus é poderoso para mudar qualquer situação.

café com Deus pai

A fé sempre será o combustível para seguirmos em frente.

@juniorrostirola

365 DEVOCIONAL
70/365

✝ LEITURA BÍBLICA
COLOSSENSES 1.9-14
ROMANOS 16.25-27

ANOTAÇÕES

NÃO SE DEIXE CONTAMINAR

Abel também trouxe as primeiras crias do seu rebanho com as partes gordas. O Senhor olhou com agrado para Abel e a sua oferta, mas não para Caim e a oferta deste. Por isso, a ira de Caim se acendeu, e o seu semblante desfaleceu.

GÊNESIS 4.4,5

A história de Caim e Abel nos ensina muito mais do que o primeiro assassinato registrado na Bíblia. Ela nos fala sobre o poder destrutivo da inveja, mas também sobre as escolhas que fazemos e sobre a graça que Deus oferece.

Quando Caim viu a aprovação de Deus sobre a oferta de Abel, seu coração se encheu de raiva. Deus, em sua bondade, não ignorou os sentimentos de Caim. Ele o advertiu: *"O pecado o espreita à porta; ele deseja governá-lo, mas você deve dominá-lo"* (Gênesis 4.7). Infelizmente, Caim não ouviu. Ele escolheu o caminho da inveja e do rancor, que o levou a cometer o terrível ato de assassinar o próprio irmão.

Quantas vezes olhamos ao nosso redor e deixamos o sentimento de inveja corroer a nossa alma? A inveja é silenciosa, mas devastadora. Ela nos rouba a alegria, a paz e a gratidão pelo que Deus já nos deu. Ela nos empurra para decisões que nos afastam do propósito divino.

Há, porém, uma solução. Em Jesus, encontramos a paz que o mundo não pode oferecer. Ele é a luz que nos tira da escuridão (João 12.46). Talvez você esteja enfrentando sentimentos de angústia, problemas financeiros, vícios ou relacionamentos quebrados. Pode ser que você se sinta preso em um ciclo de mágoas ou comparações. Mas Jesus quer libertar você. Ele quer substituir a inquietação do seu coração por uma paz que excede todo o entendimento.

Deixe que Jesus habite em sua vida hoje. Permita que Ele arranque a raiz da inveja, do ressentimento e da inquietação. Em Isaías 32.18, Deus nos faz uma promessa: *"O meu povo viverá em locais pacíficos, em casas seguras, em lugares tranquilos e de descanso"*. Essa paz está disponível para você agora. Ore, entregue suas lutas a Jesus, confie Nele. Porque, enquanto o pecado espreitar à porta, Cristo está no seu coração. Ele é o único que pode transformar sua história.

A inveja impede a felicidade.

@juniorrostirola

DEVOCIONAL 365
71/365

LEITURA BÍBLICA
NÚMEROS 18.12,17
HEBREUS 11.4
1SAMUEL 15.22
ISAÍAS 3.9
JUDAS 11

ANOTAÇÕES

É POSSÍVEL

Quando ouviu falar de Jesus, chegou por trás dele, no meio da multidão, e tocou no seu manto, porque pensava: "Se eu apenas tocar no seu manto, serei curada".

MARCOS 5.27,28

Falar de esperança e paz pode parecer desafiador quando olhamos para o mundo ao nosso redor, não é verdade? Presenciamos todos os dias notícias ruins, desafios e conflitos. A paz não é ausência de problemas, mas a certeza da presença de Deus em meio às tempestades, onde encontramos esperança, descanso, refrigério, ousadia e autoridade para não sermos levados pelas turbulências. Filipenses 4.6,7 nos lembra que, ao entregarmos nossas ansiedades ao Senhor, Ele nos concede a paz que excede todo o entendimento, e essa paz guarda não apenas nossa mente, mas também o nosso coração.

A história da mulher com hemorragia nos ensina lições preciosas, pois essa mulher tinha esperança de que em Jesus era possível encontrar cura para o seu corpo e paz para a sua alma. Por doze anos, ela carregou vergonha, dor e desesperança. Tentou de tudo, investiu o que tinha, mas nada mudou. Quantos de nós não nos sentimos assim às vezes? Mas, quando ela ouviu falar de Jesus, algo mudou. Sua fé a impulsionou a buscar a única solução que realmente poderia transformar sua vida. Muitas vezes, depositamos nossas esperanças em coisas ou pessoas que não podem nos salvar. Mas Jesus é a resposta. Sua paz não é como a do mundo — passageira e superficial —, mas duradoura e profunda.

Assim como essa mulher, precisamos dar passos de fé. Mesmo no meio da multidão e das dificuldades, ela avançou para tocar em Jesus, crendo que aquele ato corajoso e ousado poderia mudar tudo, e de fato mudou.

Confie em Deus. Sinta-se abraçado agora mesmo e tenha a certeza de que somos sustentados por um Pai que estará sempre presente. Busque com fé, entregue suas ansiedades a Ele e experimente a paz e a esperança que só Ele pode dar.

Só Deus é capaz de nos dar força em dias turbulentos, trazendo a nós descanso e paz.

@juniorrostirola

365 DEVOCIONAL
72/365

✝ LEITURA BÍBLICA
MATEUS 9.21,22
LUCAS 8.44-48
MATEUS 14.35,36
HEBREUS 11.6
TIAGO 5.15
JOÃO 11.40

ANOTAÇÕES

O SOPRO DO ESPÍRITO SANTO

A mão do Senhor estava sobre mim, e pelo seu Espírito ele me levou para o meio de um vale cheio de ossos.

EZEQUIEL 37.1

Nem sempre o Espírito Santo nos conduz a lugares que consideramos agradáveis. Assim como Ezequiel foi levado a um vale cheio de ossos secos, Jesus foi conduzido ao deserto para ser tentado. Há momentos em que Deus nos direciona para terrenos difíceis, e esses vales e desertos não são castigos, mas lugares onde Ele revela Sua glória e manifesta Sua obra em nossa vida.

Deus perguntou a Ezequiel: *"Filho do homem, estes ossos poderão tornar a viver?"* (Ezequiel 37.3). Às vezes, Deus nos desafia a olhar para nossas situações secas e aparentemente sem saída e nos faz a mesma pergunta. A resposta de Ezequiel é uma lição de dependência: *"Ó Soberano Senhor, só tu o sabes"* (Ezequiel 37.3). Ele sabia que, por suas forças, nada poderia mudar naquela situação, mas reconhecia que, para Deus, nada seria impossível.

Quando o Espírito soprou naquele vale, algo milagroso aconteceu. Ossos se juntaram, nervos e carne surgiram, e vidas foram restauradas. Isso nos ensina que a verdadeira transformação só acontece quando deixamos o Espírito agir. Não importa quão secos estejam seus sonhos, sua fé, seu casamento ou seu coração, quando o Espírito Santo sopra, o impossível acontece e os milagres se manifestam.

Hoje, à semelhança de Ezequiel, não podemos avançar sem ter um direcionamento de Deus, Aquele que sempre nos sustentará diante dos vales e obstáculos. Antes de qualquer passo, decida ouvir a voz de Deus, pois Ele falará ao seu coração e o levará à escolha certa. Permita que o Espírito sopre sobre as áreas secas de sua vida. Deixe que Ele o conduza, mesmo que o caminho pareça árido e sem vida, porque onde o Espírito de Deus está, ali há liberdade, transformação e milagres.

Basta uma palavra de Deus para tudo mudar.

@juniorrostirola

DEVOCIONAL 365
73/365

LEITURA BÍBLICA †
EZEQUIEL 3.14
APOCALIPSE 1.10
ROMANOS 8.11
ISAÍAS 61.1
JOEL 2.28,29

ANOTAÇÕES

HÁ VALOR

Então, Jesus disse aos seus discípulos: - Por isso, digo a vocês que não se preocupem com a própria vida, quanto ao que comer; nem com o corpo, quanto ao que vestir. A vida é mais importante do que a comida, e o corpo é mais importante do que a roupa.

LUCAS 12.22,23

café com Deus pai

Jesus nos lembra que a vida é mais do que o alimento que comemos ou as roupas que vestimos. Ele nos chama a desviar os olhos das preocupações cotidianas e fixá-los Nele, que é fiel e cuida de cada detalhe. Assim como o Senhor sustenta as aves do céu e veste os lírios do campo com tanta beleza, certamente cuidará de nós. Mas essa confiança exige que entreguemos nossos medos e ansiedades, reconhecendo que não temos o controle, mas Ele tem.

A ansiedade, por exemplo, é uma das maiores inimigas da nossa paz. Ela nos faz tentar controlar o que está fora do nosso alcance e nos rouba a alegria de viver o presente. No entanto, Jesus nos ensina que as inquietações não podem mudar nada em nossa vida, pois, por mais que tentemos, não podemos acrescentar um único momento ao nosso tempo aqui na terra. Ele nos oferece algo muito maior do que a solução imediata para nossos problemas.

O convite de Jesus é para que deixemos o medo para trás e vivamos com coragem e confiança. Ele nos lembra de que somos preciosos para Deus, de que fomos chamados para receber um reino eterno e que, por isso, não precisamos temer o futuro. Essa verdade transforma a maneira de enxergarmos a vida e redefine nossos valores. Nosso coração precisa estar alinhado com o do Pai, e nossos tesouros precisam estar no céu, onde nada pode destruí-los.

Neste dia, permita que essas palavras de Jesus tragam paz ao seu coração. Confie Nele, entregue-lhe suas preocupações e deixe que o Senhor conduza seus passos. Simplesmente faça a sua parte. Ele tem algo muito maior e melhor reservado para você, algo que vai além do que você pode imaginar. Deus é bom e fiel, e você é mais valioso para Ele do que você pode dimensionar.

O seu valor está no preço que foi pago por Jesus na cruz do Calvário.

@juniorrostirola

365 DEVOCIONAL
74/365

† LEITURA BÍBLICA
MATEUS 6.25-27
FILIPENSES 4.6,7
SALMOS 55.22
MATEUS 7.7-11
HEBREUS 13.5,6
1PEDRO 5.7

ANOTAÇÕES

DÊ ADEUS AO PASSADO

"Esqueçam o que se foi; não vivam no passado."

ISAÍAS 43.18

Deixar o passado é dar oportunidade para o recomeço.

@juniorrostirola

DEVOCIONAL 365
75/365

LEITURA BÍBLICA
FILIPENSES 3

A sombra é um efeito visual que acontece quando um objeto opaco bloqueia a luz. As crianças gostam de brincar com a própria sombra e de formar figuras com as mãos. Nos adultos, porém, a tendência muda. Em vez de ver a sombra como algo impressionante, são amedrontados por ela.

O passado é como uma sombra. Sentimo-nos perseguidos por nossas escolhas e ações, pelo que aconteceu conosco, pela maneira como os outros nos feriram, pelos relacionamentos construídos e talvez até rompidos. No entanto, temos de entender que, assim como uma sombra não representa o objeto em si, o passado não define quem somos.

Muitas vezes, nossa visão distorcida do passado nos prende nele e nos impede de viver novas coisas no presente. Precisamos parar de lamentar as tristezas e as perdas do passado, os planos frustrados, as mágoas e a culpa. Também devemos parar de viver as conquistas do passado se queremos nos mover em direção ao novo.

Assim como uma sombra pode ser superada pela luz ou pelo movimento, o passado pode ser superado quando permitimos que a luz de Cristo ilumine nosso caminho. Só assim prosseguimos adiante sem que o passado nos paralise. Você não pode viver no presente remoendo as tristezas do seu passado.

Entender isso foi crucial para que o passado deixasse de exercer domínio sobre a minha vida. Abra o seu coração para Deus e permita que Ele remova tudo aquilo que o está impedindo de seguir o caminho que o levará a um futuro promissor. Existe algo lindo esperando por você logo ali. Siga adiante!

ANOTAÇÕES

TROQUE A SUA DIETA

Quando as tuas palavras foram encontradas, eu as comi; elas foram o meu júbilo e a alegria do meu coração, pois levo o teu nome, ó Senhor, Deus dos Exércitos!

JEREMIAS 15.16

Exames de rotina são necessários para cuidar da saúde física. Eles indicam se há algum problema no corpo que precise ser tratado. Em alguns casos, para melhorar ou evitar o surgimento de uma doença ou complicação, os médicos aconselham uma mudança no tipo de alimentação. Outras vezes, pessoas tomam essa iniciativa por motivos como estética, disciplina, entre outros. É certo que a saúde física está diretamente relacionada aos hábitos alimentares.

Nossa saúde espiritual também depende da nossa alimentação. Por isso, convido você a fazer uma autoanálise. Talvez você esteja insatisfeito com sua vida espiritual. É possível que o problema esteja nítido. Contudo, pode ser que você precise de um exame mais detalhado para revelar os aspectos em que precisa melhorar.

Qualquer que seja a situação, eu gostaria de sugerir uma nova dieta. E se, em vez de acordar e pegar o celular para consumir as notícias e atualizações nas redes sociais, você pegasse a sua Bíblia e se alimentasse dela? E se, em vez de beliscar prazeres momentâneos na tentativa de fugir da tristeza e do cansaço, você devorasse o encorajamento encontrado nas doces palavras das Escrituras? E se, em vez de engolir as propostas deste mundo, você se deliciasse com as promessas de Deus para a sua vida?

Com toda a certeza, essas mudanças podem ajudar a sua saúde espiritual. Eu não sei como você está hoje ou como tem sido o seu relacionamento com Deus, porém não tenho dúvidas de que o alimento de que você precisa é a Palavra.

Se você está insatisfeito com a sua vida espiritual, busque mais a Palavra de Deus.

@juniorrostirola

365 DEVOCIONAL
76/365

✝ LEITURA BÍBLICA
SALMOS 119.1-56

ANOTAÇÕES

CONSTRUA PONTES

Que o Deus paciente e encorajador dê a vocês um espírito de unidade, segundo Cristo Jesus.

ROMANOS 15.5

café com Deus pai

Na vida, o mais importante é construir pontes em vez de muros.

@juniorrostirola

DEVOCIONAL 365
77/365

LEITURA BÍBLICA
ATOS 10.9-48

ANOTAÇÕES

Deus Pai é tão criativo que criou cada pessoa com características únicas. A singularidade é fruto da rica imaginação do Criador. Quando convivemos em harmonia e unidade, Ele é glorificado.

No entanto, as diferenças sempre foram entendidas pelos seres humanos como problema. Muitos têm dificuldade de aceitar as pessoas como são e tentam constantemente moldá-las e mudá-las segundo seu ideal de como devem agir e falar. Dessa forma, aquilo que deveria ser visto como positivo se torna um obstáculo.

Relacionamentos, independentemente da origem e do nível de proximidade, precisam de manutenção e cuidados. Isso significa, inclusive, superar os obstáculos para viver em paz. Imagine se você vivesse isolado de todas as pessoas diferentes de você! Você não foi criado para viver afastado, mas para alcançar o outro, promover a reconciliação e preservar a unidade, a paz e a comunhão.

Desse modo, em vez de tentar mudar as pessoas, você tem de se esforçar para compreendê-las com empatia e amor. Ao olhar para as pessoas ao seu redor, pense em como Jesus as vê. Ele não afasta ninguém; pelo contrário, atrai a todos com amor e compaixão. Dedique-se, portanto, a fazer como Ele faz.

Em vez de permitir que as diferenças sejam barreiras, transforme sua perspectiva, para começar a vê-las como evidência do amor e do cuidado de Deus e como motivo para que Deus seja glorificado por meio da união. Então, não construa muros para impedir que outros se aproximem, mas construa pontes, pois assim você terá a graça de conhecer novas pessoas, aprender com elas e se tornar mais parecido com Jesus.

O PODER DO PERDÃO

Sou eu, José, o seu irmão, aquele que vocês venderam ao Egito!

GÊNESIS 45.4

café com Deus pai

Em toda a história de José descrita na Bíblia, nada é tão marcante para mim quanto o momento em que ele se revela aos seus irmãos. Eles o haviam traído, vendido como escravo e praticamente o apagado da própria memória. Agora, anos depois, José era governador do Egito e tinha todo o poder para se vingar. Mas escolheu algo mais difícil; ele escolheu perdoar.

O perdão de José não nasce da fraqueza, mas de um coração moldado por Deus. Ele entendeu que o plano do Senhor era maior que sua dor. José viu propósito no sofrimento e graça onde poderia haver rancor.

Essa história me veio à mente um dia após uma ministração, onde um homem veio falar comigo. Assim que o vi, soube quem era: um dos garotos que me batiam e humilhavam na escola. O tempo havia passado, mas aquela lembrança ainda vivia em mim. Ele não me reconheceu, mas eu me apresentei. Disse meu primeiro nome, pois era assim que ele me conhecia, e falei que me lembrava dele. Seus olhos se arregalaram, e então eu disse: "Está tudo bem! Eu já perdoei você há muito tempo. Fico feliz que você também tem buscado a Deus". Ele ficou em choque, e eu senti algo sendo quebrado dentro dele, pois era visível que ele estava preso ao ressentimento. Por mais que ele tenha me causado muita dor e medo na infância, com Jesus eu aprendi a não guardar rancor.

Entenda, o perdão não apaga o passado, mas transforma o futuro. Quem perdoa não nega a dor, mas a entrega nas mãos de Deus. Se você carrega mágoas, lembre-se de José, bem como de Jesus na cruz, porque o perdão é a ponte entre a dor e a liberdade. Por isso, deixo o meu conselho: atravesse-a. Pare por um instante e reflita: a quem você precisa liberar ou pedir perdão?

Perdoar é ser livre de qualquer âncora.

@juniorrostirola

365 DEVOCIONAL
78/365

✝ LEITURA BÍBLICA
GÊNESIS 50.20
MATEUS 18.21,22
2CORÍNTIOS 5.18,19

ANOTAÇÕES

SAIA DA SUPERFÍCIE

Mas bendito é o homem que confia no Senhor, cuja confiança nele está. Ele será como uma árvore plantada junto às águas e que estende as suas raízes para o ribeiro.

JEREMIAS 17.7,8

café com Deus pai

O nível do seu relacionamento com Deus depende de quanto você está disposto a se entregar.

@juniorrostirola

DEVOCIONAL 365
79/365

LEITURA BÍBLICA †
EZEQUIEL 47.1-13

Pessoas que não sabem nadar normalmente se restringem a colocar apenas os pés na água ou a ficar nas margens de piscinas, praias ou rios. As que têm mais segurança caminham até que a água chegue nos joelhos ou na cintura. No entanto, somente as que sabem nadar se arriscam a mergulhar fundo.

Assim também é no nosso relacionamento com Deus. Muita gente aceita Jesus, mas não se aprofunda nesse relacionamento, de modo que ficam na superfície, no raso. Outras pessoas ouvem pregações, vão semanalmente à igreja, mas não estão dispostas a cultivar intimidade com o Pai. E há o terceiro grupo: o das pessoas que não permitem que a água passe da cintura porque têm medo de serem levadas. A dificuldade destas é se permitir confiar plenamente em Deus, a ponto de serem conduzidas por Ele. Elas não querem perder o controle de ter os pés no chão.

No entanto, um relacionamento íntimo com Deus requer entrega completa, sem reservas. Temos de confiar no Pai, a ponto de abrir mão do nosso falso senso de controle e perceber que não há nada melhor do que mergulhar nas águas profundas da comunhão.

A profundidade do relacionamento com Deus pode se revelar claramente nas conversas de um indivíduo, na forma em que ele investe o tempo, na administração de recursos e finanças, nos relacionamentos, no conhecimento da Bíblia e na intimidade com Deus por meio da oração — ou na falta deles. O Pai quer revelar Sua abundância e plenitude; para isso, você precisa se entregar a Ele por completo. Ele não quer que você permaneça no raso, mas que mergulhe!

ANOTAÇÕES

21 | MAR

DISCERNIMENTO

Quem ouve a repreensão que dá vida habitará à vontade entre os sábios.

PROVÉRBIOS 15.31

As palavras têm poder. E a crítica, quer justa, quer não, tem um impacto direto sobre nós. Quem nunca se sentiu abalado por uma opinião alheia? Questionamos nosso valor, nossas escolhas, até nosso propósito. Em um tempo em que muitos têm voz e poucos empatia, precisamos aprender a ouvir com sabedoria.

Nem toda crítica é maldosa. Algumas, mesmo desconfortáveis, são verdadeiros instrumentos de Deus para nos moldar. O sábio não rejeita a correção; ele a acolhe, discerne e cresce com ela. A repreensão, quando fundamentada em amor, é importante. Já as palavras lançadas apenas para minimizar e ferir devem ser tratadas como o que são: ruídos que não definem quem somos.

Moisés conheceu bem a dor de ser criticado injustamente. Mesmo após libertar os hebreus de séculos de escravidão, foi acusado pelo povo quando as dificuldades surgiram. Em vez de reagir com amargura, ele buscou ao Senhor. E que lição preciosa: quando as vozes nos ferem, devemos voltar os ouvidos para Deus. Só Ele conhece nosso coração e nos guia com justiça.

Em todo grande avanço, você encontrará oposições. Jesus também foi alvo de duras palavras. Chamado de blasfemo, louco e impostor, respondeu com mansidão e amor. Mesmo inocente, perdoou. Ele nos ensinou que maturidade espiritual é saber responder com graça, não com ira.

As críticas inevitavelmente virão. Algumas serão ferramentas de Deus, já outras apenas dardos inflamados do Inimigo. Mas sua identidade de filho de Deus não pode depender do que dizem a seu respeito, e sim do que Deus declara sobre você. Se você não vive dos elogios, tampouco viva das críticas. Guarde o coração, ouça com discernimento e prossiga com paz. Eu já aprendi: entrego todo elogio e também toda crítica a Deus, pois Ele é a nossa justiça.

Não permita que as críticas definam quem você nasceu para ser.

@juniorrostirola

365 DEVOCIONAL
80/365

† LEITURA BÍBLICA
PROVÉRBIOS 13

ANOTAÇÕES

GENEROSIDADE

Lembrem-se: aquele que semeia com moderação também colherá moderadamente, e aquele que semeia com fartura também colherá fartamente.

2CORÍNTIOS 9.6

Quem vive somente para si não prova a satisfação de amar.

@juniorrostirola

DEVOCIONAL 365
81/365

LEITURA BÍBLICA †
MARCOS 12.28-34, 41-44

Um antigo provérbio popular diz: "O que guardei, perdi! O que gastei, tive! O que doei, tenho!". Isso nos mostra que, se tentamos reter os nossos bens, ferramentas e habilidades, podemos torná-las inúteis ou perdê-las; se, porém, fazemos bom uso de tudo, temos prazer e contentamento. É certo que nos tornamos mais realizados quando doamos o que temos: tempo, atenção, recursos, esforços.

Muitas pessoas não têm o coração generoso; aliás, não querem nada se não tiverem vantagem, o que as torna vazias e sem propósito. Elas se esquecem de que na vida é melhor dar do que receber e deixam de experimentar a grande satisfação que existe em servir ao próximo.

As pessoas que chamaram a atenção de Jesus não eram as que tinham riquezas, propriedades ou talentos impressionantes, mas as que tinham fé, amor e generosidade de sobra. Para ele, não importa o que temos; apenas que nosso coração esteja disposto a doar com alegria e pureza.

Precisamos aprender a nos apresentar diante de Deus com o objetivo de oferecer, não só querer algo Dele. Ele não está interessado em bens materiais; Deus quer um coração adorador, servo, humilde e doador em resposta a seu grande amor. Quando nosso coração é generoso, oferecemos tudo o que somos e temos sem reservas, preocupações nem medo, porque sabemos que, quanto mais doamos, mais nos parecemos com Deus Pai, que é o grande doador.

ANOTAÇÕES

23 | MAR

DEIXE PARA TRÁS

Não julguem, e não serão julgados. Não condenem, e não serão condenados. Perdoem, e serão perdoados.

LUCAS 6.37

Em nossa caminhada diária, nem sempre o que mais pesa é o que temos nas mãos, mas o que levamos no coração. Há uma antiga parábola que fala sobre dois viajantes que seguiam por uma estrada, quando encontraram uma jovem à beira de um rio. Ela não conseguia atravessar. Um dos viajantes, sem pensar duas vezes, pegou-a nos braços, atravessou com ela e a colocou do outro lado. Então, continuaram a caminhada. Horas depois, o outro viajante rompeu o silêncio: "Não deveríamos tocar em mulheres!". O primeiro respondeu: "Eu a deixei lá atrás. Você ainda a carrega?".

Quantas vezes fazemos o mesmo? Ficamos remoendo o que alguém fez, alimentando julgamentos, segurando ressentimentos ou cultivando culpas que já deveríamos ter deixado no passado. Enquanto Jesus nos convida à graça, apegamo-nos a regras, mágoas e percepções.

O amor de Deus é firme, mas também é compassivo. Jesus tocou leprosos, acolheu pecadores e libertou pessoas cativas. E ensinou: *"Não julguem, e não serão julgados"* (Mateus 7.1). Ele nos chama a agir com discernimento, sim, mas sempre com misericórdia.

Talvez hoje você precise se libertar de algo que tenha carregado por demasiado tempo. Uma crítica, uma lembrança dolorosa, um julgamento. Na sua caminhada na terra, o perdão tem de ser exercido. *"Sejam bondosos e compassivos uns para com os outros, perdoando-se mutuamente, como Deus os perdoou em Cristo"* (Efésios 4.32). Não carregue aquilo que deveria ter deixado lá atrás. O caminho fica mais leve quando o coração está livre.

Perdoar faz parte da vida de quem decidiu pelo amor.

@juniorrostirola

365 DEVOCIONAL
82/365

† LEITURA BÍBLICA
MATEUS 7.1-5
ROMANOS 14.10-13

ANOTAÇÕES

PROTEGIDOS

— Ah, meu senhor! O que faremos?
O profeta respondeu:
— Não tenha medo. Aqueles que estão conosco são mais numerosos do que eles.

2REIS 6.15,16

Independentemente do que a vida lhe apresentar, com Deus sempre haverá uma saída.

@juniorrostirola

DEVOCIONAL 365
83/365

LEITURA BÍBLICA †
SALMOS 91

Nem sempre Deus faz barulho quando está trabalhando. Na maioria das vezes, o Senhor opera em silêncio. Enquanto tentamos entender o que está acontecendo, muitas vezes paralisados pelo medo, Ele já está agindo por nós. Na passagem que lemos, o servo de Eliseu se desesperou ao ver o exército inimigo se aproximando e cercando a cidade. Ele ficou aflito e sem reação, mas Eliseu agiu com serenidade, confiante de que não há exército no mundo mais numeroso ou poderoso que o de Deus.

Olhando ao redor, o servo não via nada além de ameaça, ao passo que Eliseu orou para que o Pai abrisse os olhos dele, e naquele instante o jovem viu algo que não esperava: as colinas ao redor estavam cobertas de cavalos e carruagens de fogo, dos anjos. Eles não estavam sozinhos e nunca estiveram.

Quantas vezes também nos sentimos assim, cercados, sem saída? Ao olhar ao redor, só vemos problemas. Mas o que nossos olhos naturais não enxergam a fé pode revelar; afinal, a vista é a maior inimiga da visão. Saiba que Deus dá ordem aos seus anjos a nosso respeito (Salmos 91.11), contudo Deus está com você, mesmo quando tudo parece perdido.

Você não precisa entender como Deus vai agir. Só precisa confiar em que Ele já está agindo. Em alguns momentos da nossa vida, a melhor oração que podemos fazer é pedir que o Pai abra os nossos olhos. Porque, quando vemos com fé, o medo perde a força, e o coração se acalma. Então, lembre-se sempre: você não está sozinho. Respire fundo, pois Deus já está cuidando de tudo.

ANOTAÇÕES

FAÇA O SEU MELHOR

Não se vendem cinco pardais por dois asses? Contudo, nenhum deles é esquecido por Deus. Até os cabelos da cabeça de vocês estão todos contados. Não tenham medo; vocês valem mais do que muitos pardais!

LUCAS 12.6,7

café com Deus pai

Ostras são moluscos que, quando reagem a um corpo estranho que entra em seu organismo, liberam camadas de uma substância para envolver esse item e, assim, se proteger. Depois de uma média de três anos, estará formada uma pérola. Isso significa que o mal invasor não venceu, mas foi transformado em bem. E mais: um bem muito valioso.

Contudo, é interessante observar que coisas diferentes reagem de maneira diferente a situações semelhantes. Explico: quando cozinhamos, ao colocar batatas na água quente por alguns minutos, elas amolecem. Se, porém, colocarmos ovos, eles endurecem. Tudo depende do que está dentro, visto que a condição externa de água fervente é igual.

Se dermos sempre o nosso melhor nas situações que nos acontecem, nada será em vão. Deus se preocupa conosco e cuida de nós em todas as circunstâncias. Se Ele sabe quantos fios de cabelo há na nossa cabeça, não saberia das dores e dos corpos estranhos que tentam entrar em nosso coração para nos ferir e causar tristeza?

Quando nos sentimos fracos ou tristes, sem nem mesmo saber como orar, ou ainda se nos faltam palavras, devemos persistir em fazer sempre o melhor. A Palavra de Deus nos promete que Deus age em todas as coisas, em cada circunstância, para o bem daqueles que o amam (cf. Romanos 8.28). Ele cuida de nós; não precisamos ter medo de nada.

Quanto às nossas dores, vamos produzir lindas e valiosas pérolas de cada um de nossos sofrimentos.

Onde a vida lhe causar dor, seja amor.

@juniorrostirola

365 DEVOCIONAL
84/365

† LEITURA BÍBLICA
ROMANOS 8.1-39

ANOTAÇÕES

NA DIREÇÃO OPOSTA

Busquem a paz com todos e a santificação, sem a qual ninguém verá o Senhor.

HEBREUS 12.14

Talvez você nunca tenha se dado conta do quanto precisava de Deus, até o momento em que o encontrou.

@juniorrostirola

DEVOCIONAL 365
85/365

LEITURA BÍBLICA
1PEDRO 3.8-12
ROMANOS 12.17-21

Santidade não é apenas um conceito distante ou um ideal inalcançável; é um chamado que Deus nos faz diariamente. É um convite amoroso para vivermos de forma mais próxima Dele, permitindo que nosso coração seja moldado, nossa mente seja transformada e nossas ações reflitam Seu caráter.

Talvez você pense: "Mas como viver em santidade quando o mundo ao meu redor parece caminhar na direção oposta?". A resposta está em depender de Deus. Santidade começa com entrega. Não é sobre nunca errar, mas sobre decidir, todos os dias, que o pecado não terá mais espaço em sua vida. A cruz de Cristo nos chama a viver uma vida nova, deixando para trás aquilo que nos aprisiona.

Viver em santidade é também aprender a perdoar. Sei que isso pode parecer difícil, especialmente quando a dor é grande. Mas o Espírito Santo nos capacita a perdoar. Perdoar não é apenas um ato de bondade para com os outros; é um presente que damos a nós mesmos. O perdão liberta nossa alma e nos permite caminhar mais leves, na direção do propósito que Deus tem para nós.

Assim como um navio precisa flutuar sobre a água sem permitir que ela o afunde, devemos estar no mundo, mas não ser dominados por ele. É o Espírito Santo quem nos ajuda a andar na contramão do que nos distancia de Deus, produzindo em nós frutos de uma vida transformada.

Hoje Deus está chamando você a viver essa realidade. Não importa o que ficou para trás; o que importa é como você escolhe viver daqui para frente. Você é escolhido, amado e separado para um propósito maior. Responda ao chamado de Deus, viva em santidade e permita que Ele realize em você a obra que somente o Espírito Santo pode fazer.

ANOTAÇÕES

CICATRIZES

Temos, porém, esse tesouro em vasos de barro, para mostrar que o poder que a tudo excede provém de Deus, não de nós.

2CORÍNTIOS 4.7

café com Deus pai

Todos nós temos rachaduras — cicatrizes, limitações. Às vezes, elas nos fazem sentir inúteis, como se o pouco que conseguimos carregar não fosse suficiente. Mas há uma antiga parábola que nos ensina a olhar nossas rachaduras com outros olhos.

Uma mulher, todos os dias, buscava água com dois cântaros: um perfeito, e o outro, velho e rachado. O cântaro rachado chegava sempre pela metade e se envergonhava disso. Um dia, disse à mulher que ele se sentia inútil. Mas ela sorriu e respondeu: "Você reparou nas flores do lado do seu caminho? Eu as plantei. E todos os dias você as rega com a água que escapa. Se não fosse sua rachadura, elas não existiriam".

A vida muitas vezes nos causa rachaduras, que nos geram feridas, histórias e marcas que gostaríamos de esconder. Mas eu quero hoje chamar sua atenção para algo muito importante: a vida machuca, mas Deus cura. Ele conhece cada parte do nosso vaso e, ainda assim, escolheu habitar em nós.

A história conta que o vaso era velho e rachado, porém o que ele carregava era tão poderoso que regava as flores por onde passava. Não é diferente comigo e com você. Uma vez que nos permitimos ser curados pelo Senhor e reconhecemos Sua paternidade, carregamos algo poderoso, a ponto de regar a vida daqueles que passam por nós.

Em Deus, é possível transformar as feridas em cicatrizes, e essas cicatrizes carregam algo especial. Passam a não ser só marcas, mas o meio de Deus nos usar para abençoar alguém.

O que você enxerga como ruim, em Deus pode se transformar em algo poderoso. Talvez você nunca veja as flores que está regando com sua história, mas elas existem. E alguém está sendo tocado. Suas marcas estão fazendo florescer algo que você ainda não consegue ver. E, aos olhos de Deus, isso é belo demais para ser desperdiçado.

A transformação começa onde você está, não onde você gostaria de estar.

@juniorrostirola

365 DEVOCIONAL
86/365

✝ LEITURA BÍBLICA
2CORÍNTIOS 4.7-9
ISAÍAS 61.3

ANOTAÇÕES

A FONTE DO NOSSO SUSTENTO

É ele que faz crescer o pasto para o gado e as plantas que o homem cultiva, para da terra tirar o alimento: o vinho, que alegra o coração do homem, o azeite, que lhe faz brilhar o rosto, e o pão, que sustenta o seu vigor.

SALMOS 104.14,15

Gratidão é compreender que você não é tão bom sozinho, mas que depende inteiramente de Deus.

@juniorrostirola

DEVOCIONAL 365
87/365

LEITURA BÍBLICA
ÊXODO 16

ANOTAÇÕES

De tempo em tempo, caímos no engano de que conseguimos nosso sustento por somente nosso mérito, nossos esforços e nossa força. Embora nosso trabalho seja parte importante, não depende somente dele a nossa provisão, mas do Senhor. Quando focamos exclusivamente nossos esforços e habilidades, nos esquecemos da graça e da soberania de Deus.

Na época em que pastoreamos uma igreja na cidade de Presidente Prudente, no interior de São Paulo, enfrentamos dificuldades financeiras. Nossos armários estavam sempre vazios, não conseguíamos comprar nada. Tínhamos um filho pequeno, o que aumentava nossa angústia por não poder dar-lhe algo que desejava comer por falta de recursos. Certo dia, fui cedo para a igreja, me ajoelhei e passei a manhã em oração. Quando voltei para casa, Michelle estava chorando. Algo havia acontecido! Acabávamos de receber três caixas com compras de mercado com tudo de que precisávamos e diversos itens que nosso filho amava, como iogurte e bolachas. O incrível foi receber aquilo de que necessitávamos, mas o detalhe foi não vir na compra o arroz, que era o único item que tínhamos em casa.

E eu lhe pergunto: será que Deus conhece o profundo da nossa vida? Claro! Deus Pai conhece cada um de nós. Ele sabe quais são as nossas necessidades e supre cada uma delas de maneira muito melhor do que jamais poderíamos fazer por conta própria. As Escrituras nos lembram que o mesmo Deus que providenciou alimento para os israelitas no deserto e fez chover pão do céu nos enviou Jesus Cristo, o Pão da vida. Nele temos tudo de que precisamos e muito mais.

Portanto, ainda que o mundo acelerado pregue a autossuficiência, saiba que somente Deus Pai pode lhe dar o que mais você precisa. Ele é o Deus de toda a provisão!

ESCOLHAS

Busquem, pois, em primeiro lugar o reino de Deus e a sua justiça, e todas essas coisas serão acrescentadas a vocês.

MATEUS 6.33

café com Deus pai

Todos os dias, vivemos rodeados de compromissos, listas de tarefas e desejos. Estamos constantemente acumulando, organizando e tentando dar conta de tudo. Mas quando foi a última vez que você parou para avaliar o que realmente tem sido prioridade em sua vida?

Jesus nos convida a um caminho diferente. Ele diz: *"Não se preocupem com a própria vida"* (Mateus 6.25). Palavras difíceis de aceitar quando enfrentamos contas para pagar, relacionamentos a restaurar ou planos que não saíram como esperávamos. E se o segredo não for controlar tudo, mas confiar em Deus?

Uma vida desorganizada nos rouba a paz. Gavetas abarrotadas nos atrasam, compromissos mal planejados geram estresse e uma alma inquieta nos paralisa. No entanto, Deus nos chama a viver de forma ordenada, começando de dentro para fora.

Quando colocamos o Reino de Deus em primeiro lugar, tudo se alinha. Nossas preocupações cedem espaço para a paz de saber que Ele cuida de cada detalhe. Não precisamos soltar a âncora e velejar ao mesmo tempo. Ou confiamos, ou vivemos presos à angústia.

Jesus nos ensina a viver um dia de cada vez: *"Portanto, não se preocupem com o amanhã, pois o amanhã trará as suas próprias preocupações"* (Mateus 6.34). A ansiedade é um fardo que nos impede de experimentar o cuidado diário do Pai em nossa vida.

Deus o convida a reorganizar sua vida, redefinir suas prioridades e viver confiando Nele. Afaste do coração a ansiedade, permita que Ele cuide de você e descubra a alegria de viver para o Reino de Deus. O Senhor é fiel para suprir cada necessidade. A Sua provisão é perfeita. Viva o hoje com fé e paz, sabendo que o amanhã está nas mãos de quem tudo pode.

Suas prioridades definirão o seu amanhã.

@juniorrostirola

365 DEVOCIONAL
88/365

† LEITURA BÍBLICA
FILIPENSES 4.19
PROVÉRBIOS 3.5,6
JEREMIAS 29.13
COLOSSENSES 3.1,2
SALMOS 37.4,5
LUCAS 12.31

ANOTAÇÕES

FÉ INABALÁVEL

Se formos lançados na fornalha em chamas, o Deus a quem servimos pode livrar-nos, e ele nos livrará das tuas mãos, ó rei. Mas, se ele não nos livrar, sabe, ó rei, que não serviremos aos teus deuses nem adoraremos a imagem de ouro que mandaste erguer.

DANIEL 3.17,18

Há momentos na vida em que tudo parece ir bem e durante os quais é fácil dizer que confiamos na soberania de Deus. Com um sorriso no rosto, afirmamos que o Pai é bom o tempo todo. Contudo, são os momentos de dor e dificuldades que provam a nossa fé. As fornalhas e tempestades pelas quais passamos revelam se a nossa confiança é total ou tem condição para existir.

A verdade é que andar com Deus não impede que sejamos atingidos pelas dificuldades, mas nos dá a certeza de que Ele está conosco em todas as situações. Precisamos confiar que Deus tem um plano até mesmo quando tudo parece perdido e quando os desafios parecem insuperáveis. Quando a força humana se esvai, o poder do Pai entra em ação.

Talvez você esteja passando por uma situação que jamais imaginou viver. Talvez sua esperança esteja por um fio. Ainda assim, escolha ser fiel ao Deus que não falha e que jamais nos desampara. Creia que, nos momentos mais difíceis da sua vida, o Pai ainda está no governo e no controle. Ele tem um plano para esta semana, para este momento desafiador.

Confiar em Deus não significa somente acreditar que Ele removerá os obstáculos e as dificuldades, mas ter a certeza de que, ainda que Ele não os remova, continua sendo justo, bom, amoroso, misericordioso e fiel. As circunstâncias não devem determinar como você vê o Senhor e se relaciona com Ele. Na tranquilidade de um dia fresco ou na fornalha em chamas da tribulação, Ele está no controle de tudo e tem um plano para a sua vida!

A fé é o combustível fundamental para que você termine a jornada.

@juniorrostirola

DEVOCIONAL 365
89/365

LEITURA BÍBLICA ✝
DANIEL 3

ANOTAÇÕES

QUANDO AS MÁSCARAS CAEM

Não há nada escondido que não venha a ser revelado nem oculto que não venha a ser conhecido. O que vocês disseram no escuro será ouvido à luz do dia; o que sussurraram nos ouvidos dentro de casa será proclamado dos telhados.

LUCAS 12.2,3

Muitas pessoas usam máscaras para esconder quem realmente são. Elas começam a falar, agir e se comportar de determinada maneira na tentativa de esconder a realidade ou até mesmo de fugir dela. Contudo, ninguém consegue esconder a verdadeira essência por muito tempo. Uma hora ou outra, as máscaras caem.

A hipocrisia leva muitas pessoas a viverem de aparências, como se pudessem esconder as verdadeiras intenções, mas a Bíblia afirma que nada fica oculto aos olhos de Deus (cf. Hebreus 4.13). Ele conhece a intenção do coração de cada um de nós. Sabe quando estamos agindo com honestidade, sinceridade e transparência; sabe quando mentimos, fingimos ou escondemos algo.

Em Lucas 12, Jesus alerta os discípulos a esse respeito e afirma que não há nada *"oculto que não venha a ser conhecido"* (v. 2). Cedo ou tarde, o que está escondido virá à tona e será revelado por Deus. Então, de nada adianta tentar esconder, evitar, desprezar ou fugir da realidade dos seus atos, do seu caráter e das suas intenções.

Por esse motivo, Paulo exorta os cristãos a viverem com decência, *"como à luz do dia"* (Romanos 13.13) e a se tornarem *"irrepreensíveis e puros, filhos de Deus inculpáveis no meio de uma geração perversa e depravada, na qual vocês brilham como estrelas no mundo"* (Filipenses 2.15). Não importa o que você viveu até hoje, os seus erros não interferem no amor que Deus tem por você; o seu arrependimento o coloca novamente no propósito. Como filho de Deus, você não foi criado para se esconder atrás de máscaras, mas para viver uma vida de verdade, brilhando como estrela no mundo.

Máscaras a seu tempo caem e revelam o verdadeiro eu.

@juniorrostirola

365 DEVOCIONAL
90/365

✝ LEITURA BÍBLICA
ROMANOS 13.8-14

ANOTAÇÕES

café com Deus pai

JESUS É
A MAIOR
EXPRESSÃO DE
AMOR QUE O
MUNDO JÁ VIU.

@juniorrostirola

Assista ao vídeo com a palavra e oração para este mês.

ABRIL

café com Deus pai

AME SEM DISTINÇÃO

Ora, qual destes três te parece que se tornou o próximo daquele que caiu entre os ladrões?
E ele disse: O que mostrou misericórdia para com ele.
Então, disse Jesus: Vai, e faze tu do mesmo modo.

LUCAS 10.35,37 BKJ

Certa vez, um perito na lei perguntou a Jesus como poderia herdar a vida eterna. Em resposta, Jesus conta a parábola do bom samaritano. Nessa história, um homem foi atacado, roubado e deixado gravemente ferido à beira da estrada. Por aquele mesmo caminho, passou um sacerdote, que, ao ver o necessitado, preferiu não ajudá-lo. Logo depois, um levita também cruzou o caminho, mas igualmente ignorou o homem ferido. Por fim, passou um samaritano, alguém de uma cultura historicamente rival dos judeus, que, mesmo assim, estendeu a mão, prestou socorro e demonstrou compaixão genuína, sem fazer distinções.

Com essa parábola, entendemos que amar e estender a mão ao próximo não é algo que se limite por barreiras culturais, sociais ou ideológicas, mas que não tem distinção. Independentemente de concordarmos ou não com alguém, amar essa pessoa é nosso dever; um mandamento a ser cumprido de maneira integral. Jesus não faz acepção de pessoas, mas ama todas indistintamente, e nós devemos ser Seus imitadores.

Sou diferente de você e talvez eu tenha pensamentos divergentes dos seus em relação a muitas coisas. Entretanto, devemos convergir no amor uns para com os outros e nos princípios da Palavra de Deus, porque esses não mudam e não estão abertos a releituras.

Hoje é o dia ideal para começarmos a agir como o bom samaritano. Não ignore as oportunidades de fazer a diferença na vida de alguém, quer essa pessoa pense como você, quer não. Por isso, seja a mão que levanta, a palavra que consola e o coração que ama, como Jesus nos ensinou. Porque assim faremos do mundo um lugar melhor.

Amar é preciso em um mundo onde não se vê tanto amor.

@juniorrostirola

365 DEVOCIONAL
91/365

✝ LEITURA BÍBLICA
MATEUS 5.7
TIAGO 2.13
1JOÃO 3.17,18

ANOTAÇÕES

TANQUE OU MAR?

"O Espírito do Senhor está sobre mim, porque ele me ungiu para levar boas-novas aos pobres. Ele me enviou para proclamar liberdade aos presos e recuperação da vista aos cegos, para libertar os oprimidos."

LUCAS 4.18

Não se limite a um tanque, quando há um mar onde mergulhar.

@juniorrostirola

DEVOCIONAL 365
92/365

LEITURA BÍBLICA ✝
ISAÍAS 11.2-5

Certa vez, assisti a um documentário que chamou minha atenção. Em um dos parques mais famosos do mundo, o SeaWorld, nos Estados Unidos, algumas baleias orcas apresentavam um comportamento agressivo e imprevisível, mesmo sendo bem alimentadas e saudáveis. Os treinadores acreditavam que elas tinham aprendido a viver felizes em cativeiro; afinal, estavam ali havia anos. No entanto, especialistas revelaram uma realidade diferente: apesar do cuidado, elas estavam estressadas. Porque tinham sido tiradas do seu habitat natural. Na natureza, nadam centenas de quilômetros por dia. No tanque, dão voltas em círculos sem fim. Elas não estavam livres, mas em conflito, presas, limitadas.

Essa história ecoa em muitos lares. O lar deveria ser um lugar de refúgio, mas, para alguns, tornou-se um tanque apertado, uma prisão. Palavras ferem. Silêncios sufocam. Comportamentos imprevisíveis se tornam rotina. A verdade é que, onde não há espaço para o amor, o vazio entra, o estresse aumenta e o desânimo faz parte da rotina, pois, onde falta liberdade, nasce a dor.

Entretanto, há esperança. Jesus veio para libertar os oprimidos. Ele quebra cadeias invisíveis, alarga os espaços da alma e traz de volta o fôlego que perdemos. Talvez você se sinta nadando em círculos há tempo demais. Talvez o seu lar esteja mais para cativeiro do que para refúgio. Hoje Deus o lembra: o tanque não é o seu lugar. Você nasceu para um mar de águas profundas.

Permita que Cristo habite na sua casa. Convide-o a ocupar cada coração, cada ambiente, cada conversa, cada relacionamento. Ele é capaz de o livrar do tanque e o lançar no mar, onde o amor reina, a paz se faz presente, os sonhos não têm limites, a vontade de viver é profunda; aliás, Ele é o Príncipe da Paz. Onde Ele entra, há liberdade, cura, esperança e transformação.

ANOTAÇÕES

DEUS O REFAZ

Mas o vaso de barro que ele estava formando estragou-se nas suas mãos; por isso, ele o refez, moldando outro vaso de acordo com a sua vontade.

JEREMIAS 18.4

As principais etapas do processo de fabricação de um vaso de barro são a preparação da argila, a modelagem e a queima. Cada peça é única e requer o cuidado e a atenção do oleiro ao longo das etapas. Entretanto, fatores externos podem influenciar a produção e estragar ou quebrar o vaso, de tal modo que a única alternativa é recomeçar.

Assim também é a nossa vida. Algumas pessoas se veem despedaçadas pelas circunstâncias ou até pelas consequências de suas escolhas. Elas pensam que não há mais esperança ou maneira de reparar caráter, atitudes, temperamento, relacionamentos. No entanto, há esperança nas mãos do Oleiro, que pode refazer cada vaso, não importa como tenha sido afetado, moldando-o de acordo com a Sua vontade.

Em Sua graça e misericórdia, Deus Pai nos permite ser refeitos por meio do sacrifício de Jesus Cristo, que nos concedeu a redenção. Em Suas mãos, até mesmo o que para nós é um caso perdido pode ser remodelado de modo que O agrade. O Oleiro não abandona a criação; Ele toma o vaso de barro e começa a trabalhar para moldá-lo outra vez.

Talvez hoje você se veja em cacos, estilhaçado pelo que aconteceu em sua vida e sem esperanças. Mas existe esperança; nada está perdido. O lugar onde você deve procurar por conserto é na olaria de Deus. Diante do Oleiro, permita-se ser refeito, pois só Ele é capaz de pegar um vaso quebrado e transformá-lo num vaso novo.

Deus já vê a sua vida transformada e jamais desistirá de você.

@juniorrostirola

365 DEVOCIONAL
93/365

✝ LEITURA BÍBLICA
JEREMIAS 18

ANOTAÇÕES

ENCARE A SITUAÇÃO

É impossível escapar do teu Espírito;
não há como fugir da tua presença.
SALMOS 139.7, NVT

A mudança só acontece quando há arrependimento genuíno.

@juniorrostirola

DEVOCIONAL 365
94/365

LEITURA BÍBLICA
GÊNESIS 3

Desde a Queda, quando Adão e Eva desobedeceram à ordem de Deus e comeram do fruto proibido, a humanidade foi inundada pelo peso da culpa. O pecado causa vergonha. Assim como eles se esconderam do Criador após se darem conta do erro que cometeram, ainda hoje algumas pessoas tentam escapar da presença de Deus. De nada adianta procurar ir para longe da visão do Deus onipresente, pois Ele está em todos os lugares. Os olhos do Pai percorrem toda a terra.

O que resolve o problema é mudança de vida. E não existe mudança de vida enquanto não houver arrependimento. Fugir não é arrepender-se; é, na verdade, covardia. Muitos evitam orar ou ler a Palavra porque não querem ser confrontados pela realidade de seus atos. Contudo, o que muitas vezes não percebemos é que o caminho mais seguro é voltar para a presença de Deus e pedir perdão.

Assim como pais disciplinam seus filhos para que não voltem a cometer os mesmos erros e aprendam lições preciosas que moldarão sua vida e o prepararão para o futuro, Deus Pai nos corrige para que sejamos moldados segundo Sua vontade e preparados para viver com Ele e para Ele. Deus não é um pai humano negligente, que permite que nos livremos das consequências dos nossos atos; Ele é justo, amoroso e correto.

Não adianta sair correndo ou se esconder da presença de Deus. Está na hora de encarar os erros, apresentar-se ao Pai com coração quebrantado e sincero e pedir perdão. A rota mais segura não é a que o afasta de Deus, mas a que o aproxima Dele.

ANOTAÇÕES

JESUS, NOSSA PÁSCOA

Porque Deus tanto amou o mundo que deu o seu Filho Unigênito, para que todo aquele que nele crer não pereça, mas tenha a vida eterna.

JOÃO 3.16

A Páscoa é uma festa que nasceu entre os judeus. Do hebraico *pessach*, significa "passar por" e representa o sacrifício de um cordeiro por família do povo de Deus, onde tinham de passar o sangue desse cordeiro nos batentes das portas de suas casas para guardar os primogênitos da morte, que era a décima praga do Egito.

A Páscoa judaica foi o início da libertação do povo de Deus. Foi o famoso Êxodo liderado por Moisés. Deus ordenou que os israelitas celebrassem todos os anos uma festa para ensinar sobre isso aos filhos (cf. Êxodo 12.27). Eles eram escravos no Egito e se tornaram um povo livre e forte o suficiente para, mesmo em número menor, conquistar a terra que o Senhor lhes havia prometido: Canaã.

Existe, porém, muito mais na Páscoa do que a liberdade da escravidão física. Muitos anos depois, a festa ganhou novo significado quando Jesus ofereceu a própria vida em sacrifício por nossos pecados. Por amor, Cristo se tornou nosso cordeiro, aquele que foi sacrificado em nosso lugar, para garantir a maior libertação de todas, a da escravidão do pecado e da morte.

Foi o amor de Deus Pai por mim e por você que enviou Jesus, o Filho Unigênito, a este mundo. Cristo se entregou à morte para nos livrar do mal e nos conceder a vida eterna. Ainda que a maioria das pessoas não compreenda o real motivo dessa celebração, que você resgate o significado verdadeiro da Páscoa e ensine-o a todos que estiverem ao seu redor. A Páscoa deve ser a recordação do amor que nos libertou. J. C. Ryle afirmou: "É verdade que merecemos a morte, mas Cristo morreu por nós. É também verdade que somos devedores e culpados, mas Cristo pagou nossas dívidas com Seu próprio sangue. Esse é o verdadeiro evangelho!". Essa é a verdadeira Páscoa!

O amor de Deus é melhor que a vida, é mais forte que a morte.

@juniorrostirola

365 DEVOCIONAL
95/365

✝ LEITURA BÍBLICA
ÊXODO 12

ANOTAÇÕES

AOS OLHOS DE DEUS

Nada, em toda a criação, está oculto aos olhos de Deus. Tudo, porém, está descoberto e exposto diante dos olhos daquele a quem havemos de prestar contas.

HEBREUS 4.13

café com Deus pai

Você foi criado para ser um alvo especial do amor de Deus.

@juniorrostirola

DEVOCIONAL 365
96/365

LEITURA BÍBLICA
PROVÉRBIOS 14

Deus vê muito além da nossa aparência. Ele é capaz de ver o nosso coração, os nossos desejos, as nossas intenções e frustrações, e os nossos sentimentos mais ocultos. *"Senhor, tu me sondas e me conheces. Sabes quando me sento e quando me levanto; de longe, percebes os meus pensamentos. Tu conheces a minha jornada e o meu descanso; todos os meus caminhos são bem conhecidos por ti"* (Salmos 139.1-3).

Deus é onisciente, onipresente e onipotente. Quando temos essa clara compreensão de quem Ele é, passamos a entender que Ele é capaz de agir e operar na nossa vida de uma forma extraordinária. Independentemente da visão equivocada que você possa ter Dele, da frustração por uma resposta que acha que não obteve Dele no tempo e na hora em que mais precisava, de achar que Ele é alguém tão distante a ponto de não se importar com você, nada disso muda o amor que Ele tem por você. Max Lucado tem uma frase da qual gosto muito: "Um pouco de chuva pode reerguer o talo de uma flor. Um pouco de amor pode mudar uma vida".

Enxergar a Deus como Aquele que tem o controle de todas as coisas, que nos ama independentemente de quem somos, nos encoraja a crer que Deus nunca viu e nunca verá alguém que Ele não possa amar; alguém que Ele não possa perdoar; um doente que Ele não possa curar; um problema que Ele não possa resolver; um impossível que Ele não possa realizar; um Deus igual a Ele.

Deus é único, nada se compara a Ele, *"pois dele, por ele e para ele são todas as coisas"* (Romanos 11.36). Talvez até hoje você acreditou na mentira de que Deus não o estava vendo, que Ele não o amava, ou até mesmo que não havia mais solução para a sua vida. Hoje Ele fala, por meio deste livro, que você é amado, aceito, perdoado, restaurado, liberto, salvo em Cristo Jesus, uma vez que se entregue totalmente a Ele. Não siga nem mais um dia longe da sua presença. E eu concluo estas palavras com um texto para você meditar: um só dia com Deus é melhor do que mil sem Ele (Salmos 84.10).

ANOTAÇÕES

PROTEJA SEU CORAÇÃO

Acima de tudo, guarde o seu coração, pois dele origina a vida.

PROVÉRBIOS 4.23

Há uma riqueza preciosa que carregamos dentro de nós: o coração. Não apenas aquele que bate no peito bombeando sangue, mas o centro das nossas emoções, a essência do nosso ser. Deus, que nos conhece por inteiro, nos deixou um conselho profundo nesta passagem. Ele sabia que este mundo, com suas dores e desafios, nos machucaria. Sabia que viveríamos tempos em que guardar o coração seria um ato de coragem e fé.

O coração é um reflexo de quem somos. Ele sente, sonha, acredita e, às vezes, também se cansa. Há dias em que ele carrega mágoas, em outros, se perde na ansiedade do amanhã. É fácil olhar ao redor e ver que muitos estão com o coração ferido, desiludido, pesado. São as marcas deixadas por decepções, injustiças e perdas. Mas Deus, com seu amor infinito, nos chama para cuidar dessa fonte de vida. Ele nos chama a entregar tudo aquilo que nos rouba a paz.

Hoje, Deus olha para o seu coração, Ele conhece suas lutas e entende suas feridas. Mas também conhece o potencial que existe em você, e quer ser a fonte de cura e restauração. O que está pesando no seu coração hoje? Mágoas que você carrega há tanto tempo? Ansiedades que tiram seu sono? Ou talvez aquela sensação de vazio que insiste em aparecer? Seja o que for, Deus está pronto para aliviar o seu fardo, se você passar a caminhar na direção que Ele traçou para sua vida.

Cuidado com os enganos do seu próprio eu. Proteja o seu coração e não permita que as circunstâncias endureçam o que Deus criou para ser um espaço de amor e fé, por isso entregue suas dores a Ele e confie. Ele é o Deus que cura, restaura e renova. O Senhor é especialista em transformar corações feridos em corações pulsantes por vida e propósito.

O seu coração define o curso da sua vida. Guarde-o!

@juniorrostirola

365 DEVOCIONAL
97/365

✝ LEITURA BÍBLICA
JEREMIAS 17.9,10
COLOSSENSES 3.2
SALMOS 119.11
SALMOS 51.10
PROVÉRBIOS 3.5,6

ANOTAÇÕES

08 | ABR

OBEDEÇA À ORDEM DE JESUS

Ele disse:
— Lancem a rede do lado direito do barco e vocês encontrarão.
Assim fizeram, mas não conseguiam recolher a rede por causa da quantidade de peixes.

JOÃO 21.6

Não deixe Jesus de fora dos seus planos.

@juniorrostirola

DEVOCIONAL 365
98/365

LEITURA BÍBLICA
JOÃO 21.1-14

ANOTAÇÕES

Como você faz seus planos? Em geral, quando temos um objetivo, costumamos traçar planos e estabelecer metas para alcançá-los. Infelizmente, porém, muitas vezes nos esquecemos da parte mais importante do planejamento: ouvir a voz certa. Quando nossos projetos não são bem-sucedidos, ficamos tristes e questionamos o que levou a dar errado. A resposta para esse dilema pode ser encontrada no capítulo 21 do Evangelho de João.

Após uma noite inteira tentando pescar sem sucesso algum, os discípulos estavam tão frustrados que nem sequer reconheceram Jesus quando este lhes apareceu ao amanhecer. Jesus, porém, trouxe a solução para aquele problema ao ordenar que jogassem a rede do outro lado. Se estivéssemos no lugar daqueles homens, diante dessa instrução, talvez revirássemos os olhos e pensássemos: "Estou aqui a noite inteira. Eu sei que não tem nada do outro lado". Mas os discípulos o ouviram e obedeceram.

O mar, as redes, o barco e os pescadores eram os mesmos. Havia apenas uma, mas grandiosa diferença: eles receberam a instrução correta, o direcionamento do Mestre. Não eram mais aqueles homens que estavam no comando, e sim Jesus. Ouvir a voz de Cristo muda tudo!

Sem a orientação de Jesus, jamais encontraremos o que buscamos. A parte mais importante ao traçar um plano é submetê-lo a Jesus. Temos de nos lembrar de Provérbios 16.9: *"No coração, o homem planeja o seu caminho, mas o Senhor determina os seus passos"*. Quando lançamos nossas redes mediante a ordem de Jesus, não tem como dar errado!

QUANDO TUDO COOPERA PARA O BEM

José havia sido levado para o Egito, onde o egípcio Potifar, oficial do faraó e capitão da guarda, comprou-o dos ismaelitas que o tinham levado para lá. O SENHOR estava com José, de modo que ele foi um homem próspero na casa do seu senhor egípcio.

GÊNESIS 39.1,2

José foi traído pelos seus próprios irmãos, vendido como escravo e levado a uma terra estrangeira. Lá foi comprado por Potifar, mas, mesmo sendo fiel, acabou vítima de uma mentira da esposa de Potifar e preso injustamente. Imagine a dor que José deve ter sentido: traído pela família, injustiçado por algo que não fez, mas, ainda assim, ele não permitiu que o sofrimento o definisse. José sabia quem ele era em Deus e para onde o Senhor o conduziria. Foi essa certeza que lhe deu forças para superar cada etapa de seu processo, sem desistir.

Quando vivemos alinhados ao propósito de Deus, entendemos que todas as coisas cooperam para o nosso bem, e José compreendeu isso. Ele soube transformar a dor e as adversidades em passos rumo ao cumprimento dos sonhos que Deus havia colocado em seu coração. Sua trajetória nos ensina que até as situações mais difíceis podem ser usadas pelo Senhor para nos moldar e nos levar ao que Ele tem preparado para cada um de nós.

Durante muito tempo, eu também questionei o porquê de ter nascido na família em que cresci e qual era o motivo de eu ter enfrentado determinadas situações. Parecia que nada fazia sentido. Mas, ao encontrar a verdade em Jesus, percebi que até as circunstâncias contrárias estavam cooperando para o meu bem. Deus tinha um plano, mesmo quando eu não conseguia enxergar. Muitas vezes, fugimos do propósito porque nos acostumamos a viver de forma mediana, sem compreender a grandeza do que Deus tem para nós.

Hoje você tem uma escolha: continuar lamentando as feridas do passado, ou decidir se levantar, deixar Deus curar sua alma e avançar para o destino que Ele planejou para você. Lembre-se: sua resposta pode mudar tudo.

Dias difíceis podem surgir, não é novidade, mas mesmo nesses dias teremos Deus presente.

@juniorrostirola

365 DEVOCIONAL
99/365

✝ LEITURA BÍBLICA
JOSUÉ 1.9
ISAÍAS 41.10
SALMOS 23.1-4

ANOTAÇÕES

VENCENDO AS BATALHAS

Não foi pela espada que conquistaram a terra nem pela força do braço que alcançaram a vitória; foi pela tua mão direita, pelo teu braço e pela luz do teu rosto, por causa do teu amor para com eles.

SALMOS 44.3

café com Deus Pai

O que é uma grande batalha para um Deus que tudo pode?

@juniorrostirola

DEVOCIONAL 365
100/365

LEITURA BÍBLICA †
2REIS 7

O povo de Deus sempre passou por momentos desafiadores. Em todo o Antigo Testamento, há relatos a respeito da escravidão no Egito, do tempo no deserto, da fome e da sede, assim como de guerras por terras, castigo pela desobediência, exílio, cativeiro e tantas outras situações.

Por diversas vezes, os israelitas foram cercados por povos inimigos. Essa estratégia fazia com que eles ficassem isolados e cercados, de tal modo que não podiam fugir nem receber provisões, o que dava ao oponente vantagem nos ataques e permitia a dominação do povo de Deus.

De certo modo, às vezes também nos sentimos assim, como se estivéssemos rodeados por problemas e dificuldades. Como consequência, ficamos presos ao desespero, sem qualquer recurso ou perspectiva de futuro; emocionalmente isolados, paralisados pelo medo e tomados pela tristeza e pela angústia.

A boa notícia é que o mesmo Deus que fortalecia os israelitas e lhes concedia a vitória, a provisão e as estratégias para vencer está conosco em meio às nossas batalhas. Temos de reconhecer nossas prisões para que possamos vencer o desânimo pela fé de que o Senhor está conosco e pode mudar nossa situação, para que sejamos vencedores.

Quando Jesus veio ao mundo para nos reconciliar com o Pai e nos resgatar do domínio do pecado, as nossas dificuldades na terra não chegaram ao fim. No entanto, Deus nos capacita e nos encoraja a continuar, a combater os dias difíceis e os ataques pela certeza de que nosso Senhor Jesus venceu o mundo (cf. João 16.33). Contudo, nunca se esqueça disto: você não está sozinho. Deus se faz presente em todas as batalhas que você permite que Ele esteja.

ANOTAÇÕES

CONFORME O TEU QUERER

Maria respondeu:
— Sou serva do Senhor; que aconteça comigo conforme a tua palavra.

LUCAS 1.38

café com Deus Pai

Na oração que Jesus nos ensinou, um trecho diz: *"Seja feita a tua vontade na terra como no céu"* (Mateus 6.10). Assim como todo o restante da oração, esse trecho é rico em significado: devemos colocar a vontade de Deus em primeiro lugar, mesmo que precisemos renunciar à nossa vontade para viver a Dele.

Quando Maria recebe a melhor notícia que alguém poderia receber, sua resposta demonstra submissão. Aquela jovem viu um anjo, que lhe disse que ela, apesar de ser virgem, ficaria grávida e traria ao mundo o Filho de Deus. Talvez ela tenha pensado por um segundo em tudo que esse acontecimento colocaria em risco: seu noivado, sua reputação, sua segurança. Ainda assim, colocou em prática o princípio que Cristo nos ensinaria somente décadas depois: *"Seja feita a tua vontade"*.

Ainda que pudesse considerar que tinha tudo a perder, por se colocar à disposição do Senhor, Maria ganhou muito mais do que poderia ter imaginado. A obediência da jovem mãe de Jesus deve nos impulsionar a responder com fé ao chamado divino para a nossa vida. Sim, a obediência envolve renúncia, mas jamais seremos capazes de abrir mão de algo que possa ser comparado ao que Deus Pai reservou para nós.

Tenho o hábito de perguntar ao Senhor o que Ele deseja que eu faça, pois não quero mais viver para mim mesmo, mas fazer o que Ele me chamou para fazer. Encorajo você a também agir como Maria, a serva do Senhor, e a dizer "Que aconteça comigo conforme a tua palavra", ou, nas palavras de Jesus: "Seja feita a tua vontade".

Viver a vontade de Deus sempre será sua melhor escolha.

@juniorrostirola

365 DEVOCIONAL
101/365

✝ LEITURA BÍBLICA
LUCAS 1.26-38

ANOTAÇÕES

À ESPERA DE UM MILAGRE

Todas estas bênçãos virão sobre vocês e os acompanharão se obedecerem ao SENHOR, o seu Deus.

DEUTERONÔMIO 28.2

Faça a sua parte, pois Deus certamente fará a Dele!

@juniorrostirola

DEVOCIONAL 365
102/365

LEITURA BÍBLICA
JOSUÉ 6

ANOTAÇÕES

Você já ouviu alguém dizer que está à espera de um milagre? As pessoas costumam falar isso quando estão em uma situação que consideram tão difícil que parece não ter solução. Embora devamos, sim, esperar pelos milagres de Deus em nossa vida, precisamos entender que temos também de agir em vez de fazer como algumas pessoas que esperam sentadas por uma intervenção divina que transforme sua realidade.

Nosso Deus tem poder para operar milagres com ou sem nós; isso é um fato. Contudo, por Sua graça, Ele nos permite fazer parte desse processo por meio da obediência. Dessa forma, temos de nos lembrar que o milagre é precedido pelo empenho.

Para alguns, o empenho pode se tratar de exercer continuamente a confiança no Senhor, ainda que as circunstâncias sejam contrárias, e perseverar em vez de desistir e entregar os pontos. Para outros, pode ser a execução prática de algo que Deus determinou. De todo modo, a oração e a comunhão com o Pai são imprescindíveis durante a espera.

Estar à espera de um milagre, portanto, não se trata de ficar de braços cruzados e aguardar que Deus faça a parte Dele. Trata-se de ouvir a voz do Senhor e fazer o que Ele nos instrui, pois devemos ter a fé de que Ele é fiel para realizar milagres e para transformar a nossa vida enquanto agimos de acordo com o que cabe a nós.

O texto bíblico de hoje se inicia com uma promessa maravilhosa: "Todas estas bênçãos virão sobre vocês e os acompanharão". Mas não podemos separá-la da condição: "se obedecerem ao Senhor, o seu Deus". Então, obedeça primeiro; e você verá o agir de Deus.

DEIXE SUA MARCA

Tenham cuidado com a sua maneira de viver: que não seja como insensatos, mas como sábios, aproveitando ao máximo cada oportunidade, porque os dias são maus.

EFÉSIOS 5.15,16

Há momentos em que refletimos mais a respeito de quem somos e do legado que deixaremos após nossa morte. Para alguns, isso acontece na chamada "crise da meia-idade". Para outros, durante uma enfermidade ou um desafio que os leva a reavaliar como têm vivido. Mas a verdade é que não precisamos esperar um grande acontecimento para começar a pensar em nosso legado.

Por mais que muitos evitem pensar nisso, precisamos analisar a forma como temos vivido e que impacto geramos na vida das pessoas com quem convivemos. Muita gente não deixa nada além de dor, mágoa, intriga, maus-tratos e ofensas. Como é triste ver alguém chegar ao fim da vida sem ter plantado boas sementes. De nada adianta ter diversas conquistas profissionais, materiais e até mesmo diplomas acumulados, se você não estabeleceu relacionamentos fundamentados no amor, não deixou ensinamentos valiosos, não serviu a Deus e ao próximo.

Talvez você, como eu, não tenha recebido um bom legado de seu pai terreno. No entanto, Deus Pai nos ensina como devemos viver. Ele quer que marquemos a vida das pessoas com um legado eterno. Para isso, Ele nos concede Seu Espírito, que produz em nós fruto para a eternidade. Esse fruto é: amor, alegria, paz, paciência, amabilidade, bondade, fidelidade, mansidão e domínio próprio (cf. Gálatas 5). O Pai espera que cada um de nós viva assim.

Não perca tempo, comece hoje a semear. Não deixe para depois, não espere por um momento grandioso. Este é o momento para começar a plantar o legado que frutificará para a eternidade.

Semear bons frutos faz parte da vida de quem tem Deus como Pai.

@juniorrostirola

365 DEVOCIONAL
103/365

✝ LEITURA BÍBLICA
1CRÔNICAS 28

ANOTAÇÕES

ORE

Se o SENHOR não for o construtor da casa,
inútil será o trabalho dos construtores.
SALMOS 127.1

Onde há uma semeadura de oração, sempre haverá uma colheita da manifestação do poder de Deus.

@juniorrostirola

DEVOCIONAL 365
104/365

LEITURA BÍBLICA
PROVÉRBIOS 21.30,31
PROVÉRBIOS 3.5,6
SALMOS 33.16,17
SALMOS 121.1,2
ISAÍAS 26.3,4

ANOTAÇÕES

Imagine iniciar um projeto grandioso, cheio de sonhos e metas, mas sem consultar Aquele que conhece o fim desde o princípio. Não faz sentido, não é mesmo? A oração é o fundamento de toda construção que deseja durar, o alicerce para um futuro seguro e abençoado. É por meio dela que nos conectamos ao coração de Deus e permitimos que o Espírito Santo guie cada passo.

Jesus, nosso maior exemplo, vivia uma vida de oração. Ele orava sozinho, buscava ao Pai em momentos de alegria e angústia, mostrando que a oração não é apenas para tempos difíceis, mas uma conversa contínua com Deus. Ele nos ensinou que a oração é um momento de sinceridade, em que abrimos o coração e entregamos tudo nas mãos de um Pai que cuida de nós.

Orar nos aproxima de Deus. Quando derramamos nosso coração em oração, sentimos o peso da ansiedade ser substituído pela paz que excede todo o entendimento. O Espírito Santo, que intercede por nós, nos ajuda a orar com propósito, alinhando nossos desejos à vontade de Deus.

Vivemos em um mundo cheio de distrações e pressões, mas a oração nos mantém focados, firmes e vigilantes. É ela que nos lembra de que nossas batalhas não são vencidas pela força dos nossos braços, mas pela entrega dos nossos joelhos ao chão.

Assim como Jesus orou e multiplicou os pães e peixes, Ele espera que nós também façamos nossa parte. Dentro da palavra "oração" está a palavra "ação". É na prática que a fé se manifesta.

Então, neste ano, construa o seu futuro com oração. Entregue seus sonhos e desafios ao Senhor, confie nos planos que Ele tem para você. Porque tudo o que for edificado sem oração será frágil, mas aquilo que é construído em oração prevalecerá diante das tempestades.

PELA FÉ

Pela fé Abraão, quando chamado, obedeceu e dirigiu-se a um lugar que mais tarde receberia como herança, embora não soubesse para onde estava indo.

HEBREUS 11.8

Abraão estava lá na Mesopotâmia, rico, casado, com terras, servos, animais, em uma região muito próspera. Mas sua estabilidade não influenciou na decisão de seguir para uma terra que nem sequer conhecia, conforme a orientação, pois ele tinha sensibilidade de ouvir a voz de Deus, inclusive foi reconhecido como amigo de Deus.

Amigo é alguém que caminha próximo, que conhece bem o outro, que tem afinidade com seus gostos, com seu jeito; amigo é aquele que só pelo olhar já sabe o que o outro quer ou pensa. Sabe, quem caminha próximo de mim me compreende só pelo olhar. Isso só é possível pela confiança e pelo conhecimento adquiridos no dia a dia ao longo dos anos; não só nos momentos bons, mas nos momentos de dificuldades também.

Quando lemos sobre Abraão, percebemos que ele recebeu uma ordem acompanhada de uma promessa em que ele precisou aplicar obediência e fé. Exercer fé é a essência da vida cristã. Mesmo que Abraão não soubesse para onde estava indo, sua fé e obediência o levaram a viver e desfrutar do propósito que Deus havia estabelecido.

Convido você hoje a estar atento às orientações do alto, mesmo que sejam contrárias àquilo que você está enxergando fisicamente. Não mude de estação sem Deus determinar. Não faça negócios sem Deus falar. Não inicie um relacionamento sem a direção de Deus. É no relacionamento íntimo com Deus Pai que Sua voz se torna sensível e temos direcionamento para avançar no cumprimento da promessa. E, para isso, muitas vezes será necessário renunciar ao conforto, obedecer sem saber dos detalhes, ter visão para enxergar o plano maior, foco para não desistir da jornada e dependência para confiar em que a providência chegará no tempo certo.

Se você não puser a sua fé em prática, certamente as dúvidas inundarão o seu coração.

@juniorrostirola

365 DEVOCIONAL
105/365

✝ LEITURA BÍBLICA
ATOS 20

ANOTAÇÕES

16 | ABR

USE OS VENTOS FORTES A SEU FAVOR

Levanto os meus olhos para os montes e pergunto: "De onde me vem o socorro?". O meu socorro vem do SENHOR, que fez os céus e a terra.

SALMOS 121.1,2

Permita-se ser impulsionado, não abalado, pelos ventos fortes!

@juniorrostirola

DEVOCIONAL 365
106/365

LEITURA BÍBLICA
MARCOS 5.35-41

Um dos aspectos mais importantes para a navegação é o vento. Ventos fortes geram ondas grandes e agitadas, o que pode deixar o barco instável e aumentar o risco de acidentes. A direção do vento também é fundamental: quando o vento sopra na parte traseira, as correntes de ar ajudam a embarcação a ir para a frente, o que facilita a navegação. Ventos contrários, por sua vez, podem levar o barco para longe do destino. Assim, o segredo é saber se posicionar da maneira correta.

De forma semelhante, muitas vezes sentimos que as circunstâncias da nossa vida determinam nossa rota. Quando tudo está bem, dizemos que vamos "de vento em popa", isto é, as situações estão a nosso favor. Contudo, quando as tempestades e os ventos fortes chegam, e eles sempre chegam, ficamos sem rumo, agitados de um lado para o outro e com medo.

Para que saibamos nos posicionar da melhor maneira nesses momentos, precisamos desviar os olhos de nós mesmos, das circunstâncias e das nossas limitações. Temos de olhar para Deus, pois Ele é quem pode nos socorrer e sustentar. Ele tem poder sobre o vento e a tempestade, de modo que até os ventos fortes podem ser usados a nosso favor.

Devemos ser movidos pelo fato de que temos um Deus que não nos desampara nem mesmo quando somos atingidos pelas tempestades e pelos ventos da vida. Decida confiar naquele que tem poder para acalmar o vento e cessar as chuvas fortes na sua vida. Assim, você desfrutará da verdadeira paz. Lembre-se de que paz não se trata de ausência de conflitos, mas de autoridade sobre o caos.

ANOTAÇÕES

APRENDENDO A CONFIAR

Lancem sobre ele toda a sua ansiedade, porque ele cuida de vocês.

1PEDRO 5.7

café com Deus Pai

A respiração é uma das poucas funções do seu corpo que você realiza automaticamente. Entretanto, quando estamos em uma situação de estresse ou forte emoção, é comum respirarmos de maneira mais alongada, deixando o ar por mais tempo em nossos pulmões. Essa é uma estratégia interessante, que ajuda a diminuir a ansiedade momentaneamente.

A respiração controlada pode até nos ajudar em momentos pontuais, mas, quando a ansiedade se torna uma prisão e uma constante em nossa vida, é sinal de que estamos amarrados às preocupações. No texto que lemos, Pedro deixa claro que devemos entregar tudo a Deus, porque em todo tempo Ele cuida de cada uma das nossas necessidades.

Refletir sobre nossas preocupações cotidianas é crucial. Onde repousa o seu coração hoje? A ansiedade, quando não controlada, destrói a alegria, rouba sonhos e apaga a esperança. Troque todas as suas dúvidas pela certeza de que Deus está no controle de todas as coisas, pois nem sempre vamos compreender plenamente; portanto, o que nos cabe é confiar.

A decisão de confiar totalmente em Deus é um antídoto transformador. Ele é o Deus das causas impossíveis, capaz de realizar algo extraordinário em sua vida. E se hoje seus sonhos começarem a se desdobrar de maneiras inesperadas? Temos duas opções: nos desesperar, ou ter a convicção de que todas as coisas cooperam para o bem daqueles que amam a Deus, como está escrito na Bíblia. Liberte-se das amarras de um coração inquieto, entregue toda a sua ansiedade ao Pai e descanse, pois Ele cuidará de tudo.

Vencer amanhã é uma decisão de confiar em Deus hoje.

@juniorrostirola

365 DEVOCIONAL
107/365

✝ LEITURA BÍBLICA
ISAÍAS 26.3-8
FILIPENSES 4.4-9

ANOTAÇÕES

RENDIÇÃO

Ame ao SENHOR, *o seu Deus, com todo o seu coração, com toda a sua alma e com todas as suas forças.*

DEUTERONÔMIO 6.5

Quando nos entregamos a Deus por inteiro, vivemos na totalidade do Seu propósito.

@juniorrostirola

DEVOCIONAL 365
108/365

LEITURA BÍBLICA †
1CORÍNTIOS 10

ANOTAÇÕES

A integridade é uma qualidade cada vez mais desvalorizada, mas extremamente necessária. Uma das definições de "integridade" no *Dicionário Caldas Aulete* é: "Qualidade ou estado do que é inteiro, do que não está menor do que era ou do que deveria ser". Uma pessoa íntegra, então, se entrega por completo a seus relacionamentos e ao que se propõe fazer. Oferece comprometimento total.

Imagine se seu melhor amigo fosse 90% fiel, sincero e leal. Isso seria o suficiente para você compartilhar seus segredos com ele? Sem dúvida, esse relacionamento seria fragilizado, porque não existe compromisso parcial. Ou você está comprometido ou não está. Por que, então, tantas pessoas se contentam em entregar somente uma parte de si para Deus? Ele deveria aceitar apenas uma parte de nossa fidelidade, obediência e amor?

Deus não quer 90% de obediência; Ele quer nossa rendição completa. A vontade de Deus Pai é que busquemos fidelidade, amor, retidão e justiça em todas as áreas da vida, não somente em algumas partes de quem somos. Ele quer tudo. Por isso, Ele nos entregou o mandamento: "Ame ao Senhor, o seu Deus, com todo o seu coração, com toda a sua alma e com todas as suas forças".

Além disso, em 1Coríntios 10.31, o apóstolo Paulo nos orienta: "Assim, quer vocês comam, quer bebam, quer façam qualquer outra coisa, façam *tudo* para a glória de Deus". Ou seja, nas pequenas e nas grandes coisas, nas tarefas cotidianas e nos acontecimentos grandiosos, nos momentos de alegria e de dificuldade, temos de nos dedicar a fazer *tudo* para a glória de Deus!

TOME UMA DECISÃO

Simão Pedro lhe respondeu:
— Senhor, para quem iremos? Tu tens as palavras de vida eterna.

JOÃO 6.68

A vida é feita de escolhas. Cada uma delas, não importa se grande ou pequena, tem consequências. Existe, porém, uma decisão que impacta todos os aspectos e áreas da vida: seguir Jesus ou não.

O Evangelho de João narra uma ocasião em que muitas pessoas decidiram deixar de seguir Jesus. Quando se deram conta de que não teriam ganhos materiais ou terrenos para segui-lo, voltaram atrás em sua decisão e abandonaram o Mestre. Jesus tinha algo melhor e maior para oferecer, mas elas não estavam interessadas.

Logo depois dessa debandada, Jesus perguntou aos doze discípulos: "*Vocês também não querem ir?*" (João 6.67). E, em resposta, Pedro fez uma das declarações de fé mais fortes e comoventes da Bíblia, algo como: "*Jesus, para onde mais poderíamos ir? Que outro caminho poderíamos escolher? Não encontraremos em nenhum lugar aquilo que só tu podes nos dar: a vida eterna*".

Enquanto as outras pessoas estavam em busca de algo que pudesse melhorar sua vida terrena, os discípulos compreenderam que Cristo era tudo de que precisavam. Não era o caminho mais fácil, mas era e continua sendo o único caminho, e eles sabiam disso.

Cada um de nós tem de tomar essa mesma decisão todos os dias. Muitos acabam deixando Jesus e seguindo outros caminhos; inclusive, um deles é viver somente para esta terra, buscando apenas o que é terreno. No entanto, o que Cristo tem a oferecer é maior do que qualquer coisa que a vida aqui nos possa dar: a eternidade com Deus. Você jamais saberá que Jesus é tudo de que precisa até que Ele seja tudo o que você tem. Qual é, então, a sua escolha?

Tudo de que precisa, você encontra em Jesus.

@juniorrostirola

365 DEVOCIONAL
109/365

✝ LEITURA BÍBLICA
JOÃO 6.60-71

ANOTAÇÕES

A GRAÇA É PARA TODOS

Meus irmãos, como crentes em nosso glorioso Senhor Jesus Cristo, não tratem as pessoas com parcialidade.

TIAGO 2.1

O amor de Jesus constrange a ponto de não acusar.

@juniorrostirola

DEVOCIONAL 365
110/365

LEITURA BÍBLICA
JOÃO 4.1-26

Todo tipo de preconceito, intolerância, rejeição e injustiça estão cada dia mais espalhados pela sociedade. A essência do evangelho, porém, nos leva para o extremo oposto, pois a Bíblia nos revela um Deus justo, misericordioso, amoroso e imparcial (cf. Deuteronômio 10.17; Lucas 20.21; Atos 10.34; Romanos 2.11).

Os relatos sobre a vida de Jesus mostram que o evangelho alcança a todos: homens e mulheres, crianças e idosos, judeus e gentios, e, inclusive, aqueles que são desprezados pela sociedade. No Evangelho de João, encontramos uma história que nos mostra que a graça de Jesus se estende a todas as pessoas, não importa sua origem ou seu passado.

Quando a mulher samaritana se encontrou com Jesus à beira do poço, vemos que a graça de Cristo não pode ser impedida por barreiras sociais, culturais, históricas ou morais. A mulher samaritana era desprezada e tinha sido ferida pela sociedade, mas encontrou à beira de um poço muito mais do que poderia esperar. Jesus não lhe deu um pouco de água; Ele ofereceu a ela uma fonte abundante que jorra para a vida eterna. Aquela mulher ferida recebeu de Cristo cura, dignidade e acolhimento.

Assim também nós fomos encontrados por Jesus: feridos e sem esperança. Todavia, Nele fomos aceitos, curados e restaurados. Jesus não faz diferença de pessoas por origem, histórico familiar ou pelas escolhas erradas que fizemos no passado; Ele nos atrai com graça e nos chama a viver uma vida transformada. Vamos, juntos, seguir Seu perfeito exemplo, amar a todos e levar o evangelho aos quatro cantos do mundo.

ANOTAÇÕES

AOS PÉS DO MESTRE

Uma coisa pedi ao SENHOR e a buscarei: que eu possa habitar na casa do SENHOR todos os dias da minha vida, para contemplar a bondade do SENHOR e buscar a sua orientação no seu templo.

SALMOS 27.4

Este mundo nos pede o tempo todo para fazermos cada vez mais. Esse ativismo torna fácil perdermos de vista o que realmente importa. Nossas responsabilidades e atividades muitas vezes nos distraem e tiram nosso foco do que deveria ser nossa prioridade. Quantas pessoas estão tão atarefadas que nem sequer separam um momento para ler a Bíblia! Quantas preferem usar o celular e rolar a tela das redes sociais em vez de investir tempo em oração!

Precisamos nos dedicar a ser excelentes nas tarefas e nos papéis que desempenhamos, sim, mas a prioridade sempre deve ser o nosso relacionamento com Deus. Família, trabalho, estudos, lazer e autocuidado são essenciais para a nossa vida, embora nada disso deva ocupar nossa mente e tomar nosso tempo, a ponto de negligenciarmos nosso relacionamento com Deus.

Aquilo em que investimos nosso tempo revela o que é mais importante para nós. Quando a nossa prioridade é estar na presença de Deus, estudamos a Palavra, oramos e adoramos, demonstramos fé, somos obedientes e, acima de tudo, agimos com amor. Vemos isso na história de Maria e Marta, duas irmãs que responderam de maneiras diferentes à visita de Jesus. Enquanto Marta se ocupava com as tarefas da casa, Maria estava sentada aos pés de Jesus, ouvindo o que Ele tinha a dizer.

A escolha de Maria não se deu por preguiça ou negligência; ela escolheu estar com Jesus porque nada poderia ser mais importante naquele momento. A frustração de Marta com a irmã mostra as boas intenções dela, mas ela se esqueceu do principal. Sua presença aqui nesta leitura diz muito a seu respeito. Acredito que Deus Pai está orgulhoso da sua atitude de buscar esse relacionamento mais íntimo com Ele. Se queremos realizar nossas tarefas com excelência, precisamos primeiro nos sentar aos pés do Senhor.

Sua agenda revela as suas prioridades.

@juniorrostirola

365 DEVOCIONAL
111/365

LEITURA BÍBLICA
LUCAS 10.38-42

ANOTAÇÕES

MENTE E CORAÇÃO

café com Deus pai

Portanto, enquanto temos oportunidade, façamos o bem a todos, especialmente aos da família da fé.

GÁLATAS 6.10

Quando você não ama o seu próximo, você não consegue amar a Deus.

@juniorrostirola

DEVOCIONAL 365
112/365

LEITURA BÍBLICA
ATOS 4

Nosso Pai amoroso demonstra Seu cuidado e a Sua fidelidade para conosco de muitas formas. Uma delas acontece quando Ele usa outras pessoas para transmitir Seu amor e nos aproximar daqueles que compartilham da nossa fé. Ter uma comunidade é uma dádiva!

Houve diversos momentos ao longo da minha caminhada em que a oração dos meus irmãos na fé me deu forças. Certa vez, sofri um acidente de moto que resultou em uma fratura exposta e no diagnóstico de necrose. Os médicos diziam que a única saída era amputar o meu pé. Em meio à aflição, lembro-me de ter recebido a visita de Odília, uma irmã da igreja. Juntos, oramos e clamamos pela cura. E assim aconteceu. Após uma raspagem, a necrose começou a desaparecer, e a carne começou a se regenerar, de modo que me recuperei totalmente.

A Bíblia nos mostra que a igreja primitiva não era conhecida pelo egocentrismo ou pela busca por riquezas, mas pelo amor que os tornava um. Em Atos 4.32, está escrito: *"Da multidão dos que creram, uma era a mente e um o coração. Ninguém considerava unicamente sua coisa alguma que possuísse, mas tudo lhes era comum"*. Os primeiros cristãos dedicavam-se à oração e à intercessão, encorajavam uns aos outros e anunciavam as boas-novas com ousadia.

Como é lindo quando podemos contar com pessoas que estão dispostas a dedicar a sua vida ou o seu tempo para nos ajudar no processo, seja este bom, seja ruim. Torne-se um instrumento na vida de alguém, como a irmã Odília foi para mim naquele momento de tanta fragilidade, pois a oração dela fez toda a diferença em minha vida. Ainda que Deus não me curasse, recebê-la em minha casa me deu a certeza de que eu não estava só. Existe alguém à sua volta que precisa de algum tipo de ajuda? Esteja sensível para olhar ao seu lado e saber que você pode ser o socorro na vida de alguém, sabendo que um dia alguém pode ser o seu.

ANOTAÇÕES

CRIADOS PARA AMAR

Pois todos tropeçamos de muitas maneiras. Se alguém não tropeça no falar, tal homem é perfeito, capaz de dominar também todo o corpo.

TIAGO 3.2

Refletir sobre o impacto das palavras que proferimos é crucial. Elas têm o poder de abençoar ou amaldiçoar, e essa responsabilidade não deve ser subestimada. Nossas palavras são muito poderosas. Muitas pessoas até hoje carregam feridas no coração por algum dia terem recebido palavras duras ou de maldição, a ponto de paralisar determinadas áreas da vida. Por outro lado, quando utilizamos as palavras para compartilhar o amor, semeamos bondade e paz na vida das pessoas.

A temática do amor é central na Bíblia, pois Deus é a personificação desse sentimento. Alegar estar alinhado com o Pai, mas não ter o amor no centro de sua vida, não faz sentido. Amar é uma escolha diária, uma decisão que tomamos reiteradamente. Hoje quero explorar a ideia de que podemos expressar o amor por meio das palavras, da maneira que a Bíblia nos orienta.

Em Provérbios 18.21, está escrito que a língua tem poder para trazer morte ou vida, mas o resultado depende de como você a usa. O amor pode se manifestar em todo o tempo, por meio de nossas palavras, seja no trabalho, seja na escola, seja na faculdade, seja dentro de casa.

Amar verdadeiramente não exige um esforço extraordinário; basta decidirmos seguir o exemplo de Jesus. Considere como você tem utilizado suas palavras. Você tem sido um canal de amor ou de murmuração? Faça a escolha correta e compartilhe o amor de Deus por onde você for. Assim, você se tornará cada vez mais semelhante a Ele, pois o Pai nos ama em todos os momentos, independentemente das circunstâncias ou do que tenhamos feito.

Ame mesmo quando parecer não haver motivos.

@juniorrostirola

365 DEVOCIONAL
113/365

† LEITURA BÍBLICA
PROVÉRBIOS 10.18-21
COLOSSENSES 3.8-10

ANOTAÇÕES

DÍVIDAS PAGAS

[...] Ele nos perdoou de todas as transgressões e cancelou a escrita de dívida, que consistia em ordenanças e que era contra nós. Ele a removeu, pregando-a na cruz.

COLOSSENSES 2.13,14

Sua dívida foi paga pelo precioso sangue de Cristo.

@juniorrostirola

DEVOCIONAL 365
114/365

LEITURA BÍBLICA
MATEUS 18.21-35

Qualquer pessoa que já tenha acumulado dívidas sabe como é desesperador. Não conseguir pagar as contas pode ser consequência de escolhas e ações imprudentes, como compras em excesso e por impulso, falta de planejamento financeiro ou até mesmo de situações imprevisíveis. Em alguns casos, pode haver uma negociação com um prazo para a quitação ou juros sobre o valor inicial.

Agora imagine que você contraiu uma dívida muito mais alta do que pode pagar. Não há empréstimo bancário que possa tirá-lo dessa situação. Você não conseguiria quitar esse débito nem se pedisse dinheiro a todos os amigos e familiares. Um dia, porém, você recebe uma ligação do seu credor, e ele lhe diz que todas as despesas foram pagas por outra pessoa. Com certeza, você sentiria um misto de êxtase, gratidão e alívio.

Parece ser impossível algo assim acontecer, mas não é. O pecado nos tornou devedores, e não tínhamos recursos para pagar essa dívida. Contudo, Jesus interveio em nosso favor. Com preço de sangue, quitou nosso passado, embora Ele mesmo não tivesse nenhuma pendência.

Cristo apenas nos pede para abandonar os maus hábitos, nos arrepender com sinceridade e mudar de vida. Quando há arrependimento, Jesus cancela nossos pecados, nos purifica e liberta, remove a vergonha e a culpa, e restitui a nós por completo o que havíamos perdido.

O que o pecado nos tira, Jesus nos oferece de volta: a oportunidade. Temos um meio para recomeçar, livres de qualquer dívida. Pela graça, fomos reconciliados com o Pai e podemos viver o propósito em resposta a Seu amor. Desfrute daquilo que já está disponível!

ANOTAÇÕES

UM NOVO AMANHECER

O anjo disse às mulheres: - Não tenham medo! Sei que vocês estão procurando Jesus, que foi crucificado. Ele não está aqui; ressuscitou, como tinha dito. Venham e vejam o lugar onde ele jazia.

MATEUS 28.5,6

café com Deus pai

Deus é especialista em criar novos começos. Desde o princípio, a criação do Universo aconteceu pela força de Suas palavras. Ele disse: "Haja luz", e a luz surgiu. Cada parte da criação revela um propósito claro e especial de Deus, e o mesmo vale para a nossa vida. Assim como o sol nasce a cada manhã trazendo um novo dia, Deus nos oferece novos amanheceres repletos de oportunidades, renovação e milagres.

Viver, porém, esse novo amanhecer exige de nós algumas escolhas. Assim como os discípulos enfrentaram desafios nas últimas horas de Jesus na terra, nós também somos chamados a tomar decisões importantes que definirão nosso futuro. Judas escolheu o remorso que o levou à morte; já Pedro escolheu o arrependimento, e foi transformado. Hoje Deus nos chama a escolher o arrependimento verdadeiro, que gera salvação e nos permite recomeçar.

Além disso, somos desafiados a escolher o amor, assim como o ladrão na cruz que reconheceu Jesus e recebeu a promessa de vida eterna. Esse amor é uma resposta ao sacrifício de Cristo, que levou sobre si nossas dores e enfermidades, trazendo-nos paz e cura.

O novo amanhecer chegou. É tempo de arrependimento para um recomeço! Deixe o passado para trás e viva o propósito de Deus. A cruz nos lembra de que não há condenação para os que estão em Cristo, pois, como está escrito, Seu sacrifício nos libertou do reino das trevas e nos transportou para a luz. Que hoje seja o início de uma nova jornada, cheia de esperança, alegria e transformação.

O arrependimento faz parte da vida daqueles que desejam um recomeço.

@juniorrostirola

365 DEVOCIONAL
115/365

† LEITURA BÍBLICA
1CORÍNTIOS 15.20-22
APOCALIPSE 1.17,18
ROMANOS 6.9
MARCOS 16.6
LUCAS 24.5,6
JOÃO 11.25,26

ANOTAÇÕES

DIA DE MILAGRE

[...] — A minha alma está profundamente triste, em uma tristeza mortal — disse. — Fiquem e vigiem. Indo um pouco mais adiante, prostrou-se no chão terra e orava para que, se possível, fosse afastada dele aquela hora.

MARCOS 14.33,34

Ciente de tudo o que estava por vir, Jesus enfrentou uma angústia profunda, sentindo o peso de todo o pecado da humanidade recaindo sobre os Seus ombros. No jardim de Getsêmani, Ele viveu um momento de extrema aflição tão intenso que passou por um fenômeno conhecido na medicina como hematidrose, em que, sob uma pressão psicológica severa, os vasos sanguíneos ao redor das glândulas sudoríparas se rompem, fazendo o sangue misturar-se ao suor. Mesmo diante de tanto sofrimento, Jesus foi obediente. Ele sentiu medo, a ponto de pedir ao Pai, se possível, que afastasse Dele aquele cálice de dor, mas submeteu-se à vontade do Pai, pois sabia que o Seu sacrifício era necessário para cumprir o plano de salvação.

Com isso, aprendemos que, assim como Jesus, também enfrentaremos momentos de sofrimento que não poderão ser evitados. Contudo, Ele nos deixou o exemplo de como passar pelas horas mais escuras com fé, serenidade e confiança em Deus. Não há dor ou tribulação que possamos enfrentar que se compare àquilo que Jesus suportou por nós. Desde o Getsêmani até a cruz, Ele derramou Seu sangue poderoso e precioso para nos redimir e nos dar a vida eterna.

Independentemente da situação que você esteja vivendo, seja em tempos de tribulação, seja em tempos de alegria, há uma verdade que nunca muda e que foi conquistada na cruz do Calvário: há poder no sangue de Jesus! É por meio desse poder que milagres acontecem, que diagnósticos contrários são revertidos e que desafios impossíveis são superados.

Creia que o milagre que você tanto precisa é possível com Jesus. Não porque as circunstâncias pareçam favoráveis, mas porque Ele é fiel e poderoso para transformar qualquer cenário. Assim como Ele venceu, Ele também o capacitará a vencer. Ponha sua confiança no Senhor, pois no momento certo o milagre virá.

Eu viverei o milagre em Jesus.

@juniorrostirola

DEVOCIONAL 365
116/365

LEITURA BÍBLICA
MATEUS 6

ANOTAÇÕES

POR AMOR

Pois sabem que não foi por meio de coisas perecíveis como prata ou ouro que vocês foram redimidos da sua maneira vazia de viver, transmitida por seus antepassados, mas pelo precioso sangue de Cristo, como de um cordeiro sem mancha e sem defeito.

1PEDRO 1.18,19

Você já parou para refletir no que Jesus fez em seu favor? É algo tão grandioso que nossas palavras não são suficientes para descrever. O apóstolo Pedro nos oferece um vislumbre da profundidade desse ato de amor. Jesus derramou Seu precioso sangue para nos resgatar, não com prata ou ouro, mas com algo infinitamente mais valioso.

Antes de Cristo, vivíamos aprisionados em uma vida vazia, sem propósito. Éramos escravos do pecado, presos às trevas. Mas Jesus, em Sua infinita graça, veio nos resgatar. Ele nos comprou com o preço mais alto: Sua vida. Não somos mais escravos! Seu sangue nos purifica e nos dá a chance de uma nova história.

Paulo nos lembra em Romanos 5.8: *"Mas nisto Deus demonstra o seu amor por nós: Cristo morreu em nosso lugar, apesar de sermos pecadores"*. Isso é amor em sua forma mais pura. Jesus não esperou que estivéssemos prontos, perfeitos ou dignos. Ele se entregou por nós quando estávamos distantes. Quando olhamos para a cruz, vemos a definição de um amor que se doa, que se sacrifica, que nos alcança onde estamos.

Há uma história que ilustra bem isso: um violino antigo foi levado a um leilão. Ele parecia velho e sem valor, até que um mestre violinista o tomou nas mãos. Com apenas alguns toques, o som que ecoou daquele instrumento mudou tudo. O preço, que antes era insignificante, subiu às alturas. Assim é conosco. Em nossa consideração, parecemos imperfeitos, quebrados. Mas, quando Jesus nos toma, Ele revela o nosso verdadeiro valor.

Olhe para a cruz e lembre-se: você é profundamente amado.

A maior prova de amor que você já recebeu veio de Jesus. Isso é motivo suficiente para amar.

@juniorrostirola

365 DEVOCIONAL
117/365

✝ LEITURA BÍBLICA
1CORÍNTIOS 6.20; 7.23
COLOSSENSES 1.13,14
ROMANOS 3.24,25
APOCALIPSE 5.9
EFÉSIOS 1.7
HEBREUS 9.12

ANOTAÇÕES

NÃO RESISTA

Contudo, SENHOR, tu és o nosso Pai. Nós somos o barro; tu és o oleiro. Todos nós somos obra das tuas mãos.

ISAÍAS 64.8

café com Deus Pai

Quanto mais moldáveis somos, mais parecidos com Deus nos tornamos.

@juniorrostirola

DEVOCIONAL 365
118/365

LEITURA BÍBLICA †
SALMOS 18

ANOTAÇÕES

Às vezes, na vida somos como ferro e necessitamos ser forjados e esticados. Deus, em Sua soberania, permite que passemos por momentos de grande tensão, em que somos levados a altíssimas temperaturas, assim como o ferro no processo de moldagem. Contudo, esse teste do fogo não é para nos destruir, mas para nos purificar, moldando nosso caráter e nos tornando mais resilientes. Deus é o ferreiro perfeito e Ele sabe exatamente como usar o calor das situações para nos transformar.

Outras vezes, porém, estamos como o vaso de barro que, em sua essência, é frágil e sem muito valor em seu estado bruto, mas, quando está nas mãos do Oleiro, passa a ser moldado, ganhando forma, beleza e utilidade. O barro é moldável, maleável e disposto a ser transformado, ao contrário do ferro, que muitas vezes resiste, necessitando de um processo mais intenso para se tornar flexível.

Essas metáforas do ferro e do barro nos fazem refletir exatamente sobre quem somos diante de Deus: assim como o ferro, resistentes a mudanças, difíceis de moldar; ou, muitas vezes, como o barro, sendo maleáveis nas mãos de Deus. Interessante é que ambos passam por processos, embora um aceite com mais facilidade e o outro dependa de mais firmeza.

Meu convite hoje é para que você se autoavalie: como tenho reagido ao agir de Deus? Estou disposto a ser moldado com facilidade, ou resisto a isso? Independentemente de como você se define — ferro ou barro —, Deus deseja moldar você e aperfeiçoar a obra-prima de Suas mãos. Entregue-se nas mãos Dele, confie Nele e esteja aberto às mudanças. Declare: "Deus, não desista de mim até que eu consiga me tornar quem o Senhor deseja que eu seja."

DEUS CONOSCO

"Vocês me procurarão e me acharão quando me procurarem de todo o coração. Eu me deixarei ser encontrado por vocês."

JEREMIAS 29.13,14

Para um relacionamento se tornar forte e profundo, é preciso investir tempo, atenção e cuidados. Um casamento, por exemplo, depende do compromisso e da fidelidade mútuos, de amor, confiança, diálogo, renúncias e dedicação. Quando um dos cônjuges deixa de se empenhar para que a comunicação seja boa, o casal se afasta e pode haver sérios conflitos.

Nosso relacionamento com Deus também é assim. Uma das características mais impressionantes do caráter divino é que o Pai não se apresenta para nós como alguém frio e distante. Deus não está longe nem impõe barreiras para nos aproximarmos Dele. Pelo contrário, Ele ama relacionamentos e deseja ser conhecido por nós.

O próprio Deus deixou Sua glória e veio ao mundo como um bebê, viveu como adolescente, tornou-se adulto, andou pela terra e se relacionou com a humanidade. Jesus Cristo abriu caminho para que possamos ter livre acesso ao Pai outra vez. Jesus é pessoal. Ele é Emanuel, Deus conosco.

O pecado causou uma ruptura entre o Criador e os humanos, mas, pela graça, da parte de Deus, que enviou Seu próprio Filho, sempre podemos contar com Seu amor e fidelidade infalíveis.

Quanto a nós, será que temos sido pessoas confiáveis e renunciado ao que nos afasta de Deus? Será que temos cumprido o mandamento de amá-lo sobre todas as coisas? Precisamos refletir sobre o quanto nos dedicamos ao nosso relacionamento com Deus. Muitas vezes, queremos experiências profundas, mas não passamos de um relacionamento raso. Se você deseja viver além de sua experiência hoje, faça a sua parte.

Para vivermos um relacionamento profundo com Deus, é preciso negar a nós mesmos.

@juniorrostirola

365 DEVOCIONAL
119/365

† LEITURA BÍBLICA
JÓ 42

ANOTAÇÕES

AMOR EM AÇÃO

Mas um samaritano, estando de viagem, chegou onde se encontrava o homem e, quando o viu, teve piedade dele.

LUCAS 10.33

Reciprocidade não deve ser a condição do amor. Simplesmente ame!

@juniorrostirola

DEVOCIONAL 365
120/365

LEITURA BÍBLICA
1JOÃO 3.18
MATEUS 5.44

A mor e opinião têm sido misturados e confundidos nos dias de hoje, e a compaixão está cada vez mais sendo esquecida e abafada pela humanidade. Enquanto os discursos se exaltam, os corações se endurecem.

Contudo, ainda há uma resposta que aparece, um caminho que aponta para a cura. Jesus o mostrou quando contou sobre aquele homem ferido à beira da estrada, ignorado pelos religiosos de sua época, mas socorrido por um samaritano; alguém improvável, uma pessoa com quem, aos olhos de sua cultura, não deveria se importar.

O amor verdadeiro não pergunta quem é o próximo. Ele apenas vê a dor e responde a ela com compaixão. O samaritano não fez discursos ou tentou impor moral; ele simplesmente agiu. Usou de seu tempo, recursos e mãos para curar feridas. Levou o homem ferido para um lugar seguro e fez mais do que o esperado. E nós? Será que temos amado apenas com palavras, ou temos tido atitudes de quem verdadeiramente ama?

Hoje o próximo pode estar ao seu lado e, talvez pela correria da vida, você não o esteja enxergando. Talvez até seja alguém que pense diferente, que o magoou ou que nunca notou a sua existência. Ame-o mesmo assim, porque o amor não tem a ver com merecimento, mas com decisão. Diz respeito a fazer a vontade de Deus, que nos convida a amar o próximo como a nós mesmos (Mateus 22.39). Decida, então, amar todos os dias da sua vida!

ANOTAÇÕES

AMAR UNS AOS OUTROS

É ESTAR SENSÍVEL A PONTO DE SE DOAR AO PRÓXIMO.

HOJE É DIA DE

Espalhar o Amor

Vamos juntos!

E O ATO DE AMOR DE HOJE É...

Deixar um mimo para alguém.

Pode ser na mesa do colega de trabalho, do professor, dos colegas de sala, para a turma da academia, enfim, nos seus locais de convívio. Essa é uma maneira de você expressar ao seu próximo o quanto ele é importante e amado por Deus Pai. Sua atitude pode mudar o dia de alguém.

Juntos vamos impactar o Brasil espalhando o amor!

Junto com o ato de amor, deixe um bilhete escrito assim:

"Você é importante e amado por Deus Pai".

Assista para entender melhor.

Compartilhe o seu ato de amor para inspirar alguém!

Unidos no mesmo propósito, espalhando o amor.

café com Deus Pai

AME MESMO QUANDO PARECER NÃO HAVER **MOTIVOS**.

@juniorrostirola

Assista ao vídeo com a palavra e oração para este mês.

MAIO

café
com
Deus
pai

DIAS COMUNS

Porque fomos feitos por Deus, criados em Cristo Jesus, para boas obras, as quais Deus preparou previamente para que andássemos nelas.

EFÉSIOS 2.10

Às vezes, pensamos que encontros comuns não passam de mera coincidência. Mas Deus não trabalha com acasos; Ele trabalha com propósitos. E foi assim que conheci Francklin, um jovem haitiano que, em 2014, veio para o Brasil por direção de Deus. Até aquele momento, nem ele nem eu tínhamos ideia do que o Pai faria a partir daquele encontro.

Encontramo-nos em uma padaria onde ele trabalhava. Eu, como de costume, orava antes do café. Ele me viu e perguntou: "Você é cristão?". Uma pergunta simples. Uma conversa rápida, que resultou em um convite despretensioso para ele visitar nossa igreja, sem dizer que eu era pastor.

Naquela noite, Francklin apareceu no culto, e eu fiquei muito feliz. Ao término da ministração, o abracei, e naquele momento Deus sussurrou algo que eu nunca mais esqueci: *"A partir de hoje, ele é seu filho. E, por meio dele, você está abraçando a nação do Haiti"*.

Mal sabia eu que aquele abraço seria o começo de uma missão. Francklin entrou para o meu time, se formou em Teologia, foi discipulado, e dois anos depois voltou para o Haiti como missionário. Hoje há uma comunidade viva lá, com muitas crianças assistidas em escolas, famílias tendo sua fome saciada e o mais importante: conhecendo a Jesus. E pensar que tudo isso começou em uma padaria.

Deus não faz nada por acaso, mas precisamos estar sensíveis para compreender aquilo que Ele deseja fazer. Cada encontro tem um motivo detalhadamente projetado. Sua vida também faz parte de uma história maior, planejada pelo próprio Deus, por isso seja sensível e ouça os sussurros do céu, porque o que pode parecer apenas mais um comum e ordinário dia, pode ser o início de um grandioso plano do Pai em sua vida e por meio dela. Fique atento, pois Deus lhe dará sinais!

O extraordinário de Deus pode se revelar nos detalhes da vida.

@juniorrostirola

365 DEVOCIONAL
121/365

✝ LEITURA BÍBLICA
ROMANOS 8.28
ATOS 20.24

ANOTAÇÕES

VEJA PELA FÉ

[...] pois vivemos por fé, não pelo que vemos.

2CORINTIOS 5.7

Você já ouviu a expressão "Quem não tem a visão da casa pronta não suporta a obra"? Qualquer pessoa que já tenha feito uma construção ou uma reforma sabe como essas tarefas são cansativas. Por esse motivo, para resistir aos desafios e chegar ao fim do projeto, é necessário ter uma visão clara do objetivo.

Assim também deve ser com relação aos planos de Deus para nós. Se não tivermos clareza do nosso propósito, estaremos inclinados a desistir quando enfrentarmos desafios, obstáculos e contratempos. Nos momentos de dificuldade, o que nos sustenta é a certeza de que vale a pena viver os planos do Pai.

Se você olhar para as paredes inacabadas, a sujeira e a bagunça gerada pela construção, pode se desanimar com o caos da obra e se esquecer do propósito, o resultado. Isso acontece porque a sua vista é a maior inimiga da sua visão. Se, porém, visualizar o projeto pronto e decorado, você se sentirá motivado a continuar. A visão é o fundamento da coragem, o combustível da persistência, a esperança da promessa. Sem ela, é impossível enfrentar os problemas e seguir adiante.

Eu não sei qual tem sido o seu olhar diante da vida, mas sejam quais forem os sonhos e propósitos, tenha a visão de Deus, pois só Ele lhe dará forças para superar os obstáculos e alcançar o seu alvo. Pela visão, não pela vista, você se tornará capaz de avaliar o passado, viver o presente e sonhar com o futuro. Você verá o que poucos conseguem ver.

A visão sempre será maior para aqueles que olham pela ótica de Deus.

@juniorrostirola

DEVOCIONAL 365
122/365

LEITURA BÍBLICA
NEEMIAS 2

ANOTAÇÕES

ENRAIZADOS

Portanto, como vocês receberam Cristo Jesus, o Senhor, continuem a viver nele, enraizados e edificados nele, firmados na fé, como foram ensinados, transbordando de gratidão.

COLOSSENSES 2.6,7

A raiz é uma parte fundamental para as plantas. Por ela, são absorvidos os nutrientes e a água. Além disso, são as raízes que garantem a fixação e a estruturação da planta no solo, bem como o armazenamento de outras substâncias vitais. Sem raiz, não existe vida ou crescimento. Para sobreviver em solos secos ou pobres em nutrientes, algumas árvores desenvolvem raízes profundas. É o caso do cedro, que é o que lhe permite prosperar e crescer até mesmo em solos sem condições adequadas.

Muitas pessoas desejam crescer em determinadas áreas da vida, mas não estão dispostas a desenvolver raízes profundas antes. Sem aprofundar as raízes, todo crescimento é superficial ou se mostra insustentável com o passar do tempo. Para florescer e dar frutos, você também precisa de raízes para desenvolver força e vitalidade.

Neste momento, talvez você não esteja vendo as coisas acontecerem em sua vida; é importante lembrar que as raízes não ficam à mostra. Primeiro, é necessário que você as aprofunde, para, depois, ver o crescimento e o florescimento da árvore.

Sendo assim, tudo o que você precisa é crescer em seu relacionamento com Deus, por meio da Palavra, da oração, do jejum, da adoração e da comunhão. O crescimento espiritual é um processo contínuo, onde a cada dia nos aprofundamos um pouco mais, tornando-nos fortes e frutíferos. Caso contrário, ficaremos vulneráveis a qualquer ataque do Inimigo, facilitando sua ação contra a nossa vida.

Analise agora mesmo como está a sua vida: há raízes profundas? Sugiro a você nunca deixar de lado este tempo com Deus. Priorize o seu momento devocional, a meditação na Bíblia e sempre investa tempo naquilo que o levará a uma vida firmada por ter raízes profundas.

Você ainda estar de pé prova que as circunstâncias não conseguiram interromper os planos de Deus na sua vida.

@juniorrostirola

365 DEVOCIONAL
123/365

✝ LEITURA BÍBLICA
COLOSSENSES 2

ANOTAÇÕES

UMA CONVERSA TRANSFORMADORA

Então, Jesus pôs-se em pé e perguntou-lhe:
- Mulher, onde estão eles? Ninguém a condenou?
[...]
- Eu também não a condeno. Vá e, de agora em diante, abandone a sua vida de pecado.

JOÃO 8.10,11

café com Deus pai

Transformação de vida é a consequência de um coração arrependido.

@juniorrostirola

DEVOCIONAL 365
124/365

LEITURA BÍBLICA †
JOÃO 4.4-42

ANOTAÇÕES

Em uma viagem da Judeia até a Galileia, Jesus decidiu pegar um caminho diferente e ir por Samaria. Sentou-se sozinho à beira de um poço e, por volta do meio-dia, sob sol escaldante, uma mulher foi ali tirar água, também sozinha.

Jesus teve com ela uma conversa transformadora. A mulher samaritana ouviu sua vida de pecado ser revelada pelo próprio Messias, com quem ficou frente a frente. Ele a acolheu. Finalmente, ela foi aceita por alguém.

Devemos agir como Jesus. A mulher estava sozinha e fazia o trabalho pesado de buscar água sob sol a pino porque sua companhia não era desejada pelas outras mulheres; pelo contrário, a rejeição era um mal do qual ela sofria em sua comunidade. Mas Cristo conversou com ela e abriu os olhos da samaritana para a vida eterna. Amar como Jesus ama significa aceitar as pessoas como elas são e ensinar-lhes que a vida pode ser diferente. O convencimento e a transformação são tarefas do Espírito Santo.

A mulher flagrada em adultério (cf. João 8) seria apedrejada em praça pública se não fosse a aceitação e o confronto de Jesus. Cristo não a condenou, mas não aprovou a conduta dela. Bastou que Ele questionasse qual dos acusadores dela não tinha pecado para que cada um refletisse sobre a própria vida e fosse embora. Ao ficarem apenas o Mestre e a adúltera, aconteceu o diálogo que lemos no início desta página.

Quem se sente completamente amado e aceito vive a transformação que somente Deus pode gerar. Entregue-se ao amor de Jesus, sinta-se totalmente aceito por Ele e viva a plenitude da vida transformada.

OUÇA A VOZ

No coração, o homem planeja o seu caminho, mas o Senhor determina os seus passos.

PROVÉRBIOS 16.9

café com Deus Pai

Sabe aquele momento da vida em que tudo parece se encaixar? Houve um tempo em que Michelle e eu nos sentíamos assim; estávamos como quem sonha. Tínhamos acabado de construir a casa dos sonhos após um longo processo. Éramos bem-sucedidos em nossa profissão, tínhamos um filho de 3 anos feliz e saudável, estávamos cercados pelo cuidado de familiares e amigos. Um dia, porém, Deus falou conosco e nos chamou para sua obra.

Seguimos o chamado de Deus e tomamos a difícil decisão de renunciar à proximidade com familiares, aos cargos e até à tão sonhada casa para ir aonde Deus Pai nos ordenou. Saímos de Itajaí, em Santa Catarina, e nos mudamos para Presidente Prudente, no interior de São Paulo. Começamos a pastorear uma igreja com 25 membros em um bairro muito humilde. Apesar de ter sido um tempo desafiador, vimos a provisão e o cuidado de Deus em cada detalhe e a todo tempo. Abdicamos de muitas coisas para viver o que Deus havia preparado para nós naquele lugar, para dedicar nosso tempo ao próximo, para abraçar, pregar o evangelho, servir e amar. E cada segundo valeu a pena!

Há momentos na vida em que Deus vai mostrar, instruir ou apontar outro caminho, em que você terá de fazer algumas renúncias para então obedecer-lhe. O fato é que Deus sempre sabe o que é melhor para cada um de nós. Por mais que não compreendamos naquele primeiro momento, com o passar do tempo as coisas começam a fazer sentido, como um quebra-cabeça onde as peças se encaixam ao final. Foi exatamente isso que eu vivi, pois não estaria vivendo o que estou vivendo hoje se não tivesse passado pelo caminho que Deus me mostrou. O que Deus está lhe mostrando? O que Ele está pedindo a você? Quais renúncias são necessárias para que você aceite o pedido Dele? Pense nisso. É tempo de confiar e seguir a direção do Pai.

Obedecer à voz de Deus sempre será a melhor escolha.

@juniorrostirola

365 DEVOCIONAL
125/365

† LEITURA BÍBLICA
GÊNESIS 12

ANOTAÇÕES

MOVA-SE

Pela fé, Moisés, já adulto, recusou ser chamado filho da filha do faraó, porque preferiu ser maltratado com o povo de Deus a desfrutar o prazer transitório do pecado.

HEBREUS 11.24,25

café com Deus pai

Deus o levará aonde você não pode ir sozinho.

@juniorrostirola

DEVOCIONAL 365
126/365

LEITURA BÍBLICA
ÊXODO 2

ANOTAÇÕES

A história de Moisés é uma das mais conhecidas da Bíblia. Bebezinho, foi colocado dentro de um cesto e deixado à margem do Nilo para que pudesse sobreviver ao cruel decreto do faraó de matar os meninos menores de dois anos. Ele foi encontrado e adotado pela filha do próprio faraó. No palácio, tinha acesso a tudo. Recebeu a melhor educação, de modo que *"veio a ser poderoso em palavras e obras"* (Atos 7.22).

Nada disso, porém, era motivo de grande alegria, porque Moisés sabia que aquela não era sua identidade. Embora ele tenha sido criado e instruído pelos egípcios, era israelita. Aquele palácio era sua casa, mas não seu lar. Por melhores que fossem os prazeres e as riquezas do local, o Senhor tinha um destino ainda melhor para Moisés.

Porque conhecia a sua identidade, Moisés não aceitou viver como neto do faraó. Não aceitou ver seu povo ser maltratado e escravizado enquanto aproveitava as regalias da realeza. Para ele, estar ali era como viver uma vida vazia, sem propósito.

O mundo pode nos oferecer muitas coisas boas. Talvez recebamos propostas difíceis de resistir. Todavia, se a nossa identidade estiver firmada no Senhor, não aceitaremos nada que nos afaste do propósito Dele para nós. Nada que o mundo oferece pode ser comparado ao que Deus é capaz de nos proporcionar quando seguimos sua vontade.

Nele encontramos sentido para a nossa vida. Descobrimos que somos seus filhos e que a nossa herança não consiste em bens materiais ou prazeres passageiros, mas em tesouros eternos. Quando compreendemos nossa identidade de filhos de Deus, não nos permitimos estar em lugares que não nos cabem mais. Saber quem você é, onde deve estar e para onde ir é determinante para viver tudo o que Deus tem para a sua vida. Mova-se!

UM NOVO COMEÇO

Mas, quando reparou no vento, ficou com medo e, começando a afundar, gritou:
— Senhor, salva-me!
Imediatamente, Jesus estendeu a mão, segurou-o e disse:
— Homem de pequena fé, por que você duvidou?

MATEUS 14.30,31

A maravilhosa criação de Deus é complexa e reflete muitos dos princípios que precisamos aprender. A borboleta, por exemplo, antes de se tornar um inseto com belas asas, passa por um processo chamado metamorfose. Ao final de cada etapa, houve um novo começo.

Assim também é nossa vida. Passamos por fases que nos moldam e preparam. Temos de viver todo o processo até nos tornarmos aquilo que Deus Pai determinou ao nos criar. E o que parece ser o fim para nós é, muitas vezes, na realidade, um novo começo.

Talvez você já tenha lido o relato de quando o discípulo Pedro viu Jesus andar sobre as águas. Ele foi ousado e pediu para ir ao encontro do Mestre. Na sequência, porém, a ousadia foi substituída pelo medo. No entanto, seria um grande erro se resumíssemos a vida de Pedro a um momento de fraqueza como esse. Anos depois, esse mesmo homem trabalhou duro na edificação e no crescimento da igreja, pregou o evangelho e curou muitas pessoas pelo poder do Espírito Santo.

Do mesmo modo que aquele momento de fraqueza não foi o fim para Pedro, nossos momentos de dificuldade e nossos erros não são o nosso fim. Cada etapa de nossa vida pode contribuir para o nosso crescimento espiritual e para aprendermos a confiar em Deus.

Quando depositamos nossa confiança em Deus, Ele nos permite recomeçar e viver aquilo para o que nos criou. Você não foi feito para viver no casulo, mas para voar. Não olhe para as situações como se fossem seu fim, mas, a partir de hoje, como um novo começo concedido por Deus Pai por amar você.

café com Deus Pai

Sua circunstância não é o seu fim, mas uma grande oportunidade de recomeçar.

@juniorrostirola

365 **DEVOCIONAL**
127/365

✝ **LEITURA BÍBLICA**
MATEUS 14.22-36
ATOS 5.12-16

ANOTAÇÕES

08 | MAI

O AMOR CURA A REJEIÇÃO

Não abandone o seu amigo nem o amigo do seu pai. Quando for atingido pela adversidade, não vá para a casa do seu irmão; melhor é o vizinho próximo do que o irmão distante.

PROVÉRBIOS 27.10

Deus cura as feridas da rejeição e nos torna capazes de amar.

@juniorrostirola

DEVOCIONAL 365
128/365

LEITURA BÍBLICA †
JOÃO 6.37-39; 17.2-9

O texto que selecionei para hoje é muito forte. As feridas mais profundas que as pessoas carregam normalmente são causadas por rejeição. Todo mundo já sofreu, ou vai sofrer, pelo menos uma rejeição durante a vida. Se Jesus, que é perfeito, foi rejeitado, que dirá nós!

Não podemos, porém, ser hipócritas, e dizer que jamais rejeitamos ninguém. Não é verdade. Se fosse possível entrevistar todas as pessoas que já passaram pela sua vida — independentemente se ficaram por poucos segundos ou por longas décadas —, estou bem certo de que encontraríamos pelo menos uma rejeitada por você. Também deve ter havido gente ferida por mim, mas saiba que é algo que tento evitar e que busco me retratar ao máximo.

Algo importante que aprendi em relação ao tema da rejeição na Bíblia é que não devemos abandonar as pessoas quando elas mais precisam de nós! Não importa se era alguém difícil de lidar nem se foi por impulso, trata-se de um filho de Deus Pai, digno da graça divina. Em Tito 3.7, lemos: *"Ele o fez a fim de que, justificados pela sua graça, nos tornemos os seus herdeiros, tendo a esperança da vida eterna"*.

Para avaliar alguém, devemos usar a régua divina, não a humana, pois a métrica humana não inclui a graça. Devemos, então, nos basear na graça, não no desempenho, na beleza ou no esforço do outro.

Desafio você a procurar no seu íntimo as marcas de rejeição que você carrega ou que causou no próximo. Ore, pedindo a Deus Pai, em nome de Jesus, que livre tanto você como os demais das amarras da rejeição.

ANOTAÇÕES

RECOMECE

Imediatamente, algo como escamas caiu dos olhos de Saulo e ele passou a ver novamente. Levantando-se, foi batizado e, depois de comer, recuperou as forças.

ATOS 9.18,19

café com Deus pai

Você já quis ter a chance de fazer tudo diferente? A maioria de nós já olhou para trás e desejou voltar no tempo e agir de outra forma. Embora não possamos retornar a determinado ponto do passado, podemos aprender com ele e, de olho no que está por vir, recomeçar.

No livro *O segredo das mulheres de influência*, a doutora Ilma Cunha afirma que não é possível mudar o passado nem as circunstâncias que fazem parte de nossa história, mas podemos escolher como lidar com as emoções que resultam dessas situações. Isso significa que podemos olhar para o passado e decidir o que vamos aprender com ele e como responderemos ao que aconteceu conosco.

A Bíblia é repleta de histórias de recomeço, tanto no Antigo como no Novo Testamento. Uma dessas histórias é a do apóstolo Paulo. Antes de se encontrar com Jesus, ele se dedicou intensamente a perseguir cristãos. Contudo, Cristo lhe deu a oportunidade de recomeçar. Diante da nova chance, ele não ficou remoendo os erros do passado nem se escondendo de seus inimigos, tampouco fugindo da presença de Deus. Paulo olhou para a frente e decidiu seguir o caminho de Jesus. Paulo pregou o evangelho por onde passava e disseminou os ensinamentos de Cristo de tal maneira que somos edificados até hoje.

Não importa como foi seu passado, em Jesus Cristo é possível, sim, ser restaurado, curado, transformado e liberto; Ele nos dá a chance de reescrever nossa história. Então, recomece.

Aprenda com o que ficou para trás e siga em frente!

@juniorrostirola

365 DEVOCIONAL
129/365

✝ LEITURA BÍBLICA
ATOS 9.1-31

ANOTAÇÕES

AOS OLHOS DE TODOS

Da mesma forma, brilhe a luz de vocês diante dos homens, para que vejam as suas boas obras e glorifiquem a seu Pai, que está nos céus.

MATEUS 5.16

Viva a sua fé de maneira pública e contagiante.

@juniorrostirola

DEVOCIONAL 365
130/365

LEITURA BÍBLICA
1PEDRO 3.8-22

ANOTAÇÕES

Em determinados períodos do ano, é muito comum que, após uma chuva forte, alguns lugares fiquem temporariamente sem energia elétrica. É muito provável que você já tenha passado por isso alguma vez na vida. Se isso acontece no período da noite, temos de recorrer a outras fontes de luz, como lanternas ou velas, e colocá-las em lugares estratégicos para garantir uma boa iluminação.

No Sermão do Monte, Jesus diz a seus discípulos que eles são a luz do mundo (cf. v. 14-16). A metáfora empregada por Jesus contém um rico significado: como Seus discípulos, não somos apenas receptores da luz de Cristo; também temos o papel de transmitir essa luz. O propósito da luz é iluminar. Dessa forma, se esta não estiver visível, perde sua utilidade.

Nós, os seguidores de Jesus, somos chamados a professar nossa fé em público e a vivê-la com intencionalidade, para que outras pessoas possam ver a luz e serem levadas a Jesus Cristo. Ou seja, tudo o que dizemos e fazemos deve apontar para Jesus e glorificar ao Pai. Para isso, temos de praticar a Palavra, a fim de que possamos dar bom testemunho e viver de modo condizente com aquilo em que cremos.

Muitos acreditam que ter um relacionamento individual com Deus basta e que não precisam declarar sua fé diante de outras pessoas. No entanto, um relacionamento genuíno com Deus na intimidade se manifesta em público com naturalidade. O verdadeiro discípulo de Jesus não esconde sua fé; pelo contrário, transmite-a com alegria e amor, de maneira intencional. Certa vez, li que "somos um livro que alguém não leu". Diante dessa afirmação, pergunto: o que as pessoas leem ao conhecerem você?

AJUSTE AS LENTES

O SENHOR *dos Exércitos está conosco;*
o Deus de Jacó é a nossa torre segura.

SALMOS 46.7

O conformismo muitas vezes leva as pessoas a aceitarem situações desconfortáveis, injustas ou prejudiciais. Sem questionar ou resistir, entregam os pontos e se conformam com as circunstâncias contrárias ou com imposições de terceiros. Pessoas conformadas costumam ter um olhar pessimista sobre a vida, como se fossem obrigadas a viver dessa forma, sem buscar mudança, justiça ou vitória sobre as dificuldades. Em muitos casos, elas espalham a visão negativa para aqueles ao seu redor.

Entretanto, se queremos viver a vida que Deus planejou para nós, precisamos romper com o conformismo e a resignação e compreender que não somos vítimas das circunstâncias. Temos de parar de colocar lentes de aumento para enxergar os problemas e finalmente vê-los como são. Sim, passamos por dificuldades. Sim, enfrentaremos situações adversas. Não devemos, porém, nos conformar, e sim buscar estratégias para vencê-las e aprender por meio delas. Se as nossas lentes forem ajustadas, passaremos a ver as adversidades como oportunidades de crescimento, amadurecimento e ressignificação.

Se você não olhar para Deus, todo obstáculo parecerá grande demais. É como se você não visse nada além de gigantes. Tudo ao seu redor perde o significado e você começa a valorizar aquilo que o pode levar à ruína. É preciso agir de forma diferente, reconhecer que não existe nada impossível para Deus e enxergar as oportunidades que Ele lhe concede de exercer a sua fé diante das crises e ser guiado por ela, não pelo medo ou pelo conformismo.

café com Deus pai

A forma como você reage às dificuldades é uma evidência do que acredita.

@juniorrostirola

365 DEVOCIONAL
131/365

† LEITURA BÍBLICA
NÚMEROS 13.26—14.9

ANOTAÇÕES

CONFIE

Porque nisto consiste o amor a Deus: obedecer aos seus mandamentos. E os seus mandamentos não são pesados.

1JOÃO 5.3

Independentemente da sua vontade, obedecer a Deus sempre será o melhor caminho.

@juniorrostirola

DEVOCIONAL 365
132/365

LEITURA BÍBLICA
HEBREUS 12.1-12

Uma das funções dos pais é ensinar os filhos a cumprir regras que os protejam, para garantir a segurança, a saúde e o bem-estar daqueles por quem são responsáveis. Nem sempre, porém, os filhos compreendem. Na verdade, eles não precisam entender; precisam apenas confiar que os pais sabem o que é melhor.

Assim deve ser nossa relação com Deus Pai. Você não precisa entender por que Deus dá determinada instrução ou orientação; basta confiar que a vontade Dele é *"boa, agradável e perfeita"* (Romanos 12.2). Não precisamos conhecer o plano divino em detalhes; devemos, sim, ter coragem, boa vontade, honra, fé, disposição e amor para tomar a decisão de obedecer. Não importa se conseguimos ou não compreender, tampouco se nosso desejo é diferente do direcionamento do Pai. Obedecer é a chave.

Muitas vezes, quando queremos algo, recebemos uma resposta negativa ou um "espere" de Deus, ficamos frustrados e nos mostramos insatisfeitos. Certa vez, precisei levar o meu filho ainda pequeno para tomar injeção. Quando a enfermeira iniciou a aplicação, ele, envolto em meus braços, gritava, dizendo: "Pai, me salva!". Para ele, aquele ato representava sofrimento e me olhava com lágrimas nos olhos sem compreender o motivo de eu o permitir e não salvá-lo de tal situação. No entanto, só eu sabia o quanto aquela dor era necessária para que ele ficasse bem.

Aprendo com isso que, Deus sabe sempre o que é melhor para cada um de nós e age com amor.

Como filhos de Deus, mesmo muitas vezes não compreendendo, a nossa melhor escolha sempre será obedecer. Eu não sei qual "não" ou "espere" você recebeu de Deus, ou o processo pelo qual você está passando, mas uma certeza tenho: no final, tudo vai ficar bem, se você confiar e se entregar totalmente em Seus braços. Qual sua decisão?

ANOTAÇÕES

PERANTE OS OBSTÁCULOS

Eu o instruirei e lhe ensinarei no caminho que você deve seguir; eu o aconselharei e cuidarei de você.

SALMOS 32.8

Certa vez, minha família e eu decidimos fazer uma trilha que passava por doze cachoeiras. A trilha era íngreme e cheia de dificuldades, o que fez com que a maioria dos que estavam ali desistisse antes de chegar à última cachoeira, no topo da montanha. Naquele cenário, eu tinha duas opções: continuar ou parar. Apesar de não ter o melhor preparo físico, meu foco e esforço me fizeram seguir em frente e terminar a trilha.

Muitas pessoas estão assim: cansadas, despreparadas e prestes a desistir. Se, porém, eu tivesse desistido, não teria visto a bela cachoeira que me aguardava ao final do percurso, não teria conquistado meu objetivo e, sobretudo, não teria aprendido uma preciosa lição sobre o que Deus faz quando estamos focados.

A vida espiritual não é uma caminhada linear; é um percurso com desafios. Deus não remove os obstáculos de nosso caminho, mas nos capacita a superá-los. Mesmo que tenhamos desafios, podemos seguir adiante com a certeza de que o Senhor está sempre conosco para nos conduzir, fortalecer e ajudar.

Tudo começa com uma escolha. Devemos fazer a nossa parte: decidir seguir em frente, apesar das dificuldades, da dor e do cansaço. Mesmo ofegantes ou abatidos, se decidirmos continuar, podemos confiar em que o Senhor nos capacita, fortalece e renova as nossas forças, levando-nos a contemplar tudo o que Ele preparou para nós. Quando estamos focados em nosso propósito, com Deus, é possível alcançá-lo, ainda que surjam desafios.

Siga em frente; Deus o ajudará a superar os obstáculos!

@juniorrostirola

365 DEVOCIONAL
133/365

✝ LEITURA BÍBLICA
JOSUÉ 1.1-9

ANOTAÇÕES

GUIADO PELA PALAVRA

Toda a Escritura é inspirada por Deus e útil para o ensino, para a repreensão, para a correção e para a instrução na justiça, a fim de que o homem de Deus seja apto e plenamente preparado para toda boa obra.

2TIMÓTEO 3.16,17

Não meditar na Palavra de Deus é o mesmo que caminhar no escuro.

@juniorrostirola

DEVOCIONAL 365
134/365

LEITURA BÍBLICA
NEEMIAS 8

ANOTAÇÕES

A cartografia é a ciência que se dedica a estudar e a representar um espaço geográfico por meio de mapas. Com a evolução da tecnologia, essa ciência tem se aprimorado cada vez mais. Hoje temos, por exemplo, diversos sistemas de navegação por satélite que permitem nos localizarmos.

Essa ferramenta nos ajuda a chegar ao destino desejado e indica o melhor caminho, desvia de acidentes, obras ou rodovias interditadas. Seguimos suas instruções com a confiança de que elas nos levarão ao lugar certo.

Deus, em sua infinita bondade e fidelidade, nos concedeu as Escrituras como um sistema de navegação que nos orienta para tudo de que precisamos nesta vida. Para vivermos segundo a vontade do Senhor e cumprirmos Seu propósito, temos de ser guiados pela Palavra. Para sermos bem-sucedidos nos projetos em que Ele nos insere, temos de seguir Suas instruções. Para conduzirmos os relacionamentos e a família sob os princípios dos céus, precisamos ser orientados e moldados pelos ensinamentos bíblicos.

Neemias, um dos grandes líderes do Antigo Testamento, foi visionário ao conduzir o povo de Israel à restauração dos muros de Jerusalém. Ele não promoveu somente uma reforma na estrutura da cidade; na verdade, a maior reforma foi espiritual, por meio da Palavra de Deus.

Se você deseja viver os planos e as promessas de Deus para a sua vida, tem de ser direcionado e orientado pela Palavra, caso contrário ficará perdido em caminhos que o levarão a ruínas. Talvez o que você esteja vivendo hoje seja resultado de caminhos errados que o levaram para longe do propósito. Permita que a Bíblia seja o mapa que o instrui e o ajuda a chegar ao destino que o Pai preparou para você!

ENTREGUE

Mas em todas essas coisas somos mais que vencedores por meio daquele que nos amou.

ROMANOS 8.37

A ansiedade, as inseguranças e os medos muitas vezes nos fazem pensar no pior. Passamos noites em claro pensando em cenários desastrosos, remoendo erros e imaginando "E se...?". Em diversas situações, parece-nos que nosso cérebro é nosso inimigo. Ele é o primeiro a nos acusar e a formular possibilidades ruins. Em certos momentos, parece que nada que façamos pode nos livrar desses pensamentos insistentes, como se eles exercessem domínio sobre nós.

Contudo, existe uma saída, uma forma de escapar da opressão e do desespero provocados pela ansiedade e pelas inseguranças: a confiança no Senhor. Se começarmos a responder aos pensamentos negativos com fé, eles não terão poder sobre nós. Com frequência, imaginamos "E se...?": E se tudo der errado? E se as pessoas me abandonarem? E se eu não for bem-sucedido neste projeto? E se eu não conseguir um emprego? Precisamos entender que, ainda que algo nos aconteça, Deus continua sendo bom, Ele permanece conosco em todo tempo e seu amor nos sustenta.

Portanto, eu o encorajo a começar a responder aos pensamentos angustiantes com a certeza de que Deus está com você e não o desamparará. Confie na promessa de que "em todas essas coisas somos mais que vencedores por meio Daquele que nos amou". Por Seu amor, você pode vencer também os medos e as aflições, a falta de perspectiva do futuro, o pessimismo, a frustração, o desespero. Faça como Davi e declare: *"Quando eu estiver com medo, confiarei em ti. [...] em Deus eu confio e não temerei [...]"* (Salmos 56.3,4).

café com Deus Pai

Entregue seus medos, inseguranças e frustrações a quem de fato pode ajudar você: Deus Pai.

@juniorrostirola

365 DEVOCIONAL
135/365

✝ LEITURA BÍBLICA
SALMOS 56

ANOTAÇÕES

16 | MAI

O DEUS QUE SUPERA EXPECTATIVAS

Àquele que é capaz de fazer infinitamente mais do que tudo o que pedimos ou pensamos, segundo o seu poder que atua em nós.

EFÉSIOS 3.20

Em Deus, suas expectativas serão sempre ilimitadas.

@juniorrostirola

DEVOCIONAL 365
136/365

LEITURA BÍBLICA †
GÊNESIS 15

O poder do nosso Deus não pode ser medido por parâmetro algum. Quanto mais o conhecemos e nos relacionamos com Ele, mais percebemos que Seu poder extraordinário se manifesta de maneiras que jamais poderíamos explicar segundo os padrões humanos. Ele sempre vai além da nossa compreensão e expectativas.

Muitas vezes, ficamos decepcionados com outras pessoas porque elas não agem como esperamos. Se depositarmos nossas expectativas em homens, elas serão frustradas, porque seres humanos são limitados e sujeitos ao erro. No entanto, quando depositamos nossa fé e esperança no Todo-poderoso, descobrimos que Ele faz muito mais do que poderíamos desejar ou imaginar.

Quando olho para trás, vejo que o Senhor fez na minha vida coisas que eu jamais poderia ter sonhado. Ele me deu o amor de que eu precisava, um propósito e um destino. Ganhei de Deus Pai uma esposa amorosa, filhos que me enchem de orgulho e gratidão, além do precioso privilégio e responsabilidade de ajudar pessoas por todo o mundo. Minhas feridas foram curadas pelo amor, e hoje tenho a oportunidade de contemplar, dia após dia, o poder, o cuidado e a bondade do Senhor.

O Deus que levou Abrão para fora da tenda e disse-lhe para olhar para o céu e contar as estrelas, pois daquele homem viria uma descendência tão numerosa quanto ele podia ver no céu, também nos chama para contemplar Seu poder infinito em cada área da nossa vida e a confiar Nele. É possível ter sua vida transformada, curada e liberta das prisões que muitas vezes o levam a acreditar que não existe propósito e que jamais viverá o novo que tanto sonha! Saiba que Deus pode fazer infinitamente mais. Acredite na constante expectativa do poder de Deus e viva além do que possa imaginar!

ANOTAÇÕES

QUAL SERÁ O SEU LEGADO?

Maria, a irmã dele, era a mesma que derramara perfume sobre o Senhor e lhe enxugara os pés com os cabelos.

JOÃO 11.2

A história está cheia de grandes homens e mulheres que exerceram influência. Seus feitos são lembrados mesmo muitos anos após sua morte. Além de Jesus Cristo, o maior influenciador de todos os tempos, e das pessoas mencionadas na Bíblia com as quais podemos aprender até hoje, podemos listar diversas figuras ilustres. Algumas delas são: Aristóteles, Isaac Newton, Martinho Lutero, William Shakespeare, Albert Einstein, Marie Curie, Martin Luther King Jr., Nelson Mandela e tantos outros.

Existem muitas pessoas, porém, que são lembradas pela maldade, pelos crimes que cometeram, pelas vidas que feriram. É importante refletir a respeito do legado que deixaremos quando partirmos deste mundo. Como você deseja ser conhecido e lembrado? A princípio, pensar nisso pode parecer amedrontador, mas é extremamente necessário saber que marca temos deixado no mundo e na vida de cada pessoa ao nosso redor.

Precisamos entender que nossas ações não impactam somente este tempo. Todos nós, não importa o nível de influência, deixaremos um legado, pois o que fazemos no presente ecoa no futuro. A forma como você se relaciona com as pessoas, o que diz e faz, aquilo em que investe seu tempo, tudo isso produzirá frutos pela eternidade que podem ser positivos ou negativos.

A melhor escolha que você pode fazer é viver como um verdadeiro filho de Deus Pai. Que você seja conhecido pela sua generosidade, dedicação, piedade, fé, pelo seu temor, serviço e amor a Deus e ao próximo.

O que você faz no presente ecoará no futuro.

@juniorrostirola

365 DEVOCIONAL
137/365

✝ LEITURA BÍBLICA
JOÃO 12.1-12

ANOTAÇÕES

COM DEUS, É POSSÍVEL

[...] "Não tema, pois eu o resgatei; eu o chamei pelo nome; você é meu. Quando você passar pelas águas, eu estarei com você; quando passar pelos rios, eles não o encobrirão; quando passar pelo fogo, você não se queimará; as chamas não o deixarão em brasas."

ISAÍAS 43.1,2

A jornada pode não fazer sentido agora, mas Deus o levará para onde disse que o levaria.

@juniorrostirola

DEVOCIONAL 365
138/365

LEITURA BÍBLICA
DEUTERONÔMIO 31.6
SALMOS 23.4
JOÃO 10.27,28
ROMANOS 8.38,39
SALMOS 91.14,15

ANOTAÇÕES

A vida é cheia de desafios. Às vezes, as dificuldades parecem nos cercar como águas turbulentas, e sentimos que estamos prestes a afundar. Outras vezes, as provações são como um fogo ardente que ameaça nos consumir. Mas Deus nos faz uma promessa poderosa: Ele estará conosco em cada um desses momentos.

É natural querer fugir dos problemas, buscar atalhos ou esperar que tudo se resolva sem esforço. Mas Deus não nos chama para evitar as lutas, e sim para enfrentá-las com a certeza de que Ele está ao nosso lado. Assim como guiou Israel pelo deserto e protegeu Daniel na cova dos leões, Ele nos acompanha e nos fortalece, mesmo quando não conseguimos ver uma saída.

Muitas vezes, tentamos evitar os problemas, buscamos atalhos ou esperamos que a solução venha de forma imediata. Queremos pontes seguras para atravessar os desafios, mas Deus nos ensina a confiar Nele no meio da tempestade. Ele não promete ausência de lutas, mas garante que nunca estaremos sozinhos.

O medo pode tentar nos dominar, mas a fé nos lembra de que Deus está no controle. Se Ele permitiu que você enfrentasse uma situação difícil, é porque tem um propósito maior. Talvez seja para fortalecer sua fé, moldar seu caráter ou mostrar o poder Dele em sua vida.

Quando o medo quiser tomar conta de seu coração, lembre-se de que Deus Pai conhece você pelo nome, vê suas lágrimas e luta suas batalhas. Não desista! Confie e siga adiante. O impossível se torna possível quando caminhamos com Deus.

CUIDE DOS SEUS

Se alguém não cuida dos seus parentes, especialmente dos da própria família, negou a fé e é pior que um descrente.

1TIMÓTEO 5.8

A vida em família é um presente de Deus, um espaço onde aprendemos a amar, perdoar e crescer. Mas, em um mundo tão acelerado, muitas vezes deixamos o que é mais importante em segundo plano. Noé nos ensina algo precioso: enquanto o mundo ao seu redor se perdia, ele ouviu a voz de Deus, obedeceu e salvou sua casa. A arca não era só um abrigo; era a prova de que Deus tem um plano para cada família que decide confiar Nele.

Priorizar a família não é apenas estar presente fisicamente, mas ser intencional em construir pontes de amor e cuidado. Pequenos gestos têm um impacto eterno. Assim como Noé entrou na arca com sua esposa e filhos, enfrentou as tempestades e esperou, precisamos aprender a permanecer unidos em todas as estações da vida.

Talvez sua família esteja enfrentando desafios que parecem intransponíveis: problemas financeiros, desencontros emocionais ou até mesmo crises de fé. Mas saiba que o mesmo Deus que guiou Noé no Dilúvio é o Deus que guia você hoje. Ele é fiel e promete prover direção e paz. Confie, porque mesmo no silêncio Ele está trabalhando. Não permita que a rotina ou os desafios sufoquem a missão que Deus tem para sua casa.

Busque a Jesus todos os dias e permita que Ele esteja em sua casa; Ele tem poder de transformar qualquer realidade. A bênção de Deus reflete na harmonia da família. Invista em gestos de amor, lute pela união e abrace os que estão ao seu lado. Lembre-se: sucesso de verdade não é medido pelo que você conquista, mas por quem você se tornou e trouxe com você na caminhada.

Cuide de não estar ocupado demais fazendo coisas irrelevantes.

@juniorrostirola

365 DEVOCIONAL
139/365

✝ LEITURA BÍBLICA
EFÉSIOS 6.4
PROVÉRBIOS 13.22
COLOSSENSES 3.18-21
PROVÉRBIOS 22.6
GÁLATAS 6.10

ANOTAÇÕES

CORAGEM

Se, porém, não agrada a vocês servir ao SENHOR, *escolham hoje a quem irão servir [...]. Eu, porém, e a minha família serviremos ao* SENHOR.

JOSUÉ 24.15

A coragem é a capacidade de enfrentar medos e adversidades. Essa virtude está associada à perseverança, determinação e confiança. Ela pode ser desenvolvida e exercitada ao longo da vida ao superar obstáculos com resiliência.

Quando pensamos em figuras relevantes no decorrer da história, a coragem costuma ser uma de suas características mais evidentes. A Bíblia está cheia de homens e mulheres corajosos; podemos pensar em exemplos como Josué, Débora, Ester, Davi, Maria, Paulo, Estêvão e, principalmente, o próprio Jesus.

Cada um deles enfrentou oposições e dificuldades, mas teve coragem para perseverar. Como ordenou a Josué, o Senhor ordena a cada um de nós: *"Seja forte e corajoso!"* (Josué 1.9).

Josué cumpriu com coragem e obediência o chamado que Deus lhe fez. Ele liderou o povo de Israel em batalhas e o conduziu à Terra Prometida. Mas talvez o maior ato de coragem dele tenha sido seu posicionamento convicto ao afirmar que ele e sua família serviriam a Deus. Josué acreditava que o Senhor é quem abre portas, provê os recursos necessários, livra o povo dos inimigos, concede a vitória e cumpre suas promessas.

Entenda, tudo o que Deus tem para você exigirá coragem. Não apenas fé, não apenas oração, mas coragem! Tudo o que você tem sonhado em Deus, que Ele tem colocado em seu coração, vai exigir coragem. Então, você precisa se livrar do seu medo. Eu não quero dizer que você não sentirá medo; o fato é que você não pode permitir que ele controle o seu movimento. Isso que é coragem.

Coragem não é a ausência de medo; é o que supera o medo. É o que não o imobiliza ou o congela diante do medo, mas o faz dar um passo à frente e realizar o que precisa ser feito.

Fé para acreditar e coragem para avançar!

@juniorrostirola

DEVOCIONAL 365
140/365

LEITURA BÍBLICA †
JOSUÉ 24

ANOTAÇÕES

CONSTRUA UM ALICERCE FIRME

Passada a tempestade, o ímpio já não existe, mas o justo permanece firme para sempre.

PROVÉRBIOS 10.25

A fundação é a parte mais importante de uma construção. Ela é a base que sustenta toda a estrutura. Uma obra começa, portanto, com a escolha da fundação, também chamada de alicerce. A decisão errada pode acarretar todos os tipos de problemas, desde gastos inesperados até risco de desmoronamento.

Assim também é a nossa vida. O fundamento sobre o qual a edificamos é essencial e determina todo o resto. Acontece que, no que diz respeito à decisão, somente uma é a correta; qualquer outra opção leva à ruína.

Jesus explicou sobre essa escolha por meio de uma parábola. O Mestre contou que aquele que ouve suas palavras e as pratica é como o homem prudente que constrói sua casa sobre a rocha. Quando a chuva cai e os ventos sopram, a casa não é abalada, pois o alicerce é seguro. Já o que ouve suas palavras e não as pratica é como o homem insensato que constrói a casa sobre a areia. A chuva e os ventos atingem a casa, e esta cai.

Quando estamos firmados em Cristo, nem mesmo as tempestades da vida e os vendavais podem nos derrubar. Esses momentos virão, sim, mas não seremos abalados por eles, porque nosso firme alicerce nos mantém seguros.

Portanto, escolha o seu fundamento, edifique sua casa com sabedoria, consolide-a com discernimento e encha seus cômodos do que é precioso e agradável, como nos ensina a Palavra. Ao conhecer e praticar os ensinamentos divinos, você não edificará a sua vida sobre um alicerce frágil ou corruptível, mas sobre a Rocha que resistirá até a eternidade.

Não é possível resistir aos ventos e à tempestade sem um alicerce firme.

@juniorrostirola

365 DEVOCIONAL
141/365

† LEITURA BÍBLICA
MATEUS 7.24-29

ANOTAÇÕES

CREIA, OBEDEÇA E ESPERE

Pois, em Cristo, cada uma das promessas de Deus é "sim". Por essa razão, por meio dele dizemos "Amém" para a glória de Deus.

2CORÍNTIOS 1.20

O que define o cumprimento da promessa de Deus em sua vida é a permanência Nele.

@juniorrostirola

DEVOCIONAL 365
142/365

LEITURA BÍBLICA
2CORÍNTIOS 1.21,22
ROMANOS 8.32
FILIPENSES 4.19
HEBREUS 10.23
2PEDRO 1.3,4

Você já parou para pensar no que é necessário para que as promessas de Deus se cumpram na sua vida? Elas não caem do céu sem que você participe ativamente do processo. Deus é fiel para cumprir, mas você precisa estar com seu coração alinhado ao Dele.

Em primeiro lugar, creia. É impossível alcançar o que Deus prometeu se há dúvidas em seu coração. Abraão foi um exemplo disso: mesmo diante da impossibilidade, ele confiou. Lembre-se de que a maior promessa de todas, a salvação, requer fé para ser recebida.

Em segundo lugar, obedeça. Muitas promessas vêm com condições. Abraão precisou sair de sua terra; os discípulos tiveram que esperar em Jerusalém até serem revestidos pelo Espírito Santo. Qual é a condição que Deus tem colocado diante de você? O fato é que sempre envolverá obediência à Palavra e sensibilidade para compreender os direcionamentos do Espírito Santo.

Em terceiro lugar, espere. Algumas promessas são imediatas, outras exigem perseverança. Abraão esperou muito tempo por um filho, e Calebe, quarenta e cinco anos para ver a palavra de Deus se cumprir, por isso não desista. Fortaleça-se na fé e mantenha-se em comunhão com o Senhor enquanto espera. Esse período será uma grande oportunidade de uma construção interior, tornando você mais forte e moldando-o para então estar apto a receber tudo aquilo que Ele quer cumprir na sua vida.

Por fim, esteja preparado para lutar. As promessas de Deus são para a glória Dele. Quando elas se cumprem, transbordam para abençoar os que estão ao seu redor. Confie, obedeça e persevere, porque Aquele que prometeu é fiel e justo para completar a obra que começou em sua vida, e isso abençoará os que estão perto e se propagará por toda a sua descendência!

ANOTAÇÕES

ALÉM DO QUE OS OLHOS PODEM VER

2 3 | M A I

[...] Uma coisa sei: eu era cego e agora vejo!

JOÃO 9.25

Jesus realizou muitos milagres. Somente alguns estão registrados na Bíblia (cf. João 21.25) e, deles, a maioria aconteceu quando as pessoas foram até Ele com fé. São os casos, por exemplo, de Jairo, que procurou ajuda para sua filha; da mulher com hemorragia; do centurião que buscava cura para o seu servo, entre outros. Já no capítulo 9 do Evangelho de João, há um relato de uma ocasião em que Jesus tomou a iniciativa e foi até um homem cego de nascença.

De modo nada usual para nós, Jesus *"cuspiu no chão, misturou terra com saliva e colocou-a nos olhos do cego"* (v. 6). Em seguida, ordenou: *"Vá lavar-se no tanque de Siloé"* (v. 7). O homem obedeceu à ordem e, após se lavar, *"voltou vendo"* (v. 7).

Em nenhum momento, o relato de João nos diz que Jesus deu ao homem uma garantia de que seria curado. Então, a obediência do cego à instrução de Jesus revela a fé daquele homem que partiu em direção ao tanque de Siloé. Essa não era uma tarefa fácil para uma pessoa sem visão, mas ele simplesmente foi.

Fé e obediência deram vida a um milagre tão surpreendente e maravilhoso que levou aquele homem a declarar mais tarde: *"Ninguém jamais ouviu que os olhos de um cego de nascença tivessem sido abertos. Se esse homem não fosse de Deus, não poderia fazer coisa alguma"* (v. 32,33).

O que Deus tem pedido que você não fez ainda? Talvez você se encontre em uma cegueira espiritual, a ponto de não enxergar que aquilo que você está vivendo seja resultado de suas escolhas. Tudo que você precisa é sair desse encontro disposto e decidido a obedecer a Jesus, pois a sua obediência demonstrará o quanto você aceitou a instrução de Jesus. Só assim, nossos olhos espirituais são abertos e podemos contemplar o sobrenatural de Deus.

Veja da perspectiva de Deus, não da sua.

@juniorrostirola

365 DEVOCIONAL
143/365

✝ LEITURA BÍBLICA
JOÃO 9

ANOTAÇÕES

APENAS CREIA

Jesus, porém, ignorou essa notícia e disse ao líder da sinagoga: - Não tenha medo; apenas creia.

MARCOS 5.36

O medo tem o poder de nos paralisar. Ele sussurra ao nosso coração que a situação é impossível, que não há saída e que devemos desistir. Jairo sabia bem o que era isso. Sua filha estava à beira da morte e, no momento mais crítico, recebeu a pior notícia: *"A tua filha morreu. Por que ainda incomodas o Mestre"*. Mas Jesus, olhando para ele, disse algo poderoso: *"Não tenha medo; apenas creia"*. O que parecia o fim, era, na verdade, o começo de um milagre. Jesus entrou naquela casa onde a dor reinava, afastou a incredulidade, tomou a menina pela mão e disse: *"Menina, [...]: Levante-se!"*. E ela se levantou.

Quantas vezes nos sentimos como Jairo? Vemos nossos sonhos desmoronando, nossos planos fracassando e a voz do medo nos dizendo para desistir. A vida pode parecer um vale de impossibilidades, onde tudo indica que já é tarde demais. Mas Jesus continua o mesmo. Ele nos convida a confiar, mesmo quando tudo parece perdido.

A fé nos ensina que, depois da tempestade, vem a bonança; depois da cruz, vem a ressurreição. Deus nunca chega atrasado. Ele transforma morte em vida, lágrimas em alegria e desespero em esperança.

Talvez você esteja enfrentando algo que parece não ter solução. Uma enfermidade, uma crise financeira, um coração ferido. Mas Jesus está ao seu lado, dizendo: "Não tenha medo". Ele vê o que você não vê e já preparou um caminho onde não havia nenhum.

Não deixe que o medo tenha a última palavra. Creia! Jesus está no controle e, no tempo certo, Ele tomará você pela mão e o levantará.

Em vez de olhar para a frente com medo, olhe para cima com fé.

@juniorrostirola

DEVOCIONAL 365
144/365

LEITURA BÍBLICA †
FILIPENSES 4.6-7
MATEUS 9.28,29
MATEUS 14.27
2TIMÓTEO 1.7
SALMOS 118.6

ANOTAÇÕES

OLHE ALÉM DE VOCÊ MESMO

Ordene-lhes que pratiquem o bem, sejam ricos em boas obras, generosos e prontos a repartir. Dessa forma, eles entesourarão para si mesmos um bom fundamento para a era por vir, de modo que se envolvam com o que diz respeito à verdadeira vida.

1TIMÓTEO 6.18,19

Ao longo da caminhada com Deus Pai, entendi que a minha vida não diz respeito somente a mim. Não estou aqui para viver de acordo com a minha vontade, mas com a de Deus. Tampouco devo me restringir a satisfazer meus próprios interesses e necessidades em um mundo carente de amor e esperança. Portanto, a minha vida não é sobre mim; é, principalmente, sobre Deus e as pessoas.

Desde que compreendi essa verdade, o desejo incessante de ajudar o próximo pulsa em meu coração: "O que posso fazer para ajudar esta pessoa?". Também oro e peço ao Pai que me dê estratégias e recursos para que eu faça, para a sua glória, a diferença por onde eu passar.

Muitos pensam que ser generoso se resume a doar dinheiro aos necessitados. Embora essa seja uma maneira de exercer a generosidade, há outras formas. Generosidade é, além da partilha de recursos financeiros, a entrega de bens materiais, alimentos e roupas. Também é mostrada ao ajudar um amigo atarefado em seus afazeres, ao ceder tempo e esforços para um projeto voluntário, ao compartilhar seu conhecimento e suas experiências com alguém, ao ser hospitaleiro para com aquele que precisa de acolhimento, e muito mais.

A forma de você tratar o próximo diz muito sobre sua essência e maneira de pensar. Se você tem dificuldade em demonstrar compaixão, quero incentivá-lo, pois, quanto mais você se dedicar a exercer amor, generosidade, misericórdia e bondade, mais se parecerá com o seu Criador. Agir dessa maneira traz outro sentido à vida.

O mundo precisa de generosidade e compaixão.

@juniorrostirola

365 DEVOCIONAL
145/365

✝ LEITURA BÍBLICA
MATEUS 25.31-46

ANOTAÇÕES

SE DEUS PROMETEU, VAI SE CUMPRIR

Você sabe muito o que o SENHOR disse a Moisés, homem de Deus, em Cades-Barneia, sobre mim e sobre você.

JOSUÉ 14.6

café com Deus Pai

Quando o olhar está em Deus, nenhum gigante fica de pé.

@juniorrostirola

DEVOCIONAL 365
146/365

LEITURA BÍBLICA
DEUTERONÔMIO 1.36
NÚMEROS 14.24
HEBREUS 6.10-12
SALMOS 37.5,6

ANOTAÇÕES

Calebe nos ensina algo precioso: relembrar das promessas de Deus pode nos dar força. Mesmo após quarenta e cinco anos, enfrentando desertos e dificuldades, ele não se esqueceu da palavra que o Pai havia liberado sobre sua vida. Assim como Calebe, você também carrega promessas de Deus. Talvez elas pareçam distantes ou até impossíveis, mas lembre-se: quem prometeu não é homem para mentir.

Quantas vezes permitimos que as circunstâncias falem mais alto que a promessa? Como Calebe, precisamos decidir não ouvir as vozes contrárias. Não é sobre o que os outros pensam ou dizem; é sobre o que Deus declarou. Ele o criou, o conhece e tem planos maiores que os seus medos ou limitações.

Calebe também decidiu não focar nas dificuldades. Ele sabia que os gigantes e os muros da terra prometida eram reais, mas sua confiança estava em Deus, não nas circunstâncias, e foi justamente isso que o motivou a perseverar. A perseverança é um ato de fé; significa continuar acreditando, mesmo quando tudo ao redor diz o contrário. Calebe sabia que a promessa não dependia de sua força, mas do Deus que a fez. Ele não apenas esperou, mas caminhou com convicção até o dia em que pôde reivindicar sua herança.

Seja qual for a promessa de Deus para você, lembre-se: não importa o tempo ou os desafios, quem vai cumprir é Ele. Faça a sua parte com fé e confie no Senhor, porque Ele é fiel para transformar palavras em realidade.

A PORTA

Eu sou a porta; quem entra por mim será salvo. Entrará, sairá e encontrará pastagem.

JOÃO 10.9

Já parou para refletir sobre a profundidade dessa declaração de Jesus? Ele não apenas nos oferece a salvação eterna, mas também nos convida a viver uma vida abundante aqui e agora. Muitas vezes, porém, o mundo apresenta portas que prometem felicidade, mas que, no final, só levam ao vazio e à confusão. Jesus, ao contrário, é a porta que conduz à verdadeira vida, cheia de significado, propósito e provisão. Jesus se apresenta como o Bom Pastor. Ele conhece cada uma de suas ovelhas pelo nome. Não somos apenas mais um na multidão; somos únicos e profundamente amados. Ele nos chama de maneira pessoal, conduzindo-nos por caminhos de paz e segurança.

Segui-lo não é apenas uma escolha religiosa, mas a decisão de caminhar com alguém que deseja nos guiar em cada detalhe da vida. Em suas mãos estamos seguros, porque Ele nos livra das trevas e nos convida a viver na luz, onde encontramos direção e clareza. E quanto às necessidades do dia a dia? Ele promete pastagens verdes, um lugar de provisão, descanso e paz. Passar pela porta que é Cristo significa renunciar às nossas vontades e confiar que tudo de que precisamos está Nele.

Mais do que isso, Jesus nos oferece uma amizade real e eterna. Ele deseja que o conheçamos profundamente. E essa relação de intimidade é construída em amor, confiança e entrega. Ele já deu tudo por nós — sua própria vida — para que pudéssemos ter acesso a essa conexão com o Pai.

Hoje Ele o convida a entrar pela porta e não olhar para trás; é preciso desapegar. Não é uma imposição, mas um convite cheio de amor e graça. Jesus conhece seu nome, sabe suas dores e entende suas lutas. Dê um passo de fé; Ele não quer apenas salvar você, mas transformar sua vida. Qual a sua escolha diante do convite de Jesus?

Seguir a Jesus é a melhor escolha da sua vida.

@juniorrostirola

365 DEVOCIONAL
147/365

✝ LEITURA BÍBLICA
HEBREUS 10.19,20
MATEUS 7.13,14
EFÉSIOS 2.18
JOÃO 14.6
ATOS 4.12

ANOTAÇÕES

VOCÊ CARREGA ALGO ÚNICO

Tu criaste o íntimo do meu ser e me teceste no ventre da minha mãe. Eu te louvo porque me fizeste de modo assombroso e admirável. As tuas obras são maravilhosas! Sei disso muito bem.

SALMOS 139.13,14

café com Deus pai

A decisão de confiar em Jesus e se entregar totalmente a Ele muda qualquer cenário na nossa vida.

@juniorrostirola

DEVOCIONAL 365
148/365

LEITURA BÍBLICA
SALMOS 139.13
ISAÍAS 64.8
JEREMIAS 18.6
SALMOS 100.3

ANOTAÇÕES

Antes de projetistas ou construtores começarem a esboçar ideias a respeito de um novo empreendimento, refletem: Qual é a finalidade? Como será utilizado? A finalidade sempre dita a funcionalidade do edifício. Se ele será residencial ou comercial, quantos andares terá, qual a profundidade, o tipo de fundação escolhida, enfim. Da mesma forma, antes de criar cada um de nós, Deus nos conferiu particularidades, dons e talentos únicos, que têm por objetivo nos capacitar para a missão que Ele nos confiou aqui na terra.

Ele criou seres humanos distintos, com paixões e talentos, tornando-nos únicos. Cada um possui habilidades específicas para cumprir de maneira singular a missão. Não podemos cair na armadilha da comparação, em que nos movemos para agradar aos outros e acabamos esquecendo nossa essência, que é justamente aquilo que Deus colocou em nós.

Busque servir ao Senhor de maneira que expresse o que há em seu coração. Aprimore os talentos que o Pai concedeu a você e use-os em favor das pessoas, sempre para a glória de Deus, porque assim você será alguém que vive de maneira plena e satisfeita.

Entenda que não estamos na terra por acaso, mas para algo muito maior do que podemos imaginar. Deus quer usar você, seja no trabalho, seja nos estudos, seja nos relacionamentos, enfim, em qualquer área da sua vida ou lugar em que estiver. A obra que Jesus realiza em nossa vida é completa, e a mudança que experimentamos deve ser integral. Pare hoje por um momento e reflita: Você tem usado seus dons e talentos para glorificar a Deus? Não se ocupe buscando aplausos terrenos, mas viva cada dia para que o nome Dele seja exaltado por meio de sua vida.

ALEGRIA EM MEIO À TRIBULAÇÃO

Mas o Senhor permaneceu ao meu lado e me deu forças [...]

2TIMÓTEO 4.17

Estudiosos apontam a carta de Paulo aos Filipenses como a carta mais alegre do apóstolo. Em sua escrita, Paulo transborda gratidão e confiança, exortando os cristãos a terem bom ânimo. É impressionante que a epístola tenha sido escrita quando Paulo estava preso. Nem mesmo a prisão o impedia de se alegrar em Cristo e de proclamar o evangelho.

A vida de Paulo foi marcada por diversos momentos difíceis, mas ele compreendia que até as tribulações contribuíam *"para o progresso do evangelho"* (Filipenses 1.12) e para encorajar outros cristãos (v. 14). Sua confiança no Senhor não dependia das circunstâncias: na bonança ou na dificuldade, na calmaria ou no sofrimento, sua esperança estava firmada em Jesus. Quando todos o abandonaram, o Senhor permaneceu ao lado do apóstolo e lhe deu forças (cf. 2Timóteo 4.16,17).

O exemplo de Paulo deve nos encorajar a também confiar no Senhor em todas as situações. Quando encontramos contentamento em cada momento, pela certeza de que Deus está conosco e nos fortalece, compreendemos que até a dor e as dificuldades podem ser transformadas em testemunhos do poder e da fidelidade do Pai para conosco, a fim de que outros sejam edificados.

Muitas vezes, ficamos presos ao sofrimento e à dor e pensamos que não haverá motivos pelos quais agradecer até que tudo melhore. Contudo, não temos de esperar sair dessa prisão para sermos gratos e nos alegrarmos no Senhor; o simples fato de continuarmos a resistir, pela força de Deus em nós, já é motivo de testemunho. Portanto, independentemente do que você esteja passando hoje, seja grato, pois a gratidão é o primeiro passo para uma vida verdadeiramente feliz.

café com Deus pai

A felicidade não cria gratidão, é a gratidão que gera felicidade.

@juniorrostirola

365 DEVOCIONAL
149/365

✝ LEITURA BÍBLICA
FILIPENSES 1

ANOTAÇÕES

QUANDO NINGUÉM VÊ VOCÊ

café com Deus Pai

Os olhos do SENHOR estão em toda parte, observando atentamente os maus e os bons.

PROVÉRBIOS 15.3

O que você é enquanto ninguém o vê revela quem você é de verdade.

@juniorrostirola

DEVOCIONAL 365
150/365

LEITURA BÍBLICA †
SALMOS 34.15
PROVÉRBIOS 11.3

ANOTAÇÕES

Alguns anos atrás, enquanto caminhava a pé até o trabalho, parei em um cruzamento. O sinal estava vermelho para os pedestres, e eu fiquei ali esperando. Mas não havia carro algum passando. Nenhum. Naquele instante, me peguei refletindo: quem eu era quando ninguém estava olhando?

Foi então que entendi algo profundo da parte de Deus. Eu não estava ali por medo de uma multa, atropelamento ou por causa das outras pessoas. Estava ali porque, no íntimo, queria fazer a coisa certa. Porque mesmo sem plateia, mesmo sem aplausos ou reconhecimento, existe um tipo de obediência que nasce da consciência e do temor a Deus.

Naquela fração de segundo, Deus começou a ministrar ao meu coração. Percebi que não era o sinal que me mantinha ali; era a consciência. Não havia nenhum motivo externo me forçando a obedecer. Mas, por dentro, algo dizia: "Fique. Faça o que é certo".

Caráter, segundo o padrão do céu, é justamente isso: escolher o certo mesmo na solidão do cotidiano. É ser íntegro não só no público, mas no privado. É honrar a Deus quando ninguém vê, porque Ele sempre vê. E esse tipo de conduta, discreta e firme, silenciosa e constante, agrada profundamente ao coração do Pai.

Hoje eu o convido a viver com esse tipo de integridade: aquela que permanece firme mesmo quando ninguém está olhando, porque quem você é no secreto revela quem você é de verdade.

IDENTIDADE

— E vocês, quem dizem que eu sou? — perguntou.
Simão Pedro respondeu:
— Tu és o Cristo, o Filho do Deus vivo.

MATEUS 16.15,16

Para o povo judeu da Antiguidade, a identidade estava fortemente relacionada à paternidade. Por isso, é comum encontrarmos na Bíblia o termo "filho de", como em "Isaque, filho de Abraão", "Davi, filho de Jessé", "Jesus, filho de José". Embora esse costume ainda exista em algumas culturas e regiões, hoje é mais comum nos apresentarmos pelo nome e sobrenome. No entanto, isso também significa que a nossa identidade continua a ser definida por nosso histórico familiar.

Lembro-me de como era doloroso ter a minha identidade atrelada à do meu pai. Na rua, eu escutava coisas como: "Lá vai o filho do cachaceiro!". Esse não era somente um rótulo imposto a mim, mas também algo que eu havia internalizado, como se eu não fosse nada nem ninguém além de filho de um pai dependente do álcool. Contudo, quando encontrei Deus Pai, tudo mudou.

A partir do momento em que compreendi que sou filho de Deus, a minha identidade deixou de ser moldada pelo meu pai terreno e pelo terrível sofrimento que vivi. A minha identidade vem de Deus Pai, e, não importa o que outras pessoas digam a meu respeito, eu sou quem Ele diz que sou: filho amado de Deus por meio da fé em Cristo Jesus (cf. Gálatas 3.26).

Você já descobriu sua verdadeira identidade? No meu livro *A vida que você busca está na cura que você precisa*, mostro que tratar o nosso passado é essencial para construir um futuro brilhante dentro dos propósitos de Deus. Quanto mais convicto você for da sua identidade como filho de Deus Pai, menos dúvida terá acerca do seu propósito de vida, e isso o fará viver uma vida plena e satisfeita.

café com Deus Pai

Suas decisões poderão tirar você e suas gerações da promessa ou mantê-los nela.

@juniorrostirola

365 DEVOCIONAL
151/365

✝ LEITURA BÍBLICA
JOÃO 1.1-18

ANOTAÇÕES

AMAR TAMBÉM É SABER **SOLTAR** AQUILO QUE DEUS **NÃO QUER** QUE VOCÊ **CARREGUE.**

@juniorrostirola

Assista ao vídeo com a palavra e oração para este mês.

JU
NHO

café
com
Deus
pai

INFALÍVEL

Tudo posso naquele que me fortalece.

FILIPENSES 4.13

Diante de obstáculos, muitas vezes nos damos por vencidos antes mesmo de tentar. Somos tomados por pensamentos negativos, como: "Não vou conseguir". Olhamos para o tamanho do problema e para a nossa força e a consideramos insignificante. Essa é uma mentalidade medíocre.

Contudo, eu gostaria de convidá-lo a uma reflexão: e se Noé tivesse pensado que não conseguiria construir a arca e obedecer à ordem de Deus? E se Abraão e Sara tivessem desistido de tentar conceber um filho em razão da idade avançada? E se Moisés tivesse renunciado ao seu chamado de libertar os israelitas ao perceber que o faraó estava irredutível? E se Davi se recusasse a enfrentar Golias? E se Paulo tivesse negado sua fé quando confrontado com a perseguição?

A Bíblia está cheia de histórias de pessoas que enfrentaram dificuldades e prevaleceram, não porque elas eram fortes, mas porque tinham um Deus forte. Uma mentalidade medíocre nos leva a olhar somente para o tamanho do problema, enquanto uma mentalidade vencedora nos leva a olhar para o poder de Deus. Portanto, quando você pensar "Não posso" ou "Não vou conseguir", lembre-se: Deus pode! E, pelo Seu poder, Ele o capacitará e fortalecerá.

Rick Warren certa vez afirmou: "Você não será um fracasso até que desista". Muitas vezes, pensamos que é melhor não tentar do que tentar e falhar. Contudo, as pessoas bem-sucedidas não são as que nunca falharam, e sim aquelas que nunca desistiram. Portanto, persevere pela fé no verdadeiro Deus. Ele é infalível!

café com Deus pai

Quando nos entregamos a Deus sem reservas, Ele não tem limites para nos abençoar.

@juniorrostirola

365 DEVOCIONAL
152/365

✝ LEITURA BÍBLICA
FILIPENSES 4

ANOTAÇÕES

LEMBRE-SE DE QUEM VOCÊ É

Vejam como é grande o amor que o Pai nos concedeu, a ponto de sermos chamados filhos de Deus, o que de fato somos! Por isso, o mundo não nos conhece, porque não o conheceu.

1JOÃO 3.1

Não permita que a opinião alheia roube a sua verdadeira identidade.

@juniorrostirola

DEVOCIONAL 365
153/365

LEITURA BÍBLICA
ROMANOS 8.1-17

A noção de identidade é um dilema para muita gente. Embora a infância e a adolescência sejam os períodos em que essa noção se desenvolve, vemos muitos adultos que ainda não descobriram a verdadeira identidade e tentam de todas as formas descobrir quem são. Ao mesmo tempo, vivemos em uma sociedade que tenta a todo custo contestar a nossa identidade, para que sigamos os padrões e as tendências do momento.

Jesus demonstrou convicção de sua identidade desde os 12 anos, quando afirmou que permaneceu no templo porque tinha de estar envolvido nos assuntos de seu Pai (cf. Lucas 2.49). Na vida adulta, enquanto muitos criticavam Jesus e o perseguiam, Ele permanecia firme na convicção de quem era. A paternidade divina o guiou até nos momentos mais difíceis de Sua vida, pois foi o Pai quem sustentou o Filho no Calvário.

A falta de convicção da própria identidade pode gerar uma série de problemas, como falta de senso de propósito e direção, comportamentos impulsivos ou nocivos, dificuldade de se relacionar, medo de não ser aceito, medo do futuro, entre tantos outros. Por muito tempo, uma crise de identidade gerou em mim insegurança e desmotivação. Por isso, posso afirmar que a melhor coisa que me aconteceu foi descobrir minha paternidade espiritual e, como consequência, minha identidade como filho de Deus Pai. Desde então, comecei a operar com base em quem eu nasci para ser, não mais com base nas circunstâncias contrárias e opiniões alheias. Deus me trouxe aqui para dizer quem de fato você é: você é um filho amado ou uma filha amada. Você não é a sua circunstância, você não é aquela crítica, você não é aquelas palavras de maldição que foram lançadas sobre a sua vida.

Hoje eu o convido a se lembrar de quem de fato você é. Em momentos de dificuldade, confusão ou dor, não se esqueça da sua paternidade.

ANOTAÇÕES

A IMPORTÂNCIA DO TESTEMUNHO

Vá para casa, para a sua família, e anuncie-lhes tudo quanto o Senhor fez a você e como teve misericórdia de você.

MARCOS 5.19

café com Deus Pai

Algumas pessoas têm facilidade para reclamar e se queixar de tudo o que acontece de ruim, ou que não ocorre conforme o esperado, mas não têm a mesma facilidade para anunciar as maravilhas que Deus faz em sua vida. No decorrer de minha trajetória, tenho visto cada vez mais a importância do testemunho.

O nosso testemunho é uma maneira de louvar e agradecer pela misericórdia e bondade de Deus Pai. Quando abrimos a boca para expressar as dádivas e os livramentos concedidos pelo Senhor, oferecemos uma resposta adequada Àquele que os concedeu. Além disso, o testemunho tira nosso foco das dificuldades e o direciona às bênçãos, assim como transforma nossa perspectiva de vida, como diz uma antiga canção: "Se com desalento julgas tudo vão, conta as muitas bênçãos, dize-as de uma vez. Hás de ver surpreso quanto Deus já fez".

Nosso testemunho não produz impacto somente sobre nossa vida espiritual, mas contribui para a edificação de outras pessoas. Ao contar sobre a bondade e o amor de Deus Pai, compartilhamos com o próximo a esperança que está em Jesus. O mundo precisa de pessoas que partilhem notícias de alegria, esperança e renovo.

Certa vez, me perguntaram se eu era forte. Minha resposta foi que, onde termina a minha força, a força de Deus Pai começa a agir. Quando testemunhamos, afirmamos que tivemos, sim, tribulações e cenários adversos, mas em todos eles Deus agiu. Declaramos que nossas vitórias não aconteceram por mérito nosso, mas do Senhor, cuja misericórdia nos alcançou.

Em um mundo cheio de ódio, seja amor.

@juniorrostirola

365 DEVOCIONAL
154/365

✝ LEITURA BÍBLICA
LUCAS 8.26-39

ANOTAÇÕES

ELE CUIDA DE VOCÊ

[...] — Não tenha medo. Vá para casa e faça o que eu disse. [...] Pois assim diz o Senhor, o Deus de Israel: "A farinha no cântaro não se acabará, e o azeite na botija não se secará até o dia em que o Senhor fizer chover sobre a terra".

1REIS 17.13,14

Quando Deus nos pede algo, muitas vezes Ele não nos dá todos os detalhes, mas apenas convida: "Confie em mim!" Elias ouviu ao Pai quando este lhe revelou que encontraria provisão junto à viúva em Sarepta. Quando, porém, chegou lá, se deparou com uma mulher em desespero. O nome dela nunca nos foi revelado. O que sabemos é que ela não tinha um horizonte, uma perspectiva de amanhã, pois tudo que tinha era um punhado de farinha, um pouco de azeite e um coração angustiado com o peso da fome e da morte iminente. Mas ainda assim Deus havia escolhido aquela mulher para ser o canal de provisão para o profeta.

A fé daquela mulher foi posta à prova muito antes de haver o milagre. Elias não se apresentou a ela oferecendo ajuda; muito pelo contrário, ele pediu o pouco que ela possuía. E foi exatamente naquele momento que ela escolheu obedecer, mesmo sem entender. Sua generosidade não nasceu da abundância, mas da escassez. Sua obediência foi o ingrediente perfeito para que o seu milagre se manifestasse na terra.

Quantas vezes Deus lhe pediu algo que, a seu ver, no primeiro momento pareceu não fazer sentido? Ele nos chama a confiar quando parece não haver saída, mas é nesses momentos que vemos o quanto Ele se faz presente. Quando você estiver diante de esgotar seus recursos, no último fio de esperança, lembre-se de que obedecer pode parecer um risco, mas é, na verdade, o caminho para experimentar o cuidado do Pai. Ele nunca deixou de cuidar dos que Nele confiam. Tudo que precisamos é ter um coração generoso, a ponto de sermos capazes de não nos apegar ao que temos, confiando que em Deus sempre viveremos uma história de provisão.

Confie, entregue e obedeça, para que o milagre aconteça.

Você acessa o milagre por meio da sua confiança em Deus.

@juniorrostirola

DEVOCIONAL 365
155/365

LEITURA BÍBLICA ✝
1REIS 17

ANOTAÇÕES

UM VASO NOVO

Então, desci à casa do oleiro e o vi trabalhando com a roda. Mas o vaso de barro que ele estava formando estragou-se nas suas mãos; por isso, ele o refez, moldando outro vaso de acordo com a sua vontade.

JEREMIAS 18.3,4

Você já se viu como um vaso quebrado? Fragmentos espalhados, sem forma, sem propósito, aparentemente sem função? Muitas vezes, nossos erros, feridas e escolhas nos deixam assim, despedaçados. Mas, nas mãos do Oleiro, até o vaso mais danificado e aparentemente sem solução pode ser refeito.

No Japão, existe uma técnica que consiste em reparar com ouro cerâmicas quebradas. Em vez de esconder as rachaduras, essa técnica as evidencia e valoriza, transformando falhas reparadas em parte da beleza do objeto. Assim é o trabalho de Deus em nossa vida. Ele não apenas junta os pedaços, mas os transforma em lindos testemunhos.

Quando Jeremias viu o oleiro restaurar o vaso quebrado, a cena serviu-lhe de lembrete de que Deus não desiste de nós. Mesmo quando nos sentimos irrecuperáveis, Ele nos acolhe com paciência e amor, moldando-nos novamente. E, diferente dessa técnica que citamos, que usa ouro, Deus nos restaura com algo ainda mais valioso: o sangue de Jesus, que cobre nossas imperfeições e nos dá um novo propósito, uma nova vida.

Suas cicatrizes do passado não são sinal de fracasso, mas o testemunho do poder de Deus para transformar vidas. Deixe o Oleiro trabalhar em você, permita que o Senhor use cada rachadura e cada pedaço quebrado para criar algo novo e extraordinário. Nas mãos do Pai, até o vaso mais frágil pode se tornar um testemunho da sua glória. Você está disposto a confiar Nele? Deixe Deus transformar sua dor em propósito e suas cicatrizes em beleza, para que suas feridas sirvam de testemunho e cura para muitos outros.

café com Deus pai

Aquele que se esquece da sua verdadeira identidade pode se tornar qualquer pessoa.

@juniorrostirola

365 DEVOCIONAL
156/365

✝ LEITURA BÍBLICA
ROMANOS 9.20,21
FILIPENSES 1.6
ISAÍAS 45.9
2CORÍNTIOS 4.7

ANOTAÇÕES

O QUE MOVE O SEU CORAÇÃO?

Assim diz o SENHOR dos Exércitos: "Administrem a verdadeira justiça, mostrem misericórdia e compaixão uns para com os outros. Não oprimam a viúva, nem o órfão, nem o estrangeiro, nem o necessitado. Não tramem maldades uns contra os outros no coração".

ZACARIAS 7.9,10

O coração de Deus é movido por compaixão. No Antigo e no Novo Testamentos, vemos como o plano divino é de cooperação para o bem de Seu povo. Apesar de a humanidade ter se voltado contra Ele ao pecar vez após vez, Deus continuou a derramar graça e misericórdia. Em Seu plano de redenção, o Senhor demonstrou compaixão pelos perdidos ao enviar seu Filho ao mundo.

Em diversas passagens, lemos que o ministério profético de Jesus também foi movido pela graça e pela compaixão (cf. Mateus 9.35-38; 14.14; 20.29-34). Jesus não desprezava as pessoas por seu passado, por suas enfermidades ou por sua posição social; Ele as acolhia com amor. Seu olhar estava sempre atento, e suas mãos, estendidas.

Diante disso, precisamos refletir: Como temos nos posicionado perante as injustiças tão frequentes neste tempo? Será que temos defendido os órfãos, as viúvas e os oprimidos? Temos sido bondosos com os estrangeiros e os necessitados? Jesus nos comissionou para, em Seu nome, alcançarmos os que precisam de ajuda e esperança.

O escritor francês Anatole France afirmou: "A compaixão é o que nos torna verdadeiramente humanos e impede que nos transformemos em pedra". O nosso coração não pode estar insensível com relação ao próximo. O sofrimento do outro não pode ser normalizado ou ignorado. Muitas pessoas têm se tornado frias porque estão acostumadas com as injustiças deste mundo cheio de preconceitos, violência e aflição. Nós, porém, somos chamados para mostrar misericórdia e compaixão, como Jesus.

Quando a dor do próximo não o incomoda, a vida perde o propósito.

@juniorrostirola

DEVOCIONAL 365
157/365

LEITURA BÍBLICA
MATEUS 20.29-34

ANOTAÇÕES

ALÉM DAS SUAS LIMITAÇÕES

Deus afirmou:
— Certamente estarei com você [...]

ÊXODO 3.12

Sabe aquele momento em que Deus sussurra algo no seu coração e a primeira reação é olhar para os lados, como quem pergunta: "Será que não tem ninguém melhor para fazer isso?". Pois é, Moisés também pensou assim.

Deus o chamou para uma missão gigantesca: libertar o povo do Egito. E imediatamente Moisés respondeu tentando se esquivar da responsabilidade. Sua resposta foi: *"Quem sou eu? E se não acreditarem? Eu não sei falar bem"* (cf. Êxodo 3.11; 4.1,10). Parece familiar, não é?

Muitas vezes, agimos da mesma maneira. Deus nos chama para algo, e a primeira coisa que vem à nossa mente são as dificuldades e pensamos: "Será que dou conta? Será que sou capaz?". Mas perceba: Deus nunca perguntou se Moisés sabia falar, se tinha experiência e se sentia preparado. Deus só disse uma coisa: "Certamente estarei com você"! E isso é o suficiente.

O chamado nunca foi sobre sua capacidade, mas sobre a presença de Deus. O Senhor não está à procura de perfeitos, eloquentes ou prontos; está procurando corações fiéis e dispostos.

O problema é que, às vezes, olhamos tanto para nossas fraquezas que nos esquecemos de olhar para quem nos chamou. É como se disséssemos, sem querer: "Deus, minha limitação é maior que o Teu poder". E não é. Nunca foi.

Quando dizemos "sim" a Deus, não estamos dizendo "eu posso", mas sim "Eu confio que o Senhor pode". Essa é a chave de tudo. Se Deus o chamou, Ele também o sustenta. O resto… Ele faz.

Que a sua coragem seja maior que o seu medo.

@juniorrostirola

365 DEVOCIONAL
158/365

✝ LEITURA BÍBLICA
FILIPENSES 4.13
2CORÍNTIOS 12.9

ANOTAÇÕES

CAPACITADO PELO ESPÍRITO

O seu divino poder nos deu tudo de que necessitamos para a vida e a piedade, por meio do conhecimento daquele que nos chamou para a sua própria glória e virtude.

2PEDRO 1.3

A comparação nos leva a ter muitas inseguranças. Olhamos para a vida do outro e desejamos ter o que ele tem e ser como ele é. Pensamos em como seria bom se nossa vida fosse mais fácil, mais próspera, mais alegre, como achamos que a do outro é. Nesses momentos, precisamos nos lembrar de que fomos criados por um Deus que não comete erros e que nos colocou no lugar exato em que deveríamos estar.

Por muitos anos, eu me senti muito inseguro por ser tímido e me comparar com os demais. Contudo, quando encontrei o amor de Deus Pai, compreendi que Ele tinha um propósito para mim quando me criou, algo que está além do que eu jamais poderia imaginar ou sonhar. Desde então, compreendi que não vivo para mim, mas para servir a Deus e às pessoas por meio dos dons e das ferramentas que Ele me concedeu.

Deus Pai me deu, além de um propósito, capacitação dia após dia. Pelo poder do Espírito, a timidez deu lugar à confiança e à ousadia de pregar o evangelho, para ajudar outras pessoas e para ser quem fui criado para ser, não em benefício próprio, mas para servir ao Senhor e ao próximo com amor e excelência.

Todo discípulo de Jesus recebe dons do Espírito Santo para a edificação do corpo de Cristo. Os dons e as capacidades são diferentes de pessoa para pessoa, mas todos eles foram concedidos pelo mesmo Deus. Portanto, não se compare, tampouco deseje ter a vida do outro, pois o Senhor criou você com um propósito e somente Ele pode capacitá-lo e prepará-lo pelo poder do Espírito Santo.

O poder do Espírito Santo se manifesta em nós e nos capacita.

@juniorrostirola

DEVOCIONAL 365
159/365

LEITURA BÍBLICA
1CORÍNTIOS 12.1-12

ANOTAÇÕES

A BREVIDADE DA VIDA

Ensina-nos a contar os nossos dias para que o nosso coração alcance sabedoria.

SALMOS 90.12

Por vezes, temos de lidar com situações que reforçam o quanto a vida é breve. Tragédias, enfermidades e sonhos interrompidos despertam em nós o desejo de aproveitar a vida com tamanha plenitude que não tenhamos arrependimentos. Quando começamos a olhar para a vida e a morte com maior naturalidade e entendemos que viveremos pouco na terra, podemos começar a agir com mais autenticidade e ousadia.

Ser uma pessoa autêntica e ousada não significa se colocar em risco nem tentar se satisfazer com prazeres momentâneos que não preenchem a existência. Na verdade, é viver livre dos padrões do mundo, das opiniões de outras pessoas e do medo de não sermos aceitos. Uma pessoa autêntica conhece a própria identidade e tem princípios inegociáveis; não se contenta em seguir padrões e tendências ou em ter um estilo de vida não condizente com seus valores e convicções.

Você precisa abraçar a sua identidade como filho de Deus e buscar a sabedoria do alto para desfrutar da melhor forma dos seus dias. Muitas pessoas têm desperdiçado tempo com tentativas de agradar aos outros ou de preencher o vazio interior com prazeres passageiros. Contudo, precisamos ter a certeza de que não há melhor maneira de aproveitar a vida terrena do que assumir nossa identidade com autenticidade e ousadia.

Quando começamos a viver de acordo com a vontade de Deus Pai, sem medo do que os outros vão pensar, ter uma vida breve não é assustador, pois cada segundo da nossa existência é aproveitado com intencionalidade.

A vida é breve; aproveite-a com sabedoria!

@juniorrostirola

365 DEVOCIONAL
160/365

✝ LEITURA BÍBLICA
2TIMÓTEO 3

ANOTAÇÕES

PLANOS EM AÇÃO

Pois todo aquele que pede recebe; o que busca encontra; e, àquele que bate, a porta será aberta.

MATEUS 7.8

Um desejo não muda nada. Uma decisão pode mudar tudo.

@juniorrostirola

DEVOCIONAL 365
161/365

LEITURA BÍBLICA †
JUÍZES 4

ANOTAÇÕES

Todos temos desejos. Traçamos objetivos e sonhamos o tempo todo. No entanto, sonhar não muda nada. Uma decisão acompanhada de atitudes, por sua vez, pode mudar tudo. Muitas vezes, nossos planos não saem do papel porque temos medo de dar o primeiro passo. Deixamos projetos na gaveta porque nos falta coragem e determinação de agir. Mas está na hora de isso mudar!

Antes de tudo, precisamos submeter nossos desejos, planos e sonhos ao Senhor. Temos de dizer: "Que a Tua vontade seja feita" e confiar em que a vontade Dele é soberana. Quando somos guiados pelo Espírito Santo, deixamos de cobiçar aquilo que nos afasta de Deus, porque o nosso maior desejo é agradar ao nosso Pai e seguir o exemplo de Jesus.

Além disso, precisamos ser direcionados por Deus por meio da oração e da reflexão. Ele nos ajudará a planejar os nossos passos e a desenvolver as estratégias necessárias. Se estivermos alinhados aos Seus princípios, saberemos qual é o melhor momento para agir, quais recursos utilizar e como fazer.

Por fim, precisamos colocar nossos planos em ação com fé, persistência e coragem. Nem sempre será fácil. Em alguns momentos, sentiremos que as circunstâncias estão contra nós. Contudo, temos de confiar que Deus é quem nos dá a provisão de que precisamos, é quem dirige nossos passos. Se estivermos determinados e confiantes, resistiremos aos obstáculos e alcançaremos nossos objetivos.

Portanto, levante-se. Sacuda a poeira dos sonhos que você havia deixado para trás. Transforme seus desejos em decisões e aja segundo o direcionamento e a vontade de Deus para a sua vida.

BÊNÇÃOS ABUNDANTES

Honre ao SENHOR com os seus recursos e com as primícias de todas as suas colheitas; os seus celeiros ficarão plenamente cheios, e os seus lagares transbordarão de vinho.

PROVÉRBIOS 3.9,10

café com Deus Pai

Tempos de dificuldades chegam para todos, não importa de onde sejam, no que acreditem, com o que trabalhem. Engana-se quem pensa que cristãos estão isentos de problemas. O que os distingue é a forma com que respondem às situações difíceis. A quem você costuma recorrer? Como você age?

Quando minha esposa e eu nos mudamos para o interior de São Paulo com nosso filho mais velho ainda pequeno, passamos por dificuldades financeiras. Em vez de reclamar, Michelle e eu orávamos a Deus com fé de que Ele poderia suprir nossas necessidades. Naquele período, experimentamos grande cuidado e provisão do Senhor.

Em 2Reis, lemos que uma viúva passava por um período de dificuldades. Seu marido tinha sido um servo de Deus. Contudo, após a morte dele, um credor pretendia levar seus dois filhos como escravos. Desesperada, a viúva pediu ao profeta Eliseu que a ajudasse.

Ela não tinha nada além de um pequeno jarro de azeite. Ainda assim, o profeta ordenou que ela pegasse vasilhas emprestadas de todos os vizinhos, entrasse em casa com os filhos, fechasse a porta e derramasse azeite em cada vasilha. Com fé e obediência, a mulher fez como o profeta ordenara. Quando as muitas vasilhas estavam cheias, o azeite parou de cair. Depois disso, Eliseu ordenou que ela vendesse o azeite para pagar suas dívidas e viver do que sobrasse.

O milagre pode estar em sua casa, mesmo que aos seus olhos pareça pouco. Em Deus é possível, sim, viver o sobrenatural, onde o azeite não cessa enquanto houver vasilhas vazias. Portanto, faça a sua parte com fé e obediência e assim você desfrutará das abundantes bênçãos de Deus, mesmo em meio às dificuldades.

Em nossa escassez, Deus revela Sua fartura.

@juniorrostirola

365 DEVOCIONAL
162/365

✝ LEITURA BÍBLICA
2REIS 4.1-7

ANOTAÇÕES

O QUE REALMENTE IMPORTA

Vocês nem sabem o que acontecerá amanhã! Que é a sua vida? Vocês são como a neblina que aparece por um pouco de tempo e depois se dissipa.

TIAGO 4.14

Amar não é uma parte boa de sua vida; é a parte mais importante.

@juniorrostirola

DEVOCIONAL 365
163/365

LEITURA BÍBLICA
SALMOS 39.4,5
ECLESIASTES 3.1,2
LUCAS 12.19,20

ANOTAÇÕES

Um fato que a Bíblia constata: quão curta é a nossa vida. Quando somos crianças, os anos parecem demorar a passar, e cada dia carrega consigo aprendizados e momentos valiosos. Já na fase adulta, com a mente repleta de afazeres e uma rotina às vezes exaustiva, tudo passa muito rápido. Quando nos damos conta, a vida passou, os filhos cresceram, entes queridos se foram, enfim, o tempo é implacável.

Por isso, devemos valorizar cada dia, cada memória, cada momento. Por mais que você seja jovem e saudável, não sabemos por quanto tempo estaremos na terra, porém isso não pode nos atemorizar, porque, se estamos em Cristo, nosso destino é certo.

Quando nos damos conta disso, mudamos nossa forma de pensar e viver. Tiramos o pé do acelerador e aprendemos a valorizar o que realmente importa: família, amigos, pessoas que amamos... A vida é muito curta para não a dedicarmos a Deus e ao nosso próximo. O que vai fazer a diferença não é a quantidade de bens que você acumulou ou quanto dinheiro há em sua conta bancária, mas sim o quanto você amou e desfrutou da companhia daqueles que você ama.

Hoje convido você a fazer uma reflexão profunda acerca de como tem vivido. Não se esqueça de que a vida na terra é única e breve, e não podemos permitir que coisas temporárias ofusquem as eternas. Valorize sua família e as pessoas que você ama, e dedique-se a Deus de todo o coração, porque, no fim das contas, é isso o que verdadeiramente fará toda a diferença.

FÉ PARA VENCER

O centurião respondeu:
— Senhor, não mereço receber-te debaixo do meu teto. Basta que digas uma palavra, e o meu servo será curado.

MATEUS 8.8

Jesus encontrou diferentes tipos de fé em Sua jornada. Havia os que duvidavam, os que vacilavam e aqueles que confiavam plenamente. O centurião de Cafarnaum, um oficial romano sem conhecimento profundo das Escrituras e totalmente alheio à crença daquele povo, demonstrou uma fé tão grande que surpreendeu o próprio Jesus. Ele não pediu sinais, não exigiu provas, mas apenas creu, e isso o fez provar do milagre.

A fé daquele homem nos ensina que a verdadeira confiança em Deus não se baseia no que vemos. Enquanto muitos precisavam tocar em Jesus para crer, ele entendeu que uma única palavra do Senhor era suficiente.

Por outro lado, o discípulo Pedro começou bem, mas vacilou quando os ventos contrários sopraram. Ele andou sobre as águas, um feito impressionante, mas, ao desviar os olhos de Jesus e focar na tempestade, afundou. O problema não era a força do vento, mas a fragilidade da sua fé. Muitas vezes, agimos como Pedro. Temos uma palavra, começamos com coragem, mas, diante dos desafios, esmorecemos. O medo toma conta, e a fé não sustenta nosso ímpeto em avançar.

Seja qual for a tempestade que se levantou contra a sua vida, lembre-se: se Jesus está com você, não há o que temer. Por isso, eu e você devemos fixar nossos olhos em Cristo, manter a fé e seguirmos firmes e sem medo, pois a vitória já foi conquistada na cruz do Calvário. Saiba que para Jesus apenas uma palavra é suficiente para mudar completamente o cenário de sua vida.

café com Deus Pai

Sua postura e atitude diante do problema revelará o nível de confiança que você tem em Deus.

@juniorrostirola

365 DEVOCIONAL
164/365

✝ LEITURA BÍBLICA
LUCAS 7.6,7
HEBREUS 11.1
MATEUS 15.27,28
SALMOS 107.20

ANOTAÇÕES

O RELÓGIO DA VIDA

Os meus dias são como sombras crescentes; sou como a relva que vai murchando. Tu, porém, Senhor, no trono reinas para sempre; o teu nome será lembrado de geração a geração.

SALMOS 102.11,12

O tempo é passageiro, mas o seu propósito é eterno.

@juniorrostirola

DEVOCIONAL 365
165/365

LEITURA BÍBLICA †
ECLESIASTES 3

A ampulheta é uma das ferramentas mais antigas utilizadas para medir o tempo. Ela é formada por dois bulbos conectados por um pequeno gargalo pelo qual escorre areia de cima para baixo. Quando olhamos para esse objeto, percebemos quão rápido o tempo passa.

Essa figura também nos mostra que a vida é breve e finita. Assim como a areia acaba em um momento, também nossos dias na terra chegarão ao fim. Muitos se apavoram com a velocidade com que a vida acaba, mas não temos o que temer, pois o nosso Deus é o Senhor do tempo; Ele é atemporal, ilimitado, eterno.

Ter uma vida curta sobre a terra não deve ser assustador. Na verdade, tem de nos impulsionar a usar o tempo, esse bem precioso que nos foi concedido por Deus Pai, com sabedoria. Talvez você se veja hoje em uma situação em que sente que o tempo passou rápido demais ou que seus dias foram desperdiçados. No entanto, há esperança: enquanto o último grão de areia não cair, há tempo para mudar.

Algumas pessoas prestam tanta atenção ao passar do tempo que não fazem nada além de observar a areia escorrer. Se, porém, elas investissem tempo naquilo que traz valor e sentido à vida, não se sentiriam tão pressionadas. Em vez de fazerem do tempo o seu senhor, precisam aprender a submeter a vida e as escolhas ao Senhor do tempo!

Quando você entrega cada um dos seus dias nas mãos daquele que o criou, encontra sentido e propósito para cada momento de sua vida. Você percebe que cada estação, cada fase, é um importante grão de areia em sua ampulheta. Portanto, não se preocupe com o tempo, e sim em fazer de cada minuto do seu dia uma oportunidade de viver os propósitos de Deus.

ANOTAÇÕES

15 | JUN

TEMPO DE RECOMEÇAR

Eu disse isso para que em mim vocês tenham paz. Neste mundo, vocês terão aflições; contudo, tenham coragem! Eu venci o mundo.

JOÃO 16.33

Recomeçar é uma das maiores provas de resiliência. Seja após uma perda, seja após uma crise, seja após uma escolha errada, o processo exige, dependendo do contexto, coragem para admitir que erramos, abandonar o velho e abrir-se para o novo. Deus, em sua infinita bondade, nos chama a olhar além das circunstâncias e confiar em Seus planos, mesmo quando tudo parece perdido.

Os discípulos, após a ressurreição de Jesus, enfrentaram um momento de recomeço. Na vida, em algum momento, vamos precisar recomeçar. Contudo, precisamos atentar para algumas decisões importantes.

Primeiro, recomece com uma atitude vibrante. Assim como Pedro e João correram ao túmulo, movidos por esperança, enfrente a vida com determinação. A atitude é o primeiro passo para novas conquistas.

Segundo, ouça novos sons. Maria ouviu Jesus chamá-la pelo nome e reconheceu o Mestre. Diminua os ruídos da vida e concentre-se na voz de Deus.

Terceiro, veja com expectativa. Jesus apareceu aos discípulos. Troque o olhar da dúvida pelo olhar da esperança. Deus tem mais do que imaginamos reservado para nós.

Por fim, atente para o inesperado. Assim como o Espírito Santo foi soprado sobre os discípulos, Deus tem algo novo e sobrenatural para você. Não pense que é o fim; permita que Ele renove sua fé e transforme sua realidade.

Recomeçar pode ser desafiador, mas em Jesus é possível viver uma nova história. Abra seu coração e deixe Deus guiar cada passo. O novo já começou!

Onde falta esperança, Deus a planta e faz florescer o novo.

@juniorrostirola

365 DEVOCIONAL
166/365

† LEITURA BÍBLICA
ISAÍAS 41.10
SALMOS 34.19
ROMANOS 8.37
2CORÍNTIOS 4.8,9
SALMOS 46.1,2

ANOTAÇÕES

O DESCANSO QUE VOCÊ PRECISA

Pois aquele que entra no descanso de Deus também descansa do seu trabalho, como Deus descansou do seu.

HEBREUS 4.10

Esperar em Deus é saber que algo está se movendo.

@juniorrostirola

DEVOCIONAL 365
167/365

LEITURA BÍBLICA †
MATEUS 11.28,29
GÊNESIS 2.2
SALMOS 116.7
ISAÍAS 30.15

ANOTAÇÕES

Vivemos dias em que a palavra "descanso" parece distante. O ritmo acelerado da vida, as preocupações e as pressões constantes nos levam a carregar fardos que, muitas vezes, não fomos feitos para suportar sozinhos. Contudo, o convite de Deus é claro: Ele nos chama a entrar em Seu descanso. Não um descanso passageiro, mas um descanso profundo, que só Ele pode oferecer.

Muitas vezes, lutamos para resolver tudo pelas nossas forças, mas Deus nos lembra de que entrar no descanso Dele não significa apenas parar fisicamente, mas entregar as ansiedades, os medos e as preocupações nas mãos do Pai. É reconhecer que, por mais que tentemos controlar, é Ele quem sustenta todas as coisas. Quando descansamos Nele, experimentamos paz, porque sabemos que Ele está no comando.

Esse descanso também nos transforma. Ao confiar em Deus, somos convidados a abandonar o peso das nossas obras e depender da obra perfeita de Cristo. Onde antes havia cansaço, Ele traz renovação; onde havia insegurança, Ele traz segurança. Sua presença nos fortalece e nos ensina a caminhar com leveza, mesmo em meio aos desafios da vida.

Hoje Deus está convidando você a parar e confiar. A entregar tudo o que tem tirado a sua paz e permitir que Ele seja sua fonte de descanso. Entre nesse lugar de refrigério, onde você não precisa mais carregar o peso sozinho, mas pode descansar na certeza de que Deus já proveu tudo o que você precisa em Jesus. Quando nos rendemos a Deus, descansamos, sabendo que o amanhã está em Suas mãos.

JUNTOS SOMOS MELHORES

Como é bom e agradável quando os irmãos convivem em união!

SALMOS 133.1

Existem coisas na vida que aquecem o coração de um jeito especial. Uma conversa que faz bem, um abraço que conforta, aquele café compartilhado, aquele ombro amigo na hora certa. Deus, que nos criou, sabe que fomos feitos para isto: viver em conexão, em comunhão, em unidade.

O mundo anda cada vez mais individualista. Pessoas se isolando, erguendo muros onde deveriam construir pontes. Corações cheios de orgulho, disputas, feridas, indiferença. Mas o Pai projetou a nossa vida para ser compartilhada, e o Salmo 133 vem como um sussurro de Deus aos nossos ouvidos: "Filho, a vida é muito melhor quando você não anda sozinho!".

Sabe aquele ambiente leve, onde o coração encontra paz? E onde você encontra unidade, perdão, aceitação, empatia, humildade e amor? A comunhão não é a ausência de diferenças e crises, mas significa a presença de respeito, companheirismo, apoio e amor incondicional e intencional.

O Inimigo conhece o poder que emana dos frutos da união das pessoas, por isso ele tenta semear a erva daninha da fofoca, do orgulho, da divisão, da inveja e mágoa. Mas, quando escolhemos viver norteados pela unidade, damos oportunidade a nós mesmos de não caminharmos sozinhos e aprender algo com alguém. Afinal, nunca seremos tão bons sozinhos quanto somos todos nós juntos.

Independentemente de onde você estiver, seja em sua casa, seja no trabalho, seja em qualquer outro lugar, escolha ser construtor de pontes, aquele que promove um ambiente de união, paz e conciliação. Assim, você nunca caminhará sozinho e fará sua caminhada na terra mais leve, pois sempre terá alguém para lhe ajudar. *"Como o ferro afia o ferro, assim um amigo afia o outro"* (Provérbios 27.17, NVT). Juntos somos melhores!

café com Deus Pai

Sua vida mudará quando você aprender a construir pontes em vez de muros.

@juniorrostirola

365 **DEVOCIONAL**
168/365

✝ **LEITURA BÍBLICA**
JOÃO 17.20-23
EFÉSIOS 4.2,3

ANOTAÇÕES

DEIXE BRILHAR

[...] Quem anda de dia não tropeça, pois vê a luz deste mundo. Quem anda de noite tropeça, pois nele não há luz.

JOÃO 11.9,10

Que a luz de Deus esteja estampada na alegria do seu rosto.

@juniorrostirola

DEVOCIONAL 365
169/365

LEITURA BÍBLICA
EFÉSIOS 5.1-14

ANOTAÇÕES

Você já tentou andar pela sua casa no escuro? Na maioria das vezes em que isso acontece, esbarramos em um móvel ou na parede, derrubamos algum objeto ou machucamos o dedinho do pé em uma quina. Quando a luz está acesa, conseguimos ver os obstáculos e nos desviar deles; na escuridão, porém, as ameaças não são visíveis.

O contraste entre luz e trevas aparece em diversas passagens bíblicas como um alerta. Quando o pecado entrou no mundo, a humanidade foi tomada pela escuridão. Nas trevas, não havia esperança alguma; somente dor, sofrimento e tristeza. Para nos resgatar das trevas, Deus Pai enviou Jesus, a Luz do mundo.

Com Cristo em nossa vida, temos a oportunidade de caminhar sem tropeçar ou nos ferir. Enquanto antes não havia escapatória da escuridão do pecado, Jesus nos deu uma nova chance. No entanto, a luz e as trevas não coexistem. Não podemos escolher viver na luz do Senhor Jesus e continuar na escuridão do pecado, isto é, não podemos caminhar com Cristo e permanecer nos antigos hábitos ou nos associar às *"obras infrutíferas das trevas"* (Efésios 5.11). Nossa escolha tem de ser estar na luz.

Todas as vezes em que você insistir em andar no escuro, essa escolha terá um alto preço para a sua vida, e os que estão à sua volta também pagarão um preço em consequência de sua escolha errada. O apóstolo Paulo instruiu os efésios a aprender *"a discernir o que é agradável ao Senhor"* (Efésios 5.10). Por meio da Palavra e de uma vida de oração, o Espírito Santo pode conduzi-lo à sabedoria que vem do alto, a fim de que você não viva mais na escuridão, mas como filho da luz. Contudo, se você tem andado na escuridão, hoje é dia de dar um basta e deixar a luz de Jesus brilhar em você!

MOVIDO PELO AMOR

O amor não se alegra com a injustiça [...]

1CORÍNTIOS 13.6

Era 1993, quando o fotógrafo sul-africano Kevin Carter capturou a triste realidade de um bebê do Sudão prostrado no chão, atingido pela fome, um abutre estava logo atrás observando o menino. No ano seguinte, Kevin ganhou o Prêmio Pulitzer e, com a premiação, vieram também inúmeras críticas ao fotografar aquela criança em uma situação de tamanha vulnerabilidade.

Aquela imagem desperta em nós diversos tipos de sentimentos: angústia, indignação, agonia, repulsa. No entanto, somente ao ver a tragédia, compreendemos como funciona a sociedade. Muitas pessoas são movidas pela ambição e pelos interesses próprios, pensando só em si, de tal maneira que se tornam anestesiadas em relação a tudo mais que acontece à sua volta. A dor do próximo deixou, muitas vezes, de nos causar comoção e inquietação.

Passados mais de trinta anos daquela foto, nos dias atuais somos soterrados por uma avalanche de imagens que deveriam ser consideradas inaceitáveis, quando na verdade elas só existem porque muitos acabam não tendo empatia.

Será que eu e você também não temos dado as costas aos que precisam de ajuda? Temos priorizado nosso bem-estar e deixado de prestar auxílio aos necessitados, oprimidos, enfermos e injustiçados? Se temos nos movido por qualquer outra coisa senão o amor a Deus e ao próximo, é necessário repensar nossa conduta. Precisamos ficar indignados com toda forma de injustiça, comovidos com o sofrimento do próximo.

Não podemos mais ficar indiferentes à dor do outro; pelo contrário, temos de ser cheios de compaixão, amor e misericórdia (cf. 1Pedro 3.8). Para que possamos mudar o mundo e fazer a diferença, eu o convido a juntos agirmos como Jesus e estendermos hoje as mãos para ajudar alguém, espalhando empatia e cuidado. Você está pronto para ser conduzido pelo amor?

Empatia é sentir a dor do próximo.

@juniorrostirola

365 DEVOCIONAL
170/365

✝ LEITURA BÍBLICA
LUCAS 19.41-48

ANOTAÇÕES

IGUAL A CRISTO

Portanto, aceitem uns aos outros, da mesma forma que Cristo os aceitou, a fim de que vocês deem glória a Deus.

ROMANOS 15.7

Jesus escolheu agir com amor. Escolha ser como Ele.

@juniorrostirola

DEVOCIONAL 365
171/365

LEITURA BÍBLICA
JOÃO 1.7-32

Por muitos anos, eu fui um menino tímido e rejeitado pelos colegas de escola por minha falta de habilidade nos esportes. A rejeição causou feridas na minha mente e também é responsável pela dor de milhões de pessoas ao redor do mundo.

Somente o amor de Jesus é capaz de curar uma ferida tão profunda e as consequências geradas por ela. Quando eu tinha 13 anos, por meio do convite da minha vizinha, conheci o amor de Jesus. O Senhor me aceitou, me amou e transformou toda a minha vida. Hoje estou curado de todas as minhas feridas e desenvolvo um trabalho amplo no Brasil e no mundo para que outras pessoas sejam curadas também.

Jesus quer curar as suas feridas. Ele quer transformar a sua vida. Existe vida depois da dor. Você também pode ter amigos e uma família espiritual. Receber o amor transformador de Cristo vai fazer de você uma nova criatura, todas as coisas velhas ficarão para trás e tudo será novo (cf. 2Coríntios 5.17)!

Quando temos um encontro com nosso Senhor, ouvimos Sua doce voz nos chamar e dizer que somos Seus filhos amados, todo o nosso corpo se aquece, e a chama do amor divino entra e faz morada em nosso coração. A partir de então, nos tornamos capazes de amar e de aceitar as pessoas como elas são, porque é assim que aconteceu conosco.

Precisamos parar de tentar mudar as pessoas na força do nosso braço. Pessoas são ensinadas, inspiradas, treinadas, capacitadas e edificadas, sim. Mas a mudança só Deus pode prover! Lembre-se apenas de que Jesus escolheu agir com amor. Decida amar!

ANOTAÇÕES

ALÍVIO

Lancem sobre ele toda a sua ansiedade, porque ele cuida de vocês.

1PEDRO 5.7

Todos nós temos preocupações. Algumas são passageiras; outras insistem em nos acompanhar. Muitas vezes, nem percebemos o quanto elas estão pesando, até que a alma começa a doer. É como aquela parábola simples e poderosa contada por um professor a seus alunos:

No meio da sala de aula, o professor levantou um copo com água e perguntou à classe: "Quanto pesa este copo?". As respostas variaram. Mas ele explicou: "O peso não importa. O que importa é por quanto tempo o seguro. Um minuto, tudo bem. Uma hora, já incomoda. Um dia inteiro, meu braço não suportaria".

Assim são nossas preocupações. Por um momento, parecem pequenas, mas, quanto mais tempo as carregamos, mais elas pesam. O problema não está no copo, mas no tempo que insistimos em segurá-lo sozinhos.

Jesus nunca prometeu ausência de lutas, mas nos garantiu alívio: "*Venham a mim todos os que estão cansados e sobrecarregados, e eu darei descanso a vocês*" (Mateus 11.28). Ainda assim, tentamos carregar sozinhos o peso da culpa, da ansiedade, do medo do amanhã.

Você não foi criado para viver sobrecarregado. Em Cristo, há descanso para a mente, alívio para o coração e paz para a alma. Mas isso só acontece quando decidimos soltar, quando largamos o "copo".

Então, para que continuar com esse peso na sua vida? Hoje, em vez de segurar mais um dia essa angústia silenciosa, entregue-a a Deus. Lance sobre Ele tudo aquilo que lhe está pesando, deixando você pra baixo, fazendo-o perder a esperança, pois Ele sabe o que é melhor, o conhece muito bem e cuida de você.

Convide Deus para estar em todas as estações da sua vida.

@juniorrostirola

365 DEVOCIONAL
172/365

✝ LEITURA BÍBLICA
1PEDRO 5.6,7
MATEUS 11.28-30

ANOTAÇÕES

SERENIDADE

Vocês planejaram o mal contra mim, mas Deus o planejou para o bem, para que a vida de um numeroso povo fosse salva hoje.

GÊNESIS 50.20

O tempo do seu processo não será maior do que a promessa de Deus na sua vida.

@juniorrostirola

DEVOCIONAL 365
173/365

LEITURA BÍBLICA ✝
GÊNESIS 45.5-8

ANOTAÇÕES

Se existe uma história que traduz perfeitamente o que significa confiar, se submeter e permanecer firme em Deus, é a de José. Traído pelos irmãos, vendido como escravo, injustiçado no Egito e esquecido na prisão... qualquer um teria se rendido ao desânimo e perdido todas as esperanças de dias melhores. Mas não José. Ele entendeu algo que muda tudo: Deus tem o poder de transformar qualquer mal em bem.

E sabe o que é mais lindo? Isso transborda até nos nomes que deu aos seus filhos. O primogênito se chamou Manassés, que significa: *"Deus me fez esquecer todo o meu sofrimento"*. E o segundo, Efraim: *"Deus me fez crescer na terra onde tenho sofrido"* (Gênesis 41.51,52).

José nos ensina que se manter sereno, mesmo em meio às dificuldades, não é resignação. Não é aceitar a dor como derrota. É confiar que, mesmo quando tudo parece perdido, Deus ainda está no controle e continua escrevendo uma história maior do que a nossa visão limitada consegue enxergar.

Às vezes, Deus permite processos que não parecem bons aos nossos olhos, mas são exatamente eles que nos posicionam no lugar onde os propósitos Dele se cumprem. José entendeu isso quando disse aos irmãos a frase que lemos no começo desta mensagem.

Uma fé serena, no fim das contas, é isto: descansar na bondade de Deus, mesmo quando os dias parecem escuros. Porque o céu continua trabalhando, mesmo no silêncio.

NOSSO TESOURO

Esta é a vida eterna: que te conheçam, o único Deus verdadeiro, e a Jesus Cristo, a quem enviaste.

JOÃO 17.3

café com Deus Pai

Relacionamentos reais, profundos e saudáveis são baseados em conhecimento. A pessoa com quem tenho maior intimidade, minha esposa, Michelle, é quem mais me conhece. Sabemos o que agrada e desagrada ao outro; as dores, os medos e as dificuldades. Se não nos dedicássemos a fundamentar nosso relacionamento em amor, confiança e conhecimento mútuo, isso seria impossível.

Não conseguimos ter intimidade com alguém sem nos dedicar de maneira contínua e intencional. Se nos empenhamos em conhecer pessoas, devemos nos dedicar ainda mais a conhecer a Deus, nosso Pai, e a Jesus Cristo. Em Oseias 6.3, está escrito: *"Conheçamos o Senhor; esforcemo-nos por conhecê-lo"*.

O conhecimento sobre o qual o texto fala não é acadêmico, intelectual ou formativo, mas pessoal, profundo e relacional. A vida dos cristãos deve ser marcada pelo estudo aprofundado das pessoas da Trindade: Deus Pai, Jesus Cristo — o Filho — e o Espírito Santo. Somente assim, podemos desfrutar de um relacionamento genuíno e íntimo com o Senhor.

O relacionamento é estabelecido por meio do diálogo. Deus se comunica conosco de diversas formas e nos permite conversar com Ele; afinal, a oração é uma conversa com o Pai. Aliás, como está o seu relacionamento com Deus? Você tem buscado a Sua presença? Muitas vezes, queremos as bênçãos de Deus, mas não estamos dispostos a nos relacionar com Ele. É preciso buscá-lo em oração todos os dias, pois, por meio dela, podemos expressar o que sentimos e pensamos e ouvir o que Ele tem a nos dizer. E pela Bíblia, Sua Palavra, Ele se revela a nós.

É um privilégio saber que Deus Pai nos ama e deseja que o conheçamos. Não há maior tesouro do que conhecer a Deus!

Deus está resolvendo os seus problemas enquanto você ora.

@juniorrostirola

365 DEVOCIONAL
174/365

✝ LEITURA BÍBLICA
2PEDRO 3

ANOTAÇÕES

DE DENTRO PARA FORA

Como você pode dizer ao seu irmão: "Irmão, deixe-me tirar o cisco do seu olho", se você mesmo não consegue ver a viga que está no seu próprio olho? [...]

LUCAS 6.42

A vida que você deseja está na mudança que você precisa.

@juniorrostirola

DEVOCIONAL 365
175/365

LEITURA BÍBLICA †
MATEUS 7.1-5
SALMOS 139.23,24

ANOTAÇÕES

Existe uma história muito antiga que fala sobre um homem que buscava respostas. Ele queria entender o sentido da vida, das relações, das lutas. Nessa jornada que durou anos, o homem encontrou três portões. No primeiro, com letras douradas, lia-se: "Mude o mundo". No segundo, "Mude os outros". No terceiro, em letras menores, uma frase simples, mas poderosa: "Mude a você mesmo". E foi só ao atravessar o último que os dois primeiros começaram, finalmente, a fazer sentido.

A gente passa boa parte da vida querendo mudar o que está fora. Queremos que o mundo seja mais justo, que as pessoas sejam melhores, que os outros ajam diferentemente. Mas nos esquecemos de que nenhuma transformação verdadeira começa de fora para dentro. Ela começa dentro de nós.

Jesus nos ensinou isso quando disse: *"Por que você repara no cisco que está no olho do seu irmão, mas não se dá conta da viga que está no seu próprio olho?"* (Mateus 7.3). Porque é muito mais fácil apontar o defeito do outro do que encarar nossos próprios processos de mudança.

Você quer um mundo melhor? Comece sendo melhor. Quer um lar mais leve? Comece sendo mais paciente, mais amoroso e mais intencional. O mundo à sua volta responde muito mais ao que você se torna do que ao que você exige. A transformação que você espera começa em você.

O INÉDITO DE DEUS

"Esqueçam o que se foi; não vivam no passado. Vejam, eu farei uma coisa nova! [...]"

ISAÍAS 43.18,19

café com Deus pai

A vida é feita de ciclos, e Deus nos convida a viver o novo. No entanto, muitos permanecem presos ao que já passou, como se as experiências antigas os definissem para sempre. Carregamos dores, fracassos e até mesmo conquistas passadas que nos impedem de enxergar o que Deus quer fazer hoje.

Quando entregamos nossa vida a Cristo, Ele nos transforma completamente. Paulo, em 2Coríntios 5.17, diz: "Portanto, se alguém está em Cristo, é uma nova criação. As coisas antigas já passaram; eis que se fizeram novas!". Isso significa que nossa identidade não está mais ligada ao nosso passado, mas ao que Deus está construindo em nós. Contudo, para viver essa nova realidade, precisamos deixar o que nos prende.

Muitas vezes, insistimos em segurar medos, ressentimentos e inseguranças. Queremos mudança, mas sem abrir mão daquilo que nos mantém no mesmo lugar. Confiar em Deus significa estar disposto a deixar para trás o que não nos serve mais e seguir na direção que Ele nos aponta. O novo de Deus é sempre maior e melhor do que aquilo que ficou para trás. Por isso, não podemos temer as mudanças, porque, por mais desconfortáveis que sejam no primeiro momento, são elas que nos conduzem aos propósitos de Deus.

O que prende você ao passado? Para seguir adiante, é preciso abrir seu coração e deixar Jesus ressignificar sua caminhada. Nada melhor do que confiar no Senhor e aceitar o desafio de caminhar no inédito de Deus. Não tema, mas siga com confiança e fé, porque Aquele que começou a boa obra em sua vida é fiel e justo para completá-la (Filipenses 1.6).

O inédito de Deus o surpreenderá se você decidir confiar.

@juniorrostirola

365 DEVOCIONAL
176/365

✝ LEITURA BÍBLICA
LAMENTAÇÕES 3.22,23
2CORÍNTIOS 5.17
APOCALIPSE 21.5
FILIPENSES 3.13,14

ANOTAÇÕES

AGENTE DE TRANSFORMAÇÃO

Ah! Senhor, suplico que os teus ouvidos estejam atentos à oração deste teu servo e à oração dos teus servos que têm prazer em temer o teu nome [...]

NEEMIAS 1.11

Quando temos fé, os problemas se tornam oportunidades para vivermos milagres.

@juniorrostirola

DEVOCIONAL 365
177/365

LEITURA BÍBLICA
NEEMIAS 1

No contexto do versículo que lemos, Neemias questionou sobre o que acontecia em Jerusalém porque se importava. E não somente isso, ao saber do sofrimento de seu povo, que estava lá, ele se comoveu tão profundamente que foi impulsionado a agir. Assim também deve ser com cada um de nós: o desconforto deve nos colocar em movimento de tal maneira que gere transformação de realidade.

Como tem sido a sua leitura do mundo? Vejo que uma das dificuldades das pessoas é olhar ao redor e compreender as situações como elas verdadeiramente são. O evangelho é uma espécie de óculos que nos permite fazer uma grande leitura do mundo. Devemos observar tudo ao nosso redor e entender o que e como precisa ser transformado.

Para isso, precisamos desenvolver uma visão apurada que nos permita enxergar lugares e pessoas como Jesus enxergava: com capacidade de perceber a necessidade de cada um. Como filhos de Deus, estamos neste mundo para transformá-lo pelo poder do Espírito Santo em nós e por meio de nós. E, para isso, temos de aprimorar a nossa capacidade de analisar o que está ao nosso redor.

Muitas pessoas fecham os olhos para as situações urgentes e se concentram nas menos importantes. Todavia, as dores do outro deveriam nos causar inquietação. Se queremos transformação e intervenção de Deus, temos de nos interessar pela realidade do lugar e das pessoas que estão por perto.

Para que Deus opere transformação por meio de você, não tenha medo de reconhecer o que está em ruínas. Saiba que toda realidade transformacional se inicia com perguntas e posicionamento diante das respostas. É possível, sim, com Deus, transformar realidades ao nosso redor. Eu lhe pergunto: Deus pode contar com você para ser um Neemias em sua geração?

ANOTAÇÕES

RESOLVER PARA PROSSEGUIR

O fim das coisas é melhor que o seu início,
e a paciência é melhor que o orgulho.

ECLESIASTES 7.8

De nada adianta iniciar novos projetos ou buscar novas dimensões de vida se você não mantiver um relacionamento íntimo com Deus em obediência à sua Palavra. Antes de avançar, é essencial encerrar os ciclos pendentes, cumprir o que foi prometido e lidar com o que ficou inacabado no passado. Carregar pendências em sua bagagem emocional e espiritual apenas impede você de viver o extraordinário que Deus tem para a sua vida.

Muitas vezes, queremos algo novo, mas deixamos para trás um rastro de projetos inacabados, sonhos abandonados e promessas não cumpridas. Não se trata apenas de querer, mas de agir com responsabilidade e fidelidade. Para viver o que nunca viveu, é preciso fazer o que nunca foi feito. Isso inclui obedecer e buscar em Deus o propósito certo para sua vida e terminar aquilo que foi começado, permitindo que Ele traga ordem e direção para a sua trajetória.

Em Deus, os términos podem ser o início para novos começos. Cada estação que se encerra abre espaço para outra, com oportunidades de crescimento e renovo. No entanto, Deus só pode agir plenamente se houver legalidade, ou seja, se não houver pendências que impeçam o mover Dele em sua vida. Pare para analisar: existe alguma pendência hoje ou algum comportamento que você tenha que declinar para viver de fato os planos de Deus na sua vida?

Quer um conselho? Alinhe sua vida e mantenha o foco no que está à sua frente. Não desvie os olhos do propósito até que tenha concluído cada etapa. Com uma base sólida, construída com dedicação e esmero, você estará preparado para enfrentar os próximos desafios e viver o que Deus tem planejado. Então, permita que o Senhor seja o alicerce em cada ciclo concluído e em cada novo recomeço. Assim, sua vida será um testemunho vivo de superação e fidelidade a um Deus que sempre tem o melhor para você.

Em Deus, nunca é tarde para recomeçar.

@juniorrostirola

365 DEVOCIONAL
178/365

✝ LEITURA BÍBLICA
PROVÉRBIOS 16.32
TIAGO 5.7,8
ROMANOS 5.3,4

ANOTAÇÕES

café com Deus Pai

VAI DAR TUDO CERTO

Orem também por mim, para que, ao falar, me seja dada a mensagem a fim de destemidamente tornar conhecido o mistério do evangelho [...]. Orem para que eu anuncie o evangelho ousadamente, como devo fazer.

EFÉSIOS 6.19,20

Deus nunca disse que a jornada seria fácil, mas afirmou que a chegada valeria a pena.

@juniorrostirola

DEVOCIONAL 365
179/365

LEITURA BÍBLICA
HEBREUS 11

Ainda me lembro da primeira vez em que falei em público ministrando a Palavra de Deus, e algumas pessoas falavam que eu não estava pronto. Uma voz dentro de mim dizia o mesmo. Como aquele garoto tão inseguro, introvertido e tímido poderia falar em público? Contudo, embora os meus traumas e medos tentassem me paralisar e impedir, a voz de Deus dizia outra coisa. Confiante Nele, enfrentei a timidez. Ainda hoje, a cada dia, Ele é quem me capacita.

Muitas vezes, sentimo-nos incapazes de romper as barreiras da insegurança e do medo. A verdade é que, se procurarmos em nós mesmos, não encontraremos a coragem necessária para cumprir o nosso propósito e nos mover em direção aos planos de Deus. É por isso que precisamos procurá-la em Deus.

Podemos pensar em diversas figuras bíblicas que foram bem-sucedidas no cumprimento do propósito de Deus para elas. Não foi, porém, porque eram fortes ou poderosas, e sim porque tinham fé em um Deus que capacita, fortalece e sustenta. Esse mesmo Deus está conosco. Quando Ele nos chama, também nos dá os recursos de que precisamos e nos prepara para realizar a Sua obra.

Quando adolescente, eu jamais poderia imaginar que um dia me tornaria alguém que levaria a Palavra de Deus a tantas pessoas. Todavia, um dia aquele rapaz limitado pelos medos e inseguranças encontrou o amor do Pai. Hoje sei que Dele vem tudo de que preciso para anunciar as boas-novas do Evangelho. Simplesmente, tenha uma atitude de fé e coragem durante o processo, pois isso é essencial para seguir a sua jornada.

No meu caso, eu estava vencendo algumas paralisias internas. Não sei qual é a sua situação hoje, o que você vem enfrentando. Talvez esteja doendo tanto que você até pensou em desistir, mas Deus me trouxe aqui para dizer-lhe: não desista, Eu estou com você! Vai dar tudo certo!

ANOTAÇÕES

IMAGEM E SEMELHANÇA

Então, Deus criou o ser humano à sua imagem, à imagem de Deus o criou; homem e mulher os criou.

GÊNESIS 1.27

O nosso código genético carrega todas as características que recebemos pela hereditariedade: cor dos olhos, da pele e do cabelo, altura, traços faciais, estrutura óssea e até mesmo a predisposição a certas condições e doenças.

A Bíblia nos traz uma informação muito valiosa logo no início: "Deus criou o ser humano à Sua imagem". Fomos feitos à imagem e semelhança do nosso Criador. Antes de nossa concepção e nascimento, Deus já havia determinado que cada um de nós, Seus filhos, carregaríamos o Seu DNA.

Você não é um acidente, fruto do acaso ou meramente uma combinação complexa de moléculas. Em Salmos 139.13,14, Davi declarou: *"Tu criaste o íntimo do meu ser e me teceste no ventre da minha mãe. Eu te louvo porque me fizeste de modo assombroso e admirável. As tuas obras são maravilhosas! Sei disso muito bem"*. Ao formá-lo, Deus pensou em cada detalhe.

Enquanto nosso DNA humano, com características adquiridas de nossos pais, define características do nosso corpo, nosso DNA espiritual vai muito além. Ele define a nossa essência e o nosso propósito. Portanto, a sua identidade não é moldada por seus traços físicos ou por sua composição química, mas por Aquele que o criou com amor e o fez à Sua imagem e semelhança. Compreender essa verdade pode transformar a vida. Um dia, recebi a mensagem de uma leitora do *Café com Deus Pai* que disse que foi liberta das dores que a aprisionavam pelo *bullying* sofrido na infância, as quais por vinte anos distorceram a sua identidade.

Talvez até hoje você não tenha desfrutado da sua verdadeira identidade. Convide o Espírito Santo a lhe mostrar se há algo que o esteja impedindo de vivê-la; e, diante do que Ele lhe mostrar, peça que Ele mesmo o cure.

Você é um sonho de Deus realizado.

@juniorrostirola

365 DEVOCIONAL
180/365

✝ LEITURA BÍBLICA
SALMOS 139

ANOTAÇÕES

30 | JUN

ESCOLHA AMAR

Filhinhos, não amemos de palavra nem da boca para fora, mas em ação e em verdade.

1JOÃO 3.18

Sua atitude pode ser a esperança do recomeço na vida de alguém.

@juniorrostirola

DEVOCIONAL 365
181/365

LEITURA BÍBLICA †
LUCAS 10.25-37

ANOTAÇÕES

Muitas pessoas acreditam que sim, mas o amor não é um sentimento. Também não se resume a dizer que se ama alguém. Algumas pessoas até dizem, mas suas ações demonstram o contrário. O verdadeiro amor é intencional. Amar é escolher fazer o bem, estender a mão, renunciar às próprias vontades para atender às necessidades do próximo, agir com paciência, humildade e altruísmo, zelar pelo bem-estar do próximo, e muito mais. O amor pode, sim, ser demonstrado por palavras e gestos, mas deve ser muito mais profundo do que isso.

Jesus é o próprio Amor e nos ensina a amar ao levar o evangelho aos perdidos, oferecer alívio aos cansados, estender a mão aos rejeitados e enfermos, dar recursos aos pobres, interceder pelo próximo e, muitas vezes, nos sacrificar em favor do outro. Ele é o modelo que devemos seguir. Jesus estava sempre atento às necessidades das pessoas e pronto para ajudar. Temos de aprender a ser sensíveis como Ele e a oferecer amor até mesmo quando não recebermos tratamento justo.

Enquanto muitas pessoas amam da boca para fora, somos chamados a amar em ação e em verdade, assim como Jesus. Talvez tudo o que falta em você seja a percepção de fazer uma leitura do que está acontecendo ao seu redor, a ponto de se colocar à disposição e ir ao encontro dos necessitados. Jesus vai em direção à dor das pessoas, e nós também devemos agir dessa maneira. Que jamais sejamos o tipo de pessoa que dá as costas ao próximo ou que permanece insensível ao sofrimento dos outros. Que não meçamos esforços para ajudar. Aonde quer que você vá, escolha amar em ação e em verdade.

AMAR UNS AOS OUTROS

É ESTAR SENSÍVEL A PONTO DE SE DOAR AO PRÓXIMO.

HOJE É DIA DE

Espalhar o Amor

Vamos juntos!

E O ATO DE AMOR DE HOJE É...

Doar um livro que você já leu para alguém.

Sabe aquela leitura que fez muito bem a você? Chegou a hora de ser canal de bênção e enriquecer a vida de alguém. Separe o seu livro, direcione-o a alguém que você sabe que precisa dessa leitura, ou mesmo escolha um lugar estratégico para impactar a vida de quem irá encontrá-lo.

Juntos vamos impactar o Brasil espalhando o amor!

Junto com o ato de amor, deixe um bilhete escrito assim:

"Você é importante e amado por Deus Pai".

Assista para entender melhor.

Compartilhe o seu ato de amor para inspirar alguém!

Unidos no mesmo propósito, espalhando o amor.

João e Isabella têm um novo vizinho, Davi! Junto com o restante da turma, Vitória, Valentina, Enzo e Gabriel, vivem situações do dia a dia e tiram lições preciosas para toda a vida. ***Expressinho*** sempre estará por perto para divertir e ajudar a refletir sobre cada momento.

Junior é um menino tímido que tem como companheira de aventuras sua bicicleta! O único problema é que, talvez, ela esteja tão, tão, tãããão velhinha que seu banco esteja rasgado, os freios rangendo e a corrente frouxa! Mas Junior também tem amigos incríveis: Michelle, Ana, Ted e o recém-chegado Brian, que vão ajudá-lo a ***vencer os desafios*** que surgem no dia a dia. Bora descobrir o que vai acontecer?

LANÇAMENTO

café com Deus pai

O **AMOR** DE DEUS O FAZ MOVER SEUS BRAÇOS PARA **SUPRIR** VOCÊ.

@juniorrostirola

Assista ao vídeo com a palavra e oração para este mês.

JU
LHO

café
com
Deus
pai

FRUSTRAÇÃO VERSUS VISÃO

De todos os lados somos pressionados, mas não desanimados; ficamos perplexos, mas não desesperados; somos perseguidos, mas não abandonados; abatidos, mas não destruídos.

2CORÍNTIOS 4.8,9

Você já deve ter ouvido a expressão: "Nem tudo são flores". Há momentos em que a vida parece ser cheia de ervas daninhas. Esperávamos por belas flores e recebemos plantas indesejadas que roubam a nossa alegria, esperança e o nosso ânimo.

Em Atos 18, vemos a frustração de Paulo mediante a hostilidade dos coríntios. Enquanto ele se dedicava a pregar o evangelho, as pessoas se opunham e amaldiçoavam seu ministério. Nessa situação, o Senhor falou com Paulo em uma visão e o encorajou a continuar pregando e a não se calar, *"Pois estou com você, e ninguém lhe fará mal nem o ferirá"* (Atos 18.10).

Quando portas se fecham, quando as pessoas nos rejeitam ou quando as coisas não saem como esperávamos, a frustração surge como uma erva daninha e se espalha por onde quer que olhemos. Quanto mais frustrados nos sentimos, menos vemos as flores em nossa vida.

No entanto, o Senhor nos encoraja a continuar firmes, pois Ele está conosco. Muitas vezes, as portas se fecham e Deus abre janelas. As pessoas nos rejeitam, mas o nosso Pai não permite que sejamos feridos. Ainda que as coisas não saiam como esperávamos, nada foge do controle do Pai, cujos planos são maiores e melhores do que os nossos.

A frustração atrapalha nossa perspectiva sobre a bondade e o agir de Deus. Por isso, quando você estiver frustrado, tome cuidado com os efeitos colaterais, pois você pode perder oportunidades de ver o que está à sua frente. Não se engane! Apesar das ervas daninhas que teimam em aparecer, o seu jardim continua repleto de flores!

Onde há visão, não há espaço para frustração.

@juniorrostirola

365 DEVOCIONAL
182/365

✝ LEITURA BÍBLICA
ATOS 18.1-17

ANOTAÇÕES

IDENTIDADE RESTITUÍDA

E ele lhe disse: Qual é o teu nome? E ele disse: Jacó. E disse-lhe: Teu nome não será mais chamado Jacó, mas Israel, porque como um príncipe tu tens poder com Deus e com homens, e prevaleceste.

GÊNESIS 32.27,28, BKJ

Jacó foi um homem imparável, alguém que não desistiu, nem mesmo diante de Deus. O patriarca lutou com o Senhor até receber aquilo que desejava mais do que tudo: uma bênção. E, naquele encontro, Deus não apenas o abençoou, mas deu a ele um novo nome, uma nova identidade e um novo destino.

Por muito tempo, Jacó viveu sob o peso de um nome que refletia sua antiga vida de engano e astúcia ao estar sempre em conflito com Esaú, seu irmão. Mas, após um encontro com Deus, tudo mudou. A partir daquele momento, ele não buscaria mais espaço ou vitória por conta própria; seguiria os caminhos e os planos do Senhor.

Essa transformação não foi apenas um ato simbólico; foi um marco de renovo e propósito. Assim como Jacó, muitos de nós carregamos rótulos do passado — sejam eles erros, falhas ou rejeições — que tentam nos definir e nos deter. Lutas internas nos exaurem, e expectativas externas nos oprimem, como se fôssemos incapazes de avançar para o que Deus preparou.

Aqui, porém, está a verdade: o mesmo Deus que transformou Jacó em Israel está pronto para transformar sua identidade hoje. Ele é especialista em restaurar, curar e redefinir vidas. Ser filho de Deus é aceitar a paternidade do Pai celestial, confiando que Ele tem o poder de fazer novas todas as coisas, independentemente do que você viveu até hoje.

Talvez você esteja lutando, sentindo-se incapaz ou preso às amarras invisíveis causadas por feridas que foram abertas no decorrer da sua vida. Mas saiba que o Senhor está pronto para lhe dar um novo nome, uma nova identidade e um novo destino. Assim como com Jacó, um toque de Deus pode mudar tudo. Permita-se ser tocado também, pois só Ele é capaz de mudar sua história. Ele o conhece no mais profundo, e tudo o que quer é inserir você no propósito para o qual foi criado. Nunca esqueça: você é um filho amado de Deus Pai.

Feridas fechadas são marcos para recomeços.

@juniorrostirola

DEVOCIONAL 365
183/365

LEITURA BÍBLICA
ISAÍAS 62.2
APOCALIPSE 2.17
ATOS 9.4-6

ANOTAÇÕES

FONTE DE CURA

Imediatamente, o homem ficou curado, pegou a maca e começou a andar.

JOÃO 5.9

Um dos encontros com Jesus relatados no Evangelho de João aconteceu em um lugar conhecido como tanque de Betesda. A palavra "Betesda" significa "casa de misericórdia". Naquela época, acreditava-se que a primeira pessoa que entrasse no tanque quando a água fosse agitada seria curada. Em João 5.3, lemos que um grande número de enfermos ficava ali, na expectativa de receberem a cura sobrenatural.

Dentre os reunidos naquele lugar, estava um homem que era paralítico havia trinta e oito anos. Quando Jesus o viu, perguntou: *"Você quer ser curado?"* (v. 6). Essa simples pergunta de Jesus nos mostra que temos alguém que vê nossa dor e se importa conosco. Ele é capaz de ver até as feridas de nosso interior, aquelas que tentamos esconder.

Desamparado, o homem respondeu a Jesus que não havia ninguém para ajudá-lo a entrar no tanque quando a água estava agitada. Cristo, então, ordenou que ele se levantasse, tomasse a maca e andasse, e assim ele fez imediatamente. É interessante que, embora Jesus tenha curado no tanque de Betesda, Ele não usou as águas do tanque para curar aquele paralítico. A misericórdia que aquele homem buscava não estava nas águas, mas em Cristo, nossa fonte de misericórdia.

Há momentos em nossa vida em que nos sentimos invisíveis, desamparados, sem esperança. Talvez esta seja a sua realidade hoje: a dor o tem assolado e parece que ninguém o está vendo ou se importando com você. Mas Jesus marcou esse encontro, por meio desta leitura, para lhe dizer o quanto Ele é misericordioso e está de braços abertos para envolvê-lo. Ele o vê. Ele se importa com você. Nele está a cura.

Jesus é a fonte de tudo que precisamos.

@juniorrostirola

365 DEVOCIONAL
184/365

✝ LEITURA BÍBLICA
JOÃO 5.1-15

ANOTAÇÕES

RESISTA AOS VENTOS CONTRÁRIOS

A nossa esperança está no SENHOR; ele é o nosso auxílio e o nosso escudo.

SALMOS 33.20

café com Deus pai

Quando Jesus está no barco, não há por que temer os ventos fortes.

@juniorrostirola

DEVOCIONAL 365
185/365

LEITURA BÍBLICA
MATEUS 8.23-27

Em 2004, quando a Indonésia foi atingida por um *tsunami,* uma mulher chamada Melawati passou cinco dias em alto-mar agarrada a um tronco de palmeira. Ela só soltou o tronco quando foi resgatada por tripulantes malaios que navegavam em um barco-pesqueiro. Aquela mulher estava lavando roupas tranquilamente em seu vilarejo quando, de repente, foi atingida por uma onda gigantesca e arrastada para o mar.

As dificuldades também costumam alcançar nossa vida sem aviso prévio. Passamos por ventos fortes, tempestades e situações que fogem ao nosso controle. Em meio às dificuldades, como podemos permanecer firmes?

Como essa mulher se agarrou ao tronco da palmeira, devemos nos agarrar ao único que pode nos manter em segurança. Andar com Jesus não significa que não enfrentaremos problemas e momentos difíceis, mas que temos uma companhia constante, em quem podemos confiar o tempo todo.

Os discípulos de Jesus aprenderam essa lição quando, em uma travessia, seu barco foi atingido por uma tempestade. As ondas começaram a inundar a embarcação, e o desespero se instalou. Jesus, porém, dormia tranquilamente. Apavorados, os homens o acordaram e clamaram por ajuda. Então, Jesus *"se levantou, repreendeu os ventos e o mar, e tudo ficou calmo"* (Mateus 8.26).

Muitas vezes, não podemos fazer nada para evitar que as adversidades cheguem, mas podemos permanecer confiantes no Senhor quando elas surgirem, e isso é o suficiente. Aquele a quem os ventos e o mar obedecem está conosco e pode nos trazer calmaria, segurança e paz, mesmo durante as fortes tempestades.

ANOTAÇÕES

SEJA FEITA A TUA VONTADE

Venha o teu Reino; seja feita a tua vontade na terra como no céu.

MATEUS 6.10

Se tem algo que Deus constantemente trabalha em nós, é a vontade. E talvez nada seja tão desafiador quanto aprender a prática da submissão. É difícil para qualquer um, mas especialmente para quem carrega um espírito de liderança. Aqueles que são naturalmente determinados, cheios de visão, foco e capacidade de influenciar, às vezes, lutam mais para abrir mão de sua vontade.

Aqui, porém, está uma verdade libertadora: submissão não é sinal de fraqueza. Muito pelo contrário. Jesus, no momento mais decisivo da história, no Getsêmani, nos deu uma lição eterna: *"Pai, [...] não seja como eu quero, mas como tu queres"* (Mateus 26.39). Dizer isso não fez Dele alguém fraco. Pelo contrário, foi a expressão mais poderosa de força, coragem e amor já registrada.

Vontade rendida não é vontade quebrada; é vontade alinhada. Deus não quer anular você. Ele quer aperfeiçoá-lo. Uma vontade forte, porém submissa, é aquela que resiste às distrações, permanece firme no meio das crises e se recusa a ser guiada pelo ego.

Na verdade, a verdadeira liberdade acontece quando entendemos que nossa vontade não precisa ser destruída; só precisa ser entregue. E, uma vez nas mãos de Deus, Ele a molda, fortalece e a direciona para experimentarmos aquilo que é infinitamente melhor do que qualquer plano que possamos traçar sozinhos.

Submeter-se não é perder; é ganhar clareza, força e paz. É descobrir que, quando a nossa vontade se dobra, o céu inteiro se levanta para nos sustentar.

Sustente os princípios de Deus, e eles sustentarão você.

@juniorrostirola

365 DEVOCIONAL
186/365

✝ LEITURA BÍBLICA
MATEUS 26.39
TIAGO 4.7,8

ANOTAÇÕES

A ORAÇÃO SILENCIOSA

Pelo contrário, acalmei e aquietei a minha alma.
Sou como uma criança desmamada pela sua mãe;
a minha alma é como essa criança.

SALMOS 131.2

A oração é o combustível da alma. Sem ela, vivemos na reserva.

@juniorrostirola

DEVOCIONAL 365
187/365

LEITURA BÍBLICA
FILIPENSES 4.6,7
MATEUS 11.28-29

ANOTAÇÕES

Você já pensou que a oração pode ser silenciosa? Costumamos pensar que orar é falar, pedir, agradecer, chorar, enfim. Sim, muitas vezes é isso mesmo. Mas também existe uma oração silenciosa, que acontece quando a alma apenas descansa em Deus. O texto que lemos relata justamente isso.

Às vezes, a melhor oração é aquela em que nos calamos e apenas nos colocamos diante de Deus. É como quando estamos com alguém que amamos e a presença daquela pessoa é o suficiente para trazer a paz e a tranquilidade de que tanto precisávamos. Você já viveu isso? Um momento em que nem as palavras conseguem expressar o que você sente? Assim também é com Deus. E sabe o que é mais bonito? Muitas vezes, Deus também se cala. Em nossos momentos mais difíceis, quando estamos passando por lutas e tempestades, Deus pode parecer silencioso. Mas isso não significa que Ele não esteja presente. É como um professor que durante a prova não fala, mas continua ali, olhando com atenção.

O silêncio também é uma forma de nos colocarmos diante de Deus, pois assim ficamos mais sensíveis para reconhecer Sua voz. Nem sempre sabemos o que dizer, mas Ele sabe do que precisamos. Em meio a tantas tarefas e problemas que enfrentamos, muitas vezes precisamos apenas desfrutar da presença de Deus.

Hoje talvez o melhor que você possa fazer seja apenas ficar em silêncio, como uma criança no colo de sua mãe, de olhos fechados, permitindo que Deus cuide de você. Assim, você descansará, pois o coração de Deus é o melhor travesseiro para uma mente cansada.

QUAL É A SUA MISSÃO?

Por causa disso, oramos constantemente por vocês, para que o nosso Deus os faça dignos da vocação e, com poder, cumpra todo bom propósito e toda obra da fé.

2TESSALONICENSES 1.11

Muitas pessoas não fazem nada além de existir. Elas ainda não entenderam que têm uma missão de vida dada por Deus, por isso andam sem rumo. O senso de propósito traz encorajamento e motivos para perseverar em direção a um objetivo. Por isso, é tão importante que você descubra os desígnios do Criador para a sua vida. Deus criou você com um propósito que ultrapassa a existência, a subsistência e os interesses humanos.

John Wesley, grande teólogo britânico do século 18, orientou: "Faça todo o bem que puder, por meio de todos os recursos que puder, de todas as formas que puder, em todos os lugares que puder, sempre que puder, a todas as pessoas que puder, enquanto puder". Nossa missão é, portanto, cuidar das pessoas, abençoá-las, ajudá-las, edificá-las e promover a vida e a esperança encontradas em Jesus Cristo. Quando, por amor a Deus e ao próximo, você responde ao chamado divino, entende que o seu propósito é muito maior do que qualquer coisa que poderia ter imaginado; maior, inclusive, do que sua própria vida.

Ao cumprir seu propósito, você poderá se sentir impotente diante dos obstáculos. Os desafios parecerão maiores do que você é capaz de suportar ou superar. Mas, quando a dúvida e o medo surgirem, lembre-se que a obra é do Senhor. Ele está ao seu lado em todo o tempo e jamais o deixará desamparado. Nos momentos de angústia, Deus revelará a você fidelidade, bondade e poder. Por seu Espírito, Ele o consolará, aconselhará, direcionará e capacitará. Creia nisso! Ele jamais o abandonará.

café com Deus Pai

Quando somos gerados na intimidade com Deus, nenhuma aflição nos tira do propósito.

@juniorrostirola

365 DEVOCIONAL
188/365

† LEITURA BÍBLICA
ESTER 4

ANOTAÇÕES

MEU MELHOR AMIGO

Ou vocês acham que é sem razão que a Escritura diz que o Espírito que ele fez habitar em nós tem fortes ciúmes?

TIAGO 4.5

O segredo não é controlar a vida, mas deixar a vida ser conduzida pelo Espírito Santo.

@juniorrostirola

DEVOCIONAL 365
189/365

LEITURA BÍBLICA †
DEUTERONÔMIO 4.24
2CORÍNTIOS 11.2
ÊXODO 34.14
OSEIAS 2.19,20

ANOTAÇÕES

Já parou para pensar no amor intenso que o Espírito Santo tem por você? Tiago nos lembra disso nesta passagem. Ele nos ama tanto que se entristece profundamente quando o afastamos ou resistimos à Sua presença em nossa vida.

O Espírito Santo não é uma ideia vaga ou uma força impessoal. Ele é uma pessoa que caminha conosco, fala ao nosso coração e deseja nos transformar diariamente. Ele nos consola, guia e convence do que é certo. Mas, como toda relação, essa também exige cuidado.

Quando mentimos ao Espírito, fingindo ser quem não somos ou buscando aparentar algo para os outros, estamos rompendo essa ligação de confiança. Ele deseja a verdade e sinceridade em nós, não aparências.

Outras vezes, podemos entristecê-lo com atitudes, palavras ou pensamentos que não refletem o caráter de Deus. Efésios 4.30 nos diz para não entristecermos o Espírito, pois Ele nos selou para o dia da redenção. Pense: se alguém que você ama profundamente se magoa com suas ações, você não tenta consertar as coisas? O Espírito espera isso de nós.

Há momentos em que simplesmente resistimos à Sua voz. Ele nos chama, nos guia, mas ignoramos, preferindo seguir nossos próprios caminhos. Ele nunca força; apenas espera pacientemente que o deixemos conduzir.

Hoje o Espírito Santo o convida a viver de forma mais sensível à Sua presença. Ele quer um relacionamento íntimo com você, quer morar em um coração limpo, pronto para ouvi-lo e obedecer. Comece o dia se relacionando com Ele; afinal, relacionamentos precisam ser nutridos e exigem dedicação e entrega. Quero encorajar você a conversar com o seu melhor Amigo todos os dias, construindo uma intimidade profunda com Deus.

Diga: "Meu amigo Espírito Santo, és bem-vindo, pois anseio estar contigo todos os dias".

09 | JUL

DIANTE DO IMPOSSÍVEL

[...] Tudo é possível àquele que crê.

MARCOS 9.23

A história de Davi e Golias talvez seja uma das mais populares da Bíblia. É fácil descobrir o porquê. A história de um jovem pastor de ovelhas, o caçula dos filhos de seu pai, que derrotou um gigante assustador com uma pedrinha e uma funda, chama a atenção. Ele não era o maior ou o mais forte de seus irmãos e, ainda assim, fez algo incrível. Como um rapaz tão novo e comum poderia realizar um feito tão extraordinário?

Embora seu oponente fosse muito maior em tamanho e força, Davi tinha algo que faltava a Golias: *"Você vem contra mim com espada, com lança e com dardos, mas eu vou contra você em nome do Senhor dos Exércitos, o Deus dos exércitos de Israel, a quem você desafiou"* (1Samuel 17.45). Davi não tinha dúvidas: aquela batalha era do Senhor. Ele tinha fé porque sabia que Deus era maior do que o desafio.

Muitas vezes, diante das dificuldades, sentimo-nos pequenos. Temos a sensação de estar diante de um gigante, desprotegidos e desarmados. Nesses momentos, temos de desviar os olhos de nós mesmos, pois somos limitados. Em vez disso, devemos olhar para o Deus Todo-poderoso e perceber que nosso Deus é muito maior do que qualquer problema que nos sobrevenha.

Ainda que você esteja em uma situação que pareça impossível de superar, confie plenamente em Deus. Desvie os olhos de você mesmo e volte-os para o Senhor. Creia que Ele é especialista em usar pessoas comuns para fins extraordinários. Diante do impossível, lembre-se das palavras de Jesus: *"Tudo é possível àquele que crê"*.

Tenha fé de que Deus é maior do que a sua dificuldade!

@juniorrostirola

365 DEVOCIONAL
190/365

✝ LEITURA BÍBLICA
1SAMUEL 17

ANOTAÇÕES

ESPERANÇA INABALÁVEL

"Porque sou eu que conheço os planos que tenho para vocês" — declara o SENHOR — "planos de fazê-los prosperar, não de causar dano, planos de dar a vocês esperança e um futuro".

JEREMIAS 29.11

Quando você não consegue encontrar uma solução, é aí que Deus intervém.

@juniorrostirola

DEVOCIONAL 365
191/365

LEITURA BÍBLICA †
SALMOS 33.18-22
ISAÍAS 55.8-12

ANOTAÇÕES

Você já se surpreendeu esperando por algo que transformaria sua vida? Um emprego com o salário dos sonhos, um amor para toda a vida, filhos exemplares, enfim. Mas você sabe qual é o verdadeiro significado da esperança? Na essência bíblica, esperança é a convicção firme nas promessas de um Deus fiel, que nunca falha e cumpre cada palavra dita. Ela é o farol que guia, sustentando a perseverança com a promessa de dias mais claros e horizontes ampliados.

Deus, em sua Palavra, revela que a esperança está ao alcance de todos, com base em algumas verdades: Primeiro, porque Ele é o Deus das segundas chances, do perdão e da redenção. Nunca é tarde demais para se reconciliar com Ele, que está sempre pronto para transformar o que foi entregue em algo precioso. Segundo, Deus é especialista em criar novos começos. Cada amanhecer é um lembrete da Sua graça e capacitação para recomeçar. E Ele deseja o melhor para você, prometendo prover o necessário para enfrentar qualquer desafio.

No entanto, para termos acesso a tudo isso, é necessário confiar Nele. Isso envolve não uma espera passiva de nossa parte, mas um posicionamento ativo, porque a fé não é algo abstrato; é algo prático.

Confiar significa estreitar os laços com Deus, encher-se de Sua Palavra e investir profundamente em seu relacionamento com Ele, porque não conseguimos confiar em alguém que não conhecemos. Vá ao profundo com Deus, busque primeiramente o Seu Reino, e assim você desenvolverá uma esperança genuína e inabalável, que lhe dará forças para recomeçar.

COMO TOMAR DECISÕES

Como a cidade com os muros derrubados, assim é quem não sabe dominar-se.

PROVÉRBIOS 25.28

Um dos aspectos mais emocionantes da Bíblia é que ela não mostra pessoas perfeitas; mostra seres humanos comuns, suscetíveis ao erro, cheios de defeitos, mas que, quando alcançados pela graça, podem ser transformados. Em vez de estabelecer parâmetros inalcançáveis, a Palavra nos mostra o relacionamento de homens e mulheres imperfeitos com um Deus perfeito.

Talvez um dos personagens com quem mais nos identificamos, por suas características humanas, seja Pedro. Ele era enérgico, impulsivo, ousado. Muitas vezes, porém, a impulsividade o atrapalhou. Nem todos nós temos essas características, mas cada pessoa certamente tem fraquezas, que devem ser consideradas como oportunidades para o aperfeiçoamento, de tal maneira que nos tornemos cada vez mais parecidos com Jesus Cristo.

Em nenhum momento, Pedro se contentou com sua fraqueza; ele buscou ser melhor, mais sábio, mais manso, mais sensível à voz de Deus. Assim como ele, precisamos nos dedicar a melhorar cada dia nas áreas em que ainda somos fracos, a fim de que não sejamos levados por desejos ou impulsos. As nossas decisões, por mais simples que pareçam, têm de ser tomadas com sabedoria, prudência e com a orientação de Deus Pai por meio da oração, da compreensão da Palavra e do exemplo de Jesus.

Seguindo suas instruções, somos capacitados a realizar a vontade do Pai, que diz a cada um de nós: *"Este é o meu Filho amado. Ouçam-no!"* (Marcos 9.7). Quando Jesus está na direção da nossa vida, não desperdiçamos tempo nem recursos em decisões insensatas.

Se você agir sem consultar a Deus hoje, vai chorar e amargar amanhã!

@juniorrostirola

365 DEVOCIONAL
192/365

✝ LEITURA BÍBLICA
MARCOS 9.2-13

ANOTAÇÕES

TUDO COOPERA PARA O BEM

Sabemos que todas as coisas contribuem juntamente para o bem de todos aqueles que amam a Deus, dos que foram chamados de acordo com o seu propósito.

ROMANOS 8.28

Deus está disposto a mudar a sua realidade à medida que você aceita.

@juniorrostirola

DEVOCIONAL 365
193/365

LEITURA BÍBLICA
GÊNESIS 50.15-20
SALMOS 37.3-8

ANOTAÇÕES

Em nossa jornada, enfrentamos uma variedade de experiências. Algumas nos fazem crescer, enquanto outras testam nossa resiliência. Mas, apesar de tudo, precisamos entender que Deus reina supremo e justo sobre cada aspecto de nossa existência. Nada escapa ao seu domínio, e Ele tem o poder de redefinir o propósito de cada evento em nossa vida.

É fascinante observar que nossa verdadeira essência em Deus é revelada não pelas circunstâncias que enfrentamos, mas sim por como escolhemos enfrentá-las. Há aqueles entre nós que possuem uma profunda certeza de sua identidade em Deus, encaram as dificuldades da vida com fé inabalável e coragem, confiantes de que Deus os conduzirá a um desfecho abençoado. Por outro lado, há aqueles que carecem dessa consciência e veem o mundo através das lentes turvas do pessimismo, evitando desafios por medo de um fim desastroso.

Paulo nos fala sobre essa distinção de consciência, enfatizando que reconhecer a paternidade de Deus é crer em Sua soberania e justiça e que, por essa fé, todas as coisas são possíveis. Essa crença ancora na promessa bíblica de que todas as coisas cooperam para o bem daqueles que amam a Deus.

Então, pergunto: quais são as realidades que têm moldado seu mundo? Seja qual for a resposta, desejo que você se apegue à certeza de que, tendo o Pai ao seu lado, você tem tudo. Desafio você a confiar na soberania e justiça Dele, pois, para os filhos de Deus, o que realmente importa é como termina, não como começa, e, com Deus, o fim sempre será bom.

TUDO MUDA

Os meus passos seguem firmes nas tuas veredas; os meus pés não escorregaram.

SALMOS 17.5

Quando foi a última vez que você sentiu que estava caminhando em direção ao coração de Deus? Às vezes, nos perdemos em uma jornada cheia de compromissos, distrações e até mesmo religiosidade, mas sem propósito. Buscar o coração do Pai não é uma questão de rituais, mas de rendição e intimidade.

É impossível se encontrar com Deus e permanecer o mesmo. Quando você muda seu foco e Deus se torna o centro, tudo muda. Sua visão se alinha à Dele, e aquilo que parecia nebuloso começa a ganhar sentido.

Contudo, não basta enxergar; é preciso reconhecer nossa fragilidade e dependência. Esse é o primeiro passo para uma vida transformada. Deus não busca perfeição, mas corações quebrantados e dispostos a mudar, pois permanecer no mesmo lugar sem buscar Sua presença vai levar você a uma vida completamente frustrada. Por isso, é importante que você admita a sua incapacidade e necessidade de se tornar íntimo de Deus.

Então, vem o convite. Deus sempre está nos chamando, mas a resposta depende de cada um de nós. Quando nos rendemos de verdade, descobrimos o que outrora não percebíamos: o quanto Deus tinha para fazer em nós e por meio de nós. Caminhar rumo ao coração do Pai exige foco, dependência e entrega. Você está disposto? Hoje mesmo você pode rever a rota, alinhar-se com Ele e dizer: "Aqui estou, Senhor, dirija os meus passos para eu não vacilar!".

Seus passos só serão seguros no caminho do Senhor.

@juniorrostirola

365 DEVOCIONAL
194/365

✝ LEITURA BÍBLICA
PROVÉRBIOS 4.26,27
SALMOS 119.105
SALMOS 37.23,24
PROVÉRBIOS 16.9

ANOTAÇÕES

RENOVE-SE EM JESUS

Não se amoldem ao padrão deste mundo, mas transformem-se pela renovação da sua mente, para que vocês experimentem a boa, agradável e perfeita vontade de Deus.

ROMANOS 12.2

Ao recomeçar, traga à memória aquilo que lhe traz esperança.

@juniorrostirola

DEVOCIONAL 365
195/365

LEITURA BÍBLICA
LAMENTAÇÕES 3.21-26
EFÉSIOS 4.22-24
COLOSSENSES 3.9,10
2CORÍNTIOS 5.17
GÁLATAS 5.24,25
1PEDRO 1.14-16

ANOTAÇÕES

A vida em Jesus é um convite à transformação. Ele não nos chamou para uma existência comum, mas para uma renovação que começa em nossa mente e transborda para cada aspecto do nosso ser. Essa renovação nos desafia a enxergar o mundo de outra forma, da perspectiva do céu. Jesus nos ensina isso na Oração do Pai-nosso: *"[...] seja feita a tua vontade na terra como no céu"* (Mateus 6.10). Essa declaração não é apenas uma frase bonita para decorarmos, mas uma convocação para vivermos aqui com os valores e princípios do Reino dos céus.

A vontade de Deus é sempre boa, perfeita e agradável. Mesmo quando os caminhos parecem difíceis, Ele trabalha para o nosso bem. Quando sua visão se alinha à do Pai, você aprende a perguntar: "Como o céu vê essa situação?". E esse olhar sobre as circunstâncias muda tudo.

O salmo 23 nos lembra de que o Senhor é nosso pastor, por isso não teremos falta de nada. Ele nos conduz a um lugar seguro, restaura nossa alma e nos dá forças para enfrentar toda tempestade. Jesus nos chama a viver uma vida abundante. Essa vida vai além das circunstâncias — é uma alegria que não depende do exterior, uma paz que o mundo não pode dar. Quando somos renovados por Ele, até nossas batalhas se tornam oportunidades para experimentar Seu cuidado.

Como está a sua vida? Todos nós precisamos de uma renovação diária; então, permita que o Senhor renove sua mente, seu coração e alinhe sua visão. Assim, você descobrirá a plenitude de uma vida na presença do Pai, desfrutando dia após dia da bondade, misericórdia e fidelidade Dele.

VENCENDO A CADA DIA

Vigiem e orem para que não caiam em tentação.

MATEUS 26.41

Vivemos em um mundo repleto de desafios e tentações, onde o mal constantemente tenta nos desviar do propósito de Deus. No entanto, a boa notícia é que o evangelho nos oferece esperança e direção para vencer as lutas diárias. Jesus enfrentou tentações e nos deixou um exemplo: é possível superar as investidas do Inimigo quando andamos em intimidade com o Pai e cheios do Espírito Santo.

As tentações não são opcionais, mas inevitáveis em nossa caminhada. Elas surgem como momentos de escolha entre fazer o que é certo e ceder ao que é errado. O apóstolo Paulo nos lembra de que Deus nunca permitirá que sejamos tentados além de nossas forças e sempre nos oferecerá uma saída. Por mais difícil que a situação pareça, o Pai já preparou o escape.

Jesus venceu o Inimigo no deserto usando a Palavra de Deus como arma. Ele não discutiu ou tentou argumentar com o tentador; ao contrário, respondeu com firmeza e autoridade, apoiando-se nas Escrituras. Isso nos ensina que a Palavra de Deus não é apenas um livro, mas uma ferramenta essencial para resistirmos às tentações e vivermos de maneira vitoriosa.

Lembre-se: a tentação é uma oportunidade de amadurecimento, onde a fé vence, e o caráter é moldado. Quando escolhemos obedecer a Deus em vez de ceder, nosso caráter é moldado e nos tornamos mais semelhantes a Cristo. O segredo está em permanecer alimentado espiritualmente, buscando a presença de Deus diariamente e fugindo de situações que nos levam ao erro.

Decida hoje entregar suas lutas e fraquezas a Deus. Confesse aquilo que tem pesado em seu coração e permita que o Espírito Santo o fortaleça. Não há pecado ou tentação maior do que o poder de Deus. Decida caminhar com Ele, e Ele o ajudará a vencer.

café com Deus pai

Vencer a tentação é escolher Deus no silêncio e sair mais forte a cada decisão.

@juniorrostirola

365 DEVOCIONAL
196/365

† LEITURA BÍBLICA
1CORÍNTIOS 10.12,13
EFÉSIOS 6.18
GÁLATAS 5.16,17
1PEDRO 5.8,9

ANOTAÇÕES

CONCENTRE-SE NO QUE IMPORTA

café com Deus Pai

Entregue as suas preocupações ao Senhor, e ele o susterá; jamais permitirá que o justo venha a cair.

SALMOS 55.22

Ficar acomodado ao que está bom nunca nos levará ao ótimo.

@juniorrostirola

DEVOCIONAL 365
197/365

LEITURA BÍBLICA ✝
LUCAS 12.22-34

ANOTAÇÕES

A expressão facial muitas vezes revela o ânimo de uma pessoa, que pode ser tanto de alegria e tranquilidade, como de fadiga, angústia e preocupação. Em nosso tempo, temos a impressão de que as pessoas estão cada vez mais cansadas e inquietas. Com frequência, cedem às frustrações e ficam preocupadas quanto ao futuro, às finanças, aos relacionamentos, à saúde, às demandas como um todo.

Aflitos com a produtividade e com o dinheiro, trabalhamos mais do que aguentamos até que o corpo e a mente demonstrem sinais de esgotamento. Ansiosos por agradar aos outros, não conseguimos impor limites nem dizer "não". Preocupados com o futuro, nos desesperamos no presente ao perceber que não temos controle algum sobre o amanhã.

Houve um tempo em que eu fazia tantas coisas ao mesmo tempo que cheguei a desenvolver labirintite. Somente então aprendi que é melhor me dedicar com excelência a uma tarefa por vez do que abraçar todas e não conseguir finalizá-las. Quando comecei a listar as tarefas e pôr em ordem as prioridades, tudo mudou. **Reflita:** Talvez tudo o que você precisa é fazer o mesmo.

Muitas vezes, mergulhamos tão profundamente nas preocupações e nas tarefas que precisamos cumprir que deixamos de aproveitar o presente. No entanto, a Bíblia nos ensina que não devemos viver, de modo obsessivo, preocupados com o amanhã, pois Deus Pai é quem cuida de nós com zelo; Ele nos sustenta e provê a cada uma das nossas necessidades. Quando nos concentramos em buscar o Reino, podemos descansar na certeza de que nosso Pai sabe tudo de que precisamos e é capaz de trazer alívio e provisão.

REFINADOS

Eu os batizo com água para arrependimento, mas depois de mim vem aquele que é mais poderoso que eu [...]. Ele os batizará com o Espírito Santo e com fogo.

MATEUS 3.11

café com Deus pai

O orgulho é uma das maiores barreiras que uma pessoa pode colocar contra si mesma. Antes de mais nada, porque ser orgulhoso contraria o mandamento de amar a Deus sobre todas as coisas e de amar ao próximo como a si mesmo. Além disso, também faz a pessoa se considerar autossuficiente, mas, na verdade, ela depende da graça de Cristo. E mais: orgulhosos não reconhecem que precisam ser purificados e curados.

Em uma linda passagem do Evangelho de Marcos, um leproso se aproxima de Jesus e suplica: *"Se quiseres, podes purificar-me!"* (1.40). Naquela época, quem sofria de lepra era excluído pela sociedade porque havia risco de contaminação. Esse homem doente se aproximou de Jesus com tanta fé e humildade que não passou despercebido. A Bíblia diz que Jesus, cheio de compaixão, estendeu a mão, tocou Nele e respondeu: *"Quero. Seja purificado!"* (v. 41).

Esse texto nos mostra que a fé e a humildade nos fazem reconhecer que precisamos ser curados e purificados. Por isso, somos tratados com compaixão. Jesus não se afasta de nós nem de nosso sofrimento; Ele estende a mão e se mostra pronto para nos ajudar.

Você é precioso para Deus; sua vida é como ouro para Ele. E o verdadeiro valor do ouro se revela somente após passar pelo fogo. Para ser totalmente limpo, você tem de passar pelo batismo do Espírito Santo, como João Batista disse em Mateus 3.11. Jesus está disponível para nos purificar, mas temos de passar por cima do orgulho e aceitar ser refinados pelo fogo.

A humildade revela quanto você é íntimo de Deus.

@juniorrostirola

365 DEVOCIONAL
198/365

✝ LEITURA BÍBLICA
MARCOS 1.40-45

ANOTAÇÕES

NADA DE RÓTULOS

Então, Deus disse:
— Façamos os seres humanos à nossa imagem, conforme a nossa semelhança [...]
GÊNESIS 1.26

Quem Deus criou não cabe em rótulos.

@juniorrostirola

DEVOCIONAL 365
199/365

LEITURA BÍBLICA
TITO 2

ANOTAÇÕES

Aparência. Para muitas pessoas, o que se vê é mais importante do que a essência. A maioria das pessoas, apenas ao ver alguém, julga pelo que seus olhos enxergam. Altura, peso, cor da pele e dos olhos, textura do cabelo, tamanho do nariz, outros atributos físicos e até traços comportamentais tendem a ser fatores determinantes ao avaliar uma pessoa que nem ao menos conhecem.

Apesar de nossa aparência precisar de cuidados, sim, esse aspecto não deve ser considerado o mais importante. O mais importante é nossa essência, aquilo que nos torna quem somos e está guardado em nosso coração.

"[...] O Senhor não vê como o homem: o homem vê a aparência, mas o Senhor vê o coração" (1Samuel 16.7). Precisamos aprender a agir dessa maneira também. Se aprendêssemos a olhar as pessoas e a nós mesmos como Deus nos vê, o interior seria mais valorizado. O Pai deseja que tenhamos um coração íntegro. Uma vida honesta e reta, dedicada ao propósito que o Senhor nos entregou, refletirá nos demais aspectos da nossa vida.

Talvez até hoje você tenha se deixado levar por fraquezas, a ponto de julgar os que estão ao seu redor, não somente eles, mas também rotulado a si mesmo por algo que você não gosta e até hoje questiona a Deus por isso. Isso acontece quando não sabemos quem somos, ou seja, quando não conhecemos a nossa identidade. Assim, facilmente julgamos a nós mesmos ou aos outros.

Eu o convido a mergulhar na paternidade de Deus e ir em busca de sua verdadeira identidade, pois assim você viverá a sua melhor versão, sabendo que as diferenças não são negativas, mas, pelo contrário, fazem parte da criação de Deus, que nos fez à Sua imagem e semelhança.

AMAR E HONRAR

Saiba que, nos últimos dias, sobrevirão tempos difíceis. Isso porque os homens serão amantes de si mesmos, apegados ao dinheiro, arrogantes, orgulhosos, [...] cruéis, inimigos do bem.

2TIMÓTEO 3.1-3

café com Deus Pai

É inegável que vivemos dias difíceis, onde muitos estão se perdendo por pequenas coisas. Falta amor, perdão, compaixão, unidade, doação, gratidão e tantos valores mais que Deus Pai nos deixou. É assustador o quanto a sociedade vem se distanciando daquilo que é a base de tudo, o amor a Deus e às pessoas. Muitos perderam a capacidade de olhar ao seu redor, deixando de honrar aqueles a quem devem respeito.

Isso me faz lembrar da postura da minha mãe. Cresci em um lar difícil, marcado pelo alcoolismo e a agressividade do meu pai. Não foram dias fáceis. Mas, em meio a essas circunstâncias, minha mãe nos ensinou algo que o mundo de hoje raramente prega: honrar, mesmo quando é difícil. Ela nunca nos ensinou a encobrir os erros como se não existissem, mas nos ensinou a honrar e respeitar, mostrando-nos que respeitar não é concordar com tudo, mas não ferir o outro quando ele já está caído.

Em tempos em que a honra tem sido esquecida, devemos andar na contramão de tais atitudes. Quantas vezes o erro dos pais é usado como justificativa para o afastamento ou o desprezo! Quero lembrar você de que Deus valoriza profundamente o coração que respeita e protege. Pais erram, pois são humanos. Mas o mandamento de honrar pai e mãe permanece. E não vem com a cláusula "desde que sejam perfeitos". Sabe, mesmo diante de um cenário terrível onde eu não recebia proteção e amor, decidi amar e nunca desonrar.

Respeitar os pais não é negar a dor ou esconder os erros, mas é escolher não permitir que a mágoa nos molde em pessoas amargas. Cabe lembrar que a honra e o amor devem ser estendidos a todas as pessoas, pois jamais podemos pagar na mesma moeda erros que porventura cometeram contra nós, mas agir com maturidade e compaixão. Não é fácil, mas é possível. E quando escolhemos o caminho da honra, mesmo em meio às falhas, damos um passo em direção à liberdade interior e à paz que só Deus pode oferecer.

Valorize e honre as pessoas à sua volta. Elas fazem parte da sua história!

@juniorrostirola

365 DEVOCIONAL
200/365

✝ LEITURA BÍBLICA
ÊXODO 20.12
1PEDRO 4.8

ANOTAÇÕES

CONEXÕES DO ALTO

café com Deus Pai

Aquele que anda com os sábios será cada vez mais sábio, mas o companheiro dos tolos acabará mal.

PROVÉRBIOS 13.20

Deus prepara amizades que levarão você ao nível da sua promessa.

@juniorrostirola

DEVOCIONAL 365
201/365

LEITURA BÍBLICA
1SAMUEL 20.1-17

ANOTAÇÕES

O homem é um ser relacional, isto é, criado para viver em comunidade e estabelecer conexões. No entanto, para viver de maneira agradável a Deus, essas conexões devem ser conduzidas por Ele. Ao se aproximar de pessoas com objetivos e princípios incompatíveis com os seus, você pode ser influenciado, enfraquecido ou se afastar do seu propósito, ou, como está escrito no texto de abertura, você acabará mal.

Não é uma coincidência o fato de a Bíblia alertar com frequência a respeito das pessoas com quem andamos (cf. Salmos 1.1; Provérbios 1.10-19; 22.24,25; 1Coríntios 5.11; 15.33). O ser humano é moldado pelas circunstâncias que vive, pelos lugares que frequenta, hábitos que adota e, principalmente, pelas pessoas que estão ao seu redor. Por isso, é muito importante cultivar relacionamentos alinhados à vontade e ao propósito divinos.

Cultivei amizades preciosas ao longo dos anos com pessoas que me ensinam e encorajam. Costumo dizer que é essencial ter amigos que nos levam para mais perto de Jesus. Eles jamais contribuirão para a nossa derrota; pelo contrário, farão parte de nossas vitórias.

Ao caminhar com Deus, Ele prepara encontros transformadores para nossa edificação, nosso fortalecimento e crescimento. O Senhor quer conectar você a pessoas que tenham propósito, com princípios e valores semelhantes ao seu. A vontade do Pai não é que você tenha amizades que o prejudiquem, firam e atrasem, mas que colaborem para a sua vida espiritual e o aproximem Dele, pois *"Como o ferro afia o ferro, assim o homem afia o seu companheiro"* (Provérbios 27.17). Então, decida caminhar com pessoas que tenham o coração alinhado com Deus.

CRIADO PARA BOAS OBRAS

Porque fomos feitos por Deus, criados em Cristo Jesus, para boas obras [...]

EFÉSIOS 2.10

Na década de 1940, um professor de teologia levou os alunos da universidade em uma excursão na Inglaterra por lugares importantes para os estudos. Uma das paradas foi na casa de John Wesley, figura crucial para o avivamento do Reino Unido e da América do Norte no século 18.

Ao final da visita, porém, o professor percebeu que um dos estudantes não estava no ônibus. Quando voltou para verificar a casa, encontrou seu aluno ajoelhado ao lado da cama de John Wesley, onde este passara horas diárias em oração, num carpete desgastado pelas marcas de seus joelhos. O rapaz clamava: "Faz de novo, Senhor!". O professor avisou-lhe que estava na hora de ir. Então, Billy Graham se levantou e foi para o ônibus.

Nos anos seguintes, Billy Graham pregou o evangelho em mais de 180 países. De 1947 a 2005, conduziu campanhas evangelísticas conhecidas como cruzadas. Ele anunciava o evangelho com fé e autoridade, e suas pregações alcançaram mais de 215 milhões de pessoas ao redor do mundo.

Não há dúvida de que Deus se manifestou de maneira poderosa na vida de Billy Graham e por meio dela. Assim também Deus quer fazer com você, contudo é preciso se entregar a Ele com fé e se colocar à disposição. Talvez tudo o que você precisa é pedir a Deus: "Faz de novo, Senhor! Aqui estou!". Pode ser que você não pregue para multidões em estádios, mas pode ser aquele que sirva a Deus e ao próximo com amor e anuncie as boas-novas àqueles que estiverem ao seu redor. Como disse o missionário inglês William Carey: "Faça grandes coisas para Deus e espere grandes coisas de Deus".

O hoje é breve, mas o chamado de Deus ecoa para sempre.

@juniorrostirola

365 DEVOCIONAL
202/365

✝ LEITURA BÍBLICA
ATOS 2

ANOTAÇÕES

LEVE AMOR

Quando Jesus saiu do barco e viu uma grande multidão, teve compaixão deles e curou os seus doentes.

MATEUS 14.14

No clássico *Paixão pelas almas*, o autor Oswald Smith afirma que uma vida espiritual verdadeira é aquela que demonstra amor pelas almas. Esse amor é o que nos leva a ter empatia e solidariedade com o nosso próximo, acolhendo os excluídos, tendo compaixão dos necessitados e enfermos, com a convicção de que este mundo precisa muito do agir de Deus.

Quando encontrei o amor de Deus Pai, meus olhos se abriram para tudo que acontece ao meu redor. Comecei a ver que a minha cidade e a minha família precisavam de transformação. Aos poucos, o Senhor começou a me usar como ferramenta para mudar a vida de muitas pessoas. A cada passo que eu dava com a orientação do Espírito Santo, compreendia que tinha mais a fazer.

A empatia se tornou uma realidade muito presente na minha vida. Para cumprir uma ordem do Pai, em 2010 implantei alguns projetos por meio dos quais levamos amor, paz e esperança, transformando a realidade de muitos.

Deus Pai nos chama a ter compaixão, com a importante missão de espalhar o amor por este mundo que está tão necessitado. Ele deseja que tenhamos empatia e sejamos capazes de sentir a dor do próximo e de interceder pelos que estão em sofrimento, não nos conformando com a direção que está tomando a humanidade. Nosso coração deve se sensibilizar com aqueles que ainda não encontraram esperança.

Da mesma forma que Deus me tocou e me chamou para levar as boas-novas, Ele também chama você para anunciar o amor e levar transformação por onde passar. Neste dia, atente para aqueles que estão precisando, estenda as suas mãos, declare uma palavra, demonstre amor. Pois você pode ser aquele que vai levar esperança a alguém.

Tenha visão para potencializar aquilo que Deus quer fazer por meio de você.

@juniorrostirola

DEVOCIONAL 365
203/365

LEITURA BÍBLICA
HEBREUS 13

ANOTAÇÕES

O QUE FAZER NA AFLIÇÃO

[...] — Meu Pai, se for possível, afasta de mim este cálice; contudo, não seja como eu quero, mas como tu queres.

MATEUS 26.39

café com Deus Pai

Qual sua primeira atitude diante de uma dificuldade ou aflição? Algumas pessoas choram, e outras se irritam, questionam ou entram em negação. Enquanto umas confrontam o problema, outras o evitam.

No entanto, a primeira coisa que devemos fazer quando surgirem adversidades é nos voltar para Deus Pai em oração e pedir que a vontade Dele seja feita. Em Marcos 14, lemos que, pouco antes de Sua morte, em meio à profunda angústia, Jesus orou.

Conforme a crucificação se aproximava, Sua alma estava *"profundamente triste, em uma tristeza mortal"* (Marcos 14.34). Nessa situação, como Ele reagiu? Ele se colocou em oração não somente uma, mas três vezes. Na aflição, Ele orou. No momento de maior dor e dificuldade que a humanidade já enfrentou, Ele derramou Sua alma em oração diante de Deus Pai.

Cada palavra pronunciada por Jesus revela muito do Mestre. Vemos Sua humanidade e intimidade com o Pai. Vemos também que, apesar da angústia que experimentaria, Ele não fugiu nem se revoltou ou rebelou; pelo contrário, Ele Se submeteu à vontade soberana de Deus Pai por meio de uma oração sincera.

A experiência humana de Jesus nos mostra que todos passaremos por momentos de angústia e tristeza, mas, ao seguir Seu exemplo, podemos nos derramar diante do Pai e ser sinceros, vulneráveis e abertos com relação ao nosso sofrimento. Quando desenvolvemos intimidade com Deus Pai semelhante à de Jesus, podemos confiar em Sua vontade soberana e dizer: "Não seja como eu quero, mas como tu queres".

Seja qual for a sua aflição, sempre haverá alívio na presença de Deus Pai.

@juniorrostirola

365 DEVOCIONAL
204/365

✝ LEITURA BÍBLICA
MARCOS 14.32-42

ANOTAÇÕES

O PODER DA UNIÃO

Como cada um de nós tem um corpo com muitos membros, e esses membros não têm todos a mesma função, assim, em Cristo, nós, que somos muitos, formamos um só corpo, e cada membro está ligado a todos os outros.

ROMANOS 12.4,5

Ninguém é tão bom sozinho quanto todos nós juntos!

@juniorrostirola

DEVOCIONAL 365
205/365

LEITURA BÍBLICA †
1CORÍNTIOS 12.12-31

ANOTAÇÕES

O corpo humano é impressionante. Todas as suas partes trabalham em conjunto. Apesar das diferentes funções, cada parte está ligada às demais. Quando o funcionamento de um órgão está comprometido, os outros ficam sobrecarregados. Até mesmo o dedo mindinho do pé, que não parece ter outra função senão bater em quinas, é fundamental para nosso equilíbrio, distribuição do peso e propulsão do corpo.

Paulo compara o corpo de Cristo, ou seja, a igreja, ao corpo humano. Assim como cada parte do corpo tem uma função, cada um de nós tem um papel a desempenhar. Juntos, funcionamos melhor. Juntos, somos mais equilibrados. Juntos, somos mais fortes e melhores! É justamente por isso que o Inimigo tenta separar as pessoas umas das outras, causando divisões entre elas.

Quando estamos separados uns dos outros, ficamos mais vulneráveis aos ataques do Inimigo, pois o poder de Deus se manifesta em nossa união. Isso significa que não podemos ceder às armadilhas do mal nem nos deixar corromper por orgulho, arrogância, inveja, ira, críticas ou quaisquer outros sentimentos maus. Não podemos pensar que somos maiores ou temos mais importância no corpo de Cristo, porque cada um de nós é essencial.

Como corpo, somente poderemos avançar se tivermos unidade, acordo, comunhão. Temos de caminhar na mesma direção e falar a mesma linguagem para que haja harmonia e concordância. Portanto, precisamos lutar pela unidade do corpo. Isso significa que temos o dever de promover a paz, interceder pelo próximo, ajudá-lo como pudermos e fazer a nossa parte para que ele não fique sobrecarregado. Que possamos compreender que a vida não é somente sobre nós, mas sim sobre Deus e as pessoas. Vamos juntos na jornada chamada vida, amando e servindo uns aos outros!

BRILHE A SUA LUZ

Da mesma forma, brilhe a luz de vocês diante dos homens [...]

MATEUS 5.16

Numa pequena aldeia, havia um homem cego que, toda vez que saía à noite, carregava consigo uma lanterna acesa. Intrigados, alguns moradores se aproximaram e perguntaram: "Por que você anda com uma lanterna, se não enxerga?". Ele sorriu e respondeu: "Ela não é para mim. É para que os outros me vejam e não tropecem em mim".

Que lição poderosa aprendemos com essa história! Muitas vezes, pensamos que só nós precisamos ser iluminados, quando, na verdade, existem várias pessoas que precisam daquilo que carregamos. Por isso, não permita que aquilo que você recebeu de Deus beneficie somente a você mesmo, mas a todos aqueles que passarem pelo seu caminho, pois quem tem Deus carrega algo poderoso, e sua luz é fazer o bem, levar amor, paz, alegria, inspirar e abençoar outras pessoas.

Jesus disse: *"Da mesma forma, brilhe a luz de vocês diante dos homens [...]"*. Não é sobre ser visto; é sobre iluminar. Quando você escolhe perdoar, estender a mão, ouvir, servir e amar, você acende uma luz que pode evitar que outros tropecem na fé, na vida, na esperança. Resplandeça a luz diante de todos, para que venham a conhecer e glorificar a fonte dessa luz maravilhosa, que é Deus Pai!

Talvez você não perceba, mas seu jeito de viver, de falar, de servir está iluminando mais vidas do que você imagina. Não esconda essa luz; carregue-a com propósito. A vida na terra não é apenas sobre você, mas também sobre Deus e as pessoas. O mundo precisa de homens e mulheres capazes de se preocupar em iluminar caminhos. Nos dias mais escuros e nas noites mais densas, escolha ser luz.

Seja luz no dia escuro de alguém.

@juniorrostirola

365 DEVOCIONAL
206/365

✝ LEITURA BÍBLICA
MATEUS 5.14-16
FILIPENSES 2.15

ANOTAÇÕES

26 | JUL

O SEGREDO DA BOA GESTÃO

café com Deus Pai

Ganho entendimento por meio dos teus preceitos [...]. A tua palavra é lâmpada para os meus pés e luz para o meu caminho.

SALMOS 119.104,105

Nenhuma empresa pode prosperar sem boa gestão. O sucesso de um projeto depende, dentre outras coisas, de visão clara dos objetivos, planejamento estratégico para alcançá-los, administração de recursos, avaliação de desempenho e ajustes de tempo em tempo. Da mesma forma, não podemos ser bem-sucedidos na vida espiritual se não soubermos valorizar uma boa administração.

A primeira coisa que precisamos saber, em relação ao que diz respeito ao gerenciamento de nossa vida, é que não damos conta sozinhos. Devemos caminhar junto com o Espírito Santo, nosso conselheiro. Precisamos da orientação, do direcionamento e do auxílio do Espírito, pois é Ele quem nos mostra o que precisa ser feito e aponta as áreas em que temos de melhorar.

Além disso, precisamos aprender a fazer boa administração de nosso tempo e priorizar a leitura da Bíblia e a oração, a fim de que, na comunhão com Deus, possamos conhecê-lo melhor e compreender Sua vontade. A correria do dia a dia, as demandas de casamento, filhos, casa, trabalho ou estudos não podem nos distrair de dedicar tempo ao estudo da Bíblia e aos nossos momentos na presença de Deus.

Não se engane: não é de qualquer jeito que você terá uma vida plena, se você não fizer a sua parte. Como cristãos, é de suma importância que aprendamos a cuidar corretamente da nossa vida. Deus nos concedeu o Espírito para nos conduzir, e a Palavra, que é lâmpada para nossos pés e luz para o nosso caminho, para nos direcionar (cf. Salmos 119.105). Esse cuidado de caminharmos alinhados e disciplinados nos permite viver segundo a vontade e o propósito do Pai, a exemplo de Cristo.

Priorize Deus para que seus planos sejam bem-sucedidos.

@juniorrostirola

DEVOCIONAL 365
207/365

LEITURA BÍBLICA
COLOSSENSES 3.1-17

ANOTAÇÕES

DESCENDENDO AO PORÃO

O SENHOR *está perto de todos os que o invocam, de todos os que o invocam em verdade.*

SALMOS 145.18

Algumas feridas não sangram, mas ainda doem. E, às vezes, o que mais nos paralisa não é o que vivemos hoje, mas o que ficou guardado no porão da alma. Falo sobre isso no meu livro *A vida que você busca está na cura que você precisa.* Talvez esse seja um daqueles temas difíceis de tocar, mas indispensáveis de tratar.

Você já ouviu falar de pessoas que, mesmo depois de resgatadas do cativeiro, continuam presas por dentro? Elas foram libertas fisicamente, mas emocionalmente seguem acorrentadas às lembranças, aos traumas, aos medos. Sabe por quê? Porque ficaram tempo demais dentro de um porão, literal ou simbólico, e, de algum modo, se acostumaram com a escuridão.

E se eu lhe dissesse que parte de você pode ainda estar presa num porão também? Talvez não um lugar físico, mas um canto escondido da alma. Um lugar em que você trancou memórias que preferiu esquecer. Mas há um convite de Deus hoje: desça comigo.

Descer os degraus do passado não é fácil. Pode doer, assustar, fazer chorar. Mas você não estará sozinho. Há um Pai segurando sua mão e dizendo: "Vamos juntos". Ele conhece cada detalhe da sua história, até mesmo aqueles que você tentou esquecer e esconder de si mesmo.

Talvez você tenha crescido sem carinho. Ouviu gritos em vez de bênçãos. Recebeu ausência no lugar de presença ao longo da vida. E hoje carrega traços disso: insegurança, medo, carência, dureza. Mas o seu passado não é sua sentença.

Descer com Deus é se libertar daquilo que o tem aprisionado e o impedido de fluir em diversas áreas da sua vida. É saber que a subida será diferente, pois o novo com Ele significa viver em liberdade. Só quem permite que a luz de Cristo entre no porão escuro da alma pode experimentar uma vida livre, leve e curada.

Na vida, é preciso limpar os porões da alma para prosseguir.

@juniorrostirola

365 DEVOCIONAL
208/365

LEITURA BÍBLICA
JEREMIAS 29.13
SALMOS 34.17,18
ISAÍAS 55.6

ANOTAÇÕES

VAI DAR CERTO

Tudo posso naquele que me fortalece.

FILIPENSES 4.13

Ainda que as pressões da vida sejam muitas, com Deus você vai dar conta.

@juniorrostirola

DEVOCIONAL 365
209/365

LEITURA BÍBLICA
ISAÍAS 40.29-31

ANOTAÇÕES

Há dias em que a vida parece nos empurrar para todos os lados. São prazos, metas, reuniões, tarefas acumuladas, demandas inesperadas, responsabilidades que não param de surgir. O coração acelera, a mente se cansa, e nossa vontade é parar tudo e fugir para bem longe. Nessas horas, uma pergunta ecoa dentro da gente: Será que vou conseguir?

A resposta é simples: Se foi Deus quem colocou nas suas mãos, você vai dar conta. Pode até parecer demais. Pode ser que você se sinta fraco, insuficiente ou sobrecarregado. Mas Deus conhece os seus limites. Ele não confia uma missão sem antes capacitar a pessoa. Às vezes, Ele permite a pressão não para esmagar você, mas para o fortalecer, amadurecer e mostrar que você pode muito mais do que pensa — desde que esteja com Ele.

Paulo escreveu aos coríntios algo que nos consola: *"Mas Deus é fiel; ele não permitirá que vocês sejam tentados além do que podem suportar. Antes, quando forem tentados, ele mesmo providenciará um escape, para que a possam suportar"* (1Coríntios 10.13). O princípio se aplica também aos desafios: se chegou até você, é porque Deus já sabia que você poderia lidar com isso, com a ajuda Dele.

Então, pare e organize seus dias, confie no Senhor e peça sabedoria. Você não precisa abraçar tudo de uma vez, mas também não deve fugir do que Deus lhe confiou. No meio da correria, lembre-se: você não está sozinho. Ele o acompanha nos bastidores da sua rotina e o fortalece nos bastidores da fé.

FAÇA A SUA PARTE

Não se amoldem ao padrão deste mundo, mas transformem-se pela renovação da sua mente, para que vocês experimentem a boa, agradável e perfeita vontade de Deus.

ROMANOS 12.2

Café com Deus Pai

Você pode escolher enfrentar a mudança ou decidir ficar como está. A verdade é que a vida é um convite constante à transformação. Todos os dias, Deus nos chama para dar mais um passo, para sair do lugar, e viver algo novo. Mas a decisão de aceitar esse convite é nossa.

Deus jamais forçará você a mudar, crescer ou sair da zona de conforto. Ele respeita suas escolhas. Ainda assim, em Seu amor, Ele não para de nos chamar para águas mais profundas. O problema é que, muitas vezes, queremos transformação sem movimento, novos frutos sem abrir mão das sementes velhas, um futuro diferente sem largar o passado.

Contudo, chega um momento em que precisamos escolher: ou enfrentamos a mudança, com coragem e fé, ou ficamos como estamos, presos ao que é conhecido, porém estagnados. E sabe o que dói? É perceber que permanecemos em ciclos que já deveríamos ter encerrado. Às vezes, não é o mundo que está impedindo você de avançar, mas é você mesmo que está resistindo ao novo de Deus.

Sim, mudar assusta. Mas ficar onde não há mais vida também é arriscado. O que Deus tem para você é bom, perfeito e agradável, mas você só viverá isso se decidir deixar o que é velho para trás. A escolha é sua.

Hoje pergunte ao Senhor: "O que o Senhor quer transformar em mim?". E, com coragem, escolha dizer sim à mudança. Porque quem decide andar com Deus não pode continuar sendo o mesmo. Então, chegou o momento de parar de dar desculpas, pois quem dá desculpas não dá resultado.

Deus tem grandes planos para a sua vida; para vivê-los, faça a sua parte.

@juniorrostirola

365 DEVOCIONAL
210/365

✝ LEITURA BÍBLICA
1JOÃO 2.15-17

ANOTAÇÕES

SEU TEMPO, SUA VIDA

Vocês nem sabem o que acontecerá amanhã! Que é a sua vida? Vocês são como a neblina que aparece por um pouco de tempo e depois se dissipa.

TIAGO 4.14

café com Deus pai

A vida não é medida pelo número de vezes que respiramos, mas pelos momentos em que perdemos o fôlego.

@juniorrostirola

DEVOCIONAL 365
211/365

LEITURA BÍBLICA
SALMOS 39.5
ECLESIASTES 1.2
ISAÍAS 40.6,7

ANOTAÇÕES

Essa passagem nos convida a uma reflexão profunda sobre a vida e o tempo. Tiago compara a vida a um vapor, destacando sua brevidade e fragilidade. Isso nos faz pensar: o que é a vida? Ela é única e passageira, e esse é um fato que não podemos ignorar.

Quando encaramos a vida e a morte sob essa perspectiva, com mais naturalidade e consciência, somos impulsionados a agir com mais autenticidade e propósito. A compreensão de que o tempo na terra é limitado nos leva a viver com prioridade, deixando de lado o que é trivial para focarmos no que realmente importa. Afinal, o nosso tempo é, na verdade, a essência de nossa vida.

Muitas vezes, deixamos os dias passarem sem perceber que a vida está se esvaindo, como a areia de uma ampulheta. E, quando paramos para refletir, talvez nos demos conta de que ainda temos sonhos e projetos que nunca saíram do papel. Pense nos últimos cinco anos da sua vida: quais decisões o enchem de orgulho? E quais o fazem questionar: "Por que fiz isso?". Essa reflexão nos lembra de que somos frutos de nossas escolhas. O tempo é uma questão de decisão e prioridade, e cada escolha que fazemos molda nosso caminho. No entanto, nunca podemos nos esquecer de que Deus é o Senhor do tempo. Ele tem o poder de transformar nossa realidade, de acelerar processos e realizar em meses ou até segundos o que levaríamos anos para alcançar.

A. W. Tozer dizia que nosso tempo aqui é muito curto, e a eternidade é longa, portanto é loucura jogar fora o precioso tempo que Deus nos deu. Entregue o governo do seu tempo e da sua vida ao Senhor. Ele pode renovar seus dias e o guiar para viver de forma plena e significativa. Não deixe que a areia continue caindo sem propósito, mas permita que Deus transforme cada momento em uma jornada que valerá a pena.

AME COMO JESUS AMA VOCÊ

Um novo mandamento dou a vocês: Amem uns aos outros. Como eu os amei, vocês devem amar uns aos outros.

JOÃO 13.34

Se existe algo que queima no coração de Deus é relacionamento. Quando o Senhor deu a Adão a tarefa de dar nome aos animais, ficou claro que não havia uma companheira para o primeiro homem (Gênesis 2.20). A criação de Eva e a multiplicação da humanidade mostram que somos seres pensados para viver em comunidade.

Vemos nas palavras do apóstolo Paulo que, quando participamos desse conjunto de pessoas diferentes e únicas, ficamos mais fortes e potentes, pois juntos somos melhores e vamos mais longe. "*[...] há muitos membros, mas um só corpo [...] os membros do corpo que parecem mais fracos são indispensáveis [...] a fim de que não haja divisão no corpo, mas sim que todos os membros cuidem igualmente uns dos outros. [...] Ora, vocês são o corpo de Cristo, e cada um de vocês é membro desse corpo*" (1Coríntios 12.20-27).

Ninguém é menor ou menos importante, tampouco maior ou mais importante, que os demais. Jesus, quando esteve na terra, não só falou, mas agiu e em todo o tempo demonstrou o Seu amor com atitudes, ensinando que a humildade é o caminho para aqueles que decidem amar. Ele quebrou paradigmas, a ponto de pegar uma bacia com água e uma toalha e lavar os pés dos discípulos. Aquele que deveria ser servido, serviu a todos.

Quanto do seu tempo você tem disponibilizado para servir? Talvez o que você esteja precisando é de um balde com água e uma toalha, pois na vida é melhor servir do que ser servido. É tempo de amar e cuidar dos de perto e também dos de longe.

Amar como Deus nos ama e viver em comunidade nem sempre é fácil. Muitas vezes, precisamos abrir mão dos nossos desejos em favor das necessidades do outro. Entregue-se ao chamado de amar e seja como Jesus.

O amor mútuo nos faz um.

@juniorrostirola

365 DEVOCIONAL
212/365

✝ LEITURA BÍBLICA
1JOÃO 2.7-11
JOÃO 13.14

ANOTAÇÕES

café com Deus pai

A **MEDIDA** DA VIDA É O **AMOR**.

@juniorrostirola

Assista ao vídeo com a palavra e oração para este mês.

AGOSTO

café
com
Deus
pai

A ESPERANÇA É JESUS

[...] Os israelitas rejeitaram a tua aliança, despedaçaram os teus altares e mataram os teus profetas à espada. Sou o único que sobrou, e agora também estão procurando tirar a minha vida.

1REIS 19.10

No texto que lemos, Elias se encontrava em uma situação muito difícil, em que o medo e a desesperança acabaram tomando conta de seu coração. As notícias não eram boas, e ele se viu sendo levado rapidamente a um abismo emocional. Diante das circunstâncias que se instalaram, Elias se viu desesperado. Entretanto, pouco depois, Deus o consola, dizendo que ainda havia outros sete mil que não se dobraram a outros deuses.

Vivemos em uma sociedade onde, a cada dia, somos confrontados com notícias de atos de crueldade. Essa exposição constante ao caos pode nos fazer perder a esperança na humanidade, levando-nos a desconfiar de todos ao nosso redor. Esse sentimento torna-se perigoso, porque nos envolve em uma bolha de desesperança, semelhante à que Elias se encontrava.

Por isso, a esperança em Cristo é essencial para enfrentarmos e resistirmos ao dia a dia. Mesmo quando o ceticismo e a falta de fé tentarem dominar seu coração, escolha não se render. Não se deixe enganar pelo caos que parece prevalecer. Não importa o que você esteja enfrentando — dificuldades financeiras, um diagnóstico difícil, instabilidade emocional, problemas de relacionamento, vícios ou desafios no trabalho —, saiba que esses momentos não definem seu futuro.

Por isso, não deposite suas esperanças em nada além de Jesus. Em Salmos 34.5, está escrito: *"Os que olham para ele estão radiantes de alegria; o rosto deles jamais mostrará decepção"*. Enquanto o Senhor for o centro de sua vida, haverá paz e esperança em seu coração, ainda que o mundo esteja desmoronando ao seu redor. Por isso, anime-se, nossa esperança é viva e real! Deus é com você.

O caminho é Jesus. Ele é a esperança, e com Ele venceremos.

@juniorrostirola

365 DEVOCIONAL
213/365

✝ LEITURA BÍBLICA
ROMANOS 11.2-4
JEREMIAS 15.15-17
2CORÍNTIOS 4.8,9
JOÃO 15.18,19

ANOTAÇÕES

OLHANDO PARA DENTRO

Ele perguntou:
— Quantos pães vocês têm? Verifiquem.
Quando ficaram sabendo, disseram:
— Cinco pães e dois peixes.

MARCOS 6.38

café com Deus Pai

Sua atitude durante o processo será fundamental para gerar a transformação que o levará a uma nova jornada.

@juniorrostirola

DEVOCIONAL 365
214/365

LEITURA BÍBLICA
JOÃO 6.9
2REIS 4.42-44
MATEUS 15.34-36
LUCAS 21.1-4

ANOTAÇÕES

Quando estamos em uma viagem para um lugar desconhecido e o GPS não está colaborando por algum motivo, costumamos parar em algum local para fazer perguntas e nos encaminharmos à direção certa. O ato de perguntar busca acender uma luz em meio à escuridão, obter respostas para as dúvidas que temos. Contudo, com Jesus isso é um pouco diferente. As perguntas que Ele faz têm um propósito diferente: Ele não as faz para aprender, mas para ensinar, como lemos na passagem acima.

As perguntas de Jesus podem parecer simples, mas não são; elas são projetadas para revelar o mais íntimo de nosso coração. Como um espelho diante de nós, Suas perguntas nos levam a enxergar verdades que talvez estivéssemos ignorando. Cada uma delas tem o poder de transformar, trazendo-nos de volta ao caminho certo e alinhando nosso coração à vontade de Deus.

Certa vez, ouvi uma frase que dizia o seguinte: "Não são as respostas que movem o mundo, mas as perguntas". Essa verdade ecoa no ensino de Jesus. Ele nos desafia a refletir, crescer e a vencer os desafios da vida. Suas perguntas não apenas nos corrigem, mas nos moldam e ensinam profundamente.

Hoje convido você a olhar para o seu interior. Existem comportamentos e atitudes que precisam mudar? Áreas da sua vida que precisam de luz? A autoanálise nos leva a estar em constante mudança e aprimoramento. No salmo 139, o salmista pede a Deus que sonde seu coração e lhe revele o que precisa de transformação, e essa deve ser uma conduta recorrente em nossa vida. Hoje faça diferente: não peça nada, mas pergunte a Deus o que é necessário tirar do seu interior para desfrutar de uma vida cheia de propósito. Dessa maneira, sua transformação será de dentro para fora, e você estará no centro da vontade de Deus.

EM SECRETO

Mas, quando você orar, vá para o seu quarto, feche a porta e ore ao seu Pai, que está em secreto. Então, o seu Pai, que vê em secreto, o recompensará.

MATEUS 6.6

Muita gente finge ser algo que não é. Algumas pessoas fazem orações em público usando palavras difíceis de serem entendidas, como se isso pudesse torná-las superiores. Exibem um estilo de vida piedoso, mas não se preocupam com o que Deus pensa, apenas com o olhar humano. De que adianta tudo isso, porém, sem boas intenções?

Para ser cristão, é importante, principalmente, levar em conta o que se faz em secreto, quando apenas Deus vê. A maneira de você se comportar diante dos outros deve ser um reflexo do que existe por dentro. Mais vale uma vida de devoção, oração e obediência fundamentada no amor do que uma vida de disfarce e boas obras performáticas.

Segundo o autor do livro *Enraizado*, Banning Liebscher, Deus desenvolve nossas raízes nos encontros íntimos. Para sermos usados pelo Senhor, devemos desenvolver uma vida de oração. Se queremos produzir frutos para a eternidade, precisamos, antes de tudo, ser enraizados no secreto com um relacionamento próximo a Deus Pai.

Somos chamados para realizar boas obras como consequência do nosso relacionamento com Deus, não para nos gloriarmos. Os frutos que produzimos são evidências externas de uma vida particular de oração. Assim também, o nosso serviço tem de ser motivado pela intenção de glorificar a Deus com o que temos e com o que somos, não para apenas acumular elogios. Portanto, primeiro cultive um relacionamento em secreto com o Senhor, para que depois este seja evidenciado na sua forma de falar e agir, a ponto de seus frutos serem conhecidos, mesmo quando ninguém conhece as raízes.

O secreto que só Deus vê gera recompensas que só Deus dá.

@juniorrostirola

365 DEVOCIONAL
215/365

✝ LEITURA BÍBLICA
MATEUS 6.5-18

ANOTAÇÕES

DEUS USA OS IMPROVÁVEIS

Naamã, comandante do exército do rei de Arã [...]. Mas esse guerreiro valente sofria de lepra. [...] menina, que passou a servir à mulher de Naamã. Um dia, ela disse à sua senhora: - Se o meu senhor procurasse o profeta que está em Samaria, ele o curaria da sua lepra.

2REIS 5.1-3

Ao longo das Escrituras, testemunhamos em diversas ocasiões Deus usar a voz não só de profetas, reis e juízes, mas também de pessoas humildes e improváveis. Naamã, um comandante sírio proeminente, ocultava sob sua armadura a lepra, e uma jovem cativa é usada por Deus para lhe apontar o caminho para a cura, revelando a grandiosidade do Deus de Israel.

Naamã poderia ter ignorado as palavras da humilde serva, mas escolheu ouvir. Ele deixou de lado o orgulho e buscou a cura em uma terra estrangeira, e isso fez toda a diferença. Assim como Naamã, muitas vezes somos confrontados por pessoas que o próprio Deus coloca em nosso caminho para transmitir as mensagens de que necessitamos. Quando Deus nos fala por meio dessas pessoas improváveis, Ele espera que ajamos.

Não podemos permanecer parados, pois o tempo passa, e a promessa pode não se cumprir. Deus faz Sua parte, mas há aspectos que dependem da nossa ação. As promessas sobre nossa vida também requerem nosso empenho; é necessário agir à luz da palavra liberada sobre nós. Escute as pessoas, não menospreze ninguém, porque nosso Deus é especialista em usar os mais improváveis para carregar Sua mensagem.

Hoje você pode dar os primeiros passos para a concretização das promessas de Deus. Com um posicionamento firme, sua vida, família e negócios podem avançar extraordinariamente em direção à realização daquilo que Deus tem para você. Ele deseja mudar sua vida e sua realidade, mas para isso você precisa se posicionar. Traga à memória as palavras que recebeu, siga a direção que Deus está apontando e acredite: no tempo certo, seu milagre chegará.

Ter sensibilidade à voz de Deus é determinante para o milagre.

@juniorrostirola

DEVOCIONAL 365
216/365

LEITURA BÍBLICA
ÊXODO 4.10-17
1SAMUEL 16.6-13

ANOTAÇÕES

PORTADORES DA LUZ

Vocês são a luz do mundo. Não se pode esconder uma cidade construída sobre um monte. Ninguém acende uma lâmpada e a coloca debaixo de uma vasilha. Ao contrário, coloca-a no lugar apropriado e, assim, ilumina todos os que estão na casa.

MATEUS 5.14,15

Você já parou para pensar no impacto que exerce na vida das pessoas ao seu redor? Todos nós, em algum momento, somos chamados a influenciar, seja por palavras, atitudes, ou pelo simples exemplo de vida. E não se engane: a influência não depende de posição ou fama. Mas sobre quem é capaz de puxar a cadeira para o outro sentar.

A Bíblia nos ensina que a verdadeira influência não é para o nosso benefício, mas para glorificar a Deus e impactar vidas. Jesus nos chama a sermos sal da terra e luz do mundo. O sal dá sabor, preserva e transforma. A luz ilumina e dissipa as trevas. Da mesma forma, a sua vida deve ser um reflexo da glória de Deus.

Exercer influência exige coragem. É como um músculo que só cresce e se torna mais forte e resistente quando submetido a processos intensos. Às vezes, essa resistência vem na forma de oposições, porém somos chamados a perseverar. O propósito da nossa influência vai além de nós mesmos: é falar por aqueles que não têm voz, e ser agentes de reconciliação em um mundo que precisa de esperança. Lembre-se de que a verdadeira grandeza está no serviço.

Sua influência deve ser marcada pela oração, pelo exemplo, verdade, encorajamento e sacrifício. Do contrário, cuidado para não se tornar aquele crítico, desaprovando aqueles que estão ao seu redor, trazendo condenação, julgamentos e calúnias. Caso em algum momento você tenha se deixado levar por isso, convide agora mesmo Jesus para lançar luz sobre as trevas que estão em seu coração.

Agora, se sua motivação for correta e alinhada com as Escrituras, permaneça. Paulo foi um exemplo disso. Ele influenciou a muitos, porque estava disposto a sacrificar tudo pela glória de Deus. Por isso, ainda que você seja desprezado, criticado e julgado pelos outros, persevere. Viva de maneira íntegra, confiante de que a luz que você carrega pode iluminar o caminho de muitos e glorificar o nome de Jesus.

Não é sobre impressionar, mas sobre transformar.

@juniorrostirola

365 DEVOCIONAL
217/365

✝ LEITURA BÍBLICA
EFÉSIOS 5.8,9
2CORÍNTIOS 4.6
ISAÍAS 60.1-3
MATEUS 5.16
FILIPENSES 2.15

ANOTAÇÕES

LAPIDADOS

Cresçam, porém, na graça e no conhecimento do nosso Senhor e Salvador Jesus Cristo.

2PEDRO 3.18

Se olharmos as coisas da forma espiritual como Deus deseja, Ele esclarecerá coisas grandes e ocultas.

@juniorrostirola

DEVOCIONAL 365
218/365

LEITURA BÍBLICA
1CORÍNTIOS 2

Por muito tempo, acreditava-se que uma pessoa se tornava mais madura conforme a idade avançava. Contudo, apesar de o passar dos anos trazer experiência, está cada vez mais evidente que maturidade não diz respeito a esse número. Além disso, o ser humano tem de se desenvolver nas áreas física, psicológica, intelectual, relacional e espiritual.

Meu amigo Luciano Subirá, no livro *Maturidade*, afirma que o amadurecimento é uma conquista muitas vezes árdua. Ninguém pode nos transferir maturidade; temos de desenvolvê-la em um processo que pode ser doloroso, mas que vale a pena, pois com a maturidade alcançamos a plenitude.

Amadurecer espiritualmente depende do compromisso e da decisão de obedecer à soberana vontade de Deus Pai. Embora esse processo envolva provações e tribulações, aprendemos a perseverar pela fé e pela total dependência do Senhor. Por Sua graça e misericórdia, Deus nunca nos deixa desamparados. Por seu Espírito, Ele nos capacita e molda, da mesma forma que um lapidário trabalha para aperfeiçoar uma pedra bruta até que esta se torne uma joia preciosa e brilhante.

Portanto, não desista de buscar a maturidade. Ainda que exista dor nesse processo de crescimento, é por meio dele que aprofundamos nosso relacionamento com Deus e conhecemos Seu caráter de maneira mais íntima e pessoal. Desenvolva a maturidade ao ser nutrido pela Palavra, fortalecido pela oração e aperfeiçoado pelo Espírito Santo. Escolha ser lapidado e, assim, você descobrirá seu verdadeiro valor!

ANOTAÇÕES

MENSAGEIROS

O orgulho só gera discussões, mas a sabedoria está com os que tomam conselho.

PROVÉRBIOS 13.10

Desde o tempo bíblico, os governantes contam com conselheiros, isto é, pessoas de confiança que desempenham o papel de aconselhar, interpretar leis e regulamentos, e supervisionar a administração do reino ou país. Essa tradição nos confirma o que a Bíblia nos diz: buscar aconselhamento é um ato de sabedoria (cf. Provérbios 13.10).

Se não tivermos humildade para receber conselhos de pessoas sábias, podemos interpretar as sugestões como ofensas ou tentativas de minar nossas atitudes, principalmente quando a orientação ou opinião é emitida por alguém que consideramos sem experiência, conhecimento ou capacidade.

Muitas pessoas pedem a Deus que lhes mostre a direção certa a seguir e que transforme a situação em que já estão. Quando o Senhor fala com elas ou age por intermédio de alguém, porém, há resistência e orgulho. Será que você tem desperdiçado a ajuda e o direcionamento do Pai porque não dá ouvidos aos mensageiros que Ele coloca em seu caminho?

O que impede a transformação e o crescimento espiritual de muitas pessoas é o orgulho e a arrogância. A Palavra nos ensina a viver em humildade e a aceitar os conselhos e as repreensões para que nos tornemos sábios.

Precisamos buscar discernimento para compreender quando um conselho, auxílio ou instrução vem do Senhor. Entenda: Deus usa quem Ele quer para nos abençoar. Dessa forma, tenha humildade para receber quem Deus escolher para falar com você. Esteja aberto para ouvir a voz do Pai, ainda que Ele fale por meio de alguém que você considere improvável.

Tenha discernimento para aceitar conselhos e humildade para pô-los em prática.

@juniorrostirola

365 DEVOCIONAL
219/365

✝ LEITURA BÍBLICA
2REIS 5.1-19

ANOTAÇÕES

SIGA O BOM PASTOR

Porque assim diz o Soberano Senhor: "Eu mesmo buscarei as minhas ovelhas e delas cuidarei. [...] Procurarei as perdidas e trarei de volta as desviadas. Enfaixarei a que estiver ferida e fortalecerei a fraca [...]".

EZEQUIEL 34.11,16

café com Deus Pai

Nele, toda dor é aliviada, os fardos pesados são trocados e o impossível acontece.

@juniorrostirola

DEVOCIONAL 365
220/365

LEITURA BÍBLICA ✝
LUCAS 15.1-10

ANOTAÇÕES

As ovelhas são conhecidas por serem dóceis e facilmente domesticáveis. Todavia, também são ingênuas, distraídas e indefesas. Quando estão assustadas, muitas vezes elas se perdem do restante do rebanho e ficam vulneráveis e desprotegidas. Por isso, é tão importante que o pastor esteja à frente das ovelhas e lhes mostre o caminho. Com o cajado e a vara, ele deve guiá-las, discipliná-las e livrá-las das ameaças.

Na Bíblia, a figura da relação entre o pastor e suas ovelhas é empregada como representação do nosso relacionamento com Jesus. Somos completamente dependentes do nosso Pastor, que nos protege do mal, direciona, disciplina e cuida de nós. Sem Ele, ficamos vulneráveis e desprotegidos, somos incapazes de nos defender ou suprir nossas próprias necessidades.

A humanidade vivia como ovelhas desgarradas, suscetíveis a todo tipo de ataque, alheia aos perigos ao nosso redor e sem saber aonde ir. Por Sua graça, porém, Deus nos enviou um pastor para nos mostrar o caminho certo, cuidar de nossas dores e nos ajudar. Jesus, o Bom Pastor, se importa tanto com cada uma de Suas ovelhas que se disponibiliza a ir até elas, colocá-las em Seus ombros e levá-las de volta ao aprisco com grande alegria.

Jesus não ignora as ovelhas perdidas; Ele vai atrás delas. O Bom Pastor as procura e as resgata com alegria. Ele trata suas feridas e as pastoreia com amor e cuidado. Essa é a graça de Deus Pai revelada no Filho. É o amor divino imerecido, incondicional e disponível a toda a humanidade. Aprenda a depender do Bom Pastor, pois Ele suprirá cada uma das suas necessidades!

DEUS MUDA REALIDADES

A mão do SENHOR *estava sobre mim, e pelo seu Espírito ele me levou para o meio de um vale cheio de ossos. [...] Ele me perguntou:*
— Filho do homem, estes ossos poderão tornar a viver?

EZEQUIEL 37.1-3

Quando olhamos para a visão de Ezequiel em um vale de ossos secos, somos confrontados com uma realidade que muitas vezes se reflete em nossa vida. Assim como Israel, que vivia em exílio e angústia, há momentos em que nos sentimos secos, vazios, sem esperança. Nesses momentos, é fácil acreditar que a restauração é impossível. Mas Deus Pai nos lembra de que Ele é especialista em trazer vida ao que parecia perdido.

Deus conduziu Ezequiel a um vale cheio de ossos secos, uma cena de total desesperança. Ele perguntou ao profeta: *"Filho do homem, estes ossos poderão tornar a viver?"*. A resposta de Ezequiel, cheia de humildade e fé, foi: *"Ó Soberano Senhor, só tu o sabes"*. Quando desviamos os olhos da situação e confiamos no Deus do impossível, abrimos espaço para que Ele transforme o caos em vida.

O chamado de Deus para Ezequiel foi claro: *"Profetize a estes ossos"*. Essa mesma ordem é dada a nós. Não importa quão morto algo pareça — um relacionamento, um sonho, a fé ou até mesmo o próprio coração —, o Pai nos convida a profetizar e declarar vida, pois só Ele é capaz de trazer vitalidade e propósito.

Talvez hoje você esteja em um vale de ossos secos, sentindo-se sem forças ou esperança. Mas Deus quer escrever uma nova história. Ele não deseja que você apenas sobreviva; Ele quer que você viva abundantemente, tendo uma restauração completa mediante o sopro do Espírito Santo.

Levante-se, profetize e confie. O Deus que trouxe vida aos ossos secos do vale quer transformar sua história. Não importa o que você enfrentou ou quão distante esteja, Ele é capaz de abrir sepulturas, dar vida ao que parecia perdido e colocar você de pé como parte de um grande exército. Creia: Deus quer lhe dar vida!

Onde todos veem um fim, Deus vê um novo começo.

@juniorrostirola

365 DEVOCIONAL
221/365

✝ LEITURA BÍBLICA
JOÃO 11.25,26
ROMANOS 4.17
ISAÍAS 26.19; 35.1,2
SALMOS 104.30

ANOTAÇÕES

FONTE INESGOTÁVEL

Sejam cheios com o Espírito.

EFÉSIOS 5.18

Um coração imerso em Deus não dá espaço para futilidades.

@juniorrostirola

DEVOCIONAL 365
222/365

LEITURA BÍBLICA
GÁLATAS 5.16,22,23
ROMANOS 8.5,6
ATOS 1.8

ANOTAÇÕES

Você já experimentou o prazer de uma vida cheia do Espírito Santo? Não se trata apenas de uma sensação ou emoção passageira, mas de um relacionamento profundo, em que cada área da sua vida é transformada pelo poder e pela presença de Deus.

Encher-se do Espírito Santo é render-se completamente a Cristo. É permitir que Ele governe nossos pensamentos, palavras e ações. Isso significa abrir mão do controle e confiar plenamente na Sua condução. A luta entre a carne e o Espírito é real (Gálatas 5.17), mas, quando vivemos pelo Espírito, vencemos os desejos que nos afastam de Deus.

A Bíblia nos dá exemplos inspiradores. Estêvão, cheio do Espírito, viu a glória de Deus em meio à perseguição (Atos 7.55,56). Paulo, guiado pelo Espírito, impactou o mundo com o evangelho (Atos 13.9). Barnabé, chamado de "homem bom", foi cheio de fé e do Espírito, trazendo muitas vidas a Deus (Atos 11.24).

Mas como podemos viver essa plenitude? Primeiro, é preciso não apagar o Espírito (1Tessalonicenses 5.19), não entristecê-lo (Efésios 4.30) e permitir ser conduzido por Ele (Romanos 8.14). Orar no Espírito (Judas 20) nos mantém conectados à sua direção.

Uma vida cheia do Espírito Santo reflete a imagem de Cristo em todo tempo. É como o transbordar de um rio, que encharca a terra ao seu redor. Pois quando nos permitimos ser cheios do Espírito Santo, temos uma vida satisfeita. Afinal, uma vida sem a presença Dele é como uma fonte seca, em que não há vida em si e em seu entorno.

Talvez hoje você se encontre vazio e sem direção. Chame-o e sinta o poder da presença daquele que é a própria fonte, a qual nunca cessará.

O DEUS QUE TRABALHA

Quando eles se aproximaram, disse-lhes:
— Sou eu, José, o seu irmão, aquele que vocês venderam ao Egito!
Agora, não se aflijam [...] pois foi para salvar vidas que Deus me enviou adiante de vocês.

GÊNESIS 45.4,5

Já parou para pensar que Deus nunca dorme, nunca se distrai e nunca deixa de trabalhar por aqueles que Nele confiam? Isaías 64.4 nos lembra disso: "Desde os tempos antigos, ninguém ouviu, nenhum ouvido percebeu e olho nenhum viu outro Deus além de ti, que trabalha para aqueles que nele esperam". Deus está constantemente agindo, mesmo quando não percebemos.

A história de José é um exemplo perfeito do Deus que trabalha. Vendido pelos próprios irmãos, traído e esquecido na prisão, parecia que a vida de José estava completamente fora de controle. Mas Deus estava no controle o tempo todo. Cada momento difícil era uma peça no grande plano de Deus para transformar José em um instrumento de salvação para sua família e para uma nação inteira. Deus estava trabalhando nos bastidores, moldando José e preparando-o para o propósito que Ele havia planejado.

Esse mesmo Deus está trabalhando na sua vida agora. Talvez você não consiga enxergar o que Ele está fazendo, talvez pareça que tudo está parado ou até desmoronando. Mas lembre-se: Deus nunca para. Ele está atento aos detalhes da sua jornada. Salmos 121 nos garante que Ele não dorme nem cochila. Ele está sempre cuidando de você.

Quando Deus age, ninguém pode impedir. Isaías 43.13 declara: *"Não há quem possa livrar alguém da minha mão. Agindo eu, quem poderia revertê-lo?"*. Não importa o tamanho do desafio, Deus é soberano, e seus planos nunca falham.

Mesmo nos momentos mais silenciosos ou sombrios, Ele está agindo por você. Ainda que você passe por situações difíceis, o desfecho pode ser surpreendente, como foi com José. Cabe a mim e a você confiar plenamente nos planos e propósitos que Ele tem para cada um de nós. Sua decisão hoje é duvidar ou confiar?

Aquele que cuida de você não dorme.

@juniorrostirola

365 DEVOCIONAL
223/365

✝ LEITURA BÍBLICA
ROMANOS 8.28
GÊNESIS 50.20
ATOS 7.9,10
ISAÍAS 55.8,9

ANOTAÇÕES

HÁ UM TEMPO CERTO

A tua promessa foi plenamente comprovada; por isso, o teu servo a ama.

SALMOS 119.140

Há momentos em que oramos intensamente por algo, mas parece que o que almejamos nunca se concretiza. Pode então surgir o sentimento de que não somos dignos ou de que Deus não está nos ouvindo; no entanto, é crucial compreender a seguinte verdade: existem coisas que não recebemos porque o Senhor, em Sua sabedoria, está nos protegendo do que ainda não estamos prontos para receber.

Algo que explica bem isso é a seguinte frase de John Piper: "Orar com fé não significa que tudo o que pedimos acontecerá. Significa que confiamos que Deus nos escutará e ajudará da melhor forma".

Quando eu tinha 17 anos, fui sorteado em um consórcio para uma moto. Naquela época eu não tinha habilitação e nem poderia ter por conta da idade. Mesmo assim, retiramos a moto da concessionária. Certo dia, resolvi sair para dar uma volta. Adivinhe só o que aconteceu... Logo avistei uma viatura policial e, tomado pelo nervosismo, fui para casa. Os policiais, percebendo algo errado, me seguiram e, chegando à minha casa, alertaram: "Desta vez vamos deixar passar, mas na próxima levaremos a moto". Resultado: tive que vender a moto e esperar o tempo certo para ter outra novamente.

Essa experiência me ensinou algo profundo: receber alguma coisa fora do tempo pode trazer riscos e consequências desnecessárias. Portanto, respeite os processos de Deus em sua vida. Não tente apressar aquilo que ainda está sendo moldado. Quando o tempo certo chegar, você estará pronto para desfrutar da promessa e manter aquilo que Deus Pai lhe confiou. Por isso, após aprender com os meus próprios erros, fica o meu conselho: não se apresse, mas mantenha-se firme no processo, pois o Senhor nunca falha em Suas promessas!

Para que pressa, se Deus sabe o tempo certo?

@juniorrostirola

DEVOCIONAL 365
224/365

LEITURA BÍBLICA
SALMOS 12.6
PROVÉRBIOS 30.5
MATEUS 5.8

ANOTAÇÕES

EMBAIXADORES

Portanto, somos embaixadores de Cristo, e Deus faz seu apelo por meio de nós. Por amor a Cristo, suplicamos: reconciliem-se com Deus.

2CORÍNTIOS 5.20

café com Deus Pai

Embaixadores são representantes oficiais de um país em relações internacionais com outro. Uma de suas principais funções é defender os interesses de seu país de origem. Além disso, trabalham para promover a paz entre seu país e os demais, participam de debates, negociações e servem de ponte, como mediadores.

Quando Paulo afirma que os cristãos são "embaixadores de Cristo", entendo que isso significa para nós um privilégio e uma responsabilidade. É um privilégio, porque, pela graça, Deus permite que sejamos representantes de Seu Reino e atua por nosso intermédio. Além disso, como representantes de Jesus, temos a importante missão de viver uma vida que esteja de acordo com a vontade de Deus: anunciando a mensagem do evangelho.

Assim como um embaixador deve estar disposto a atravessar o mundo a fim de representar seu país, somos chamados a ir por todo o mundo e pregar o evangelho a todas as pessoas (cf. Marcos 16.15). Para muitas pessoas, essa ordem significa de fato viajar para outros lugares a fim de pregar o evangelho, mas, mais do que isso, significa que, onde quer que estejamos, é nosso dever dizer a todos que Jesus veio a este mundo para morrer pelos nossos pecados e nos garantir a vida eterna por meio do arrependimento e da fé Nele.

Eu sou um embaixador de Cristo, vivo como um agente que leva as boas-novas de Deus na terra. E você? Tem sido um embaixador, um porta-voz, mensageiro da esperança, a ponto de levar a palavra que o tem transformado? Há muitos carentes de uma palavra transformadora de paz, alegria e esperança. E quem tem Jesus carrega tudo isso. É tempo de compartilhar com o próximo aquilo que um dia foi compartilhado com você.

Todos nós somos chamados para cumprir o ide de Jesus.

@juniorrostirola

365 DEVOCIONAL
225/365

✝ LEITURA BÍBLICA
2CORÍNTIOS 5

ANOTAÇÕES

O CAMINHO É UM SÓ

É ele quem perdoa todas as suas iniquidades e cura todas as suas doenças.

SALMOS 103.3

Jesus é o caminho perfeito que leva você direto para o coração de Deus Pai.

@juniorrostirola

DEVOCIONAL 365
226/365

LEITURA BÍBLICA
ISAÍAS 53.5
1JOÃO 1.9
ÊXODO 15.26
TIAGO 5.15

O evangelho é o poder das boas-novas, e Jesus é capaz de transformar até mesmo as situações mais difíceis. Por isso, não se preocupe se seu dia, semana, mês ou ano não começaram bem, porque com Jesus tudo pode mudar. Em Eclesiastes 7.8, a Bíblia diz que o fim das coisas é melhor que o seu início.

As pessoas lidam de formas diferentes com os problemas. Alguns admitem sua existência e procuram ajuda, enquanto outros preferem ignorá-los, o que apenas agrava seu atual estado. Entre tantas alternativas e tratamentos que se apresentam diante de nós, existem problemas que somente Jesus pode resolver.

Não que a medicina, a psicologia ou outros métodos sejam inválidos dentro de suas áreas de atuação; pelo contrário, eles têm seu lugar e importância. No entanto, existem questões que vão além do físico e do emocional, entrando no campo espiritual. E a verdade é que espiritualidade ou pensamento positivo sem Jesus não têm poder para curar a alma ferida. Somente Jesus pode preencher o vazio causado pela ausência de Deus. Nem a religião, por si só, tem o poder de salvar, curar ou restaurar vidas. A verdadeira transformação acontece quando buscamos Deus diretamente e investimos no relacionamento com Ele.

Quando falamos de Deus Pai, não existem atalhos, porque o caminho é um só, e ele é Jesus. Não jogue mais para baixo do tapete suas dores e traumas; é hora de enfrentar um verdadeiro tratamento que irá curar você profundamente, e ele está disponível, basta uma decisão. Renda sua vida ao Médico dos médicos, e receba a cura e a salvação de que você precisa.

ANOTAÇÕES

REFLETINDO JESUS

Sejam sábios quanto à sua maneira de viver para com os de fora, aproveitando ao máximo cada oportunidade.

COLOSSENSES 4.5

As pessoas ao nosso redor constantemente observam o que fazemos e falamos. Sob esses olhares atentos, temos a responsabilidade de ser cuidadosos com nosso comportamento e com a imagem que transmitimos. Não podemos controlar o que as pessoas pensam a nosso respeito, mas podemos nos dedicar a viver de tal maneira que nosso modo de agir aponte para Jesus.

Nos Evangelhos, há diversas passagens que mostram que, quando Jesus chegava a um lugar, todos comentavam sobre quem andava com Ele, sobre o que aquelas pessoas faziam e onde iam. Fica claro que Jesus jamais passava despercebido. O evangelista norte-americano D. L. Moody uma vez declarou: "Se Jesus estiver na sua casa, os vizinhos logo perceberão"; Jesus não deve passar despercebido em nossa vida.

Nossas ações, nossos gestos e nossas palavras devem refletir o caráter de Deus e servir de testemunho da transformação gerada pelo amor Dele em nós. Se, no passado, viam vazio em você, precisam conhecer a abundância que um encontro pessoal com Jesus gera na sua vida! No passado, eu era alguém frustrado e sem sonhos. Hoje quem caminha ao meu lado sabe o quanto sou feliz por esse encontro, tornando-me, cada dia mais, um sonhador, porque com Jesus nunca é tarde para sonhar.

Testemunhar é muito mais do que contar as experiências vividas. Apesar de isso ser extremamente importante para a edificação de outras pessoas, devemos, sobretudo, ser um testemunho vivo. Você tem refletido Jesus em sua vida? O que as pessoas veem em você com mais evidência? Reflita e, se preciso for, torne-se ainda mais parecido com o Pai.

É possível transformar sua realidade em Jesus.

@juniorrostirola

365 DEVOCIONAL
227/365

✝ LEITURA BÍBLICA
LUCAS 5.27-32

ANOTAÇÕES

LIVRE-SE DO PESO DOS RESSENTIMENTOS

Os que têm coração ímpio guardam ressentimento; mesmo quando acorrentados, não clamam por socorro.

JÓ 36.13

Quando estamos em Jesus, nenhum ressentimento nos domina.

@juniorrostirola

DEVOCIONAL 365
228/365

LEITURA BÍBLICA
PROVÉRBIOS 19.3
ROMANOS 2.5
SALMOS 32.3,4

Uma das maiores barreiras que enfrentamos para viver uma vida plena é o ressentimento e o rancor. Esses sentimentos são fardos pesados que nos paralisam e nos impedem de avançar, e o pior é que eles afetam apenas quem os carrega. Muitas vezes, a pessoa contra quem nutrimos rancor nem sequer sabe do nosso sentimento, enquanto nós permanecemos presos a ele.

Há quem diga que guardar rancor é como beber veneno esperando que a outra pessoa sofra as consequências. É um peso desnecessário, um mal que envenena a alma e rouba a nossa paz. Por isso, quero convidar você a depositar, ao pé da cruz, todo o ressentimento, toda mágoa e tudo o que tem tornado pesado o seu coração. É preciso libertar-se desse fardo que não pertence a você.

Deus o está chamando para o arrependimento, a confissão, o perdão e a transformação de vida. É nesses momentos de introspecção e busca por cura que os verdadeiros sentimentos vêm à tona. Mais do que nunca, este é o tempo de abrir mão das dores do passado, confessar ao Senhor as suas feridas e liberar perdão. Não se deixe envenenar pelo ressentimento.

Para vencer as dores, o desânimo e o medo que tantas vezes nos cercam, é preciso substituir os sentimentos de amargura e rancor por uma vida cheia de arrependimento, fé e esperança. Ainda há uma saída, uma solução: a esperança é Jesus.

Eu lhe pergunto: o que você precisa entregar hoje? Quem ou o que tem sobrecarregado a sua vida e tornado a caminhada tão pesada? Decida, neste momento, se livrar desse peso. Jesus está pronto para limpar o seu coração, trazendo leveza e propósito. A escolha é sua, e o tempo é agora.

ANOTAÇÕES

DEUS ESTÁ LÁ

Meus irmãos, considerem motivo de grande alegria o fato de passarem por diversas provações; assim, vocês saberão que a prova da sua fé produz perseverança.

TIAGO 1.2,3

Na vida, enfrentamos os mais diversos cenários. Diante das lutas que aparecem, nos dedicamos e costumamos dar nosso melhor para sairmos vitoriosos, mas em alguns momentos tudo foge do nosso controle. A doença pode chegar, as portas podem se fechar e, quando aos olhos humanos já não há o que fazer, lá estamos nós, à espera de um milagre. Quem nunca se deparou com uma situação como essa, não é verdade?

As circunstâncias contrárias nos moldam e fazem nossa fé crescer. Costumo dizer que, na dor, nosso sistema de valores é abalado e apenas aquilo que realmente importa é valorizado. Já vi muitas pessoas enfermas, em momentos difíceis, e observei algo que me ensina muito. Nunca vi alguém no leito hospitalar pedir para ver a chave do carro que comprou com tanto esforço, ou da casa que foi um sonho realizado. Nesses momentos, bens ou *status* não importam; as pessoas querem ver quem amam: filhos, cônjuge, pais, enfim, pessoas amadas que às vezes não estavam recebendo a devida atenção.

Com isso, quero dizer que até mesmo nos momentos mais difíceis Deus está lá para nos ensinar algo. Os problemas vêm e vão, mas sua confiança em Deus não pode mudar. Se o milagre acontecer, Ele é Deus; se não acontecer, Ele continua sendo Deus. Os momentos difíceis que enfrentei em minha vida serviram para forjar o homem que sou hoje e me habilitaram a ser um melhor filho, marido e pai.

Não sei o que você tem enfrentado, mas saiba que Deus nunca abandonou você. Quando tudo isso passar, você olhará para trás e verá que a mão do Senhor sempre esteve ali. Os processos o fortalecerão para um futuro incrível, por isso não desista; ainda que todas as circunstâncias digam não, simplesmente confie.

A adversidade que você está enfrentando acabará se tornando a fonte do seu crescimento.

@juniorrostirola

365 DEVOCIONAL
229/365

✝ LEITURA BÍBLICA
ROMANOS 5.3-5
1PEDRO 1.6,7
JOÃO 16.33
2CORÍNTIOS 4.17

ANOTAÇÕES

RENOVE SUA CONFIANÇA

Àquele que é capaz de fazer infinitamente mais do que tudo o que pedimos ou pensamos, segundo o seu poder que atua em nós.

EFÉSIOS 3.20

café com Deus pai

Não podemos decidir sobre o que a vida nos traz, mas podemos escolher como agiremos a partir disso.

@juniorrostirola

DEVOCIONAL 365
230/365

LEITURA BÍBLICA
2CORÍNTIOS 10

Confiar em Deus é mais que acreditar na Sua existência, é entregar-se a Sua dependência. Quando focamos na realidade dos olhos humanos, entramos muitas vezes em desespero, sem ver uma saída, parece que tudo está errado. Mas quando focamos naquilo que realmente importa, vemos à nossa frente um horizonte de oportunidades para que cumpramos Seu propósito.

Meu amigo JB Carvalho cita uma frase que me faz refletir: "O hoje é o ontem que eu tanto temia". Confiar em Deus é saber que você venceu, que você chegou até aqui e está tendo a oportunidade de avançar, de viver novos sonhos, conquistas e realizações. O poder que precisamos é Jesus. Ele é a nossa esperança e Suas palavras nos fazem ir mais longe. Quem sabe o que você está vivendo hoje é uma oportunidade de estar preparado para algo muito maior amanhã.

Problemas sempre existirão, dificuldades no caminho, o tempo que acaba antes do previsto, a morte de um ente querido que chega de surpresa... sempre teremos situações inesperadas, mas quando você vive a vontade de Deus, a forma de enxergar as situações muda. Lembre-se sempre: fraqueza é achar que um problema é um problema. Problemas são oportunidades de melhorias, de exercer nossa confiança em Deus.

Saiba que haverá dias que fugirão do seu controle, que não farão parte do seu plano, mas a sua confiança em Deus o fará enxergar além das circunstâncias. Paulo, quando escreve aos Romanos, diz: *"Sabemos que todas as coisas contribuem juntamente para o bem de todos aqueles que amam a Deus, dos que foram chamados de acordo com o seu propósito"* (Romanos 8.28). Observe que ele diz "todas as coisas", não algumas coisas, poucas coisas ou coisas boas. Tudo inclui o bom e o ruim. Entenda que Deus está trabalhando no processo para que o propósito se cumpra. Ele nunca perde o controle. Então, se lance totalmente nos planos de Deus!

ANOTAÇÕES

ACEITE O OUTRO COMO JESUS ACEITA VOCÊ

Pois Deus enviou o seu Filho ao mundo não para condenar o mundo, mas para que o mundo fosse salvo por meio dele.

JOÃO 3.17

Certa vez, Tom Holladay disse: "Você não pode ordenar um sentimento, mas pode ordenar uma ação!". Essa é uma verdade poderosa que nos mostra que as atitudes comandam os sentimentos. Então, primeiro você age como quem ama, para, depois, sentir amor.

Antes de sofrer na cruz em nosso lugar, Jesus nos ordenou a agir como Ele agia: *"Um novo mandamento dou a vocês: Amem uns aos outros. Como eu os amei, vocês devem amar uns aos outros. Deste modo todos saberão que são meus discípulos: se vocês amarem uns aos outros"* (João 13.34,35). Deus, em Seu amor pleno e perfeito, nos chama exatamente como estamos, com todos os defeitos de caráter que podemos apresentar, com toda dor e medo que sentimos. Primeiro, somos aceitos; depois, chamados a viver a transformação.

Uma das coisas mais difíceis de seguir os passos de Cristo é amar as pessoas como elas são, ou seja, a aceitação. Acontece dessa maneira porque imaginamos que, para aceitar alguém, temos de concordar com a pessoa, o que não é verdade. Amar é aceitar, mas não é concordar nem endossar comportamentos e decisões erradas.

Temos de agir com amor, de tal maneira que a aceitação e o respeito estejam presentes no relacionamento com o outro. Assim como nós, a pessoa que temos de aceitar pode estar sendo aperfeiçoada por Deus, por meio da salvação e da santificação. Contudo, sua melhor decisão é fazer como Jesus: primeiramente amar.

Amar é aceitar o outro como ele é enquanto não se torna quem deve ser.

@juniorrostirola

365 DEVOCIONAL
231/365

✝ LEITURA BÍBLICA
1TESSALONICENSES 4.9
EFÉSIOS 5.2

ANOTAÇÕES

A LIÇÃO DA FORMIGA

Vá à formiga, ó preguiçoso! Observe os caminhos dela e seja sábio!
PROVÉRBIOS 6.6

Não dê lugar ao desânimo. É preciso agir hoje, para ser diferente amanhã.
@juniorrostirola

DEVOCIONAL 365
232/365

LEITURA BÍBLICA
LUCAS 12.35-48

As formigas talvez sejam os insetos que mais chamam a atenção dos seres humanos por sua organização, força coletiva e persistência. No livro de Provérbios, a figura da formiga aparece para estabelecer um confronto à preguiça. Recebemos a instrução de observá-las para obtermos sabedoria. Apesar de pequenos, esses insetos são capazes de sustentar até cem vezes o próprio peso. No livro Formigas (2016), os autores William Douglas e Davi Lago nos mostram o quanto o homem tem a aprender com esses bichinhos "que formam a sociedade mais bem-sucedida do mundo".

Deus nos ensina de diversas maneiras. Ao contemplar a criação, aprendemos mais sobre o Criador e o que Ele espera de nós. Com o exemplo das formigas, podemos ser inspirados a sair da zona de conforto e do comodismo, a vencer o desânimo e a agir com persistência e dedicação a tudo o que nos propusermos a fazer. Enquanto a preguiça e o desânimo nos levam a ser imprudentes, quando olhamos para as formigas, entendemos o que é trabalhar e servir com excelência.

Não fomos chamados para o desânimo, mas para estar vigilantes, preparados e prontos para o que Deus tem para nós. Não fomos chamados para a preguiça, mas para agir com dedicação, perseverança e amor em todas as coisas. Não seremos bem-sucedidos sem aprender a importância daquilo que nos cabe, o esforço, a persistência e a excelência. O que tem desanimado você? Talvez você se encontre hoje desmotivado, mas quero encorajá-lo a arregaçar as mangas, levantar a cabeça e agir. Desse modo, você estará pronto para receber o que Deus Pai tem para a sua vida.

ANOTAÇÕES

PREPARADO PARA AS BATALHAS

Finalmente, sejam fortalecidos no Senhor e na força do seu poder.

EFÉSIOS 6.10

café com Deus Pai

Em uma guerra, quem tem maior chance de vencer é o que está mais bem preparado e equipado. É por esse motivo que as grandes potências investem tanto dinheiro em armamento.

Nós, filhos de Deus, não somos seres naturais, mas espirituais. Dessa forma, nossa luta não é contra seres naturais, ou, nas palavras do apóstolo Paulo "*contra sangue e carne*" (Efésios 6.12). Tampouco utilizamos ferramentas terrenas, como espadas, lanças, escudos ou armas. É necessário que nosso espírito esteja preparado e, para isso, devemos nos revestir da armadura de Deus.

Primeiro, com o cinto da verdade. O cinto une toda a armadura. Então, conhecer a verdade e crer nela é essencial para permanecermos firmes. Depois, a couraça da justiça. Uma couraça protege o coração, e a justiça de Jesus nos protege do pecado e não permite que sejamos corrompidos por ele. Em seguida, os calçados da prontidão do evangelho da paz. Para que andemos no caminho certo, temos de ser guiados pelo evangelho da paz.

O item seguinte é o escudo da fé, pois, em meio aos ataques do Inimigo, a fé nos protege das acusações, dúvidas e tentações. Outra parte é o capacete da salvação, usado para proteger a mente e manter os pensamentos centrados na salvação em Jesus. Por fim, a espada do espírito é a melhor maneira de combater mentiras, tentações e ataques malignos. Devemos declarar a Palavra de Deus e confiar nela.

Saiba que você está em uma guerra, e seria muito negligente da sua parte não estar revestido das armaduras de Deus. Se estivermos revestidos da armadura espiritual, como soldados do Reino bem preparados e equipados, nada pode nos deter.

Nunca se apoie na sua própria capacidade.

@juniorrostirola

365 DEVOCIONAL
233/365

✝ LEITURA BÍBLICA
EFÉSIOS 6.10-18

ANOTAÇÕES

22 | AGO

ONDE MORA O PERIGO

Assim, aquele que considera estar de pé, cuide-se para que não caia!

1CORÍNTIOS 10.12

Na vida, muitas vezes sinais acontecem para nos despertar, e só quando algo escapa do controle é que percebemos o quanto estávamos distraídos. Existe uma história real que ilustra isso de forma assustadora. Um paraquedista experiente, com anos de saltos e manobras, num dia comum, durante seu terceiro salto, simplesmente se esqueceu de colocar o paraquedas. Saltou. Só percebeu no ar, e era tarde demais. E não havia mais o que fazer senão encarar a morte em queda livre.

Sabe qual é o detalhe mais inquietante? Isso não acontece só nas alturas; acontece aqui em terra firme. Acontece na vida. E, muitas vezes, na fé.

O início de uma jornada com Deus costuma ser cheio de zelo. Oramos, buscamos, vigiamos, temos todo o foco e atenção para nos conectarmos genuinamente com o Pai. Mas, com o tempo, a familiaridade pode gerar relaxamento. Acontece também no trânsito, onde dados apontam que grande parte dos acidentes em perímetro urbano ocorre próximo à residência de um dos motoristas. Tudo isso porque, perto de casa, nos sentimos seguros e baixamos a guarda.

Na vida espiritual, não é diferente. Quando achamos que "já sabemos tudo", "já estamos fortes", "já lemos o suficiente" e já estamos tão bons a ponto de criticar os outros, em contrapartida relaxamos na oração, na Palavra, na intimidade com Deus, correndo totalmente o risco de saltar sem perceber que o paraquedas ficou para trás.

A Bíblia não deixa dúvidas: *"O orgulho vem antes da destruição; o espírito altivo, antes da queda"* (Provérbios 16.18). O cuidado diário, a vigilância, a oração, a humildade e a dependência não são só para quem está no início ou se sente fraco. Mas são para quem quer permanecer forte. Mantém-se de pé quem aprende, todos os dias, a depender de Deus, humilhar-se, e nunca a confiar apenas em si.

Cuide para não se achar tão bom, a ponto de criticar os outros.

@juniorrostirola

DEVOCIONAL 365
234/365

LEITURA BÍBLICA
SALMOS 121.1,2
EFÉSIOS 6.10,11

ANOTAÇÕES

SEJA REAL

Mas as coisas que saem da boca vêm do coração, e é isso o que contamina o homem.

MATEUS 15.18

Existem coisas que nunca dizemos em voz alta. Mas elas existem dentro de nós, morando em um canto escuro do coração, escondidas como algo que largamos no quartinho de bagunça da nossa alma. Mais cedo ou mais tarde, ela acaba escapando, como as tralhas que caem de um armário bagunçado ao abrirmos a porta de forma descuidada. Foi Jesus quem disse nessa passagem que o problema não está fora, mas dentro. Não é o que entra, mas o que sai, a intenção transparecendo na ação.

Às vezes, achamos que somos pessoas boas porque nunca fizemos nada realmente grave. E nos orgulhamos de nossa vida de zelo ao dizer que nunca matamos ou roubamos. Mas será que isso é realmente pureza, ou apenas aparência?

Jesus nos convida a um mergulho mais profundo, ao deixar de lado a sensação de inocência que construímos pela boa educação ou pelas boas aparências e encarar o diagnóstico Dele: O coração humano, sem Deus, é contaminado. E não adianta negar: basta um pequeno empurrão da vida, um desgosto, uma injustiça, um momento de raiva, e o que estava escondido vem à tona.

A boa notícia é que Jesus não expõe nossos erros para apontar e condenar. Ele os traz à tona para curar, oferecendo-nos um novo coração, moldado pelo Espírito Santo. A pureza, na verdade, não nasce do nosso esforço, mas da presença de Deus. É o Espírito Santo quem limpa, transforma, refina e habita em nós com o mesmo caráter de Cristo.

Você não precisa esconder o que sente. Mas é livre para trazer tudo para a luz. O evangelho de Cristo não veio para polir sua aparência, mas para mudar sua essência e o transformar em uma pessoa pura por dentro e por fora.

Mais essência, menos aparência.

@michellerostirola

365 DEVOCIONAL
235/365

✝ LEITURA BÍBLICA
PROVÉRBIOS 6

ANOTAÇÕES

DO DESERTO À TERRA PROMETIDA

café com Deus pai

[...] Cumpriste a tua promessa porque tu és justo.

NEEMIAS 9.8

O deserto nos ensina a olhar para dentro de nós e reconhecer o quanto precisamos de Deus.

@juniorrostirola

DEVOCIONAL 365
236/365

LEITURA BÍBLICA †
NEEMIAS 9

ANOTAÇÕES

Costumamos pensar em como seria bom se todas as promessas de Deus para a nossa vida se cumprissem em um piscar de olhos ou, no máximo, da noite para o dia. Como gostaríamos que, com um estalar de dedos, nossa situação fosse transformada pelo agir sobrenatural do Senhor. No entanto, para chegar à promessa, precisamos passar pelo processo.

Podemos citar diversos personagens bíblicos que receberam promessas grandiosas, mas tiveram de passar por um longo — e muitas vezes conturbado — processo: Abraão, Isaque, Jacó, José, Moisés, Davi e tantos outros. Enquanto nosso desejo imediatista é de pular as etapas para chegar ao resultado, Deus quer que aprendamos a confiar Nele e em Sua vontade soberana.

Há momentos em que nos sentimos no deserto. As crises chegam e nos provam. Mas, assim como Deus acompanhava o povo no deserto sem jamais desampará-lo, Ele também está conosco. A respeito disso, Neemias declarou: "*Foi por tua grande compaixão que não os abandonaste no deserto. Durante o dia, a coluna de nuvem não deixava de guiá-los em seu caminho nem a coluna de fogo, durante a noite, deixava de brilhar sobre o caminho que deviam percorrer*" (9.19).

Portanto, o melhor a fazer é prosseguir com a certeza de que Deus está com você. Sua presença se manifesta, mesmo você passando hoje por momentos de dificuldade. Entenda: é no processo que conhecemos o caráter de Deus e o quanto Ele está disposto a caminhar conosco. Com as palavras de D. L. Moody, quero incentivá-lo: "Tenha coragem. Andamos no deserto hoje e na Terra Prometida amanhã".

PERMITA-SE SER APASCENTADO

Mesmo que eu ande por um vale de densas trevas, não temerei perigo algum, pois tu estás comigo; a tua vara e o teu cajado me confortam.

SALMOS 23.4

Você conhece alguém que sempre encontra um motivo para reclamar? Conhece uma pessoa que, mesmo no dia da vitória, em vez de agradecer, tem outra luta para dizer que está enfrentando? O mundo está repleto de pessimistas.

Ninguém precisa viver dessa maneira. Ainda que nos deparemos com situações difíceis, não há perigo que seja grande o suficiente para nos causar temor. Precisamos nos lembrar de que Jesus está vivo e, com Ele ao nosso lado, já somos mais que vencedores.

Cristo é o Bom Pastor que deu a vida por nós, Suas ovelhas (João 10.11). Em Salmos 23, aparecem dois equipamentos usados pelo pastor: a vara e o cajado. A vara é feita de madeira e é reta; o pastor a utiliza para afastar os predadores que tentam atacar o rebanho. O cajado, por sua vez, tem uma curvatura em formato de gancho em uma das extremidades. Com esse instrumento, o pastor puxa a ovelha e a traz para perto de si, de tal modo que a mantém longe de desfiladeiros e de outros perigos.

Cristo, o nosso Bom Pastor, nos livra dos inimigos com a vara e nos protege com o cajado, levando-nos para perto Dele. Não precisamos temer mal algum, tampouco ficar lamentando pelas lutas que aparecem no decorrer do caminho. O Senhor chama você para perto. Jesus ressuscitou para lhe dar vida nova e deixou pregados na cruz apenas os seus pecados, dos quais Ele já o libertou. Só depende de você permitir ser pastoreado pelo Bom Pastor.

café com Deus pai

O pessimista encontrará uma razão para reclamar, enquanto o otimista um motivo para agradecer.

@juniorrostirola

365 DEVOCIONAL
237/365

† LEITURA BÍBLICA
SALMOS 27

ANOTAÇÕES

DA DOR À ALEGRIA

Quando ouvi isso, sentei-me e chorei. Passei dias lamentando-me, jejuando e orando ao Deus dos céus.

NEEMIAS 1.4

Suas orações carregam o DNA dos céus e elas não ficam sem resposta.

@juniorrostirola

DEVOCIONAL 365
238/365

LEITURA BÍBLICA †
ESDRAS 9.3-5
DANIEL 9.3,4
JOEL 2.12,13
MATEUS 6.6

Todos nós fomos criados com um propósito único, projetados para impactar o mundo e fazer a diferença. Neemias é um grande exemplo de alguém que, ao receber uma notícia devastadora sobre a condição de seu povo e de Jerusalém, não ficou paralisado pela dor. Ele absorveu a situação e a transformou em combustível para liderar a reconstrução de uma cidade que estava em uma situação de humilhação.

Assim como o catalisador de um veículo transforma gases tóxicos em substâncias inofensivas, Deus nos chama a sermos catalisadores em nossa geração. Vivemos em um mundo repleto de notícias desanimadoras, e muitas vezes a dor e o desânimo podem nos abater profundamente, especialmente quando situações difíceis impactam diretamente a nossa vida.

Neemias nos ensina que a tristeza é natural e inevitável em alguns momentos – ele mesmo chorou e lamentou pela situação de seu povo. No entanto, ele não permaneceu preso ao pesar ou à autopiedade. Neemias encontrou força em Deus, restabeleceu-se e foi até Jerusalém para agir e transformar a realidade daquele povo. Ele não apenas sentiu a dor, mas a transformou em ousadia e posicionamento para cumprir o propósito que Deus tinha para sua vida.

Talvez você esteja enfrentando momentos difíceis, mas quero lembrá-lo de que o mesmo Deus que transformou a dor de Neemias e deu um propósito à vida dele também pode fazer o mesmo por você. Não sei se há algo em sua vida que está em ruínas, mas tenho a certeza de que Deus pode reconstruir e fazer uma obra ainda maior.

ANOTAÇÕES

FÉ OUSADA

O centurião respondeu:
- Senhor, não mereço receber-te debaixo do meu teto. Basta que digas uma palavra, e o meu servo será curado.

MATEUS 8.8

O centurião romano, como seu título sugere, carregava uma grande responsabilidade, ao comandar muitos soldados, sendo um homem relevante na hierarquia militar romana. Apesar de sua posição de prestígio, ele busca Jesus com humildade e fé, algo que não faria sentido em um primeiro momento, pois os romanos subjugavam o povo judeu, mas mesmo assim ele se achega com uma fé exponencial.

O pedido daquele importante homem não é apenas um ato de humildade ao reconhecer-se indigno de receber Jesus em sua casa, mas também revela uma fé ousada, que extrai de Jesus uma declaração surpreendente. Jesus diz não ter encontrado tamanha fé nem mesmo em toda a nação de Israel.

Em minha jornada como cristão, sempre tive muita fé. Conforme fui avançando em minha caminhada com Deus, passei a tomar decisões ousadas, pautadas não mais no que meus olhos enxergavam, mas sim naquilo que o Senhor me pedia. Ter atitudes de fé me fizeram nadar contra a maré e até mesmo ser criticado muitas vezes, mas eu sempre me mantive firme, sabendo que aquele que me prometeu é fiel e justo para cumprir.

Independentemente de quais impossibilidades você enfrenta, um diagnóstico desfavorável, um ressentimento com alguém, uma porta que se fechou, um problema familiar ou até mesmo uma questão financeira difícil, hoje Deus está falando fortemente ao seu coração. Aquele que fala é capaz também de mudar a sua realidade. Entregue tudo nas mãos de Deus, fale como se fosse acontecer e aja como se já estivesse acontecendo. Em um estalar de dedos, Deus tem uma virada para toda e qualquer situação!

Eu vivo milagres porque decidi enfrentar as minhas circunstâncias com fé.

@juniorrostirola

365 DEVOCIONAL
239/365

✝ LEITURA BÍBLICA
MATEUS 8.10,13
JOÃO 4.50-53
LUCAS 5.8
MATEUS 4.23,24
MARCOS 1.34

ANOTAÇÕES

O INCRÍVEL COM DEUS

Se vocês obedecerem fielmente ao Senhor, o seu Deus, e seguirem cuidadosamente todos os seus mandamentos que hoje dou a vocês, o Senhor, o seu Deus, os porá acima de todas as nações da terra.

DEUTERONÔMIO 28.1

Sua obediência pode colocar você em lugares onde sua fé ainda não chegou.

@juniorrostirola

DEVOCIONAL 365
240/365

LEITURA BÍBLICA
JOSUÉ 1.8
SALMOS 1.1-3

ANOTAÇÕES

Deus estabeleceu princípios a serem seguidos por nós. O Criador do universo nos conhece de maneira profunda, porque Ele mesmo nos criou e deixou preceitos a serem observados, assim como limites que não devem ser ultrapassados, como quando você compra um produto que não sabe bem como funciona e precisa ler o manual de instruções para que tudo corra bem.

O problema é que, na maioria das vezes, jogamos o manual fora e tentamos dar o nosso jeito. Quando ferimos os princípios que Deus estabeleceu em Sua Palavra, cedo ou tarde faremos a colheita, e é certo que ela não será boa. No texto que lemos, fica claro que Deus tem os melhores planos a nosso respeito, mas as bênçãos sempre estarão atreladas à obediência. E as maldições, de igual maneira, sempre estão relacionadas à desobediência.

Em Gálatas 6.7, está escrito que aquilo que *"o homem semear, isso também colherá"*. Por isso, nossa atenção deve estar voltada a estarmos ou não correspondendo àquilo que Deus pede de nós, pois é seu nível de obediência e submissão que determinará onde você vai chegar.

Não se engane: viver de qualquer jeito vai lhe trazer inúmeros prejuízos, gerando, inclusive, uma insatisfação permanente. Por isso, o seu posicionamento de dar um basta ao que está levando você aos poucos à ruína será um fator determinante para viver o incrível com o Senhor. Deus Pai deseja, sim, conduzi-lo por pastagens verdejantes e águas tranquilas (Salmos 23.2). Você será como a árvore plantada junto a ribeiros de águas, a qual dá o seu fruto na estação própria, e cujas folhas não murcham, e tudo quanto fizer prosperará (Salmos 1.3).

AQUIETA O MEU CORAÇÃO

Portanto, não se preocupem com o amanhã, pois o amanhã trará as suas próprias preocupações. Bastam a cada dia os seus próprios problemas.

MATEUS 6.34

café com Deus pai

A ansiedade, proveniente do medo do amanhã, acarreta a perseguição constante de expectativas sobre o futuro, deixando as pessoas desesperadas. Esse sentimento acaba minando nossa confiança e esperança em Deus.

Quando permitimos que as inquietações tomem lugar em nosso coração, passamos a caminhar com medo e sem esperança, tornando-nos assim alvos fáceis das mentiras do Inimigo. Mas Jesus já nos advertiu a respeito de tudo isso, instruindo-nos a colocar em primeiro lugar o Reino de Deus, pois assim todo o restante nos será acrescentado.

Obedecer a esses padrões ensinados por Jesus nos leva a um estilo de vida distante das inquietações do dia a dia, mas exige fé de cada um de nós. Esse apontamento é uma arma poderosa, que tem o poder de mudar completamente a nossa vida. Porque, ainda que o mundo esteja cada vez mais ansioso, estressado e preocupado com o amanhã, você pode estar calmo e tranquilo, sabendo que Deus é quem tem verdadeiramente o controle sobre todas as coisas, inclusive sobre a sua vida.

O conteúdo da Bíblia vai muito além de apenas belas palavras; são verdades poderosas, capazes de transformar realidades quando aplicamos fé nelas. Por isso, a partir de hoje convido você a adotar um novo estilo de vida, confiando plenamente nas palavras de Jesus, renegando toda inquietação e preocupação com o amanhã, porque você tem um Deus que está no controle de todas as coisas. Inclusive, você não está lendo este livro por acaso. Deus marcou este encontro com você para que lesse estas palavras hoje. Se você tem estado envolto em medos e incertezas, hoje é o dia de decidir buscar ainda mais Jesus e experimentar a verdadeira paz.

Quando pensei que era o fim, Deus me sustentou e me trouxe esperança.

@juniorrostirola

365 DEVOCIONAL
241/365

✝ LEITURA BÍBLICA
PROVÉRBIOS 3.5,6
FILIPENSES 4.6,7
SALMOS 37.4,5
LUCAS 12.25,26
MATEUS 10.29-31

ANOTAÇÕES

A IMPORTÂNCIA DO PROCESSO

"Porque sou eu que conheço os planos que tenho para vocês" — declara o SENHOR — "planos de fazê-los prosperar, não de causar dano, planos de dar a vocês esperança e um futuro".

JEREMIAS 29.11

O processo faz parte da vida de quem quer viver os planos de Deus.

@juniorrostirola

DEVOCIONAL 365
242/365

LEITURA BÍBLICA
ISAÍAS 55.8,9

Deus tem grandes planos para a sua vida. Não apenas sonhos bonitos ou metas ambiciosas, mas propósitos eternos. Ele conhece cada detalhe do seu coração, cada talento, cada lágrima, cada passo já dado, e tudo isso faz parte do caminho que Ele tem desenhado especialmente para você.

Existe, porém, um detalhe importante: embora o plano seja de Deus, a preparação é nossa. Não há como viver as promessas do Pai sem antes passar pelo processo de preparação. José sonhou com o governo do Egito, mas antes enfrentou o poço, a prisão e a humilhação. Davi foi ungido rei, mas precisou pastorear ovelhas e lidar com a rejeição da própria casa antes de assumir o trono. Jesus veio para salvar, mas passou pela cruz para cumprir o plano do Pai.

Você pode até não entender agora, mas cada etapa, cada espera, cada desafio e até mesmo cada porta fechada estão moldando você para receber o que Deus já separou. A pergunta é: você está se preparando?

Muitos querem viver os planos de Deus, mas não querem passar pelo processo. Querem a promessa, mas rejeitam a disciplina. Querem a colheita, mas evitam o plantio. Mas é no dia a dia que Deus capacita. É na rotina que Ele nos fortalece.

Não se apresse. Não pule etapas. E não desanime. Deus está trabalhando em você e por você. Confie: o que Ele tem preparado para sua vida vai além do que você pode imaginar. E, se hoje Ele derramasse tudo que tem para a sua vida, talvez você não suportasse. Tanto Davi quanto José passaram pelo processo do tempo, foram preparados para grandes batalhas. Deus sabia o que eles iriam enfrentar, e eu vejo Deus cuidando de ambos. O não de Deus, muitas vezes, não quer dizer que Ele está negando algo a você, mas advertindo-o de se preparar para as grandes batalhas que a vida vai lhe apresentar. Guarde isso no coração: para viver a promessa, você precisa estar maduro. Você está?

ANOTAÇÕES

A PAZ QUE VENCE A ANSIEDADE

Então, a paz de Deus, que excede todo o entendimento, guardará o coração e os pensamentos de vocês em Cristo Jesus.

FILIPENSES 4.7

Eu fui uma criança introspectiva. Carregava uma tristeza silenciosa e um medo que era estampado em meu rosto e me acompanhava como uma sombra. Tinha medo do escuro, medo de perder minha mãe, medo da minha insuficiência, medo da polícia, medo de ir à escola, medo de ficar em casa, medo de praticamente tudo e todos. E esse medo, com o tempo, ganhou outro nome: ansiedade.

Ansiedade é isto: a mente querendo correr antes do tempo; o coração acelerado por coisas que nem aconteceram; a alma tentando carregar o amanhã com as forças que nem temos hoje. Você já se sentiu assim?

Durante anos, achei que viver ansioso era normal... até que experimentei uma paz que não era explicável. Uma paz que não vinha de mim, muito menos das circunstâncias, mas de Deus. A paz de Deus não é ausência de problemas, é a presença da certeza: Ele está aqui. Ele cuida. Ele sabe. Ela não faz sentido humano, mas faz sentido no céu. Ela não evita as tempestades, mas guarda o coração no meio delas.

Se você hoje sente o peito apertado, a respiração curta e os pensamentos acelerados, esta palavra faz sentido para você. Você não está aqui por acaso, Deus o trouxe aqui, pois Ele é o lugar onde a ansiedade perde a força, a paz se faz presente, a esperança brota e a vida renasce.

Ore comigo: "Pai, quero hoje lançar diante de ti todos os meus medos, feridas, traumas, circunstâncias contrárias, ausências, lembranças dolorosas que me levaram a desenvolver ansiedade e me fazem sentir uma angústia profunda. Minhas forças esmoreceram, e a vida parece estar pesada. Peço que me libertes de todos esses males. Toma por completo o meu coração e leva-me ao novo, onde há paz, alegria e leveza, onde eu possa ver um novo horizonte. Eu oro em nome de Jesus. Amém!".

A ansiedade grita "e se", mas a paz de Deus responde: "Eu sou".

@juniorrostirola

365 DEVOCIONAL
243/365

✝ LEITURA BÍBLICA
ROMANOS 15.13

ANOTAÇÕES

café com Deus pai

O AMOR DE DEUS **SUPERA** O TEMPO, AS CIRCUNSTÂNCIAS E A DOR.

@juniorrostirola

Assista ao vídeo com a palavra e oração para este mês.

SE
TEM
BRO

café
com
Deus
pai

AMOR E RESPEITO

Aquele que é a Palavra tornou-se carne e viveu entre nós. Vimos a sua glória, glória como do Unigênito vindo do Pai, cheio de graça e de verdade.

JOÃO 1.14

Amar é aceitar. Aceitar é respeitar. Precisamos nos lembrar da importância do respeito e da aceitação para que o amor realmente exista, porque ninguém é perfeito. Eu não sou, e você também não é. Todos nós, filhos de Deus Pai, estamos em uma jornada de crescimento, sendo aperfeiçoados.

Quando temos consciência da nossa imperfeição, aprendemos que nada do que existe de bom vem de nós; toda boa dádiva é enviada por Deus por pura graça. Nós não merecemos; é bondade do Senhor para conosco.

O Deus triúno escolheu habitar entre nós e sofrer a morte de cruz em nosso favor. Somos pequenos, fracos e imperfeitos, mas Deus nos ama completamente mesmo assim. Meu amigo e pastor Luciano Subirá afirmou: "Graça é equilíbrio. A graça fala do amor, da misericórdia e do favor de Deus, concedidos a quem não merece". É exatamente como penso também: a graça não alcança quem acha que a merece, mas quem sabe que precisa dela, porque, ainda que você passe a vida inteira se esforçando para ser merecedor da bondade divina, nunca vai ser digno dela, porque graça é favor imerecido.

É a graça de Deus sobre nossa vida que nos transforma dia após dia e faz de nós pessoas capazes de amar ao Senhor e amar ao próximo. Quando temos um encontro real com Jesus como Salvador, Deus derrama sobre nós sua graça; afinal, não merecíamos a salvação, o perdão e o seu amor. Apesar de não sermos dignos, recebemos em todo tempo o cuidado e a provisão do Senhor. Cabe a nós transmitir com amor o que nos foi entregue por graça.

A cada novo dia, há uma nova chance de desfrutarmos da graça de Deus.

@juniorrostirola

365 DEVOCIONAL
244/365

LEITURA BÍBLICA
EFÉSIOS 2.5-9
TITO 2.11-3.4

ANOTAÇÕES

A MELHOR COMPANHIA

Ora, é Deus quem faz que nós e vocês permaneçamos firmes em Cristo. Ele nos ungiu, nos selou como sua propriedade e pôs o seu Espírito no nosso coração como garantia do que está por vir.

2CORÍNTIOS 1.21,22

Nosso Deus é especialista em cumprir promessas. Toda a Bíblia comprova isso. Uma de suas promessas é que Ele jamais nos deixará ou abandonará (cf. Hebreus 13.5). Antes de subir aos céus, o próprio Jesus disse: *"[...] E eu estarei sempre com vocês, até o fim dos tempos"* (Mateus 28.20). Embora não esteja mais na terra como homem, Jesus de fato está conosco em todo o tempo, por meio da pessoa do Espírito Santo, que habita em nós.

Existem diferentes nomes para o Espírito Santo na Bíblia, como Conselheiro, Consolador, Encorajador, Auxiliador. Ele é Aquele que está sempre conosco para nos ajudar, instruir e direcionar. Gosto muito da definição dada pelo meu amigo e pastor Carlito Paes na introdução de *Bom dia, Santo Espírito* (2020): "O Espírito Santo nos ensina como viver para Deus".

É o Espírito Santo quem nos convence do pecado e nos guia ao arrependimento. É Ele quem realiza em nós a santificação, ou seja, a separação do pecado, do mundo e dos velhos hábitos, para sermos mais parecidos com Cristo. Se queremos ser puros e ter o caráter aprovado por Deus, precisamos do Espírito Santo. O segredo para que nosso caráter seja resguardado é preservá-lo das obras da carne e manifestar o fruto do Espírito (cf. Gálatas 5.22,23).

Talvez você esteja passando por momentos de solidão intensa, onde muitas vezes sente-se sem rumo; talvez tenha pensado que não há mais esperança para a sua vida. Contudo, se hoje decidir entregar totalmente sua vida nas mãos de Deus, Ele jamais o abandonará e trará direção, esperança, alívio e paz. Ele é com você!

Com Deus, você nunca estará sozinho.

@juniorrostirola

DEVOCIONAL 365
245/365

LEITURA BÍBLICA †
JOÃO 14.15-26

ANOTAÇÕES

NÃO PERCA MAIS TEMPO

Vocês nem sabem o que acontecerá amanhã! Que é a sua vida? Vocês são como a neblina que aparece por um pouco de tempo e depois se dissipa.

TIAGO 4.14

café com Deus Pai

A vida passa num piscar de olhos. Somos como a neblina: frágeis, passageiros e dependentes de Deus. Quando reconhecemos isso, nossa perspectiva muda. O tempo se torna valioso demais para ser desperdiçado com coisas fúteis que não edificam. E cada segundo passa a ter um valor inegociável.

No Evangelho de Marcos, vemos a história de um homem paralítico que em pouco tempo viu sua vida ser mudada para sempre. Ele não podia se mover por si só, mas tinha amigos que o levaram até Jesus. E ali, diante de todos, bastaram poucos segundos para que sua vida fosse completamente transformada. Jesus olhou para ele e disse: *"Filho, os seus pecados estão perdoados"* (Marcos 2.5).

Essas palavras foram suficientes para libertar sua alma antes mesmo de curar seu corpo. Isso nos ensina que Jesus sempre age por completo. Quantas vezes nos sentimos paralisados? Medos, frustrações, rejeições e desânimo nos impedem de seguir. Mas hoje Jesus também está aqui. E, com a mesma autoridade, Ele diz a você, aí onde está, independentemente do que o esteja paralisando: "Filho, levante-se".

Jesus sabe o que o tempo tirou de você, os dias ou anos de sofrimento. Mas Ele também é Aquele que pode restaurar tudo com uma única palavra. O que Ele fez em poucos segundos na vida daquele homem, também pode fazer na sua. Renda-se a Cristo, pois, como ouvi certa vez de Hernandes Dias Lopes, "O lugar mais alto do mundo é aos pés de Jesus".

Enquanto há vida e fé em Deus, há esperança.

@juniorrostirola

365 DEVOCIONAL
246/365

✝ LEITURA BÍBLICA
MARCOS 2.1-12

ANOTAÇÕES

IMPROVÁVEL

Que diremos, pois, diante dessas coisas?
Se Deus é por nós, quem será contra nós?

ROMANOS 8.31

Em alguns momentos da vida, sentimo-nos pequenos, insignificantes, diante de adversidades, medos e inseguranças. Nossos problemas parecem tão grandes que impedem nosso crescimento e desenvolvimento. Por nos sentirmos incapazes de avançar e enfrentar as dificuldades, desistimos antes mesmo de tentar.

A Bíblia nos mostra diversas histórias que nos ensinam que é possível derrotar gigantes. Apesar de a mais conhecida ser a de Davi contra Golias, em Juízes 6 outro personagem teve de lutar contra adversários fortes: Gideão. Ele não era um guerreiro, mas foi chamado pelo Senhor para libertar o povo de Israel da opressão dos midianitas. Na verdade, o exército de Midiã não era o maior adversário de Gideão, mas o medo, a insegurança e a falta de confiança.

Gideão sentia-se fraco, como a maioria de nós se sente quando precisa enfrentar o sofrimento e a angústia. Ele questionou como poderia libertar seu povo, visto que pertencia ao clã menos importante de sua tribo e se considerava o menor da casa de seu pai. Antes que pudesse vencer os midianitas, Gideão tinha de combater as dúvidas que tinha e ganhar confiança em Deus.

Na minha experiência, os gigantes do medo, da orfandade e da rejeição foram os opositores que me impediam de crescer e seguir em frente. Para que eu pudesse avançar em direção ao propósito de Deus Pai para a minha vida, tive de derrotar cada um deles ao confiar que, embora eu seja pequeno, a força e o poder do meu Deus são imensuráveis.

Você também pode vencer seus gigantes, não por conta própria, mas pela confiança no Deus invencível. Faça uma oração de entrega dos seus medos a Deus e levante-se para lutar.

Os gigantes caem quando, com coragem, nos levantamos em fé.

@juniorrostirola

DEVOCIONAL 365
247/365

LEITURA BÍBLICA †
JUÍZES 6

ANOTAÇÕES

NÃO QUESTIONE, MAS CONFIE

05 | SET

Ó Israel, será que eu não posso agir com vocês como fez o oleiro? — pergunta o Senhor. — Como o barro nas mãos do oleiro, assim são vocês nas minhas mãos, ó Israel.

JEREMIAS 18.6

Imagine só se uma obra de arte começasse a questionar o artista sobre o porquê de ter sido pintada de determinada maneira. Seria como se uma pintura dissesse ao pintor: "Por que você me fez assim?". Da mesma maneira, quando questionamos os planos de Deus Pai para nós, agimos como se soubéssemos mais do que Ele.

Quantas vezes, diante de dilemas, crises e situações difíceis, nos comportamos como o barro que questiona o Oleiro? Somos rápidos em criticar, apontar o dedo e até mesmo querer dizer a Deus como Ele deve agir em nossa vida. Muitas vezes, nos revoltamos com o Senhor pelas coisas não saírem como desejamos, ou por nossas orações não terem sido atendidas da maneira que esperávamos.

A vida, porém, não é um mar de rosas, e muitas coisas acabam fugindo de nossas mãos, mas isso não nos dá o direito de questionar os planos de Deus e a maneira que Ele tem de realizar Sua vontade em nossa vida. Quando escolhemos duvidar ou tentar impor nossa própria vontade, estamos nos colocando em uma condição de risco, como se disséssemos a Deus o seguinte: "Eu prefiro fazer as coisas do meu jeito; devolva-me o controle!". Algo que precisamos aprender e que está claro na Bíblia, em Romanos 8.28, é que *"todas as coisas contribuem juntamente para o bem de todos aqueles que amam a Deus"*.

Por isso, não tente pela força do seu braço, mas entregue tudo ao Pai. Como certa vez disse Rick Warren: "Deus quer que paremos de tentar e comecemos a confiar a Ele os nossos problemas". A partir de hoje, entenda que todos os acontecimentos, bons ou ruins, são instrumentos que Deus usa para moldar você à imagem de Jesus. Portanto, não resista ao toque do Oleiro, porque Ele sabe exatamente aquilo de que você precisa.

Os planos de Deus sempre serão maiores que os seus.

@juniorrostirola

365 DEVOCIONAL
248/365

✝ LEITURA BÍBLICA
ROMANOS 9.20,21
JEREMIAS 18.6
JÓ 9.12

ANOTAÇÕES

O PROPÓSITO DOS MILAGRES

Então, Jesus tomou os pães, deu graças e os repartiu [...] O mesmo fez com os peixes. Depois que todos receberam o suficiente para comer, disse aos seus discípulos: "Ajuntem os pedaços que sobraram. Que nada seja desperdiçado.

JOÃO 6.11,12

Jesus tem o poder de multiplicar o pouco que está em suas mãos.

@juniorrostirola

DEVOCIONAL 365
249/365

LEITURA BÍBLICA †
1REIS 17.13-16
2REIS 4.2-7

Quando Deus realiza um milagre, Seu desejo vai além de abençoar apenas a vida do beneficiado. O exemplo mais claro disso está no milagre da multiplicação dos pães e peixes, em que Jesus, ao alimentar a multidão, instrui os discípulos a recolherem cuidadosamente as sobras, preenchendo doze cestos. Esse registro não é casual, mas revela um propósito divino.

Essa história nos ensina que, ao operar milagres na vida de Seus filhos, o objetivo de Deus é abençoar e edificar não apenas o indivíduo, mas também todos ao seu redor. Ao voltarem para casa, aquelas pessoas levavam consigo pedaços de pães como evidência do grande milagre, mostrando que, quando Deus faz algo, o faz de forma abundante e extraordinária. Aprendo que, quando Ele age, faz infinitamente mais do que podemos imaginar.

Às vezes, depois de muitas lutas, orações e pedidos a Deus, somos agraciados com uma intervenção e recebemos aquele tão necessário milagre. Mas, ao se passarem alguns dias, nos acostumamos e esquecemos completamente o que vivemos, acabando não compartilhando com as pessoas o que Deus fez em nossa vida. Essa é uma grande falha, pois os milagres são propulsores de fé. Quando compartilhados, geram esperança no coração das pessoas e são uma incrível oportunidade de levarmos a mensagem de Jesus.

Cada milagre é uma oportunidade não apenas de experimentar a bondade de Deus, mas também de se tornar um canal de bênçãos para outros. Que sua resposta aos milagres seja um testemunho vivo, inspirando fé e compartilhando a evidência do extraordinário poder de Deus em sua vida.

ANOTAÇÕES

MULTIPLIQUE O PODER DO PERDÃO

Por isso, digo a você, ela amou muito porque seus muitos pecados lhe foram perdoados. Mas aquele a quem pouco foi perdoado pouco ama.

LUCAS 7.47

café com Deus Pai

Seres humanos são falhos. Não podemos fugir dessa realidade. Conviver com pessoas traz desafios, decepções, frustrações, mágoas. Ninguém está isento de errar, mas muitos se esquecem disso e, assim, estabelecem parâmetros inalcançáveis para aqueles que estão ao redor. Quando alguém falha em satisfazer suas expectativas, guardam rancor e deixam que a irritação crie raízes profundas em sua alma.

Certa vez, Martin Luther King Jr. afirmou: "Quem é desprovido do poder de perdoar é desprovido do poder de amar". Perdão e amor estão intrinsecamente relacionados. Se não fosse o amor de Deus, estaríamos perdidos. Por que, então, temos tanta dificuldade em liberar perdão àqueles que nos feriram? Por que somos tão resistentes e críticos com relação ao próximo?

Precisamos nos lembrar a cada dia da graça que nos alcançou, para que possamos, com amor, estendê-la aos que estão ao nosso redor. Deus perdoou nossos pecados, embora não merecêssemos. Por amor, Ele nos deu uma nova chance. Se amamos a Deus e ao próximo, devemos nos esforçar para perdoar quem nos ofende, "*porque o amor perdoa uma multidão de pecados*" (1Pedro 4.8).

O perdão de Deus Pai nos salvou e nos arrancou do lugar de dor e amargura. Todos os dias, somos impactados por Seu amor extravagante e inexplicável e chamados a fazer o mesmo. Por isso, convido você a explorar e multiplicar o poder do perdão. Sempre que tiver dificuldade de liberar perdão, lembre-se do amor do Pai derramado por intermédio de Cristo no Calvário. O melhor caminho a seguir é o caminho do perdão.

Não é possível amar sem perdoar!

@juniorrostirola

365 DEVOCIONAL
250/365

✝ LEITURA BÍBLICA
GÊNESIS 45

ANOTAÇÕES

08 | SET

DESENVOLVA UMA VISÃO DE FÉ

E disseram a toda a comunidade dos israelitas: - A terra que percorremos para espiar é excelente. Se o SENHOR se agradar de nós, ele nos fará entrar nessa terra, onde fluem leite e mel, e a dará a nós.

NÚMEROS 14.7,8

Pessoas de fé são otimistas, impactam e inspiram a vida de outros.

@juniorrostirola

DEVOCIONAL 365
251/365

LEITURA BÍBLICA †
JOSUÉ 1.5-11
SALMOS 37.3-11

Quando o Senhor prometeu aos israelitas a terra onde iriam permanentemente habitar, conduziu aquele povo outrora escravo em direção ao seu lugar de direito. Embora o trajeto pudesse ser realizado em poucos dias, eles peregrinaram durante quarenta anos. Foram, no entanto, tomados pela murmuração e pela falta de fé, permitindo que a mentalidade de escravidão permanecesse em sua mente.

Durante esse processo, Moisés enviou doze homens para observar a terra prometida, a fim de que trouxessem um relatório, para que soubessem o que enfrentariam à frente e como era o lugar que Deus havia reservado para eles.

Surpreendentemente, dos doze espias, apenas Josué e Calebe trouxeram um relatório otimista, enquanto os outros dez retornaram com um relatório totalmente negativo e pessimista. Já aconteceu com você de outros verem o mesmo cenário, mas suas percepções e ações serem diferentes? Foi exatamente o que ocorreu. Como resultado dessa percepção incrédula dos dez espias, todo o povo se encheu de medo e desesperança. Lembre-se de que Deus já havia prometido, eles conquistariam aquela terra, porém eles se apegaram mais às circunstâncias do que à promessa.

Na vida, temos duas escolhas: seguir o caminho da dúvida, das circunstâncias contrárias, confiando apenas na força dos braços e nos considerando autossuficientes, ou seguir o caminho da fé e da confiança, sabendo que, se Deus prometeu, Ele vai cumprir. Qual será a sua escolha? Que a partir de hoje o foco não esteja nas circunstâncias, mas nas promessas.

ANOTAÇÕES

QUANDO DEUS FALA

Amados, não creiam em qualquer espírito, mas examinem os espíritos para ver se eles procedem de Deus, porque muitos falsos profetas têm saído pelo mundo.

1JOÃO 4.1

Quantas vezes ouvimos alguém dizer "Deus falou comigo" ou até mesmo já sentimos que Ele falou conosco? É maravilhoso saber que o Criador do Universo deseja se comunicar com sua criação. A Bíblia está repleta de histórias de homens e mulheres que ouviram a voz de Deus. Saiba que Deus é um Pai que ama conversar com seus filhos.

Contudo, em meio a tantas vozes — as nossas, as do mundo e até as do Inimigo —, como discernir se é realmente Deus quem está falando? Esse é um dos maiores desafios na vida cristã. Tomar decisões baseadas na voz de Deus é a diferença entre sucesso e fracasso. Deus fala de muitas maneiras: por meio da Bíblia, de sonhos, pensamentos, experiências e até mesmo de outras pessoas. Mas a Sua voz nunca contradiz Sua Palavra. Essa é a nossa primeira e mais segura bússola. Pergunte-se: "O que estou ouvindo está alinhado com a Bíblia?". Deus nunca nos guiará a agir de forma contrária ao que Ele já revelou nas Escrituras.

Outro sinal é a paz. A voz de Deus traz serenidade e segurança, mesmo em meio às tempestades da vida. Como Colossenses 3.15 nos ensina: *"A paz de Deus deve ser o juiz no [nosso] coração"*. Se a direção que você sente o deixa inquieto ou confuso, talvez não seja a voz do Pai. E, finalmente, a voz de Deus nos molda à semelhança com Cristo. Seus pensamentos nos desafiam a sermos mais humildes, amorosos e santos. Eles nos aproximam Dele e nos inspiram a abençoar o próximo.

Hoje, ao falar com Deus e buscar a direção Dele, pergunte: "Isso está de acordo com a Bíblia? Faz-me mais parecido com Jesus? Traz paz ao meu coração?". Aprenda a ouvir, discernir e obedecer, porque assim você viverá sob a liderança do Espírito Santo e corresponderá às expectativas do Pai.

Quando é Deus quem fala, não há dúvida nem confusão.

@juniorrostirola

365 DEVOCIONAL
252/365

✝ LEITURA BÍBLICA
MATEUS 7.15
2CORÍNTIOS 11.13-15
ATOS 20.29,30

ANOTAÇÕES

QUANDO O MESTRE CHEGA

Quando Maria chegou ao lugar onde Jesus estava e o viu, prostrou-se aos seus pés e disse: — Senhor, se estivesses aqui, o meu irmão não teria morrido.

JOÃO 11.32

Deus cuida do roteiro da nossa vida e acrescenta a cena e os efeitos sobrenaturais.

@juniorrostirola

DEVOCIONAL 365
253/365

LEITURA BÍBLICA †
LAMENTAÇÕES 3.31-33
JOÃO 11.21
MARCOS 5.22,23
LUCAS 8.38
JOÃO 20.11-13

ANOTAÇÕES

Lázaro estava morto, e a casa de Marta e Maria, antes cheia de vida, estava agora tomada por silêncio e dor. A perda, a saudade e o desespero pairavam no ar. E Jesus? Por que não veio antes? Aos olhos humanos, Ele parecia ter chegado atrasado, e pode ser que hoje você esteja pensando assim.

Contudo, quando Jesus chega, algo extraordinário acontece. Não importa o tempo, o contexto ou a situação. Ele não é apenas alguém que passa; Ele é a presença que transforma, restaura e traz a vida de volta onde há morte. Jesus trouxe esperança ao lar de Betânia. Em meio às lágrimas de Marta e Maria, Ele afirmou: *"Eu sou a ressurreição e a vida"* (João 11.25). A presença de Jesus, mesmo diante do impossível, reacende a esperança e faz o milagre acontecer. Quando o Mestre chega, Ele não apenas consola, mas traz a certeza de que nada está perdido.

Então, com uma voz que rompeu o silêncio do túmulo, Ele chamou Lázaro para fora! Não havia como resistir ao poder de Cristo. O que estava morto ressuscitou, e o que era desespero se tornou alegria. Assim também ocorre conosco. Jesus é o único capaz de mudar o cenário de sua vida e fazer o impossível acontecer. Ele o chama em meio à dor, ao medo e ao vazio e oferece vida abundante, plena e eterna.

Jesus está à porta do seu coração, trazendo a mesma mensagem: O Mestre chegou e o chama pelo nome. Você está disposto a ouvi-lo? Ele chega para transformar, curar e restaurar. Não tenha medo! Levante-se e vá ao encontro Dele. Permita que Jesus mude sua história e traga vida onde parece não haver mais saída.

ORAR MUDA TUDO

Clame a mim, e eu responderei; e direi a você coisas grandiosas e insondáveis que você não conhece.

JEREMIAS 33.3

Orar é mais do que um hábito religioso; é um ato de fé e intimidade com Deus. Desde os tempos bíblicos, o Pai se revela como um Deus que ouve, responde e age em favor dos que o buscam. A história do rei Ezequias é um poderoso exemplo do impacto que uma oração fervorosa pode ter.

Diante da ameaça do rei da Assíria, Ezequias fez o que muitos de nós às vezes esquecemos: ele se voltou para Deus em oração. Não tentou resolver a crise sozinho, mas reconheceu a soberania do Senhor. Ele orou com humildade, confessando sua dependência total de Deus e clamando por socorro. *"Dá ouvidos, Senhor, e escuta; abre os teus olhos e vê"* (2Reis 19.16). Suas palavras não foram apenas um pedido, mas uma demonstração de confiança em um Deus vivo e soberano.

Quando recebeu a notícia de que sua vida estava chegando ao fim, Ezequias novamente orou, dessa vez com lágrimas. Sua oração não foi de revolta, mas de quebrantamento, mostrando que o coração sincero é sempre ouvido pelo Pai. E o milagre aconteceu: Deus acrescentou mais quinze anos à sua vida. Esse relato nos lembra de que a oração tem o poder de transformar situações, alterar destinos e até mudar a agenda dos céus. Não porque Deus seja volúvel, mas porque Ele ama Se relacionar conosco e agir em resposta à nossa fé.

O que importa não é a aparência de quem ora, mas a sinceridade de um coração quebrantado. Deus não olha para o exterior; Ele sonda o mais íntimo. O Espírito Santo, que intercede por nós, é o nosso aliado nesse processo, ajudando-nos a orar conforme a vontade do Pai. Portanto, se hoje você enfrenta desafios, ameaças ou um diagnóstico difícil, siga o exemplo de Ezequias. Ore com fé, com humildade e com todo o seu coração. Lembre-se: Deus é um Deus que responde às orações.

Sua oração a Deus nunca será em vão.

@juniorrostirola

365 DEVOCIONAL
254/365

✝ LEITURA BÍBLICA
SALMOS 145.18,19; 50.15
MATEUS 7.7,8
TIAGO 1.5

ANOTAÇÕES

ESPERE EM DEUS

Por que está tão triste, ó minha alma? Por que se perturba dentro de mim? Ponha a sua esperança em Deus, pois eu ainda o louvarei. Ele é o meu Salvador e o meu Deus!

SALMOS 43.5

café com Deus pai

Mantenha a calma e entenda que Deus está no controle.

@juniorrostirola

DEVOCIONAL 365
255/365

LEITURA BÍBLICA
LAMENTAÇÕES 3.21-23
SALMOS 34.18
2CORÍNTIOS 4.8,9

ANOTAÇÕES

Essas palavras de Davi nos revelam um coração ferido, uma alma abatida, consumida pela tristeza e pelas dificuldades que ameaçavam a sua vida. Ainda assim, no meio da angústia, Davi anseia por cura, por restauração, e sabe que somente em Deus encontrará essa paz e solução.

Muitas pessoas buscam a solução para seus problemas com sua própria força, sabedoria ou recursos, mas o fato é que a resposta para as dores da alma não está em nós, mas em Jesus. Somente Ele é capaz de salvar, curar e restaurar plenamente. As inquietações que tantas vezes nos consomem não são apenas um sintoma emocional, mas uma cadeia que aprisiona nossa mente e nosso corpo. No entanto, Deus nos oferece um antídoto: a entrega total e sem reservas. Billy Graham dizia que essas inquietações são o resultado natural de centralizarmos nossas esperanças em qualquer coisa menor do que Deus e a vontade Dele para nós.

Talvez hoje você se sinta como Davi, em que o cansaço e o desânimo tomaram conta. Contudo, você, assim como ele, pode encontrar renovo e esperança no Senhor. Em Isaías 40.29, está escrito: *"Ele fortalece o cansado e dá grande vigor ao que está sem forças"*. Permita que Deus conceda a você a paz e a força de que tanto precisa, porque Ele é o único capaz de curar suas feridas, perdoar seus pecados, conceder paz ao seu coração e lhe dar forças para prosseguir.

Ele é o Senhor da sua história. Não há lugar mais seguro onde estar do que em Sua presença. Faça sua parte, entregue ao Pai em oração seus medos, inseguranças e inquietações, e a paz que excede todo o entendimento guardará sua mente e seu coração em Cristo Jesus (cf. Filipenses 4.7).

GRATIDÃO HOJE E SEMPRE

Um deles, quando viu que estava curado, voltou, dando glória a Deus em alta voz. Prostrou-se aos pés de Jesus e lhe agradeceu. Este era samaritano.

LUCAS 17.15,16

A vida é cheia de pedidos. Clamamos a Deus por cura, por respostas ou até mesmo por portas abertas. E Deus Pai, com Sua graça e misericórdia, nos ouve e muitas vezes atende ao nosso clamor. Mas e depois? O que fazemos quando a bênção chega?

Na passagem que lemos, dez leprosos clamaram a Cristo por misericórdia. Os dez obedeceram e foram curados. Mas apenas um deles, um samaritano, estrangeiro e o mais improvável, decidiu voltar. Ele reconheceu o valor do que havia acontecido e retornou. Não por obrigação, mas por gratidão. Enquanto os outros seguiram em frente, curados fisicamente, com a chance de uma nova vida, o samaritano entendeu que a gratidão seria o mínimo diante de algo que mudou a sua história.

A gratidão nos ensina a voltar, a não simplesmente seguir em frente como se nada tivesse acontecido. Mas parar e reconhecer. Voltar para agradecer é muito mais do que um gesto bonito; é um sinal de maturidade. É reconhecer que tudo o que temos vem das mãos de Deus.

Muitas vezes, estamos tão focados no que ainda queremos que nos esquecemos de agradecer pelo que já recebemos. Outras vezes, até enxergamos as bênçãos, mas deixamos de glorificar a Deus por elas.

Então, eu o convido a parar por um instante neste momento e agradecer a Deus pelo que Ele é e representa. Olhe à sua volta e veja o quanto Ele já fez por você. Então, seja grato não só nos bons momentos, mas também nos dias difíceis, pois é nesses dias que de fato sua fidelidade demonstrará quem verdadeiramente você é.

Olhe em volta, pare por um minuto e perceba que há mil motivos para agradecer.

@juniorrostirola

365 DEVOCIONAL
256/365

✝ LEITURA BÍBLICA
SALMOS 103.1,2
1TESSALONICENSES 5.18

ANOTAÇÕES

VOCÊ DÁ O QUE RECEBEU

Entretanto, o fruto do Espírito é amor, alegria, paz, paciência, amabilidade, bondade, fidelidade, mansidão e domínio próprio.

GÁLATAS 5.22,23

Olhar excessivamente para o passado pode impedir você de desfrutar o presente e sonhar com o futuro.

@juniorrostirola

DEVOCIONAL 365
257/365

LEITURA BÍBLICA
GÁLATAS 5.16-26

ANOTAÇÕES

Você já deve ter escutado alguém dizer que pessoas feridas ferem. A verdade por trás dessa afirmação está no fato de que só podemos oferecer o que recebemos. Por isso, se alguém recebeu rejeição, desprezo e ofensas, não poderá dar aos outros algo diferente. É por esse motivo que os primeiros anos de nossa vida têm tanta influência no desenvolvimento de nosso caráter.

Muitas pessoas crescem ouvindo críticas dos pais que os levam a pensar que não sabem fazer nada direito ou não são bons o bastante e, como consequência, passam a criticar excessivamente os outros ou a si mesmos. Alguns não receberam amor e afeto na criação e, ao crescer, são incapazes de estabelecer relacionamentos saudáveis ou duradouros.

No meu caso, a falta de amor paterno gerou inseguranças e baixa autoestima, de modo que eu não conseguia fazer amizades, me amar ou enxergar uma razão para a minha existência. No entanto, quando conheci o amor de Deus Pai, a minha vida mudou por completo. Hoje me dedico a oferecer ao próximo, por meio do meu chamado, o amor que recebi.

Talvez você tenha passado anos cultivando sementes lançadas sobre você na infância ou adolescência que produziram frutos de amargura, frustração, incapacidade de amar e perdoar, dificuldade de confiar nos outros e nutrir relacionamentos saudáveis. Esse cenário pode mudar; é possível, sim, você ser curado dos seus traumas. No entanto, é necessário, primeiro, que você receba o amor de Deus. Somente assim poderá viver pelo Espírito e dar fruto. Permita que esse amor seja semeado em sua vida e viva uma nova realidade.

MAIS AMOR

A resposta calma desvia a fúria,
mas a palavra ríspida desperta a ira.

PROVÉRBIOS 15.1

café com Deus pai

Certa vez, alguém compartilhou uma história que me fez refletir. Ela dizia que o vento e o Sol certo dia decidiram competir. Quem faria um viajante tirar o casaco? O vento, de forma truculenta, começou a soprar com toda a força, tentando arrancar o casaco. Mas, quanto mais forte ele soprava, mais o homem abraçava a si mesmo, segurando o casaco. Já o Sol, sem dizer uma só palavra, apenas gentilmente pediu para as nuvens se afastarem e brilhou. Seu calor suave fez que o viajante, por vontade própria, retirasse o casaco.

Aprendo com isso que há mais eficácia na mansidão, no domínio próprio e no amor do que na imposição. Quantas vezes tentamos mudar as pessoas, ou controlar as situações, por meio de palavras duras, atitudes agressivas ou ofensas? O resultado sempre é a resistência, não a transformação.

Jesus ensinou o caminho certo: *"Bem-aventurados os humildes, pois receberão a terra por herança"* (Mateus 5.5). Sei que isso parece ir na contramão da lógica deste mundo, que valoriza a força e a imposição. Mas no Reino de Deus é o amor que conquista, a gentileza que abraça, e a paciência que convence.

Há corações ao seu redor que só serão tocados pelo exemplo de amor, mansidão e empatia, não pela tempestade de sua altivez. Brilhe com bondade e compaixão. Escolha a gentileza, porque, afinal, quem aquece o coração dos outros com graça marca profundamente a vida deles.

A força pode até impressionar, mas é o amor que transforma.

@juniorrostirola

365 DEVOCIONAL
258/365

✝ LEITURA BÍBLICA
MATEUS 5.5

ANOTAÇÕES

ESSÊNCIA

Não se deixem vencer pelo mal, mas vençam o mal com o bem.

ROMANOS 12.21

Continue dando flores, mesmo quando muitos oferecem espinhos.

@juniorrostirola

DEVOCIONAL 365
259/365

LEITURA BÍBLICA
ROMANOS 12.17-21
GÁLATAS 6.9

Há um conto indiano sobre o sábio mestre que viu um escorpião se afogando. Ao tentar salvá-lo, foi picado. Tentou de novo, e foi picado novamente. Um discípulo, perplexo, perguntou: "Por que continuar, se ele só te fere?". O mestre respondeu: "A natureza do escorpião é picar. A minha é ajudar".

Essa pequena parábola fala sobre identidade. Quantas vezes somos tentados a mudar quem somos por causa da ingratidão, da crítica ou da frieza dos outros? Mas o chamado de Deus é para perseverarmos no bem, mesmo quando não somos compreendidos ou correspondidos.

Jesus foi traído, rejeitado, injustiçado, mas, ainda assim, amou até o fim. Ele nos ensinou a responder à maldade com bondade, à ofensa com perdão, e ao ódio com compaixão. Fazer o bem não depende da atitude do outro — mas é um ato unilateral que depende da essência que Cristo colocou em nós.

Paulo escreveu: *"Não nos cansemos de fazer o bem, pois no tempo próprio colheremos se não desistirmos"* (Gálatas 6.9). Não deixe que a maldade alheia contamine sua essência. Você foi chamado para brilhar, não para reagir com escuridão.

Mesmo que o mundo seja mal, e as pessoas pareçam não ter mais compaixão, escolha continuar ajudando, servindo, perdoando e amando — não por merecimento, mas por identidade. Pois assim você não age como os outros; você age como filho de Deus.

ANOTAÇÕES

A CHAVE PARA UMA VIDA VITORIOSA

Ganhem a vida de vocês por meio da perseverança.

LUCAS 21.19

café com Deus pai

Ao contrário do que muitos pensam, a vida não é uma linha reta; é uma jornada com altos e baixos, curvas e obstáculos. Isso não muda quando nos entregamos ao Senhor Jesus; pelo contrário, os desafios costumam aumentar. Quando decidimos viver com Cristo, recebemos a garantia de que Ele estará conosco a cada passo e a cada batalha.

Justamente por saber que a caminhada cristã seria desafiadora, em diversos momentos de seu ministério terreno Jesus falou para seus discípulos terem perseverança. Em Lucas 21, Jesus alertou sobre as guerras, os desastres naturais, a perseguição e o ódio que tomarão a terra. Por mais desolador que seja o cenário, Jesus nos chama a perseverar.

Em Lucas 21.12-19, encontramos três motivos para manter a perseverança. No versículo 13, Jesus diz que a perseguição e a prisão dos discípulos por Seu nome serão "uma oportunidade de dar testemunho". Em seguida, afirma que eles não têm de se preocupar em como se defender, pois Ele mesmo nos dará "palavras e sabedoria", as quais nenhum adversário poderá resistir (v. 14,15). Por fim, nos dá esta preciosa garantia: *"[...] nenhum fio de cabelo da cabeça de vocês se perderá"* (v. 18).

Caminhar com Jesus em perseverança é uma chave preciosa para sermos vitoriosos. Qual a sua decisão? Desistir, olhar para trás, esmorecer diante das circunstâncias contrárias ou confiar em Jesus e entregar tudo em Suas mãos? A decisão é sua. A perseverança gera confiança; a confiança gera fé; e a fé gera entrega. O que você está esperando para se entregar hoje?

O segredo da vitória é perseverar em Jesus.

@juniorrostirola

365 DEVOCIONAL
260/365

† LEITURA BÍBLICA
MATEUS 10

ANOTAÇÕES

PROCURE NO LUGAR CERTO

Quando ouviu falar de Jesus, chegou por trás dele, no meio da multidão, e tocou no seu manto, porque pensava: "Se eu apenas tocar no seu manto, serei curada".

MARCOS 5.27,28

A cura de que você precisa está em Jesus.

@juniorrostirola

DEVOCIONAL 365
261/365

LEITURA BÍBLICA
MARCOS 5.24-34

O mundo está cheio de pessoas feridas e adoecidas. Não me refiro somente às doenças físicas, mas também às da alma. Desesperadas, essas pessoas procuram por cura, ou ao menos por um alívio momentâneo, em diversos lugares.

O problema é que, muitas vezes, na busca por cura, essas pessoas acabam ainda mais feridas. Na Bíblia, há exemplos que confirmam isso. No caso do paralítico que Jesus encontrou em Betesda, lemos sobre um homem que estava tão desesperado para ser curado que passava seus dias à espera de uma chance de entrar no tanque quando as águas fossem agitadas, mas esse momento nunca chegava, o que gerava nele feridas internas profundas (cf. João 5). Apesar de sua intenção ser genuína, ele estava procurando no lugar errado, pois a cura não viria das águas do tanque, mas do poder sobrenatural de Jesus.

Em outra passagem, na história de uma mulher acometida de uma hemorragia durante doze anos, está escrito: *"Ela havia sofrido muito sob o cuidado de vários médicos e gastara tudo o que possuía, mas, em vez de melhorar, piorava"* (Marcos 5.26). Além de sofrer com a doença, ela perdeu tudo o que tinha para tentar encontrar a cura, mas só piorou. Até que ela ouviu falar de Jesus, um homem que realizava milagres. Então, com a esperança que lhe restara, pensou: *"Se eu apenas tocar no seu manto, serei curada"* (v. 28). E, de fato, ela encontrou em Jesus tudo de que precisava.

Eu não conheço a sua dor nem o que aflige o seu coração. Talvez você tenha um diagnóstico desafiador em alguma área da sua vida. O fato é que em Jesus você encontrará alívio, cura e transformação. Há coisas que procuramos em outros lugares, mas que só encontraremos em Jesus.

ANOTAÇÕES

COM ELE É POSSÍVEL

Ele mesmo levou no corpo os nossos pecados sobre o madeiro, a fim de que morrêssemos para os pecados e vivêssemos para a justiça. Por suas feridas vocês foram curados.

1PEDRO 2.24

Quando Herodes enviou Jesus de volta a Pilatos, o governador romano não encontrou razões para condená-lo à morte. Para tentar apaziguar a multidão enfurecida, Pilatos ordenou que Ele fosse castigado, esperando que isso acalmasse o desejo de vingança dos líderes religiosos. No entanto, a punição romana era extremamente severa: os soldados usavam métodos brutais que, a cada golpe, causavam ferimentos profundos e uma dor insuportável. Mesmo assim, o sofrimento de Jesus teve um propósito maior: foi por meio de Suas feridas que Ele trouxe salvação e cura.

Anos atrás, fiz uma viagem missionária ao Haiti, onde nossa base apoia crianças em escolas e traz esperança às pessoas em necessidade. Ao voltar para o Brasil, comecei a sentir fortes dores e fui diagnosticado com cólera. A dor era tão intensa que parecia tomar conta de todo o meu corpo, deixando-me confuso e sem energia. O médico afirmou que eu não resistiria a mais um dia sem tratamento. Essa experiência me mostrou o quanto somos frágeis e como dependemos totalmente de Deus.

Assim como a dor física pode nos desorientar, as dores emocionais também nos paralisam. Muitas vezes, sentimo-nos tão perdidos em meio a nossas feridas e diagnósticos ruins que acreditamos não haver saída. Mas saiba disto: Jesus levou sobre si todas as nossas enfermidades. Ele sofreu para que tivéssemos cura não apenas para o corpo, mas para a alma.

Quais são suas dores? O que tem levado você a acreditar que não é possível? Independentemente do que você esteja enfrentando, com Jesus é possível transformar essa dor em grande testemunho. Além de compreender sua dor, Ele tem cura para você; por isso, tenha fé e coragem para ser curado e prosseguir. Não permita que as circunstâncias contrárias o levem a uma paralisia. Confie que o mesmo amor que levou Jesus à cruz é suficiente para transformar sua realidade e mudar para sempre sua história.

Jesus é a esperança. Nele o impossível é apenas um detalhe.

@juniorrostirola

365 DEVOCIONAL
262/365

LEITURA BÍBLICA
1PEDRO 2.24
ROMANOS 5.8
HEBREUS 9.28

ANOTAÇÕES

FAÇA O MELHOR HOJE

Ensina-nos a contar os nossos dias para que o nosso coração alcance sabedoria.

SALMOS 90.12

café com Deus pai

O hoje é a oportunidade que você tem para ser melhor que ontem.

@juniorrostirola

DEVOCIONAL 365
263/365

LEITURA BÍBLICA
ECLESIASTES 3.1-2
EFÉSIOS 5.15-16
PROVÉRBIOS 3.5-6

ANOTAÇÕES

A vida é um presente que muitos só valorizam quando estão prestes a perdê-la. Quando tudo vai bem, a tendência natural é viver no automático. Mais um dia, mais uma promessa deixada para amanhã. E assim, sem perceber, os dias viram anos, e o tempo escorre por entre os dedos.

Há quem gaste os dias em busca de prazeres passageiros. Outros vivem à espera do "momento ideal" para começar a viver de verdade. E há também os que se veem à beira da perda definitiva, vítimas do arrependimento por tudo o que deixaram de fazer.

O filósofo russo Fiódor Dostoiévski certa vez escreveu, ao escapar da morte por um triz: "*Quando olho para o meu passado e penso quanto tempo perdi em nada [...] a vida é um presente, a vida é a felicidade, cada minuto pode ser uma eternidade de felicidade*". A partir desse momento, Ele aprendeu a valorizar cada instante como dádiva. E você?

Talvez você se lembre agora de algo que deixou passar: o abraço que não deu, o tempo que não investiu em quem mais amava. Por mais que o passado não possa ser mudado, o presente é uma oportunidade viva de redenção.

Não se trata de viver correndo contra o relógio, mas de viver com intensidade. Deus nos deu a vida para que ela seja vivida com propósito, plenitude e gratidão. Ainda há esperança, enquanto houver fôlego em seus pulmões. A vida é como o vapor, que vem e logo vai embora, uma passagem breve, sabendo que seguimos rumo à eternidade com Deus. E essa é a nossa esperança, pois Jesus disse: "*Eu sou a ressurreição e a vida. Aquele que crê em mim, ainda que morra, viverá; e todo aquele que vive e crê em mim jamais morrerá eternamente*" (João 11.25,26). Faça o seu melhor, creia em Jesus e siga rumo à eternidade.

O TEMPO

Ele fez tudo belo a seu tempo [...].

ECLESIASTES 3.11

Esperar nem sempre é fácil. Na verdade, quase nunca é. O coração aperta, a mente acelera, a ansiedade grita. Queremos que tudo aconteça no nosso tempo, agora, para ontem. Queremos ver logo o milagre, a resposta, a mudança. Mas a verdade é simples: o tempo não é nosso; o tempo é de Deus.

O nosso relógio é apressado, girando freneticamente, mas o de Deus é preciso. Ele nunca se adianta, mas também nunca se atrasa. O que hoje parece distante, amanhã pode estar diante de você. O que hoje é impossível, no tempo Dele se torna realidade. Com fé, o longe se aproxima. Com fé, o improvável se materializa. Com fé, a espera deixa de ser peso e se torna preparação.

Lembre-se de Abraão. Ele esperou anos por uma promessa que parecia impossível aos olhos humanos. Mas Deus cumpriu cada palavra. Pense em José. O tempo entre o sonho e o palácio foi longo e cheio de obstáculos, mas, no final, o sonho se realizou. E Jesus, mesmo sendo o Filho de Deus, esperou o tempo certo para começar Seu ministério e cumpriu o propósito com perfeição.

O tempo de Deus é certo. Muitas vezes, é no silêncio da espera que Ele mais trabalha em nós, por nós e por meio de nós. Não desanime se ainda não aconteceu. Continue crendo. Continue orando. Continue caminhando. Porque o que é seu, preparado pelo Pai, virá no tempo certo.

Esperar em Deus é saber que estamos no caminho certo!

@juniorrostirola

365 DEVOCIONAL
264/365

✝ LEITURA BÍBLICA
ISAÍAS 55.8-9

ANOTAÇÕES

CONEXÕES

Não se deixem enganar: "As más companhias corrompem os bons costumes".

1CORÍNTIOS 15.33

Nossos relacionamentos refletem quem somos, e a maneira como tratamos as pessoas ao nosso redor revela nosso estado espiritual e emocional. Não há vida bem-sucedida sem relacionamentos saudáveis, pois somos em parte frutos das conexões que cultivamos e do ambiente em que estamos inseridos.

Com quem você se relaciona diz mais sobre você do que você imagina. Relacionamentos saudáveis são um reflexo de uma vida equilibrada, enquanto vínculos tóxicos indicam áreas que precisam ser tratadas. Na vida espiritual e emocional, caminhar com as pessoas certas faz toda a diferença, pois elas nos inspiram e impulsionam rumo a uma versão ainda melhor de nós mesmos.

Nossas palavras e nossos pensamentos moldam nossa realidade, pois podem nos impulsionar ou paralisar. Se você anda com pessoas pessimistas, certamente seus pensamentos serão assim, e, consequentemente, sua vida irá ladeira abaixo. Percebe como é importante cultivar bons relacionamentos com pessoas otimistas e cheias de fé? A mentira e os relacionamentos baseados em aparências não se sustentam a longo prazo. Proteja seu coração e permita que Deus toque as pessoas ao seu redor. Relacionamentos que não edificam nem o aproximam do propósito do Senhor precisam ser ajustados ou deixados para trás.

Peça agora mesmo que o Espírito Santo traga à sua memória quais relacionamentos você precisa rever. Alinhe suas conexões e valores com o Reino de Deus, pois assim você viverá em constante crescimento e amadurecimento, e tudo isso levará você a estar cada vez mais perto dos planos de Deus para sua vida. Escolher com sabedoria quem anda ao seu lado é impulsionar a sua vida para aquilo em que você acredita.

Suas amizades dizem mais sobre você do que você imagina.

@juniorrostirola

DEVOCIONAL 365
265/365

LEITURA BÍBLICA
PROVÉRBIOS 13.20
22.24,25
TIAGO 4.4
1TIMÓTEO 6.20,21

ANOTAÇÕES

23 | SET

SUPERANDO AS DÚVIDAS

O centurião respondeu: [...] Basta que digas uma palavra, e o meu servo será curado.
[...] Ao ouvir isso, Jesus admirou-se e disse aos que o seguiam: - Em verdade lhes digo que nem mesmo em Israel encontrei alguém com tamanha fé.

MATEUS 8.8,10

Você já se viu paralisado pela dúvida? Aquela sensação de estar entre dois caminhos, sem saber qual escolher? Dúvidas fazem parte da vida, porém elas não podem ser nossa bússola; nosso Deus, sim. Afinal, Ele é fiel, justo e digno de toda a confiança.

A história do centurião nos lembra de que todos os tipos de pessoas enfrentam incertezas e instabilidades, não importa sua posição social ou nível de autoridade. O centurião tinha um servo querido à beira da morte, mas, em vez de ceder à dúvida, buscou a solução em Jesus, e esse é um grande exemplo para mim e para você. Mesmo se considerando indigno de receber Jesus em sua casa, teve uma fé profunda. Ele não precisava de sinais; apenas confiava no poder da palavra de Cristo.

Talvez hoje você esteja enfrentando suas próprias incertezas. Pode ser uma decisão difícil, uma crise familiar ou um diagnóstico desafiador. A dúvida tenta convencer você de que nada vai mudar, mas quero lembrá-lo de que as circunstâncias contrárias são o terreno perfeito para o milagre acontecer. Não podemos nos desesperar, mas agir pela fé, crendo que a solução sempre virá de Jesus.

A fé move montanhas, mas a dúvida constrói muros. Por isso, faça a melhor escolha. Diante das adversidades, não se desespere, pois, apesar de não termos o controle da situação, Jesus tem. Entregue tudo a Ele, e você terá paz para descansar nos momentos mais difíceis e, assim, testemunhará de grandes milagres.

A fé começa onde você está, não onde você gostaria de estar!

@juniorrostirola

365 DEVOCIONAL
266/365

† LEITURA BÍBLICA
MATEUS 9.2; 15.28
MARCOS 5.34
LUCAS 7.7
JOÃO 4.50
HEBREUS 11.1
TIAGO 5.15

ANOTAÇÕES

LUGARES

Então, o SENHOR disse a Abrão:
- Saia da sua terra, do meio dos seus parentes e da casa do seu pai, e vá para a terra que eu lhe mostrarei.

GÊNESIS 12.1

Não basta desejar uma vida cheia de Deus e permanecer em ambientes vazios Dele.

@juniorrostirola

DEVOCIONAL 365
267/365

LEITURA BÍBLICA †
MATEUS 4.19,20

ANOTAÇÕES

Você já parou para pensar nos lugares onde tem estado? E não falo apenas dos ambientes físicos, mas também das escolhas que tem feito, das conversas que tem alimentado e das decisões que tem tomado. Tudo isso nos posiciona em determinados lugares, e cada lugar em que decidimos permanecer molda, fortalece ou enfraquece quem estamos nos tornando.

Se você deseja viver os planos de Deus para a sua vida, não pode andar por aí de qualquer forma, em qualquer direção. É preciso intenção, propósito, alvo. Os lugares que você frequenta, tanto externos quanto internos, precisam refletir a pessoa que você está buscando se tornar.

Não dá para esperar crescimento espiritual em ambientes que sufocam a fé. Não dá para esperar transformação se você está cercado de pessoas, hábitos e influências que o afastam do propósito de Deus. Sonhar alto com Deus exige passos firmes. Fé não é apenas esperar, mas também se mover, alinhar a rota com o destino.

Veja o exemplo de Abraão. Deus o chamou para uma terra que ainda lhe seria mostrada. Ele não sabia todos os detalhes, mas sabia quem estava chamando. Então, Abraão obedeceu e caminhou. Abraão não permaneceu em um lugar de conforto esperando tudo se encaixar, mas ele deu passos, saiu da sua zona de conforto e foi ao encontro do cumprimento da promessa.

Você pode até não ver agora tudo o que Deus planeja para a sua vida. Mas precisa estar no lugar certo, em obediência, intimidade e fé. Precisa estar onde a voz de Deus é clara, onde sua alma é alimentada e seus sonhos são alinhados com o céu. Não basta desejar uma vida cheia de Deus e permanecer em ambientes vazios Dele.

Avalie hoje onde você está. O lugar em que você se encontra o conduzirá para onde Deus deseja levá-lo? Esteja no lugar certo, e Deus estará lá!

EM MEIO À DOR

[...] nas cidades de Judá e nas ruas de Jerusalém, que estão devastadas, [...] mais uma vez se ouvirão as vozes de júbilo e de alegria, do noivo e da noiva, e as vozes daqueles que trazem ofertas de ação de graças [...].

JEREMIAS 33.10,11

A dor é uma realidade universal. Não importa quanto se tente evitá-la, cedo ou tarde teremos que lidar com ela, pois é consequência da maldade que habita em nosso mundo. Em nossa jornada aqui na terra, inevitavelmente passamos por circunstâncias contrárias à nossa vontade e que nos trazem sofrimento. Essa é uma certeza.

Quando se fez carne e viveu entre nós, Jesus não omitiu essa verdade. Pelo contrário, Ele alertou: *"Neste mundo, vocês terão aflições"* (João 16.33). Jesus proferiu essas palavras diante dos discípulos que seriam seus continuadores e eram as pessoas mais próximas a Ele. Isso nos ensina que ter um relacionamento íntimo com Deus não nos deixa imunes aos momentos difíceis.

Muitas vezes, esquecemo-nos dessa realidade e, diante da dor, temos a sensação de que Deus nos abandonou. Entretanto, cabe a cada um de nós buscar maior intimidade com o Pai, não com a falsa esperança de nos afastarmos de dias difíceis, mas com a fé de que Ele tem poder sobre a nossa vida e que até mesmo nos momentos mais amargos Deus age em nosso favor.

Se hoje você tem passado por tempestades na vida, resista e ouça a voz do Pai. Com fé, peça que Ele o sustente, consciente de que essa dor que você está enfrentando não é algo causado por Ele. Tenha em mente que Deus o ama e que Cristo sofreu a maior dor para que você tivesse a salvação.

Lembre-se de que o mesmo Jesus que falou que teríamos aflições também nos conforta e nos anima a ter coragem, pois Ele venceu o mundo. Você não precisa viver preso à dor; em Cristo, pode suportá-la e vencê-la! Entenda que o choro pode durar uma noite, mas a alegria vem pela manhã (Salmos 30.5). Momentos difíceis vêm e vão, contudo Deus sempre estará com você.

Não importa quão difícil esteja sua situação, uma só palavra do Senhor pode mudar tudo.

@juniorrostirola

365 DEVOCIONAL
268/365

✝ LEITURA BÍBLICA
ISAÍAS 41.10
SALMOS 34
APOCALIPSE 21.4

ANOTAÇÕES

AME HOJE

Quem dera fossem sábios, entendessem e compreendessem qual será o seu fim!

DEUTERONÔMIO 32.29

Ame hoje, porque o amanhã pode não chegar.

@juniorrostirola

DEVOCIONAL 365
269/365

LEITURA BÍBLICA †
SALMOS 81

ANOTAÇÕES

Hoje quero lembrar você de algo simples, mas urgente: viva apaixonadamente. Por que esperar por uma notícia ruim para mudar o jeito de viver? Por que postergar os abraços, as palavras de amor, os encontros de verdade? A vida é frágil. Breve. Às vezes, tudo o que temos é o agora e, ainda assim, insistimos em viver como se o tempo fosse infinito.

Quando foi a última vez que você parou para observar com calma o céu? Que você ligou só para dizer "eu te amo"? Que você ouviu alguém com atenção, sem pressa? O mundo nos empurra para a correria, para os compromissos, para as metas, e, quando percebemos, já faz tempo que deixamos de viver com leveza, com entrega, com amor.

Acordar pela manhã já é um milagre. Ter com quem conversar, rir, dividir a mesa, a casa e o coração são dádivas que merecem ser celebradas. Cada gesto de carinho pode curar feridas invisíveis. Cada palavra de amor pode mudar o rumo de um dia inteiro. Não desperdice os momentos simples, porque neles mora o extraordinário.

Jesus nos ensinou a viver com propósito, mas também com ternura. Ele enxergava cada pessoa, cada dor, cada detalhe. Ele se entregava de verdade, e é isso que Ele nos convida a fazer. Não é preciso esperar um diagnóstico, um luto, um susto. Podemos amar mais hoje. Podemos abraçar mais hoje. Podemos viver com mais verdade hoje.

Você não precisa de uma virada dramática para começar a mudar. Precisa apenas se lembrar de que a vida é um presente e de que cada momento vivido com o coração inteiro é uma resposta ao amor do Pai.

27 | SET

CRESCER E AMADURECER

Dei a vocês leite, não alimento sólido, pois não estavam em condições de recebê-lo, tampouco agora estão, porque ainda são carnais. Pois, visto que há inveja e desavenças entre vocês, não é certo que são carnais e estão agindo meramente com critérios humanos?

1CORÍNTIOS 3.2,3

Na caminhada da vida, amadurecemos em diversas áreas. Emocionalmente, fisicamente e também espiritualmente. Deus não muda, mas nossa percepção a respeito Dele amadurece, e isso é muito importante.

Paulo e Pedro, em livros diferentes da Bíblia, relacionam figurativamente a introdução alimentar infantil ao progresso de nossa maturidade na vida cristã. Quando somos recém-nascidos na fé, precisamos do leite espiritual, um alimento próprio para o atual estágio de nossa fé; entretanto, ao passar dos meses e anos, precisamos de alimentos cada vez mais sólidos, a fim de sermos adequadamente nutridos e assim nos desenvolvermos da maneira correta.

À medida que amadurecemos, nossa visão de Deus deixa de ser limitada, muitas vezes moldada por ideias imaginativas ou reflexos da educação que recebemos. Passamos a conhecê-lo de forma mais profunda e verdadeira, conforme Ele mesmo se revela a nós. Essa maturidade espiritual, diferentemente da física, não vem apenas com o tempo, mas também com nossa dedicação. Devemos alimentar nosso espírito com oração e a leitura da Palavra, pois é ela quem revela de fato quem é Deus e o que Ele deseja de nós. A esse respeito, o evangelista D. L. Moody dizia: "A Bíblia não nos foi dada para aumentar nosso conhecimento, mas para mudar nossa vida".

Conforme nos aproximamos de Deus, a revelação que temos acerca Dele fica mais clara e palpável, passamos a discernir de forma madura sua voz, seus apontamentos e sua vontade. Por isso, reflita: Que tipo de alimento tem dado ao seu espírito? Não fique estagnado, mas amadureça dia após dia, investindo seu tempo no crescimento espiritual. Se não quer perder tempo, invista seu tempo em buscar a Deus!

Amadurecer deve ser um objetivo a ser alcançado todos os dias.

@juniorrostirola

365 DEVOCIONAL
270/365

✝ LEITURA BÍBLICA
1PEDRO 2.2
GÁLATAS 5.19-21

ANOTAÇÕES

LUGAR DE ORIGEM

Mas eu, SENHOR, *a ti clamo por socorro; já de manhã a minha oração chega à tua presença.*

SALMOS 88.13

O ser humano pode sobreviver por poucos minutos sem ar, alguns dias sem água e poucas semanas sem comida. Mas há algo que ninguém consegue mensurar: quanto tempo conseguimos viver sem Deus.

A verdade é que podemos até seguir com a rotina, cumprir tarefas e continuar respirando, mas viver mesmo, com sentido, paz e propósito, isso só acontece quando estamos conectados com o Pai. A alma sente falta da presença de Deus. Quando nos afastamos, tudo fica mais pesado. Perdemos o ânimo, a direção, a clareza. Nos sentimos vazios, mesmo rodeados de coisas e pessoas. Porque nada, absolutamente nada, pode ocupar o lugar que é Dele em nós.

Muitas vezes, tentamos preencher esse espaço com distrações, pessoas, conquistas. Mas só quando voltamos ao nosso lugar de origem, nos braços do Pai, é que voltamos a respirar de verdade e viver na graça, no amor e na esperança.

Deus não é apenas um refúgio nos dias difíceis; Ele é a base da vida, a essência de tudo o que somos. Estar com Ele não é um detalhe da nossa fé; é a própria fé em ação.

Se você tem sentido cansaço, peso, vazio, talvez esteja tentando sobreviver longe da fonte. Volte-se para Deus. Só Ele pode renovar, saciar e sustentar você.

Deus é o fôlego que renova, a água que sacia e o pão que sustenta.

@juniorrostirola

DEVOCIONAL 365
271/365

LEITURA BÍBLICA
LAMENTAÇÕES 3:22-23
SALMOS 130:1-2

ANOTAÇÕES

DORES QUE REFLETEM NA VIDA ADULTA

O SENHOR está perto dos que têm o coração quebrantado e salva os de espírito abatido.

SALMOS 34.18

"Eu não era aceito nas rodas."
"Ninguém queria brincar comigo."
"Diziam que eu era esquisito."

Pode parecer só um trecho de infância, mas, quando as palavras de uma criança se repetem na mente de um adulto, é sinal de que a dor criou raízes. Feridas antigas não desaparecem com o tempo; elas se escondem. Elas se camuflam atrás de conquistas, títulos, tentativas de provar valor.

Deus não ignora feridas que o tempo não curou. Quando as dores da infância ainda doem na vida adulta, Ele volta lá onde a alma sangrou em silêncio. Ele visita o menino rejeitado, a menina desprezada, o filho que se sentiu invisível, e os toca com o amor que ninguém deu.

A dor da rejeição molda a identidade, mas o amor do Pai a restaura. Jesus não só nos salva do pecado; Ele também nos resgata da dor que ninguém viu. Ele conhece cada choro abafado, cada palavra que feriu, cada olhar que mostrou desprezo. E, em vez de nos julgar, Ele nos acolhe com Seu amor. Há dores que os adultos tentam esquecer, mas que Deus faz questão de curar.

Lembre-se de uma situação em que você foi excluído na infância ou de uma palavra que o feriu. Pergunte-se: "Essa dor ainda fala comigo hoje?". Agora, substitua essa fala por uma verdade de Deus a seu respeito. Por exemplo: "Muitos me excluíram", "Mas Deus me escolheu antes da fundação do mundo" (cf. Efésios 1.4). "Muitos me feriram", "Mas Deus me cura". *"Ele, porém, foi traspassado por causa das nossas transgressões e esmagado por causa das nossas iniquidades; o castigo que nos trouxe a paz estava sobre Ele, e pelas suas feridas fomos curados"* (Isaías 53.5).

café com Deus pai

Ou você elimina o ressentimento, ou o ressentimento vai eliminá-lo dos propósitos de Deus.

@juniorrostirola

365 DEVOCIONAL
272/365

✝ LEITURA BÍBLICA
2 CORÍNTIOS 1:3-4

ANOTAÇÕES

30 | SET

AME MAIS

A religião que Deus, o nosso Pai, aceita como pura e imaculada é esta: cuidar dos órfãos e das viúvas nas suas aflições e não se deixar corromper pelo mundo.

TIAGO 1.27

Eu e você vivemos em sociedade, por isso é comum no dia a dia nos depararmos com diversas pessoas. Desde o momento em que pisamos fora de casa, vemos vizinhos, porteiros, entregadores, pessoas indo para o trabalho, enfim, exercendo suas atividades cotidianas. Embora esses encontros possam parecer breves e sem relevância, nossas atitudes têm o poder de revelar muito sobre quem somos.

Você já se autoavaliou: como cumprimenta o porteiro do seu prédio? Costuma dar bom dia ou boa tarde aos atendentes dos comércios que frequenta? Tem sido cordial no trânsito? Precisamos testificar que o Espírito Santo habita em nós por meio dos nossos atos, e isso obviamente envolve todas as áreas de nossa vida.

Entretanto, a vida vai além de ser apenas gentil ou manter bons relacionamentos. Trata-se também de como lidamos com as pessoas. Muitas vezes, quem você julga que menos merece é exatamente quem está precisando do seu amor. É aqui que somos desafiados a sair da nossa zona de conforto e fazer a diferença. Muitas vezes, Deus nos coloca em lugares estratégicos ou em situações específicas para sermos instrumentos do seu amor.

Hoje reflita sobre suas atitudes e permita que elas apontem diretamente para Jesus. Que cada gesto seu seja uma expressão de amor e compaixão. Convido você a estender as mãos em amor ao seu próximo e prestar atenção ao seu redor, porque não precisamos ir longe para ver que muitos estão precisando de amparo. Seja você um instrumento, para que o amor de Jesus seja propagado.

Amar é abrir mão, muitas vezes, da sua vontade, para fazer o outro feliz.

@juniorrostirola

DEVOCIONAL 365
273/365

LEITURA BÍBLICA †
MATEUS 25.35-36
ISAÍAS 1.17
MIQUEIAS 6.8

ANOTAÇÕES

AMAR UNS AOS OUTROS

É ESTAR SENSÍVEL A PONTO DE SE DOAR AO PRÓXIMO.

HOJE É DIA DE

Espalhar o Amor

Vamos juntos!

E O ATO DE AMOR DE HOJE É...

Compartilhar a mensagem criada especialmente para enviar a alguém hoje, disponível no meu canal do Youtube @juniorrostirola.

Essa mensagem certamente tocará o coração aonde chegar, trazendo paz, alegria, amor, consolo e esperança para a caminhada. Seja bênção na vida de quem precisa.

Juntos vamos impactar o Brasil espalhando o amor!

Junto com o ato de amor, deixe uma mensagem escrito assim:

"Você é importante e amado por Deus Pai".

Assista para entender melhor.

Compartilhe o seu ato de amor para inspirar alguém!

Unidos no mesmo propósito, espalhando o amor.

café com Deus Pai

AMAR É **ACEITAR** O TEU PRÓXIMO COMO A TI MESMO.

@juniorrostirola

Assista ao vídeo com a palavra e oração para este mês.

OU
TU
BRO

café com Deus pai

PRESTE ATENÇÃO

[...] Enquanto Manoá e a sua mulher observavam, o SENHOR *fez algo maravilhoso.*

JUÍZES 13.19

A distração pode ser causada tanto por fatores externos como pelos internos. Muitas vezes, temos dificuldade de nos concentrar ou prestar atenção no que acontece ao nosso redor. No entanto, apesar de acontecer com frequência com diversas pessoas, precisamos tomar cuidado com os perigos da falta de atenção, o que pode levar a erros e acidentes, prejudicar relacionamentos, perder oportunidades. O pior de tudo, porém, é que a desatenção pode nos impedir de ver o agir de Deus.

Muitas pessoas ficam tão imersas na correria do dia a dia que nem sequer separam um momento para orar e ler a Palavra. Outras, abatidas pelas dificuldades e pelo sofrimento, sentem que suas orações não são ouvidas nem respondidas, quando, na verdade, é a distração em excesso que as impede de escutar a voz de Deus. Se, porém, as pessoas não pararem para ouvi-lo, não entenderão a resposta.

A desatenção também pode dificultar que vejamos a provisão de Deus. Ficamos tão preocupados com os problemas que não nos damos conta de que o Senhor está agindo em todas as coisas para o nosso bem e provendo tudo de que precisamos. Com o passar do tempo, questionamos se Deus está distante, quando, na verdade, nós nos distanciamos Dele.

Você tem observado tudo o que Deus tem feito à sua volta? Quando não prestamos atenção ao que acontece ao nosso redor, deixamos de ver o poder de Deus manifestado nas pequenas e grandes coisas. Se você deseja viver em busca de novas experiências com Deus, tem de ficar atento. Olhe ao redor: Ele tem feito coisas maravilhosas.

Cuidado para não se distrair com aquilo que não o leva ao propósito.

@juniorrostirola

365 DEVOCIONAL
274/365

✝ LEITURA BÍBLICA
JUÍZES 13

ANOTAÇÕES

VIVA O HOJE

[...] eu vim para que tenham vida e a tenham plenamente.
JOÃO 10.10

A vida que Jesus preparou para cada um de nós é abundante. Ainda assim, muitas pessoas colocam limites e condições que as impedem de viver em plenitude, como: "Quando eu me aposentar, vou começar a aproveitar a vida"; "Quando eu tiver bastante dinheiro, vou investir mais tempo na minha família"; "Quando eu tiver mais tempo livre, vou contribuir para a obra de Deus". Será que você também tem feito isso?

Para superar esse tipo de limitações, precisamos entender que o passado não está nas nossas mãos e que não podemos mudar o que já aconteceu. Tampouco somos capazes de controlar o futuro. Temos de viver o hoje de acordo com os recursos à nossa disposição e dentro das nossas possibilidades de hoje.

Pare de esperar pelo tempo ideal, pelo momento certo e pela oportunidade perfeita. O melhor momento para começar a viver a abundância que há em Cristo é agora. Chega de tentar estabelecer condições. Ainda que as circunstâncias não sejam aquelas que você idealizou, mude seu modo de pensar de "Quando isto acontecer..." para "Vou começar a aproveitar a vida neste momento"; "Vou investir mais tempo na minha família agora"; "Vou contribuir para a obra de Deus hoje".

Peça a Deus que o ajude a superar as barreiras que o têm impedido de aproveitar as oportunidades do presente e que traga à sua memória a promessa da plenitude em Jesus todas as vezes em que você se sentir paralisado. Decida superar os limites e condições que estão na sua mente para que você possa, enfim, viver em abundância hoje.

O melhor da vida é o que você tem hoje.

@juniorrostirola

DEVOCIONAL 365
275/365

LEITURA BÍBLICA
2TIMÓTEO 3

ANOTAÇÕES

CRER PARA VIVER MILAGRES

O SENHOR ouviu o clamor de Elias, e a vida voltou ao menino, e ele reviveu. Então, Elias pegou o menino e o levou para a parte de baixo da casa. Entregou-o à sua mãe e disse: -Veja! O seu filho está vivo!

1REIS 17.22,23

café com Deus Pai

Quantas vezes, diante de desafios, perdemos a esperança e nos entregamos ao desânimo? Não podemos nos paralisar diante das circunstâncias contrárias. A viúva que acolheu Elias se viu em uma situação desesperadora e aparentemente sem solução, mas Deus Pai realizou o milagre.

Com essa passagem, lembro-me de um momento desafiador após o nascimento de nosso filho João Pedro. Minha esposa, Michelle, enfrentou uma doença gravíssima que a deixou hospitalizada. Amamentar nosso bebê tornou-se impossível, e em meio a hemorragias e incapacidade de falar pela baixa contagem de plaquetas, Michelle encontrou forças, clamou e louvou a Deus em uma madrugada no hospital, sabendo que apenas um grande milagre poderia livrá-la da morte, e ela recebeu sua cura.

Talvez sua vida tenha desmoronado diante de seus olhos e para você não restam atitudes a tomar, a não ser entregar sua situação a Deus Pai e crer que Ele intervirá. Saiba que nesses momentos o melhor que podemos fazer é confiar, porque Ele não desampara seus filhos e tem propósito em todas as coisas.

Com essa história que é um testemunho vivo do milagre que Deus realizou na vida de minha esposa, quero que você saiba que o mesmo Deus tem poder para mudar qualquer circunstância, inclusive a sua. Portanto, em meio às lutas, troque o desespero pela esperança e a paralisia pelo louvor a Deus. Abra espaço para ver o sobrenatural diante dos seus olhos, pois essa sua grande luta pode se tornar seu lindo testemunho.

Milagres acontecem quando confiamos em Deus.

@juniorrostirola

365 DEVOCIONAL
276/365

✝ LEITURA BÍBLICA
LUCAS 7.11-16
ATOS 9.36-41

ANOTAÇÕES

NÃO CRIE OBSTÁCULOS

— Se podes? — disse Jesus.
— Tudo é possível àquele que crê.
MARCOS 9.23

Caminhar com Deus é abrir-se para uma vida repleta de experiências incríveis. Frequentemente, complicamos o que é simples e buscamos meios alternativos para receber a intervenção de Deus em nossa vida. Tentamos acelerar processos e acabamos errando o caminho.

A verdade, porém, é que temos acesso a todas as promessas de Deus por meio da fé em Jesus, e o que Ele exige de nós é a obediência. Por isso, não precisamos complicar ou buscar caminhos alternativos. A chave não está em ações complexas, mas na crença no sacrifício perfeito realizado por Jesus na cruz. Alguns dizem que todos os caminhos levam a Deus, mas isso é contrário à Bíblia. Apenas Jesus é o Caminho, a Verdade e a Vida, e, entre o que as pessoas dizem e o que a Palavra diz, eu fico com a Palavra.

Não ande em círculos nem se angustie mais, pois você tem acesso a cura, libertação, restauração e salvação. Mas, para isso, é necessário mudar a rota e seguir em direção aos caminhos que Jesus apontar para a sua vida. Cabe a você tomar essa decisão e desfrutar das bênçãos. Em Colossenses 1.13, está escrito que Deus nos resgatou do reino das trevas e nos transportou para o reino de seu Filho amado; ou seja, na cruz, já fomos libertos.

Portanto, creia e avance em direção aos seus milagres, em nome de Jesus. A fé é o elo que nos conecta a Deus e a suas promessas. Quando acreditamos e agimos assim, abrimos as portas para que o extraordinário se manifeste em nossa vida.

Chamar Jesus para fazer parte da nossa vida é entender que Ele é o único caminho a ser seguido.

@juniorrostirola

DEVOCIONAL 365
277/365

LEITURA BÍBLICA †
MATEUS 8.5-10
JOÃO 14.10-15

ANOTAÇÕES

DE VOLTA AO PRIMEIRO AMOR

Conheço as suas obras, o seu trabalho árduo e a sua perseverança. [...] Você tem perseverado e suportado sofrimentos por causa do meu nome e não tem desfalecido. No entanto, contra você tenho isto: você abandonou o seu primeiro amor.

APOCALIPSE 2.2-4

café com Deus pai

A igreja de Éfeso, que era tão admirável e bem fundamentada, foi advertida pelo Senhor. Apesar de suas obras, de sua dedicação e da defesa da fé, algo vital se perdeu no meio do caminho: o primeiro amor. Esse amor inicial é aquele fervor que nos moveu ao nos encontrarmos com Deus pela primeira vez, o desejo de conhecê-lo mais e de servi-lo com todo o coração.

Assim como a igreja de Éfeso, podemos nos perder na rotina e no ativismo, deixando que o fogo que ardia em nós se apagasse. Mas o Pai nos chama a voltar, como está escrito: *"Portanto, lembre-se de onde caiu. Arrependa-se e faça as obras que praticava no princípio"* (Apocalipse 2.5). O primeiro passo para voltar é reconhecer onde caímos.

Onde você perdeu o primeiro amor? Muitas coisas contribuem para que o nosso amor pelo Senhor perca sua intensidade, como, por exemplo o pecado, a falta de intimidade com Deus, não permitir ser curado, liberto, a ponto de nos acomodarmos a uma vida longe da presença do Pai, vivendo na carnalidade. Tudo isso leva a um esfriamento do amor a Deus.

Deus quer reacender esse fogo em nosso coração, para que sirvamos com fervor, vivamos em santidade e sejamos vencedores. Aqueles que ouvem e praticam a Palavra de Deus vivem dessa maneira. Ao vencedor, está reservada a coroa da vida.

Hoje é o dia de voltar ao primeiro amor e reacender o fogo que nunca deveria ter se apagado.

Lembre-se de onde você caiu e volte ao primeiro amor.

@juniorrostirola

365 DEVOCIONAL
278/365

✝ LEITURA BÍBLICA
JEREMIAS 2.2
MATEUS 24.12
HEBREUS 10.32-36
GÁLATAS 6.9
HEBREUS 6.10-12
JOÃO 21.15-17

ANOTAÇÕES

INESGOTÁVEL

Se alguém tem sede, venha a mim e beba. Quem crer em mim, como diz a Escritura, do seu interior fluirão rios de água viva.

JOÃO 7.37,38

café com Deus pai

Só Deus pode satisfazer o anseio mais íntimo da sua alma.

@juniorrostirola

DEVOCIONAL 365
279/365

LEITURA BÍBLICA
APOCALIPSE 22.17
JEREMIAS 2.13
SALMOS 36.9
JOÃO 4.13,14
ISAÍAS 55.1
ISAÍAS 44.3

ANOTAÇÕES

Vivemos em um mundo sedento. Sedento de amor, de paz, de segurança, de alegria, de propósito. Basta olhar ao redor: semblantes cansados, corações inquietos, vidas buscando algo que muitas vezes nem sabem o quê. Somos uma geração marcada pela solidão e angústia, navegando em mares de frustração e vazio. E Jesus, o que tem a dizer aos sedentos?

"*Se alguém tem sede, venha a mim e beba*" (João 7.37). Esse é um convite direto e transformador. Ir a Jesus é mais do que conhecer sobre Ele ou ouvir histórias a Seu respeito, mas sim experimentar sua presença e beber da verdadeira fonte da vida. Muitos passam a vida inteira próximos da verdade, mas com o coração fechado, como quem se assenta em uma mesa farta e não prova do alimento.

Jesus é a única fonte que verdadeiramente sacia nossa sede. Diferente de tudo o que o mundo tenta oferecer, que muda apenas a superfície, Jesus transforma de dentro para fora. Ele não faz reparos simplesmente externos, mas nos renova por completo. Sem Jesus, do interior das pessoas fluem mágoas, egoísmo, fobias. Mas, quando Ele entra, tudo muda.

Até hoje, você pode ter bebido de fontes erradas — prazeres passageiros, promessas vazias, respostas que não satisfazem. Reconhecer seus erros é o caminho para a sua transformação genuína e mudança de caráter. Todos somos pecadores e erramos, contudo, o fato é que muitos preferem permanecer no erro. Faça diferente! Decida hoje beber da água que é Cristo, se arrependa e sacie sua sede, pois Ele é uma fonte inesgotável.

07 | OUT

PROTEGIDOS POR ELE

Aquele que habita no abrigo do Altíssimo descansará à sombra do Todo-poderoso. Direi do SENHOR*: "Tu és o meu refúgio e a minha fortaleza, o meu Deus, em quem confio".*

SALMOS 91.1,2

O salmo 91 é um dos textos mais conhecidos da Bíblia, muitas vezes usado como símbolo de proteção. Mas será que ele funciona como uma espécie de "amuleto espiritual"? Abrir a Bíblia nesse salmo ou carregá-lo no bolso é suficiente? A profundidade dos textos bíblicos vão muito além disso e nos trazem lições práticas para nossa vida.

Logo no início, recebemos um convite: habitar no esconderijo do Altíssimo. E isso é muito mais do que conhecer as Escrituras; é viver em obediência, em comunhão com Deus. Quando escolhemos fazer do Pai o nosso refúgio, Ele promete ser a nossa fortaleza. Isso significa confiar plenamente Nele, entregando nossos desafios e seguindo a sua direção. Esse salmo nos lembra também que Deus nos livra das armadilhas e tentações que o Inimigo coloca no caminho. Quem confia em Deus está sob suas asas de proteção, e, ainda que enfrentemos as piores oposições, podemos descansar, sabendo que estamos seguros.

Aprendemos que o Senhor promete nos livrar, atender ao nosso clamor e nos conceder uma vida plena na sua presença. Não se trata de uma vida sem problemas, mas de uma vida com paz, segurança e propósito, sabendo que é Deus quem cuida de cada um de nós.

Hoje, mais do que deixar o salmo 91 aberto sobre a mesa, escolha habitar no esconderijo do Altíssimo e viver debaixo da sombra do Onipotente. Porque, quando fazemos do Senhor o nosso refúgio, podemos dizer com confiança que nenhum mal chegará à nossa casa ou atingirá nossa família, porque estamos guardados por Deus.

Decida estar guardado em Deus.

@juniorrostirola

365 DEVOCIONAL
280/365

LEITURA BÍBLICA
DEUTERONÔMIO 33.27
SALMOS 46.1; 121.5-7
PROVÉRBIOS 18.10
ISAÍAS 26.3,4

ANOTAÇÕES

CURA COMPLETA

Imediatamente, ele se levantou diante de todos, pegou a maca em que estivera deitado e foi para casa glorificando a Deus.

LUCAS 5.25

café com Deus pai

Somente Jesus realiza a obra completa: Ele o perdoa, cura e o ajuda a se levantar.

@juniorrostirola

DEVOCIONAL 365
281/365

LEITURA BÍBLICA
MARCOS 2.1-12

A medicina define a paralisia como a perda temporária ou permanente da capacidade de realizar movimentos voluntários de um membro ou músculo. Existem, porém, outros tipos de paralisia, como o estado de torpor decorrente de medos, traumas, desânimo ou frustração. O tipo mais perigoso é a dormência espiritual, que leva as pessoas a se sentirem desconectadas de Deus e incapacitadas de avançar na fé.

A boa notícia é que, assim como Jesus curou diversas enfermidades físicas naquela época, Ele ainda cura hoje. Não importa qual seja a condição de saúde, Cristo tem poder para curar e transformar a realidade.

No relato da cura de um paralítico em Cafarnaum, Jesus não apenas operou um milagre maravilhoso diante de todos os que estavam ali presentes, Ele também afirmou que os pecados do homem estavam perdoados. Houve cura física e espiritual lá. Assim também pode acontecer com você.

Ao buscar Jesus, você receberá a cura de que sua alma precisa e desenvolverá a mudança necessária para seguir adiante e testemunhar do poder do Senhor. Jesus romperá com a sua paralisia espiritual e lhe concederá a restauração completa, para que Deus seja glorificado em sua vida e por meio dela.

Ninguém além de Jesus tem poder, amor e graça suficientes para realizar algo tão significativo em sua história. Confie que Ele pode reverter a dormência espiritual e transformar a sua vida, trazendo renovação, restauração e regeneração!

ANOTAÇÕES

A OBEDIÊNCIA É MELHOR DO QUE O SACRIFÍCIO

Samuel, porém, respondeu: "Acaso tem o SENHOR tanto prazer em holocaustos e em sacrifícios quanto em que se obedeça à sua palavra? A obediência é melhor do que o sacrifício, e a submissão é melhor do que a gordura de carneiros".

1SAMUEL 15.22

Mais do que qualquer ritual ou formalidade, Deus busca um coração que o honre e uma vida que reflita verdadeira obediência à Sua vontade. Habitar na presença de Deus não é uma questão de aparência, mas de sinceridade e submissão. É lá, no esconderijo de sua graça, que encontramos transformação e propósito.

Um espírito quebrantado é o início desse caminho. O Senhor não se impressiona com aparências ou formalismos; Ele vê além. Como está escrito: *"O homem vê a aparência, mas o SENHOR vê o coração"* (1Samuel 16.7). Corações endurecidos resistem ao Espírito Santo, mas um coração contrito se arrepende e volta para Deus.

Obediência é a essência do sacrifício que agrada ao Pai. Quando o profeta Samuel confrontou Saul, deixou claro que o Senhor prefere a submissão à sua Palavra a sacrifícios. Muitos sacrificam tempo, recursos e esforços sem primeiro entregarem o coração. Mas o que agrada a Deus é a obediência que flui de um relacionamento verdadeiro com Ele, e guardar o coração é essencial nesse processo.

Reconhecer nossas falhas e nos submeter à Palavra de Deus é viver de maneira que agrada ao Senhor. Ele não quer apenas gestos, mas verdade. O Pai se alegra com quem confia plenamente Nele e vive em obediência, porque, para Ele, obediência vale mais do que qualquer sacrifício. Talvez você esteja se esforçando muito para se aproximar de Deus, mas pode ainda não ter compreendido que não é sobre seus esforços, mas sobre o quanto seu coração está rendido aos pés do Senhor.

A obediência é o segredo para vencer em Deus.

@juniorrostirola

365 DEVOCIONAL
282/365

✝ LEITURA BÍBLICA
OSEIAS 6.6
SALMOS 51.16,17
MIQUEIAS 6.6-8
MATEUS 9.13
JOÃO 14.15
TIAGO 1.22

ANOTAÇÕES

10 | OUT

café com Deus Pai

LIBERTE-SE DA PRISÃO DO MEDO

O SENHOR é a minha luz e a minha salvação;
a quem temerei? O SENHOR é o meu forte
refúgio; de quem terei medo?

SALMOS 27.1

Troque seu medo pela confiança Naquele que é capaz de transformar qualquer realidade.

@juniorrostirola

DEVOCIONAL 365
283/365

LEITURA BÍBLICA †
SALMOS 27

O medo é o sentimento do instinto de sobrevivência. Ele é capaz de nos alertar e proteger de situações ameaçadoras e prejudiciais. Contudo, quando excessivo, pode nos paralisar e impedir de prosseguir e de tomar decisões.

Uma norte-americana chamada Marjorie Goff, por exemplo, sofria de agorafobia, um transtorno de ansiedade caracterizado pelo medo, que a fazia evitar lugares e situações que pudessem provocar sensações de pânico, impotência, constrangimento e aprisionamento. De modo trágico e irônico, ela acabou criando para si mesma uma prisão, pois passou cerca de trinta anos trancada em seu apartamento, e sua história repercutiu por todo o mundo.

O medo aprisiona, prende, imobiliza. Qualquer medo que saia do controle pode nos paralisar, como aconteceu por tantos anos com essa mulher. Somente após uma amiga convencê-la a fazer terapia, Marjorie enfim saiu de sua prisão. Ela foi liberta do medo e teve a vida restaurada.

Não importa há quanto tempo você seja prisioneiro do medo, existe esperança de libertação e cura. Você não precisa permanecer no cárcere, acorrentado àquilo que amedronta a alma e o faz recuar.

Talvez você tenha medo de críticas, rejeição, desilusão, ficar sozinho, enfrentar dificuldades financeiras ou enfermidades, envelhecer, morrer... Seja como for, há saída para essa prisão. Permita-se ser ajudado, orientado e apegue-se completamente a Deus. Ele é a sua luz e a sua salvação, o seu forte refúgio. Abrigue-se Nele e tenha a certeza de que em seus braços há segurança, proteção, cura e paz.

ANOTAÇÕES

EDIFIQUE SUA VIDA PELA ORAÇÃO

Orem no Espírito em todas as ocasiões, com toda oração e súplica. Tendo isso em mente, estejam atentos e perseverem na oração por todos os santos.

EFÉSIOS 6.18

café com Deus Pai

Jesus abriu o caminho para nos relacionarmos com o Pai, mas, além disso, Ele nos ensinou exatamente como fazer isso. Constantemente você encontrará nos Evangelhos Jesus se afastando dos discípulos para orar. Ele fez tudo isso para nos ensinar acerca do poder e da importância dessa prática. Hudson Taylor dizia o seguinte: "Quando trabalhamos, nós trabalhamos, mas, quando oramos, Deus trabalha".

Para cultivar essa mesma intimidade em sua vida, reserve um tempo diário para oração e leitura da Bíblia. Busque a companhia de pessoas maduras na fé, que compartilham da prática da oração, e você perceberá como, ao buscar a Deus, estará mais apto a compreender e a fazer de maneira muito mais assertiva a vontade Dele para sua vida.

A oração é o meio de nos comunicarmos com Deus e edificarmos nossa vida. Você não precisa buscar palavras rebuscadas, mas simplesmente agir como um filho que vai ao encontro do seu pai. Mas lembre-se: a oração não é um monólogo, mas um diálogo. Ou seja, precisamos falar, mas também ficar em silêncio a fim de que possamos ouvir e compreender melhor os conselhos e orientações de Deus. Os maiores projetos que iniciei não começaram em minha mente, mas por meio da oração. Vieram do coração de Deus, e eu os coloquei em prática por estar atento para ouvir.

Deus tem propósitos para todos nós, mas, para que eles se realizem em nossa vida, precisamos estar conectados com Ele. Se há algo na sua vida afastando-o da intimidade com Deus Pai, é preciso que você reavalie e se conecte com Ele, pois sozinho andará perdido por muito tempo e não chegará a lugar algum, ou, caso ainda chegue a algum lugar, tenha certeza de que será para longe do propósito para que nasceu. É tempo de orar e buscar a face de Deus Pai e se desviar dos caminhos que o afastam Dele.

A oração transforma mais que situações contrárias; ela transforma você.

@juniorrostirola

365 DEVOCIONAL
284/365

✝ LEITURA BÍBLICA
JOÃO 8.28
FILIPENSES 2.6-8
HEBREUS 1.3

ANOTAÇÕES

ELE CUMPRIRÁ

[...] Os homens de Judá vieram a Josué em Gilgal, e Calebe, filho do quenezeu Jefoné, lhe disse: — Você sabe o que o SENHOR disse a Moisés, homem de Deus, em Cades-Barneia, sobre mim e sobre você.

JOSUÉ 14.5,6

Quando tudo parecer em silêncio, lembre-se de que Deus não se esqueceu da promessa.

@juniorrostirola

DEVOCIONAL 365
285/365

LEITURA BÍBLICA †
DEUTERONÔMIO 1.35,36
NÚMEROS 14.24
HEBREUS 6.12
ROMANOS 4.20,21

ANOTAÇÕES

Você já ouviu algo da parte de Deus para a sua vida? Talvez uma palavra, uma promessa ou um sonho que parecia impossível? Hoje o convido a refletir sobre a história de Calebe e como ela pode renovar a sua fé e esperança.

Calebe, aos 40 anos, recebeu uma promessa de Deus, por meio de Moisés: ele herdaria a terra que pisou. Mas, para chegar lá, enfrentou desertos, guerras e uma espera de quarenta e cinco anos. Ele não deixou que as circunstâncias ou as vozes contrárias apagassem aquilo que Deus havia dito.

Quando finalmente chegou o momento, Calebe, já com 85 anos, se apresentou diante de Josué, sua fé não envelheceu, porque a palavra de Deus o sustentava.

E você? Ainda se lembra da promessa que Deus fez para a sua vida? É fácil, no meio das dificuldades, esquecer ou duvidar. Mesmo que os ventos contrários tentem roubar a sua esperança, não permita que isso aconteça. Lembre-se: Deus é fiel para cumprir o que prometeu.

Calebe nos ensina três lições preciosas: ele escolheu não ouvir as vozes negativas, não olhar para as circunstâncias e, acima de tudo, perseverar. Quando alguns disseram que os gigantes que havia na terra prometida eram grandes demais, ele viu a força do Deus que luta por nós.

Hoje Deus está olhando para você e dizendo: "Por que você duvida? Eu não esqueci a promessa que fiz. Sou eu quem vai cumpri-la. Persevere, confie, continue". Talvez as circunstâncias digam que não é possível, mas lembre-se: o Deus que prometeu é poderoso para cumprir.

Não importa quanto tempo passe nem quão difícil pareça, a promessa de Deus será cumprida. Ele o conserva, fortalece e sustenta. Assim como Calebe, você pode dizer: "Hoje estou tão forte como quando recebi a promessa, porque foi Deus quem a fez". Confie. Deus é fiel.

QUANDO DEUS AGE

De repente, houve um terremoto tão violento que os alicerces da prisão foram abalados. Imediatamente, todas as portas se abriram, e as correntes de todos se soltaram.

ATOS 16.26

café com Deus Pai

O texto que lemos nos apresenta uma cena extraordinária. Esse não foi apenas um evento natural, mas uma intervenção sobrenatural de Deus, destinada a fazer que seu propósito se cumprisse, revelando de maneira incrível o seu poder.

Quantas vezes nos sentimos presos em cadeias invisíveis, seja por circunstâncias difíceis, seja por lutas interiores, seja por obstáculos que parecem intransponíveis? Assim como Paulo e Silas, que estavam encarcerados, somos desafiados a manter a fé e confiar que Deus é capaz de agir, mesmo nas situações mais adversas.

Foi durante a oração e o louvor que Deus agiu, enviando um terremoto que abriu portas físicas e espirituais. Esse terremoto representou a intervenção de Deus, quebrando as correntes e trazendo libertação. Não importa a profundidade do seu vale ou o peso das suas correntes: Deus tem poder para mudar qualquer cenário e trazer a solução até mesmo quando nós deparamos com barreiras, entretanto nosso papel é orar e adorar, mesmo em meio ao caos.

Aquele terremoto também abriu a porta da salvação para o carcereiro e sua família. Da mesma forma, Deus deseja alcançar e transformar a sua casa, trazendo reconciliação e um novo começo.

Hoje Deus Pai quer agir em favor da sua vida. Um mover que abrirá portas que você jamais imaginou. Ele deseja trazer salvação à sua casa, restaurar sua fé, renovar sua força e quebrar todas as correntes que o têm aprisionado. Adore e confie, porque, quando o terremoto de Deus chega, portas para um novo tempo são abertas.

Às vezes, o que parece o fim é exatamente a oportunidade do recomeço.

@juniorrostirola

365 DEVOCIONAL
286/365

✝ LEITURA BÍBLICA
SALMOS 18.16,17
2CRÔNICAS 20.22
ATOS 12.7
SALMOS 107.14
LUCAS 4.18

ANOTAÇÕES

O PROPÓSITO

[...] Muito antes de ouvirmos falar de Cristo e de depositarmos a esperança nele, ele já pensava em nós e tinha planos de nos dar uma vida gloriosa, que é parte do propósito geral que ele está executando em tudo e em todos.

EFÉSIOS 1.11,12, AM

De nada adianta ter grandes conquistas se o propósito não estiver correto.

@juniorrostirola

DEVOCIONAL 365
287/365

LEITURA BÍBLICA
EFÉSIOS 1

No livro *Uma vida com propósitos*, Rick Warren cita Thomas Carlyle: "O homem sem propósito é como um barco sem leme — um vira-lata, um nada, um ninguém". Apesar de duro demais, esse pensamento é verdadeiro. Mais adiante, Warren afirma: "A maior de todas as desgraças não é a morte, mas uma vida sem propósitos". Pessoas sem propósitos não têm rumo nem podem desfrutar de verdadeira plenitude.

Em vez de serem guiadas por sonhos, planos e objetivos, são conduzidas por culpa, rancor, mágoa, medos, materialismo, pela necessidade de validação e pelo peso do passado. Não foi para isso que Deus nos criou. Ele não nos fez para vagar por esta vida, mas para viver com intencionalidade e cumprir o propósito que Ele nos deu em amor, obediência e fé, pois o Senhor tem preparado para nós mais do que a sociedade e este tempo podem nos oferecer.

Talvez você pense que já é tarde demais para você; ou que é novo demais e não será levado a sério. É possível que você entenda que já errou tanto que não tem o direito de ser usado em um propósito divino. Quantas mentiras! Não permita que palavras como essas tomem conta da sua mente. Em Cristo, Paulo, o perseguidor de cristãos, tornou-se apóstolo e pregou o evangelho por onde quer que passasse. Com Jesus, Pedro, o discípulo que o havia negado em seu momento de aflição, tornou-se uma das figuras mais relevantes da igreja primitiva. Em Cristo, você também encontrará a razão da sua existência e a graça transformadora de que precisa para se mover em direção ao propósito de Deus para a sua vida.

ANOTAÇÕES

15 | OUT

COMPARTILHE O AMOR

Os lábios dos justos dão sustento a muitos,
mas os insensatos morrem por falta de juízo.

PROVÉRBIOS 10.21

Somos seres sociais, e o fato é que fomos criados por Deus para a comunhão, não para o isolamento. Por mais que alguns sejam mais introspectivos e reservados, é impossível não sermos influenciados de alguma maneira pelos que estão ao nosso redor, e isso deve nos servir de alerta.

A cada ano, temos passado mais e mais tempo nas redes sociais, e é fácil constatar que nossa sociedade tem se moldado ao redor delas, com a vida digital tomando cada vez mais espaço, independentemente de julgarmos isso algo bom ou ruim; essa é uma verdade concreta.

Com isso, a maioria de nós está diariamente consumindo ou compartilhando algo. Mas a pergunta que eu gostaria de fazer é a seguinte: que tipo de conteúdo você tem propagado? Muitas vezes, não fazemos ideia de quanto nosso comportamento influencia os que estão ao nosso redor. Fomos chamados para ser portadores da verdade, compartilhando as boas-novas, influenciando positivamente as pessoas. O poder de influenciar que a internet tem dado a muitos pode ser usado para o bem ou para o mal — cabe a você decidir.

Lembre-se de que somos chamados a amar a Deus e às pessoas, compartilhando amor e edificando vidas. Não podemos perder nosso tempo com brigas e discussões levianas que não nos levarão a lugar algum; pelo contrário, devemos glorificar a Deus e influenciar de forma saudável todo e qualquer ambiente. Portanto, seja você aquela pessoa que impulsionará a muitos, de maneira sábia, edificante e apaixonada por Deus.

Plante a semente do amor e veja a bondade florescer.

@juniorrostirola

365 DEVOCIONAL
288/365

✝ LEITURA BÍBLICA
SALMOS 37.30-35
MATEUS 12.33-37

ANOTAÇÕES

O BEM MAIS PRECIOSO

Nós amamos porque ele nos amou primeiro.

1JOÃO 4.19

Diversos poetas, compositores e autores já se dedicaram a escrever sobre o amor. Cientistas pesquisam e tentam explicá-lo. Cada um de nós busca encontrá-lo e vivê-lo de maneira pessoal e profunda. No entanto, ninguém pode entender o verdadeiro amor sem antes conhecer o Amor.

A essência de Deus é amor. O amor ofertado a nós é a razão pela qual podemos amar. Nosso amor é sempre uma resposta ao amor de Deus. Não o amamos porque somos obrigados a fazê-lo, mas porque fomos atraídos *"com laços de amor"* (cf. Oseias 11.4). Quando cremos em seu amor e o recebemos, tornamo-nos capazes de amar o próximo verdadeiramente.

O amor é o firme fundamento para uma vida cristã genuína e próspera. Ele nos leva a cumprir os dois mandamentos mais importantes: *"Ame ao Senhor, o seu Deus, com todo o seu coração, com toda a sua alma e com todo o seu entendimento"* (Mateus 22.37) e *"Ame ao seu próximo como a você mesmo"* (v. 39).

Sem amor, nada do que fizermos tem valor. Podemos ter todo o conhecimento acadêmico, conquistar o cargo mais alto, formar uma família linda, comprar o carro do ano, fazer boas ações; nada disso tem importância se não forem atos fundamentados no amor. O amor é o bem mais precioso que poderíamos ter, e ele não foi conquistado por nós, mas concedido por Deus Pai.

Muitas pessoas passam a vida buscando o amor. Elas desejam grandes gestos e demonstrações. Se você é uma dessas pessoas, sua busca terminou: o maior gesto de amor de toda a história foi feito por mim e por você na cruz.

Nossa visão acerca do amor de Deus é decisiva para nos tornarmos quem nascemos para ser.

@juniorrostirola

DEVOCIONAL 365
289/365

LEITURA BÍBLICA
1CORÍNTIOS 13

ANOTAÇÕES

VIVA PELA PALAVRA

Enraizados e edificados nele, firmados na fé, como foram ensinados, transbordando de gratidão.

COLOSSENSES 2.7

Originalmente, Deus planejou moldar a mim e a você à imagem de Seu Filho, Jesus. Esse é o propósito de sua existência. Entre todas as criações, apenas o ser humano foi formado "à imagem de Deus", um privilégio que deve nos honrar profundamente. No entanto, essa imagem foi danificada e distorcida pelo pecado, deixando-nos incompletos. Foi então que Deus enviou Jesus para restaurar plenamente essa imagem que se corrompeu.

Deus deseja que nosso caráter seja desenvolvido e que sejamos parecidos com Jesus. Por isso, nosso crescimento espiritual é tão importante. Contudo, tornar-se semelhante a Cristo não significa perder sua individualidade ou se transformar em uma cópia exata. Pelo contrário, Deus criou em você um caráter único e deseja aprimorá-lo, não ofuscá-lo. A realidade é que o pecado distorce nossa verdadeira identidade, fazendo-nos acreditar que somos algo que na verdade não somos.

O crescimento espiritual é um processo contínuo no qual nos aproximamos de Deus e somos transformados pelas suas verdades. Dessa forma, todas as mentiras que nos rodeiam passam a ser vencidas pelas verdades de Deus, e a Bíblia é fundamental nesse processo, pois ela é viva, eficaz e poderosa. Através dela, encontramos vida, fé e esperança. É um alimento espiritual essencial para cumprirmos nosso propósito divino, quem de fato Deus nos criou para ser.

Convido você a mergulhar em direção às verdades de Deus, rejeitando toda distorção de sua própria identidade. Entretanto, isso só será possível se você quiser. Faça da Bíblia seu manual de vida, compreendendo que ela não é apenas um livro, mas a Palavra de Deus. Nela você encontrará as verdades do Pai a seu respeito e trilhará um novo caminho, rumo à completa transformação de sua vida.

A Palavra de Deus é a bússola de uma vida com propósito.

@juniorrostirola

365 DEVOCIONAL
290/365

✝ LEITURA BÍBLICA
EFÉSIOS 3.14-18
ROMANOS 12.1-7

ANOTAÇÕES

18 | OUT

SOB SUA ÓTICA

Agora, pois, vemos apenas um reflexo, como em um espelho, mas, um dia, veremos face a face. Agora conheço em parte, mas, um dia, conhecerei plenamente, da mesma forma que sou plenamente conhecido.

1CORÍNTIOS 13.12

O seu olhar sempre será limitado em relação ao olhar de Deus.

@juniorrostirola

DEVOCIONAL 365
291/365

LEITURA BÍBLICA
1CORÍNTIOS 13.9-12
PROVÉRBIOS 3.5-7

Vivemos em tempos de opiniões fortes e verdades absolutas. Cada um enxerga a vida sob sua ótica e, muitas vezes, se esquece de que existe mais além do que os próprios olhos alcançam. É aí que esta antiga parábola nos ensina algo essencial:

Seis homens cegos se aproximaram de um elefante, cada um tocando uma parte diferente dele para entender o que era. Um tocou a perna e disse: "É como um tronco de árvore". Outro sentiu a cauda: "É como uma corda!". Um terceiro segurou a tromba e concluiu: "É como uma cobra". O quarto apalpou a orelha e afirmou: "É como um leque". O quinto tocou a barriga e pensou: "É uma parede". E o sexto tocou a presa e disse: "É como uma lança".

Cada um defendeu sua percepção como se fosse a única verdade. E todos estavam parcialmente certos... e também errados. Nenhum deles via o todo.

Essa parábola nos alerta sobre os perigos da visão limitada — algo que todos temos. Às vezes, discutimos por coisas que não compreendemos completamente. Julgamos sem saber o que o outro vive. Presumimos sem perguntar. A verdade é que nossa perspectiva é apenas parte de algo muito maior que só Deus vê por completo, por isso busque sempre a visão de Deus para a sua vida.

A Bíblia nos ensina que aqui vemos como em um espelho, de forma imperfeita, mas um dia entenderemos tudo plenamente (cf. 1Coríntios 13.12). Até lá, nosso papel é andar com humildade, aprender com Deus e com os outros e ouvir com o coração aberto.

Nem tudo o que você vê é tudo o que existe. Busque sabedoria. E lembre-se: Deus enxerga o todo.

ANOTAÇÕES

DESENTERRE OS SEUS SONHOS

Deleite-se no SENHOR*, e ele atenderá aos desejos do seu coração.*

SALMOS 37.4

Quando dizemos a palavra "sonho", imagens diferentes podem surgir na cabeça de cada pessoa. Sonhos são planos, desejos intensos, ideais que buscamos com paixão e dedicação. Poucas coisas são tão prazerosas quanto realizar um sonho. Mas o que acontece quando nossos sonhos se frustram? E quando nos sentimos desmotivados e deixamos de ir atrás daquilo que tanto queremos?

Talvez você já tenha tido um sonho que não se realizou no tempo esperado, ou do qual teve de abrir mão depois de sofrer uma decepção. Talvez alguém tenha zombado dos desejos mais íntimos do seu coração. Sem esperança, você pegou aquilo que lhe era mais precioso e o colocou em uma caixinha. Em seguida, enterrou seu sonho nas profundezas da alma. Pode ser que às vezes você se lembre daquele sonho e lamente; talvez você faça de tudo para se esquecer dele ou substituí-lo sem sucesso algum.

Se prestarmos atenção, veremos nas Escrituras que o nosso Deus é um Deus que realiza sonhos — até mesmo os que parecem impossíveis — e nos dá sonhos. Ele os coloca em nosso coração e em nossa mente para alavancar a fé, abençoar outras pessoas e glorificá-lo. Por mais que você tenha desistido de sonhar, tenha certeza de que os sonhos de Deus jamais perecerão!

Se o seu sonho vem do Senhor, não tenha dúvidas de que no tempo certo se cumprirá pelo amor e a fidelidade Dele. Hoje quero encorajá-lo a voltar a sonhar e, se preciso for, com coragem e fé, desenterrar os sonhos plantados por Deus Pai. Lembre-se: os planos de Deus para a sua vida jamais serão frustrados. Simplesmente, volte a sonhar!

Deus é especialista em nos dar sonhos e realizá-los!

@juniorrostirola

365 DEVOCIONAL
292/365

✝ LEITURA BÍBLICA
GÊNESIS 21

ANOTAÇÕES

O AMOR CURA

Foi desprezado e rejeitado pelos homens, um homem de dores e experimentado no sofrimento. Como alguém de quem os homens escondem o rosto, foi desprezado, e não o tínhamos em estima.

ISAÍAS 53.3

café com Deus pai

O amor de Deus cura as feridas mais profundas da alma.

@juniorrostirola

DEVOCIONAL 365
293/365

LEITURA BÍBLICA †
EFÉSIOS 3.16-21
SALMOS 22.6-8
MARCOS 15.29-32
1PEDRO 2.23,24

ANOTAÇÕES

A maioria de nós tem medo da rejeição. Queremos ser aceitos por Deus, uns pelos outros e até por nós mesmos. É assim porque nossas feridas mais profundas costumam ter sido causadas pela rejeição. No entanto, quando nos lembramos de que o próprio Jesus, apesar de perfeito, foi rejeitado pela humanidade, encontramos em seu amor o antídoto que pode nos curar e transformar por completo.

Joyce Meyer, em seu livro *A raiz da rejeição*, nos lembra de que a rejeição é semelhante a uma semente plantada em nossa vida por meio de diversos fatores e experiências. Quando enraizada, gera outros ramos até se tornar uma árvore de frutos ruins, levando-nos consequentemente a uma depressão, ao negativismo, à falta de autoconfiança, entre outros. Contudo, ela também afirma: "Se você está enraizado na aceitação e no amor, então desenvolverá coisas boas em sua vida; coisas como domínio próprio, mansidão, fidelidade, bondade, benignidade, paciência, paz, alegria e amor".

Embora muitas vezes tentemos anestesiar as dores que provêm da rejeição, nada pode curá-las senão o amor de Deus. Enraizados nele, podemos encontrar aquilo de que nossa alma precisa. Quais são as feridas que lhe causam dores? Lembre-se: Jesus tomou sobre si nossas feridas e nossos sofrimentos, inclusive a rejeição, e suportou-os em nosso favor para que, por Seu amor, pudéssemos ser curados e libertos.

Ao conhecer o amor de Deus e criar raízes nele, comecei a passar por um processo de cura e transformação, gerando bons frutos. Fui liberto das raízes da rejeição e entendi que meu testemunho pode abençoar outras pessoas e conduzi-las ao amor que cura, transforma e liberta: o amor de Deus Pai, que está disponível a todos nós.

21 | OUT

UMA JORNADA TRANSFORMADORA

Assim, todos nós, que com a face descoberta contemplamos a glória do Senhor, estamos sendo transformados segundo a sua imagem com glória cada vez maior, a qual vem do Senhor, que é o Espírito.

2CORÍNTIOS 3.18

A transformação pessoal é uma jornada que começa dentro de nós mesmos, pois são nossas decisões que nos conduzem a experimentar ou não a cura. Cada decisão que tomamos pode nos conduzir em direção à libertação e restauração ou nos manter estagnados, presos à inércia. Deus está sempre pronto para nos guiar, mas somos nós que devemos dar os passos em direção à mudança oferecida por Ele.

Escolha com sabedoria e viva uma transformação genuína. Seja criterioso em seus relacionamentos, pois, embora não possamos controlar as ações dos outros, podemos controlar nossas reações. Esta atitude promove equilíbrio emocional, porque os ambientes que frequentamos e as pessoas com quem nos relacionamos dizem muito a nosso respeito.

Não podemos nos dar ao luxo de cultivar mágoas ou ressentimentos, pois esses sentimentos se tornam pesos, que, com o passar do tempo, tornam a jornada cansativa e desgastante. Entenda que todos nós enfrentamos batalhas e desafios, mas a maneira de nos comportarmos diante deles é o que definirá aonde queremos chegar.

Ao depositarmos nossa confiança nas mãos de Jesus, permitimos que Ele nos guie na direção certa. É importante lembrar que fomos feitos para viver em liberdade do pecado; então, para termos uma vida transformada, devemos abandonar o velho e abraçar o novo em Deus. Ele nos oferece uma nova identidade como filhos amados e nos reserva um destino, tanto nesta vida quanto na eternidade. Portanto, abra-se para a transformação e desfrute da vida que o Pai sonhou para você.

A transformação sempre virá com base em sua escolha.

@juniorrostirola

365 DEVOCIONAL
294/365

✝ LEITURA BÍBLICA
2PEDRO 1.3-8
FILIPENSES 3.17-21

ANOTAÇÕES

SIGA ADIANTE

O SENHOR está perto dos que têm o coração quebrantado e salva os de espírito abatido.

SALMOS 34.18

Existem momentos em que as palavras falham. Nenhuma explicação parece bastar. A ausência se torna a presença constante. E o silêncio grita. O luto é assim: na maioria das vezes, vem sem avisar. Ele mexe com as lembranças, bagunça a rotina e deixa a alma mais sensível. Cada canto da casa, cada cheiro, cada música carrega um eco de quem se foi. E, em meio às lágrimas e perguntas sem resposta, tudo o que conseguimos dizer é: "Dói".

Jesus sabia o que era perder. Ele chorou diante do túmulo de Lázaro (João 11.35), mesmo sabendo que o ressuscitaria. Isso mostra que Deus não é indiferente à nossa dor. Ele sente conosco. Ele se importa. E Ele não apressa o nosso processo. O luto tem seu tempo, e Deus caminha ao nosso lado durante toda a jornada.

Talvez você esteja vivendo dias nublados, com o coração apertado por uma saudade que parece não ter fim. Mas há uma promessa: Deus é especialista em consolar corações abatidos. Ele enxuga dos seus olhos as lágrimas, cura as suas dores e renova as suas forças. Sinta-se abraçado por Ele.

Permita-se chorar, lembrar, sentir saudade. Mas também permita-se ser cuidado por Deus. Ele é capaz de preencher todo o vazio com o seu amor, sua presença e sua paz, uma paz que excede todo o entendimento. O luto dói, mas não é o fim. A boa notícia é que Jesus disse: *"Eu sou a ressurreição e a vida. Aquele que crê em mim, ainda que morra, viverá; e todo aquele que vive e crê em mim jamais morrerá eternamente"* (João 11.25,26). Independentemente da situação em que você se encontra, não desista. Ele está com você. Ele o ajuda, o sustenta e renova as suas forças. Com Ele, é possível superar e prosseguir.

Em Deus, você encontra conforto, paz e forças para prosseguir.

@juniorrostirola

DEVOCIONAL 365
295/365

LEITURA BÍBLICA
JOÃO 11

ANOTAÇÕES

ZELO E GRATIDÃO

O generoso prosperará; quem dá alívio aos outros alívio também receberá.

PROVÉRBIOS 11.25

Quero compartilhar hoje um hábito que é lei em minha casa: não desperdiçar nada! Comida que sobra vira outra refeição. Roupas que não usamos mais são doadas com carinho. Tudo pode ser reaproveitado, porque entendemos que bênção mal cuidada é prosperidade descartada. E, sim, tem muita gente orando para ter aquilo que outras pessoas estão jogando fora.

A verdade é que Deus nos confia recursos, oportunidades e provisões todos os dias. Muitas vezes, oramos por mais, mas não honramos o que já temos. Desperdiçar é ignorar o valor do que nos foi entregue com amor.

Valorizar o que temos é uma forma de adoração. Doar com frequência, com alegria, é um movimento de amor que gera um ciclo de bondade. Doar não apenas o que está velho ou não serve mais, mas também aquilo que ainda poderia nos fazer falta — isso é generosidade e fé.

Existem pessoas que ainda não entenderam que prosperidade começa na boa administração e no coração grato. Doar não é só esvaziar o armário; é praticar a fé, é abrir mão, às vezes, até do que gostaríamos de manter. É confiar que, ao repartir, Deus multiplica.

Generosidade não é sobre sobras; é sobre amor. É sobre olhar para o que temos e dizer: "Isso aqui pode ser resposta na vida de alguém". E aí algo lindo acontece: o que era resto, vira milagre. O que era pequeno, vira provisão. E o que era ordinário, vira extraordinário nas mãos de Deus.

Hoje faça um exercício: olhe à sua volta com olhos de gratidão. Talvez você descubra que já tem mais do que imagina e que doar pode ser o primeiro passo para viver o "mais" que você tanto pede. Decida hoje cuidar daquilo que vem em suas mãos com zelo e também doar a quem precisa. Assim, você se torna mais parecido com Deus Pai, o grande doador.

café com Deus Pai

Na vida, o que você tem pode um dia não ter mais, mas o que doou, você nunca perde.

@juniorrostirola

365 DEVOCIONAL
296/365

✝ LEITURA BÍBLICA
2CORÍNTIOS 9:6-7

ANOTAÇÕES

O QUE DIRIGE A SUA VIDA?

[...] se não perdoarem uns aos outros, o Pai celestial não perdoará as transgressões de vocês.

MATEUS 6.15

café com Deus pai

Às vezes, é preciso perdoar quem nunca foi capaz de nos pedir perdão.

@juniorrostirola

DEVOCIONAL 365
297/365

LEITURA BÍBLICA †
2CORÍNTIOS 2.10,11
MARCOS 11.25
LUCAS 6.37
EFÉSIOS 4.32

ANOTAÇÕES

Gosto de comparar o mar com nosso nível de compreensão do amor de Deus. Assim como muitos na praia optam por apenas banhar-se ao sol, alguns preferem molhar apenas os pés, enquanto outros vão aonde as águas são profundas. Quanto mais nos aprofundamos em compreender o amor do Pai, mais desfrutamos dele.

Talvez você já tenha ouvido falar das lutas com o vício alcoólico de meu pai, que afetou nosso lar. No entanto, jamais consegui nutrir ressentimento em meu coração. Mesmo nas tentativas, minha mãe me dizia: "Filho, seu pai é um bom homem. O álcool é que o torna assim". Quando o ódio estava tomando meu coração, minha mãe me ensinava a, apesar de tudo, amar meu pai. E isso foi muito importante para blindar meu coração de sentimentos ainda piores.

Hoje compreendo o impacto dessas palavras em minha capacidade de viver sem amargura. O amor não questiona, simplesmente nos leva a perdoar, porque fomos amados e perdoados por Cristo, mesmo não sendo merecedores.

Gostaria de encorajar profundamente você a liberar perdão, pois o perdão abre portas para inúmeros bons sentimentos. Talvez você esteja sendo dirigido por mágoa, medo, trauma, angústia, palavras duras que ouviu, vergonha, tristeza e tantos outros ressentimentos. Saiba que isso o levará para um caminho distante do que Deus tem para você.

Então, eu o convido a decidir pelo perdão hoje! Ore comigo: "Eu decido perdoar a pessoa que me fez tão mal. Eu te peço, Deus, que ela encontre o Teu propósito, porque eu hoje decido viver os meus em Ti. Peço que todos os sentimentos ruins que invadiram o meu coração sejam arrancados. Não quero mais viver preso pela falta de perdão. Que o Teu amor reine em meu coração hoje e sempre. Amém!".

ELE OUVE VOCÊ

Então, chegaram a Jericó. [...] Bartimeu, que era cego, estava sentado à beira do caminho pedindo esmolas. Ao ouvir que era Jesus de Nazaré, começou a gritar: – Jesus, Filho de Davi, tem misericórdia de mim!

MARCOS 10.46,47

Jericó, na época uma cidade movimentada próxima ao mar Morto, era um importante centro comercial, com intenso fluxo de pessoas. Mas, como muitas cidades grandes, também era marcada por desigualdades sociais, repleta de moradores de rua e pessoas marginalizadas. Aqueles que, por limitações físicas, não conseguiam sustentar-se viviam à mercê das migalhas que a sociedade lhes oferecia.

Na passagem sobre Bartimeu, o cego que clamou a Jesus em Jericó, vemos uma mudança radical. Ele reconheceu que Jesus era o Messias, o Filho de Davi, e não deixou que a multidão o silenciasse. Mesmo diante das vozes contrárias, Bartimeu clamou com fé, e seu clamor chegou aos ouvidos de Jesus. Esse momento transformou sua história.

Eu também vivi momentos de vazio. Lembro-me de observar minha irmã brincando com outras crianças, enquanto eu permanecia isolado, com sonhos esquecidos e a alma marcada pela solidão. Minha vida parecia presa em um ciclo de dias sem esperança, e acredito que Bartimeu se sentia assim também. De igual modo, quando encontrei Jesus, tudo mudou. Ele restaurou meus sonhos, trouxe sentido à minha vida e transformou minha trajetória de fracasso em uma jornada extraordinária.

Se você está enfrentando o vazio, as adversidades ou a solidão, faça como Bartimeu: clame a Jesus. Não permita que as dificuldades ou as vozes ao redor te impeçam de buscar o milagre que Ele tem para você. Não espere por amanhã; clame hoje! Ele responderá e trará vida, mudança, esperança e a transformação de que você tanto precisa, porque, se Ele fez isso na minha vida, também fará na sua.

Reconhecer quem é Jesus traz para a minha vida o discernimento de quem eu realmente sou.

@juniorrostirola

365 DEVOCIONAL
298/365

✝ LEITURA BÍBLICA
LUCAS 18.38,39
SALMOS 34.6; 86.1-3
LUCAS 7.13-15

ANOTAÇÕES

VIVERE I O MEU MILAGRE

Deus faz coisas grandes e maravilhosas,
e os seus milagres não têm fim.
JÓ 9.10, NTLH

Se Deus não fez no seu tempo, não quer dizer que Ele não fará.

@juniorrostirola

DEVOCIONAL 365
299/365

LEITURA BÍBLICA
SALMOS 40.5; 72.18
ISAÍAS 55.8,9
ROMANOS 11.33

ANOTAÇÕES

Deus, em sua onipotência, está acima de qualquer impossibilidade aos nossos olhos. Ainda que para nós algo pareça improvável, para Ele é apenas um detalhe. Tenho aprendido que as atitudes que adotamos desempenham um papel crucial na manifestação dos milagres em nossa vida. Muitos creem e confiam, mas discernir o processo que antecede o milagre é crucial.

Para viver milagres é essencial compreender o processo. Cada milagre tem seu tempo determinado, uma ocasião específica. Mesmo em dias difíceis, saiba que Deus não se esqueceu de você; no momento certo, Ele agirá. Entenda que há um tempo determinado para tudo. Muitas vezes, perdemos a expectativa, deixando de sonhar e esperar pelos resultados que Deus pode proporcionar. Mas nossa parte em provocar o milagre está associada a uma postura de fé, por meio da oração e da busca a Deus Pai.

Manter a expectativa naquilo que ainda não se vê pode ser desafiador, mas não é impossível, por isso é necessário lutar para não perder o foco, cultivar uma fé ousada, e não subestimar o poder de Deus. Crie expectativas em relação ao Pai, pois não há impossível para aqueles que creem. É essencial não desistir ou desanimar, sabendo que Ele tem o poder de agir diante de qualquer realidade.

Eu o convido hoje a entregar o seu impossível a Deus. Não deixe que as circunstâncias abalem sua fé. Saiba que o caminho que você está percorrendo, ainda que difícil, está na direção do seu milagre. Deus está cuidando de você; simplesmente confie, pois Ele sabe o que é melhor. O final com Deus sempre nos surpreende, e você verá o quanto valeu a pena caminhar com Ele.

PENSAMENTOS QUE VISITAM

27 | OUT

Finalmente, irmãos, pensem em tudo o que for verdadeiro, tudo o que for digno de respeito, tudo o que for justo, tudo o que for puro, tudo o que for amável, tudo o que for de boa fama, em tudo o que houver alguma virtude ou algo de louvor.

FILIPENSES 4.8

Existe um ditado antigo que diz: "Não podemos impedir que um passarinho pouse em nossa cabeça, mas podemos impedir que ele faça ninho". Essa frase, simples à primeira vista, carrega uma verdade profunda, especialmente quando refletimos sobre os pensamentos que visitam a nossa mente.

Às vezes, somos surpreendidos por pensamentos ruins: medo, insegurança, inveja, raiva, tentação. Eles chegam sem pedir permissão, como aves que pousam de repente. Eles até podem vir; o problema é quando permitimos que permaneçam.

Pensamentos são como sementes. Quando alimentados, criam raízes. Quando ignorados ou confrontados com a verdade da Palavra, desaparecem.

A Bíblia nos ensina: "*Destruímos argumentos e toda altivez que se levanta contra o conhecimento de Deus e levamos cativo todo pensamento para torná-lo obediente a Cristo*" (2Coríntios 10.5). Isso quer dizer que você pode, e deve, escolher o que permanece e o que deve sair. Você pode dizer "não" ao medo. Pode expulsar a culpa. Pode declarar a verdade quando a mentira tentar dominá-lo.

Não temos controle sobre o que aparece na nossa mente, mas temos responsabilidade sobre o que escolhemos nutrir. Não é uma questão de força mental, mas de alinhamento com a Palavra. Quanto mais a sua mente estiver cheia da verdade de Deus, menos espaço haverá para pensamentos destrutivos.

Hoje, se pensamentos ruins pousarem, não se desespere. Respire fundo. Ore. Lembre-se daquilo que Deus diz a seu respeito. Troque a preocupação pela confiança. A dúvida, pela fé. O medo, pelo amor. E permita que, na sua mente, só permaneça aquilo que constrói.

Ainda que venham pensamentos ruins, a escolha de alimentá-los é sua.

@juniorrostirola

365 DEVOCIONAL
300/365

LEITURA BÍBLICA
COLOSSENSES 3.2

ANOTAÇÕES

CONDUZIDOS

[...] Conforme a ordem do SENHOR, os israelitas seguiam adiante e, conforme a ordem do SENHOR, acampavam. Enquanto a nuvem estivesse por cima do tabernáculo, eles permaneciam acampados.

NÚMEROS 9.17,18

Sob a nuvem de Deus, sempre haverá tempo de descanso e refrigério para a nossa caminhada.

@juniorrostirola

DEVOCIONAL 365
301/365

LEITURA BÍBLICA
EFÉSIOS 5.18
ATOS 2.38
JOÃO 14.16-26

ANOTAÇÕES

Essa passagem me ensina algo muito profundo: a nuvem guiava e protegia o povo no deserto. Para os israelitas, essa nuvem era a manifestação visível da presença de Deus. Por meio dela, eles sabiam quando era hora de partir ou de acampar. Quer fosse uma noite, quer dois dias, quer um mês ou mais, eles obedeciam fielmente à direção, movendo-se apenas quando a nuvem se deslocava.

Eles só se moviam com base na direção em que Deus apontava, e isso nos ensina muito. Embora aquela nuvem não esteja mais entre nós, a presença de Deus permanece viva e ainda mais acessível. Não temos a nuvem, mas temos o Espírito Santo, e é Ele quem nos consola, nos envolve com a sua presença e nos direciona. A obediência ao Espírito é fundamental para vivermos em conformidade com a vontade de Deus, caminhando na direção certa.

Jesus subiu aos céus e nos enviou o Espírito Santo, que já havia sido profetizado muitos séculos antes pelo profeta Joel. O Espírito de Deus em nós é o cumprimento de uma promessa extraordinária, que nos capacita a irmos muito além de nossas limitações e experimentarmos o sobrenatural de Deus.

Como está sua busca pelo Espírito Santo? Se você clamar, Ele virá sobre você, encherá sua vida e o guiará, como a nuvem conduzia os israelitas no deserto, em direção à vontade de Deus. Confie na presença do Espírito Santo, envolva-se com Ele todos os dias da sua vida e permita que Ele seja seu guia em cada passo da sua jornada, pois assim você estará seguro para caminhar conforme a vontade de Deus, que é boa, perfeita e agradável para cada um de nós.

PERDOAR

Acima de tudo, guarde o seu coração, pois dele origina a vida.

PROVÉRBIOS 4.23

café com Deus pai

Guardar mágoas é como carregar uma mala cheia de pedras: a jornada fica mais pesada, o caminho mais cansativo e o coração sobrecarregado. Às vezes, pensamos que segurar o ressentimento é uma forma de proteção, mas, na verdade, é uma prisão. O perdão, por outro lado, não libera apenas o outro; ele nos liberta.

Perdoar não é esquecer, minimizar ou fingir que não doeu. Perdoar é decidir que aquela dor não terá mais poder sobre você. É deixar que Deus trate a ferida em vez de você tentar controlá-la com o peso da amargura. O perdão limpa o coração, renova a alma e abre espaço para sentimentos bons florescerem: paz, alegria, esperança e leveza.

Jesus nos ensinou a perdoar da mesma forma que fomos perdoados. Ele sabia que o perdão é uma chave poderosa. Foi na cruz que Ele nos deu o maior exemplo: perdoou aqueles que o feriram profundamente. E se ele, mesmo inocente, liberou perdão, o que nos impede de fazer o mesmo?

Não permita que o rancor feche as portas que Deus deseja abrir. Um coração limpo é solo fértil para uma vida cheia da presença de Deus. O perdão não muda o passado, mas transforma o presente e redefine o futuro.

Hoje escolha perdoar. Entregue essa dor nas mãos de Deus. Ore por quem o feriu, pois isso o levará a viver em paz. Eu o convido a orar comigo: "Pai, eu oro em nome do teu Filho amado, Jesus, e peço que me dês a graça de liberar perdão a quem me feriu tanto, causando-me muitas dores. Liberta-me, Senhor, de todo ressentimento, de toda amargura, de toda decepção e revolta. Ajuda-me a seguir adiante, livre de qualquer situação que possa me paralisar. Minha decisão hoje é liberar perdão e abençoar quem me feriu. Que assim seja. Em teu nome, Jesus. Amém!".

O perdão é capaz de abrir portas para inúmeros sentimentos levando-o a uma vida leve e cheia de paz.

@juniorrostirola

365 DEVOCIONAL
302/365

✝ LEITURA BÍBLICA
JEREMIAS 17.9-10

ANOTAÇÕES

VOCÊ É MAIS DO QUE ACREDITA SER

O SENHOR, porém, me disse: — Não diga que é muito jovem [...], pois eu estou com você para protegê-lo — declara o SENHOR.

JEREMIAS 1.7,8

café com Deus pai

Não diminua seus sonhos, a ponto de caberem naquilo que o limita.

@juniorrostirola

DEVOCIONAL 365
303/365

LEITURA BÍBLICA
MATEUS 28.19-20

ANOTAÇÕES

O complexo de inferioridade é uma lente distorcida que nos faz enxergar a nós mesmos sempre distantes do valor que Deus nos atribui, do que Ele declara sobre nós. O complexo de inferioridade em particular envolve um sentimento persistente de ser "menos" que os outros, sensação de fracasso pessoal, podendo levar a problemas de baixa autoestima, comportamentos destrutivos e isolamento.

Jeremias se achava pequeno demais. Moisés dizia que não sabia falar. Gideão se considerava o menor da menor tribo. Mas Deus não chama os prontos; Ele prepara os disponíveis. Quantas vezes você já pensou: "Não sou capaz"; Não vou conseguir"; "Não sou como os outros"; "Não tenho o que é preciso"?

Essas vozes não vêm de Deus. Elas são ecos de traumas, comparações, rejeições e experiências mal resolvidas. Isso leva a acreditar nessas mentiras, e a pessoa passa a viver uma vida completamente distorcida da sua real identidade de filho de Deus.

Hoje, porém, Deus está dizendo: *"[...] não tema, pois estou com você; não tenha medo, pois sou o seu Deus. Eu o fortalecerei e o ajudarei; eu o segurarei com a destra da minha justiça"* (Isaías 41.10). Pare de se comparar. Você foi criado à imagem e semelhança de Deus — não é a versão distorcida em que alguém o transforma.

Declare quem você é em Deus, mesmo que ainda não se sinta assim. A fé não depende de sentimento. Lembre-se: Deus não vê como o homem vê. Ele vê o coração e conhece seu potencial eterno. Grandes são os planos Dele para a sua vida, mas o que vai levar você a vivê-los é o nível de confiança que tem nas intenções e nos planos que Deus tem para você.

AMOR COMPROMETIDO

Quem não ama não conhece a Deus,
porque Deus é amor.

1JOÃO 4.8

O amor de Deus por você é um amor comprometido. E esse amor não é só para ser sentido; é para ser vivido.

Talvez você tenha dificuldade em aceitar esse amor porque foi marcado por rejeições, frustrações ou até por uma visão errada de Deus. Mas o Pai deseja hoje lembrar você de que o amor Dele é firme, constante e comprometido. Vejamos algumas características essenciais desse amor:

Um amor que perdoa: "*O amor encobre todas as ofensas*" (Provérbios 10.12). Jesus perdoou a mulher samaritana e, mesmo conhecendo tudo o que ela havia feito, a amou.

Um amor que entende: "*O* SENHOR *é misericordioso e compassivo*" (Salmos 145.8). Mesmo quando Marta achou que Jesus tinha chegado atrasado para socorrer Lázaro, Ele mostrou que ainda estava no controle.

Um amor que sustenta: "*O* SENHOR *[...] tem prazer no bem-estar do seu servo*" (Salmos 35.27). Jesus supriu a multidão faminta e também quer suprir você.

Um amor que protege: "*Livra-me, pois é sublime o teu amor leal!*" (Salmos 109.21). Nada pode ameaçá-lo se você estiver firmado no amor Dele.

Um amor que cura: "*Seja o teu amor leal o meu consolo*" (Salmos 119.76). Jesus tocou o leproso e o curou, assim como pode tocar e restaurar o que está ferido em você.

Um amor que encontra: "*Eu a amei com amor eterno; com amor leal a atraí*" (Jeremias 31.3). Deus nunca desistiu de você!

Hoje Deus o chama para viver esse amor. Receba a salvação, a paternidade de Deus e a esperança. Porque o amor de Deus dura para sempre!

café com Deus pai

Quanto mais amamos, mais nos parecemos com Deus.

@juniorrostirola

365 DEVOCIONAL
304/365

✝ LEITURA BÍBLICA
JOÃO 13.34-35
MATEUS 22.37-39

ANOTAÇÕES

café com Deus pai

AMAR SERÁ
SEMPRE A
MELHOR
ESCOLHA,
SIMPLESMENTE
AME.

@juniorrostirola

Assista ao vídeo com a palavra e oração para este mês.

café
com
Deus
pai
NO
VEM
BRO

café com Deus pai

O PERIGO DA RELIGIOSIDADE

Então, os judeus passaram a perseguir Jesus, porque ele fazia essas coisas no sábado.

JOÃO 5.16

No livro *Até que nada mais importe* (2018), o pastor Luciano Subirá declarou que considera a religiosidade pior do que a imoralidade. Diferentemente de quem reconhece os problemas que tem, a pessoa religiosa aparenta ser correta, justa e obediente, porém não passa de "um pecador vacinado contra o arrependimento".

A religiosidade leva o indivíduo a pensar que é superior e torna-o cego. O religioso não considera que precisa de arrependimento e ainda pensa que não precisa da graça de Deus.

Ao longo de seu ministério terreno, Jesus alertou diversas vezes a respeito da hipocrisia de quem se considerava obediente à lei, mas, na realidade, não cumpria os principais mandamentos. A forma pela qual Ele agia confrontava essa religiosidade.

Certa vez, em um sábado, Jesus curou um homem paralítico no tanque de Betesda. Na ocasião, muitos se voltaram contra Ele por ter relizado aquele milagre no sábado, dia do descanso judeu. Aquelas pessoas estavam diante do poder sobrenatural do Deus Filho e nem sequer se importaram, tamanha cegueira espiritual. Tampouco se importaram com o homem curado após trinta e oito anos sofrendo de uma doença. Enquanto apontavam algo que consideravam errado, não percebiam que também precisavam da cura de Jesus. Elas falharam em perceber que pessoas são sempre o mais importante para o Senhor.

Precisamos tomar cuidado para não cair no engano de pensar que nossa justiça própria nos basta e nos tornarmos críticos e julgadores, achando que estamos sempre certos e que todos à nossa volta estão equivocados. Os religiosos, como os demais pecadores, precisam de cura, para que possam ser levados ao verdadeiro arrependimento. Onde você se encontra hoje, na religiosidade ou em Jesus? Reflita e, caso seja preciso, escolha caminhar no amor de Cristo.

O amor de Cristo vence a religiosidade e a hipocrisia.

@juniorrostirola

365 DEVOCIONAL
305/365

✝ LEITURA BÍBLICA
JOÃO 5.16-30

ANOTAÇÕES

ELE NO CENTRO

Busquem, pois, em primeiro lugar o reino de Deus e a sua justiça, e todas essas coisas serão acrescentadas a vocês.

MATEUS 6.33

Quando Deus está no centro da nossa vida, milagres se tornam parte do nosso cotidiano.

@juniorrostirola

DEVOCIONAL 365
306/365

LEITURA BÍBLICA ✝
PROVÉRBIOS 3.5,6
SALMOS 37.4,5
FILIPENSES 4.6,7

Jesus nos ensina, por meio desta passagem, uma verdade poderosa: quando colocamos o Reino de Deus em primeiro lugar, Ele nos concede tudo de que necessitamos para nossa vida material. Contudo, muitas pessoas deixam de buscar e servir a Deus porque priorizam exclusivamente suas necessidades terrenas. Isso frequentemente leva à frustração, pois, quando as coisas não acontecem conforme o esperado, é comum culparmos Deus.

O que realmente importa é a bênção de Deus sobre nossa vida, pois tudo o mais é consequência de um relacionamento profundo e verdadeiro com Ele. Entretanto, ansiedade, medo de fracassar ou preocupações com crises externas nos fazem enxergar um mundo sem saída. Jesus nos convida a descansar na confiança de que Deus conhece as nossas necessidades e proverá a elas.

Não há problema algum em ser um excelente profissional na área onde você se capacitou; pelo contrário, meu desejo é que o Senhor faça prosperar abundantemente a sua vida, mas sempre segundo o propósito que Ele designou para você. Lembre-se: o sucesso verdadeiro não está em conquistar apenas bens materiais, mas em viver um chamado alinhado com o Reino de Deus.

Os discípulos após passarem a noite inteira pescando sem sucesso, estavam desanimados. Antes de encher os barcos com peixes, Jesus os convidou a colocar o Reino em primeiro lugar, usando o barco como instrumento de pregação. Isso nos ensina que, quando entregamos nossa vida a Deus, confiamos Nele, Ele age poderosamente em nosso favor.

Hoje cuide para fazer do Reino de Deus sua prioridade onde quer que você esteja. Lembre-se de que o Senhor cuida daqueles que depositam sua confiança Nele. Quando Deus está no centro da nossa vida, milagres se tornam parte do nosso cotidiano. Confie, priorize o Reino, e as demais coisas serão acrescentadas conforme a vontade de Deus sobre a sua vida.

ANOTAÇÕES

CHAMADOS PARA A LIBERDADE

Permaneçam firmes na liberdade para a qual Cristo nos libertou e não se submetam novamente a um jugo de escravidão.

GÁLATAS 5.1

café com Deus Pai

A busca pela liberdade é um tema recorrente de livros, séries e filmes. Isso reflete como a humanidade se vê aprisionada, seja à desigualdade, seja à rotina maçante, seja aos problemas financeiros, seja a uma situação emocional. No entanto, a liberdade não está escondida, como um tesouro, tampouco pode ser comprada ou conquistada. A verdadeira liberdade que cada um de nós precisa foi garantida por Jesus na cruz.

Muitos pensam que o cristianismo é um conjunto de regras como "Faça isto" e "Não faça aquilo". Contudo, a realidade é que os cristãos foram chamados para viver a liberdade em Cristo. Não podemos cair no perigo de crer que nossa salvação vem por nosso mérito, pelo que fazemos ou deixamos de fazer. O apóstolo Paulo explica: *"Pois pela graça vocês são salvos, por meio da fé, e isto não vem de vocês, é dom de Deus; não por obras, para que ninguém se glorie"* (Efésios 2.8,9).

Os cristãos não são chamados a viver sob o jugo da lei, mas pela liberdade em Jesus. Isso não significa viver para si mesmo, de maneira imoral ou depravada, pois liberdade não é autorização para pecar. A verdadeira liberdade consiste em sermos guiados pelo amor.

Sem o amor de Deus Pai, a salvação em Jesus e o direcionamento do Espírito Santo, não podemos encontrar a verdadeira liberdade. Qualquer outro recurso que busquemos para preencher esse vazio e qualquer outra sensação são passageiros e podem nos comprometer, a ponto de perdermos a nossa paz; já a liberdade para a qual fomos chamados é eterna.

A verdadeira liberdade está na verdade que é Cristo Jesus.

@juniorrostirola

365 DEVOCIONAL
307/365

✝ LEITURA BÍBLICA
GÁLATAS 5.1-15

ANOTAÇÕES

COLOQUE SUA VIDA EM ORDEM

Com sabedoria se constrói uma casa; com discernimento ela se consolida. Pelo conhecimento os seus cômodos se enchem do que é precioso e agradável.

PROVÉRBIOS 24.3,4

café com Deus pai

Deixe para trás tudo aquilo que impede você de viver o novo.

@juniorrostirola

DEVOCIONAL 365
308/365

LEITURA BÍBLICA
1PEDRO 1.13-25

A relação entre corpo, mente e ambiente é incontestável. De acordo com especialistas, ambientes desorganizados podem sobrecarregar o cérebro, diminuir a sensação de bem-estar e segurança, dificultar a capacidade de concentração e aumentar o estresse e a fadiga. Ambientes organizados, por sua vez, estão associados a calma e controle e podem gerar melhorias no humor, na produtividade e no gerenciamento do tempo.

O ambiente em que estamos é tanto um reflexo quanto um fator que influencia nosso estado mental e emocional. Dessa forma, criar bons hábitos de limpeza e organização é essencial. Temos de aprender a cuidar de nossa casa e conservá-la limpa, do mesmo modo que temos de cuidar de nosso coração e enchê-lo *"do que é precioso e agradável"* (Provérbios 24.4).

Assim como limpamos e arrumamos a casa quando estamos à espera de uma visita, precisamos deixar nossa vida em ordem, pois somos morada do Espírito Santo (cf. 1Coríntios 6.19). É tempo de você deixar para trás hábitos prejudiciais e que não edificam, viver em busca de sabedoria e discernimento segundo a Palavra, cultivar hábitos saudáveis, preservar o coração, tomar cuidado com a maneira em que gasta tempo e esforços, e pedir ao Espírito Santo que indique quais áreas de sua vida precisam de atenção.

Por isso, reflita: sua casa está limpa? E o seu coração? Peça hoje mesmo ao Espírito Santo que o ajude e revele o que precisa ser feito para que a sua vida e casa estejam em ordem.

ANOTAÇÕES

O PERDÃO DE DEUS

Suportem uns aos outros e perdoem as queixas que tiverem uns contra os outros. Perdoem como o Senhor os perdoou.

COLOSSENSES 3.13

Não existe nada mais satisfatório do que a sensação de ser perdoado. É algo tão gratificante e libertador saber que Aquele com quem falhamos nos perdoou completamente, depois de termos carregado todo o peso do nosso erro. Jesus instruiu seus discípulos a pedirem perdão ao Pai todas as vezes que orassem, reconhecendo sua condição de pecadores.

Jesus já sabia que todos nós, por causa de nossa natureza inclinada ao erro, iríamos viver com a conta no vermelho com Deus, pois, por mais que venhamos a buscar ter uma vida reta, em algum momento estaremos sujeitos a falhar. E nem por isso Deus nos condenou nem desistiu de nós. O Espírito Santo nos capacita a viver de forma afastada do pecado, mas nossa natureza caída, herdada de Adão, continua em nós. Por isso, há essa guerra constante entre carne e espírito. Em Gênesis 4.7, Deus alerta Caim, dizendo que o pecado estava à porta tentando conquistá-lo. Portanto, devemos estar atentos e vigilantes.

Entretanto, graças à maravilhosa obra de Jesus, temos acesso ao perdão e à força para vencer o pecado, motivo pelo qual você não pode se prender ao passado. Não perca nas trevas aquilo que Deus lhe entregou na luz; não fique preso ao que passou, mas achegue-se aos pés de Jesus e, por meio de um arrependimento genuíno, receba a libertação de toda e qualquer corrente que o prendia.

O perdão faz parte da natureza de Deus, e, com Ele, temos um novo horizonte pela frente, um caminho livre do pesado fardo do ressentimento e da culpa. Não importa por onde você tenha andado, não há nada que Jesus não possa perdoar. Não há nenhum vaso quebrado que não possa ser refeito, e não há nenhum filho pródigo que não possa voltar para a casa do Pai.

O arrependimento faz parte da vida dos que são humildes.

@juniorrostirola

365 DEVOCIONAL
309/365

✝ LEITURA BÍBLICA
EFÉSIOS 4.31-32
MATEUS 6.14,15
ROMANOS 12.17,18
1PEDRO 3.8,9

ANOTAÇÕES

O CUIDADO DE DEUS

Pois o SENHOR *disciplina a quem ama, assim como o pai faz ao filho a quem deseja o bem.*

PROVÉRBIOS 3.12

Quantas vezes preferimos o silêncio ao confronto? Fugimos da correção porque tememos a dor de encarar quem realmente somos. Mas a verdade é que ninguém cresce no conforto. Crescemos quando temos a coragem de olhar para dentro e ouvir o que Deus deseja nos falar, mesmo que não seja o que gostaríamos de ouvir. Entenda: a correção de Deus não é punição; é cuidado.

Se evitarmos as conversas difíceis com Deus, fugimos também da profundidade no relacionamento com Ele. Às vezes, fazemos o mesmo com as pessoas: preferimos relações superficiais, porque temos medo de sermos expostos, de admitir nossas fraquezas. Deus, porém, não quer uma amizade rasa conosco. Ele quer intimidade, e ela envolve verdade, vulnerabilidade e também confronto.

Quando Deus nos corrige, Ele está nos chamando para perto, para vivermos o que Ele sonhou para a nossa vida. Nesse processo, por mais desconfortável que seja, o amor do Pai nos transforma. O crescimento acontece quando deixamos o orgulho de lado e permitimos que o Espírito Santo molde nosso caráter e influencie nossas decisões.

Então, se hoje Deus o chamar para uma conversa sincera, não fuja. Talvez Ele queira tratar algo que tem impedido você de avançar. Lembre-se: quem foge da correção foge da chance de viver algo profundo e verdadeiro com o Pai. Por isso, escolha o caminho da verdade e receba bem as orientações de Deus para a sua vida, pois só assim você crescerá em todas as áreas.

Nada pode paralisar um sonho de Deus na sua vida, a não ser você mesmo.

@juniorrostirola

DEVOCIONAL 365
310/365

LEITURA BÍBLICA ✝
DEUTERONÔMIO 8.5
HEBREUS 12.5,6
APOCALIPSE 3.19
SALMOS 94.12

ANOTAÇÕES

DA MORTE PARA A VIDA

Jesus lhe disse:
— Eu sou a ressurreição e a vida. Aquele que crê em mim, ainda que morra, viverá.

JOÃO 11.25

café com Deus Pai

Jesus realizou muitos milagres enquanto esteve na terra. Ele deu visão aos cegos, fez paralíticos andarem, surdos ouvirem e curou pessoas com enfermidades incuráveis do ponto de vista humano. Seu maior milagre, porém, foi derrotar a morte. Em João 11, Cristo ressuscita Lázaro; no capítulo 20 do mesmo livro, Jesus vence a própria morte e nos garante a vida eterna.

A morte do nosso corpo é inevitável; cedo ou tarde, ela acontecerá. A ressurreição de Jesus, então, serve como fonte de esperança da vida eterna com o Pai e como certeza de que não existe coisa alguma que Cristo não seja capaz de trazer de volta à vida.

Existe algo dentro de você que morreu? Será que foram sonhos? Talvez algum projeto ou plano? Será que foi a sua confiança, esperança, alegria ou paz? O que quer que tenha sido, Jesus tem poder para derrotar essa morte, seja ela física, seja emocional, seja espiritual.

Não há trauma emocional, abuso, ferida do passado nem relacionamento rompido que possa prevalecer diante do poder de Jesus Cristo. Ele ressuscitou dentre os mortos e trouxe cura para os enfermos e pode restituir seus sonhos e sarar as feridas da sua alma. Ele tem poder para trazer renovo e transformação para a sua realidade.

Muitas pessoas enfrentam medos, ansiedades, inseguranças, angústia, desespero. Tamanha dor, não conseguem mais sorrir ou sonhar com dias melhores. Eu já estive nessa situação e posso afirmar que Jesus é capaz de dar a você nova alegria. Ele tem poder para trazer vida. Não sei o que morreu em você, mas quero encorajá-lo a confiar no poder da ressurreição de Cristo.

Ainda que o passado tenha sido extremamente difícil, saiba que em Deus há um amplo horizonte à frente.

@juniorrostirola

365 DEVOCIONAL
311/365

✝ LEITURA BÍBLICA
1CORÍNTIOS 15

ANOTAÇÕES

DEPOIS DE CRISTO

Portanto, se alguém está em Cristo, é uma nova criação. As coisas antigas já passaram; eis que se fizeram novas!

2CORÍNTIOS 5.17

Um encontro com Jesus muda tudo.

@juniorrostirola

DEVOCIONAL 365
312/365

LEITURA BÍBLICA †
JOÃO 3.1-21

ANOTAÇÕES

Acontecimentos marcantes produzem transformação. O calendário, por exemplo, é dividido entre antes de Cristo (a.C.), como referência aos anos anteriores ao ano 1, e depois de Cristo (d.C.), para indicar os anos seguintes.

Assim como o nascimento de Jesus gerou uma mudança significativa na história do mundo como um todo, também produziu mudanças na vida de cada pessoa. Apesar de cada um que se encontrou com Jesus ao longo de Seu ministério terreno ser diferente dos demais — homens e mulheres, judeus e samaritanos, ricos e pobres —, os Evangelhos mostram algo em comum: ninguém permanece igual após um encontro com Jesus.

Ainda hoje, toda pessoa que se encontra genuinamente com Jesus passa por uma mudança de vida. Quando conhecemos a verdade, que é Jesus, somos transformados pela ação do Espírito em nós. Essa mudança consiste em nos despir da antiga maneira de viver para sermos renovados pelo Senhor (cf. Efésios 4.22-24).

Muitas vezes, quando alguém se torna cristão, escuta comentários como: “Você mudou” ou “Você está tão diferente agora”. Essa mudança é mais do que esperada; ela é necessária. A conversão significa isto: transformação, mudança de caminho. Errado seria se alguém permanecesse igual após ter tido um encontro com Jesus. Se não experimentou transformação ainda, é porque não se encontrou com Ele. Ao olhar para quem éramos antes de conhecer Jesus e para quem nos tornamos após nos encontrarmos com Ele, as diferenças precisam ser nítidas.

A CASA DO PAI

O mais novo disse ao pai: "Pai, quero a minha parte da herança". [...] Não muito tempo depois, o filho mais novo reuniu tudo o que tinha, foi para uma região distante e lá desperdiçou os seus bens, vivendo desenfreadamente.

LUCAS 15.12,13

Quando Jesus contou essa parábola, desejou enfatizar algumas verdades espirituais a respeito de Deus e sobre nós. A primeira verdade é que somos filhos amados, e nada do que façamos ou já tenhamos feito irá mudar essa realidade. A segunda verdade é que temos um Pai que sonhou conosco desde antes de estarmos no ventre de nossa mãe, ou seja, não fomos gerados por acaso, mas planejados por Deus. A terceira verdade é que a decisão de permanecer ou não nesse amor é nossa.

Em Deus temos identidade, paternidade e um lar. Nele temos também provisão, proteção, abrigo e direção. Então, temos tudo de que precisamos para desfrutar de uma vida abundante; basta decidirmos permanecer sob os cuidados do Pai.

Entenda que Deus jamais vai obrigar seus filhos a permanecer em sua companhia; Ele nos deu o livre-arbítrio, pois, afinal, quem ama dá liberdade ao outro. Contudo, nosso relacionamento com Deus só será estabelecido e bem-sucedido quando tomarmos a decisão de permanecer em casa, na comunhão com o Pai, sob o seu cuidado.

Não sei onde você está vivendo, nem por onde andou, mas Deus Pai recebe de braços abertos e dá uma nova oportunidade aos seus filhos, ainda que tenham decidido trilhar outros caminhos durante a vida.

Você não foi criado para viver sozinho ou isolado, mas sim, sob os cuidados de Deus, que é um Pai amoroso e perdoador. Saiba que nada que você possa ter feito fará que Ele o ame menos. Contudo, você tem uma escolha a fazer: permanecer nesse amor, ou andar sozinho. Decida corresponder com o Pai, pois tudo aquilo que você possa ter procurado lá fora não pode se comparar com o que Ele tem reservado para você neste tempo.

Em Deus, sabemos quem somos e para onde vamos.

@juniorrostirola

365 DEVOCIONAL
313/365

✝ LEITURA BÍBLICA
PROVÉRBIOS 1.29-33
TIAGO 4.13-17

ANOTAÇÕES

NÃO OBSERVE OS VENTOS

Quem fica observando o vento não plantará, e quem fica olhando para as nuvens não colherá.

ECLESIASTES 11.4

Quando o medo afronta, a fé o enfrenta.

@juniorrostirola

DEVOCIONAL 365
314/365

LEITURA BÍBLICA
PROVÉRBIOS 6.6-8
PROVÉRBIOS 20.4
2CORÍNTIOS 5.7
SALMOS 126.5,6
GÁLATAS 6.9
TIAGO 4.17

ANOTAÇÕES

Salomão nos ensina que observar o vento é deixar que as circunstâncias ditem o ritmo da nossa vida. Deus nos chama para vivermos pela fé, mas, muitas vezes, trocamos a confiança Nele por medos e incertezas.

Então, eu lhe pergunto: quantas vezes deixamos de avançar por medo do que pode dar errado? É como se a nossa mente entrasse em uma busca incessante por justificativas para não agir: "Talvez chova", "E se der errado?", "E se eu não conseguir?", "E se rirem de mim?". Essas dúvidas, como ventos contrários, nos paralisam. Pedro é um exemplo claro disso. Quando Jesus o chamou para andar sobre as águas, ele foi. Mas, ao reparar no vento, começou a afundar. O vento não tinha poder de fazê-lo cair, mas foi o desvio do seu olhar para Jesus que o derrubou. A fé que o sustentava cedeu espaço à dúvida e, consequentemente, à queda.

E em sua vida? Quantas vezes o vento da crítica, da falta de recursos ou até mesmo das experiências passadas o impediram de dar um passo em direção ao que Deus tem para você? Jesus nunca prometeu que não enfrentaríamos ventos contrários; o que Ele nos garante é que nunca nos deixará sozinhos. Ele nos vê no meio da tempestade, mesmo quando parece que está demorando para agir. O segredo para não afundar é fixar os olhos em Jesus, na sua palavra, não nas circunstâncias.

Não deixe que o medo dos ventos paralise você, mas lembre-se: a palavra de Deus é mais forte que qualquer tempestade. Ele ainda é Aquele que acalma o mar e multiplica os pães em momentos que parecem improváveis. Decida hoje confiar mesmo que os ventos estejam soprando. Porque, quando tudo parecer fora de controle, Jesus estenderá a mão e dirá: "Coragem, sou eu. Não tenha medo".

TRANSFORME SUA DOR

Bendito seja o Deus e Pai do nosso Senhor Jesus Cristo, [...] que nos consola em todas as nossas tribulações, para que possamos consolar os que estão passando por tribulações com a consolação que recebemos de Deus.

2CORÍNTIOS 1.3,4

Quando olho para trás e penso em tudo o que vivi até hoje, vejo o propósito de Deus Pai em todas as coisas. Ainda que eu não compreendesse, Ele estava comigo na dor e angústia, nas noites em que minha família e eu dormíamos fora de casa com medo do meu pai, nas vezes em que me senti inseguro e questionei a razão da minha existência.

Hoje entendo que até as circunstâncias mais dolorosas podem ser transformadas pelo amor do Pai. Ao encontrar esse amor, a dor que eu sentia por ter sido órfão de pai vivo foi sendo transformada no ardente desejo de ajudar pessoas que vivem situações semelhantes. Minha dor se tornou meu testemunho de esperança e do amor de Deus.

Não tenha dúvidas, Deus também pode fazer isso na sua vida. Você pode estar passando por uma dificuldade hoje que produzirá um testemunho para a edificação de outras pessoas. Fique atento a como Deus tem agido e cuidado da sua vida, para que você possa receber o que vem Dele e oferecer aos que estão ao seu redor.

Deus Pai está conosco em cada uma das nossas aflições. Ele nos concede seu amor e sua consolação. Quando o recebemos, experimentamos paz e esperança em meio às tribulações. Diante disso, não somos chamados apenas a ser gratos e a celebrar a sua bondade e misericórdia, mas também a repartir com outras pessoas por meio de nosso testemunho, de palavras de encorajamento, do serviço, da intercessão. Graças ao consolo que recebemos do Pai, podemos consolar os aflitos, levar alívio aos cansados e alegrar os abatidos.

Em Deus é possível transformar sua maior dor em seu maior testemunho.

@juniorrostirola

365 DEVOCIONAL
315/365

✝ LEITURA BÍBLICA
2CORÍNTIOS 1

ANOTAÇÕES

OS SINAIS DE DEUS

A tua palavra é lâmpada para os meus pés e luz para o meu caminho.
SALMOS 119.105

café com Deus Pai

Muitas vezes nossa vida não se consolida porque vivemos em constante oscilação de fé.

@juniorrostirola

DEVOCIONAL 365
316/365

LEITURA BÍBLICA
PROVÉRBIOS 6.23
SALMOS 19.8
JOÃO 8.12
2PEDRO 1.19

ANOTAÇÕES

A vida está cheia de sinais. Eles estão em todos os lugares: no trânsito, no céu que anuncia a chuva, no sorriso de quem nos ama, na dor de quem precisa de nós. E, assim como um motorista atento precisa observar os sinais da estrada para chegar ao seu destino, também nós precisamos reconhecer os sinais que Deus coloca em nosso caminho. Esses sinais não vêm para limitar, mas para nos proteger e conduzir com segurança até o propósito que Ele tem para nós.

Um dos sinais é a luz de Cristo refletindo em sua vida. A Palavra nos lembra em 1João 2.8 que *"as trevas se dissipam e já brilha a verdadeira luz"*. Quando Cristo entra em nossa vida, Ele ilumina tudo ao redor. É como abrir as janelas depois de um longo inverno e sentir o calor do sol aquecer a casa. A luz nos dá direção, nos livra do medo e nos convida a caminhar com confiança.

Tornamo-nos sensíveis aos sinais quando temos intimidade com Deus. Não estamos falando de um Deus distante, mas de um Pai que nos conhece pelo nome, que caminha ao nosso lado e que se deleita em estar conosco. Quando nos aproximamos Dele, experimentamos uma paz que o mundo não pode oferecer. Mas, muitas vezes, as distrações da vida nos levam para longe da presença do Pai, e certas coisas acontecem não porque Ele é um Deus ruim, mas porque nossas escolhas nos levaram para longe da luz que ilumina o caminho que devemos trilhar.

Pare um pouco hoje e observe os sinais que Deus tem colocado ao seu redor. Pode ser que Ele esteja usando uma simples situação, como um momento de silêncio, uma conversa inesperada ou até mesmo este devocional, para dizer: "Eu estou aqui. Confie em mim". Deixe a luz de Deus iluminar o seu caminho, pois Ele é um Pai presente que o ama profundamente.

NOS BRAÇOS DO PAI

Se o SENHOR não for o construtor da casa, inútil será o trabalho dos construtores. [...] Inútil será para vocês levantar cedo e dormir tarde, trabalhando arduamente por alimento. Pois ele concede o sono a quem ama.

SALMOS 127.1,2

Quantas vezes você sente que precisa estar sempre ocupado para se sentir útil? Eu entendo bem isso. A verdade é que vivemos em uma sociedade que valoriza o "fazer" mais do que o "ser". Cumprir listas, bater metas, produzir mais e mais. Se pararmos para pensar, atualmente temos colocado nossa identidade naquilo que fazemos, não em quem somos em Deus.

Sabe o que isso significa? Que podemos fazer mil coisas, mas, se Deus não estiver no centro, tudo estará vazio. Às vezes, somos como aquele armário cheio de coisas, prestes a explodir. Tentamos manter tudo de pé, mas a alma está cansada, e o coração ansioso. À medida que acumulamos compromissos, perdemos a sensibilidade de perceber a presença de Deus nas pequenas coisas: um pôr do sol, um abraço, um café tranquilo com alguém que amamos. É como se Deus dissesse: "Filho, você não precisa se esgotar para ser amado. Eu cuido de você".

Deus quer nos ensinar a descansar em seus braços. Ele deseja nos mostrar que nossa importância não vem de quanto produzimos, mas do amor que Ele tem por nós. Não somos amados por fazer, mas por sermos filhos. Ele deseja nos tirar do aperto e da correria e nos levar para um espaço de paz, onde podemos respirar fundo e sentir sua alegria, sem pesos ou inquietações em nosso coração. Como está escrito em Salmos 18.19: *"Deu-me ampla liberdade; livrou-me, porque me quer bem"*.

Deus Pai quer o seu bem em todo o tempo; então, sim, você deve planejar e trabalhar, mas sem perder a leveza de saber que Deus é quem sustenta todas as coisas com sua poderosa mão. Tente parar um pouco, respirar e lembre-se: sua vida está segura nas mãos de Deus, e Ele não espera que você viva sobrecarregado e lhe deixa a sua paz.

Quando estiver cansado, é tempo de descansar, não de desistir!

@juniorrostirola

365 DEVOCIONAL
317/365

LEITURA BÍBLICA
PROVÉRBIOS 16.3
JOÃO 15.5
PROVÉRBIOS 10.22
SALMOS 121.1,2

ANOTAÇÕES

ELE NÃO SE ESQUECEU DE VOCÊ

O rei perguntou-lhe:
— Resta ainda alguém da família de Saul a quem eu possa mostrar a bondade de Deus?

2SAMUEL 9.3

Por que temer o amanhã se Deus já está lá?

@juniorrostirola

DEVOCIONAL 365
318/365

LEITURA BÍBLICA
PROVÉRBIOS 3.3,4
MIQUEIAS 6.8
MATEUS 5.7
ROMANOS 12.20
2TIMÓTEO 2.13

ANOTAÇÕES

Mefibosete tinha tudo para viver uma vida gloriosa: neto do rei Saul, filho de Jônatas, nasceu no meio de riquezas e honra. Mas a vida, como tantas vezes acontece, deu uma reviravolta. Com apenas 5 anos, perdeu o avô, o pai e sua segurança. Em meio ao caos, uma queda deixou-o incapaz de andar para o resto de sua vida.

Desde então, sua história foi de abandono e perda. O herdeiro de um trono passou a viver em Lo-Debar, lugar de esquecimento, fome e abandono. Ali ele se tornou um reflexo de sua realidade: quebrado, esquecido, sem valor aos olhos do mundo. Mas um dia algo mudou. O rei Davi, agora no trono, levantou-se e perguntou: *"Resta ainda alguém da família de Saul, a quem eu possa mostrar a bondade de Deus?"*. Essa pergunta ecoou além dos corredores do palácio; foi um chamado divino que atravessou os anos de silêncio na vida de Mefibosete.

Deus Pai continua à procura daqueles que estão quebrados, vivendo em Lo-Debar. Ele não se esqueceu de você. Não importa onde você está ou em que situação se encontra, Deus sabe o seu endereço e conhece seu coração. Quando Mefibosete foi levado até Davi, ele temeu o pior. Mas, em vez de condenação, encontrou graça. Davi não apenas o resgatou, mas restaurou tudo o que ele havia perdido, e mais: deu a ele um lugar à mesa do rei — um convite para ser tratado como filho.

O Senhor estende sua misericórdia e não nos escolhe pelos méritos, mas pelo seu amor. Mesmo quando nos sentimos indignos, Deus não se importa com nossas limitações, com nossos fracassos ou com onde estivemos. Declaro sobre você um novo tempo, onde você deixará Lo-Debar para ser conduzido por Deus Pai à sua mesa, onde há provisão, restituição e identidade.

EM OBRAS

Estou convencido de que aquele que começou a boa obra em vocês há de completá-la até o dia de Cristo Jesus.

FILIPENSES 1.6

Quebra. Derruba e levanta poeira. Assenta tijolo. Passa reboco. Lixa e levanta mais poeira. Qualquer pessoa que já construiu ou reformou um imóvel ou parte dele sabe como é exaustivo. Há quem diga que não se termina uma obra, mas se desiste dela, pois algumas vezes parece que não terá fim. Quando pensamos finalmente estar terminando, surge um imprevisto, um obstáculo, ou é necessário fazer alterações e melhorias para alcançar o objetivo.

Nossa vida está permanentemente em obras. Somos seres inacabados. Estamos em processo constante de crescimento e transformação. Ninguém pode ser aperfeiçoado da noite para o dia. Quando começamos nosso relacionamento com Jesus como nosso Senhor e Salvador, entregamos nossa vida a Ele e damos início a uma grande reforma na nossa maneira de pensar e agir.

Não basta dizer "Sim" para Deus; temos de dizer "Sim" todos os dias para a obra que Ele quer fazer em nós e por intermédio de nós, a fim de sermos moldados cada dia e transformados à imagem de Cristo por intermédio da ação do Espírito Santo. É no desenvolvimento contínuo de um relacionamento com Deus que somos transformados, reformados, aperfeiçoados. Por sua graça e generosidade, Ele quebra e constrói conforme precisamos para que vivamos de acordo com a vontade Dele até a volta de Jesus.

Somente Deus é capaz de completar a boa obra de que precisamos. Ele não abandona seus projetos e planos para a nossa vida. Muitas vezes, nós é que o abandonamos. Precisamos decidir se de fato vamos até o final da obra ou queremos fazer emendas. Uma construção emendada nunca será perfeita, sempre sofrerá danos. Mas, quando permitimos que o projetista e o construtor executem o projeto até o final, por mais que ao seu tempo pareça demorado, o resultado será surpreendente.

café com Deus pai

Estamos em constante processo de melhoramento. Hoje melhores que ontem e amanhã melhores que hoje!

@juniorrostirola

365 DEVOCIONAL
319/365

✝ LEITURA BÍBLICA
GÊNESIS 35.1-15

ANOTAÇÕES

ACOLHIDO PELA GRAÇA

Ele mesmo levou no corpo os nossos pecados sobre o madeiro, a fim de que morrêssemos para os pecados e vivêssemos para a justiça. Por suas feridas vocês foram curados.

1PEDRO 2.24

café com Deus Pai

Jesus vê quem você realmente é, e somente isso importa.

@juniorrostirola

DEVOCIONAL 365
320/365

LEITURA BÍBLICA †
LUCAS 17.11-19

ANOTAÇÕES

Muitas pessoas têm o hábito de colocar rótulos nas outras. Características físicas, traços de personalidade e acontecimentos marcantes podem ser o motivador de um apelido que, embora quem o coloque afirme que não é nada além do que uma brincadeira, não é incomum que exista a intenção de ferir, prejudicar e desmerecer o outro.

Por anos, ir à escola era doloroso para mim. Os meus colegas zombavam do meu primeiro nome e também proferiam palavras maldosas a meu respeito. O que fez que eu me isolasse de tudo e de todos. O *bullying* é paralisante e causa feridas e inseguranças que podem durar anos e, em casos extremos, levar a vítima a tirar a própria vida. Confesso que por muitos momentos, no ápice daquela dor, pensei nisso.

A Bíblia narra diversos encontros de Jesus com pessoas excluídas pela sociedade da época e rotuladas em razão de sua profissão, enfermidade ou história de vida. O discípulo Mateus e o seguidor Zaqueu eram estigmatizados por serem publicanos. Os leprosos eram considerados impuros e tinham de viver à margem da sociedade. A mulher samaritana e a mulher flagrada em adultério eram desprezadas.

Com Jesus, tudo é diferente: Ele não o acusa, não zomba de você, não o rotula; muito pelo contrário, Ele o aceita, o cura, o restaura e mostra o valor que você tem. Ele nos vê: para além de rótulos e apelidos maldosos. Ele vem ao nosso encontro, supre nossas necessidades e nos dá sua graça.

Talvez você tenha enfrentado ou enfrente dias difíceis, nos quais se viu ou se veja difamado, ridicularizado, rejeitado. Entretanto, quero lhe dizer algo importante: você é um filho amado de Deus Pai. Foi criado à imagem e semelhança Dele. Antes que você chegasse no ventre da sua mãe, Ele já o havia escolhido. Então, ainda que tenha sido machucado, saiba que em Deus você é curado e amado.

AMOR QUE INSPIRA

Um novo mandamento dou a vocês: Amem uns aos outros. Como eu os amei, vocês devem amar uns aos outros. Deste modo todos saberão que são meus discípulos: se vocês amarem uns aos outros.

JOÃO 13.34,35

O amor é o coração de toda a mensagem das Escrituras. Ele não é só um sentimento; é a essência de quem o Pai é e do que Ele sonha para nós. Jesus nos fez um convite simples, mas revolucionário: amar como Ele ama, com a mesma graça que Ele derrama sobre nós todos os dias.

Pense nisto: Jesus nos aceita como somos. Em João 3.17, está escrito: *"Pois Deus enviou o seu Filho ao mundo não para condenar o mundo, mas para que o mundo fosse salvo por meio dele"*. Ele não aponta o dedo, mas abre os braços. Quando encontro alguém difícil de amar, lembro-me das palavras de Jesus à mulher adúltera: *"Se algum de vocês estiver sem pecado, seja o primeiro a atirar pedra nela"* (João 8.7). Contudo, entenda que aceitar e amar não é aprovar todas as atitudes, mas ter a certeza de que Deus é capaz de trabalhar nos corações e transformar não apenas comportamentos, mas também realidades.

Ele nos valoriza profundamente. Saiba que seu valor não vem do que você faz ou de suas capacidades, mas sim, Daquele que o criou e pagou por você um alto preço na cruz do Calvário, tudo isso por amor. Quando entendemos isso, tudo muda. Jesus perdoa sem guardar rancor e acredita em nós, mesmo quando duvidamos. Ele viu potencial em mim, uma pessoa que vivia fragmentada e sem esperanças.

Talvez seus maiores fracassos sejam resultado de seus julgamentos e murmurações. Hoje convido você a enxergar seu próximo sem críticas, mas sim, com o olhar de compaixão e empatia, como Jesus nos ensina todos os dias; amar, aceitar, valorizar, perdoar e acreditar. Trilhe esse caminho a partir de hoje e se prepare para a jornada mais incrível da sua vida.

O maior gesto de amor da história foi a cruz. Jesus te amou primeiro, e isso basta para viver em amor.

@juniorrostirola

365 DEVOCIONAL
321/365

✝ LEITURA BÍBLICA
1JOÃO 3.11; 4.7,8
GÁLATAS 5.13,14
EFÉSIOS 5.2

ANOTAÇÕES

REMOVENDO A ERVA DANINHA

café com Deus Pai

Quando vem o orgulho, chega a desgraça,
mas a sabedoria está com os humildes.

PROVÉRBIOS 11.2

Perca as discussões, mas ganhe as pessoas.

@juniorrostirola

DEVOCIONAL 365
322/365

LEITURA BÍBLICA
ROMANOS 12.9-21

Muitos relacionamentos são destruídos pelo orgulho, que, com frequência, leva as pessoas a preferirem ter razão a ter paz. Ou a escolher priorizar os próprios interesses em vez das necessidades do próximo. Ou, então, a ficarem orgulhosos de ganhar discussões, ainda que, para isso, tenham de perder pessoas.

A partir do momento em que nos importamos mais com estar certos do que com o outro, precisamos repensar nossas prioridades e rever nossos valores. O autor e palestrante Tiago Brunet, um querido amigo, costuma dizer que o orgulho é o mal da humanidade. Como uma erva daninha, esse mal enfraquece os relacionamentos até destruí-los por completo. Pessoas são mais importantes do que vencer discussões. Não permita que o mato cresça entre você e uma pessoa, a ponto de não enxergá-la mais.

Nada poderia nos levar para mais longe da essência de Jesus do que o orgulho. Cristo é manso e humilde de coração (cf. Mateus 11.29), veio ao mundo para servir e dar a vida pela humanidade (cf. Marcos 10.45). Ele demonstrou na prática o que é amar e cuidar do próximo. Como seus seguidores, nossa vida deve ser um reflexo de como Ele viveu na terra. Desse modo, temos de nos desprender do orgulho e deixar de lado a soberba, a arrogância e o egoísmo.

Se queremos refletir a essência de Jesus, temos de arrancar a erva daninha e garantir que ela não volte a corromper nossos relacionamentos e nossa vida espiritual. Como você tem agido com o seu próximo? Aprenda com Jesus a amar, servir e cuidar do outro como o Pai deseja que façamos.

ANOTAÇÕES

NÃO SE IMPORTE COM O QUE NÃO TEM IMPORTÂNCIA

Pensem nas coisas do alto,
não nas coisas da terra.

COLOSSENSES 3.2

Muito se fala sobre aquilo a que damos importância. Também é preciso falar sobre o que não dar importância. Existe um fenômeno chamado viés da negatividade, proposto pelos pesquisadores Paul Rozin e Edward Poysman, que consiste na tendência dos seres humanos de serem mais afetados pelas emoções negativas do que pelas positivas.

Essa tendência seria o motivo de ficarmos entristecidos, abatidos ou revoltados com notícias ruins, tragédias, críticas e conflitos por longos períodos em vez de focar no que há de bom. Conforme nutrimos sentimentos e pensamentos ruins, nossa perspectiva do mundo se torna cada vez mais negativa.

Embora estejamos, sim, sujeitos a muitas situações de dor e tristeza, como perdas, doenças, decepções e rompimentos, é importante aprendermos a discernir entre o que merece nossa atenção ou não. Não vale a pena dedicar tempo e dar poder a situações e pessoas que não contribuem para nosso crescimento. Pare de dar importância ao que não edifica, ensina ou não é condizente com a Bíblia.

Em vez disso, aprenda a abrir mão das críticas sem fundamento, dos comentários maldosos, das queixas dos ingratos. Pare de se importar tanto com a opinião alheia, de quem nem sequer sabe seu nome completo. Não alimente rumores, boatos e mentiras. Em vez disso, volte sua mente para as coisas que vêm do alto e o aproximam da vontade de Deus Pai.

O que não edifica não merece cimento.

@juniorrostirola

365 DEVOCIONAL
323/365

✝ LEITURA BÍBLICA
EFÉSIOS 4.17-24

ANOTAÇÕES

FORÇA E CORAGEM

café com Deus pai

Quando clamei, tu me respondeste;
deste-me força e coragem.

SALMOS 138.3

É preciso fé para começar, força para caminhar e coragem para vencer.

@juniorrostirola

DEVOCIONAL 365
324/365

LEITURA BÍBLICA
2CORÍNTIOS 12.9
SALMOS 138
JEREMIAS 33.3
SALMOS 34.17
ISAÍAS 41.10
SALMOS 18.6

ANOTAÇÕES

O desânimo pode se apresentar em nossa vida como uma sombra que insiste em nos fazer parar, especialmente diante de sonhos não realizados, desafios inesperados ou períodos de longa espera. Mas Deus Pai, em Sua Palavra, nos mostra que não estamos sozinhos nessa caminhada. Ele nos convida a confiar Nele, a buscar forças em sua presença e a lembrar de que cada batalha enfrentada com fé nos aproxima do cumprimento de suas promessas.

O texto que lemos nos traz uma mensagem de esperança: Deus não apenas cumpre Suas promessas, mas também anuncia coisas novas antes mesmo que aconteçam. Essa é a certeza de que, quando somos fiéis, Ele trabalha em nosso favor, mesmo quando tudo parece desanimador. O Senhor é especialista em renovar as forças do abatido e levantar aquele que já não tem mais nenhum vigor. Essa renovação é a chave para seguir adiante, mesmo quando os obstáculos parecem intransponíveis.

Além de nos fortalecer, o Senhor nos convida a sonhar seus sonhos e preparar o nosso coração para o que virá. Este não é um momento de recuar ou nos perdermos em dúvidas, mas de ajustar prioridades e focar na direção que o Senhor está apontando.

Convido você a estabelecer os princípios da Palavra de Deus como a fundação de um edifício que será construído. Comece com passos práticos: ore, leia a Bíblia, confie no Senhor, reorganize seu tempo ou sua agenda e celebre cada pequena vitória. Impacte aqueles ao seu redor com uma vida que reflete transformação e bondade. Não permita que o desânimo defina sua trajetória, mas olhe para Jesus, o autor e consumador da fé. Prossiga com coragem e determinação!

LIBERTE-SE

[...] "Hoje, se vocês ouvirem a sua voz, não endureçam o coração."

HEBREUS 4.7

Há dias em que a gente não sabe explicar, mas o peito aperta, a alma pesa, e tudo dentro de nós parece meio bagunçado. Às vezes, é mágoa; outras vezes, ansiedade. Tem hora que é cansaço acumulado. Tem hora que é o tal do ressentimento, aquele sentimento que a gente acha que superou, mas que ainda nos rouba a paz de vez em quando.

A verdade é que a vida fere. E a gente vai colecionando cicatrizes no coração sem nem perceber. Uma palavra ofensiva, um abandono, uma injustiça, uma promessa quebrada – tudo isso vai deixando feridas. Só que, quando não permitimos que Deus cuide dessas feridas, elas inflamam. E um coração inflamado não ama com liberdade, não respira leveza, não se entrega com verdade.

A Bíblia diz: *"Acima de tudo, guarde o seu coração, pois dele origina a vida"* (Provérbios 4.23). Ou seja, não é só sobre proteger emoções, mas sobre cuidar da origem de tudo. Porque, quando o coração adoece, a vida desanda. Mas, quando ele está curado, tudo floresce.

Se hoje seu coração está ferido, entregue-o para Deus. Diga-lhe o que dói. Fale com sinceridade. Ele entende as lágrimas que ninguém vê e as orações que você ainda nem teve forças para fazer. E mais: Ele cura. Cura com amor, com presença, com graça.

Você não precisa viver ressentido. Você pode viver leve. E o primeiro passo é deixar Deus entrar onde você já tentou esconder de todo mundo.

O ressentimento aprisiona, enquanto o perdão liberta.

@juniorrostirola

365 DEVOCIONAL
325/365

LEITURA BÍBLICA
SALMOS 95.7-8
HEBREUS 3.7-8
ISAÍAS 55.6-7

ANOTAÇÕES

A PORTA

O porteiro abre-lhe a porta, e as ovelhas ouvem a sua voz. Ele chama as suas ovelhas pelo nome e as leva para fora. Depois de conduzir para fora todas as suas ovelhas, vai adiante delas, e estas o seguem, porque conhecem a sua voz.

JOÃO 10.3,4

Quem tem Jesus tem tudo.

@juniorrostirola

DEVOCIONAL 365
326/365

LEITURA BÍBLICA
SALMOS 23.1-3
JOÃO 10.14,15
EZEQUIEL 34.11,12

ANOTAÇÕES

A metáfora das portas é amplamente utilizada em nosso dia a dia para simbolizar oportunidades e encerramentos. Nos tempos bíblicos, essa imagem era ainda mais significativa, pois as portas representavam proteção, segurança e acesso às cidades fortificadas. Com isso, Jesus utiliza essa linguagem para se apresentar como a Porta, não simplesmente uma entre muitas, mas a única porta verdadeira que conduz ao propósito eterno e ao destino que Deus tem para cada um de nós.

Assim como portas físicas precisam de uma chave para serem abertas, espiritualmente só conseguimos acessar novos níveis e propósitos em nossa vida com a chave certa. As chaves, por sua vez, geralmente são confiadas apenas a quem consideramos de confiança, pois dão acesso ao que temos de mais valioso. Pense em sua casa: você entregaria uma cópia das chaves a qualquer pessoa? Certamente não. A chave é dada a quem confiamos plenamente.

Da mesma forma, pergunto: quem tem a chave das portas de sua vida? Você entregou a Jesus o acesso ao seu coração, permitindo que Ele entre e faça morada? Ou Ele ainda está do lado de fora, esperando que você o convide para entrar? Assim como não podemos acessar ambientes sem a chave certa, Jesus também não força a entrada. Ele espera que você abra a porta do seu coração para que Ele possa transformar sua vida.

Reflita hoje sobre essa decisão. Entregar a chave a Jesus é o primeiro passo para viver plenamente o que Ele tem para você. Não deixe que as portas do seu coração permaneçam fechadas para aquele que deseja ser cura, refúgio, esperança, segurança e guia. Dê a Ele o livre acesso à sua vida e veja como tudo será transformado.

QUANDO NADA PREENCHE

Então, Jesus declarou:
– Eu sou o pão da vida. Aquele que vem a mim nunca terá fome; aquele que crê em mim nunca terá sede.

JOÃO 6.35

café com Deus pai

Vivemos em uma geração que corre sem saber para onde vai. Em busca de um padrão de vida que reluz nas vitrines da mídia e nas *timelines* das redes sociais, muitos se veem presos em uma corrida sem linha de chegada. Trabalham em empregos que drenam suas forças, mantêm uma rotina que os adoece e, ainda assim, continuam, como se algo grandioso os esperasse no fim do caminho.

Mas o que acontece quando se alcança aquilo que parecia ser o "ideal"? A resposta de muitos é o silêncio, acompanhado do mesmo vazio de sempre. Por fora, conquistas. Por dentro, carência. Por fora, sucesso. Por dentro, solidão. Por fora, movimento. Por dentro, estagnação. Talvez você se sinta assim: andando em círculos, cansado, exausto, perguntando-se por que nada preenche esse vazio que cresce dentro do peito. A boa notícia é que você não precisa continuar assim.

Quando Cristo entra na nossa história, Ele reorganiza tudo: a pressa vira propósito, o peso vira leveza, e o vazio se enche de sentido. Com Ele, a vida deixa de ser uma repetição sem fim para se tornar uma jornada com direção.

Deus é especialista em recomeços. Talvez hoje você esteja vivendo esse vazio e tem buscado preenchê-lo com tantas coisas, mas nada o preenche. Eu o convido neste momento a entregar seu coração totalmente a Jesus, pois só Ele é capaz de preencher toda lacuna existente em sua vida.

Costumo dizer que a vida machuca, mas Deus cura. Pode ser que seus vazios foram gerados por feridas abertas ao longo dos anos. Eu o encorajo a olhar para o seu interior e reconhecer qual é a raiz do problema que causou esse vazio e deixar Jesus arrancá-la. Entenda: nada pode preencher o lugar que é só de Jesus em sua vida. Assim, seu coração será terra fértil para um novo plantio, em que coisas maiores e melhores virão.

Cuide para não estar cheio demais do que é vazio.

@juniorrostirola

365 DEVOCIONAL
327/365

✝ LEITURA BÍBLICA
JOÃO 7.37-38
ISAÍAS 55.1-2
APOCALIPSE 7:16-17

ANOTAÇÕES

COLHEITA

café com Deus pai

Semeiem a justiça para vocês mesmos, colham o fruto do amor leal e façam sulcos no seu campo não arado, pois é tempo de buscar o SENHOR, até que ele venha e faça chover justiça sobre vocês.

OSEIAS 10.12

Para colher novos frutos, é preciso lançar novas sementes.

@juniorrostirola

DEVOCIONAL 365
328/365

LEITURA BÍBLICA †
GÁLATAS 6.7-9

A vida é um campo, e todos os dias lançamos sementes: palavras, atitudes, escolhas silenciosas e até com reações impensadas. Nada passa despercebido aos olhos de Deus. Tudo o que plantamos, mais cedo ou mais tarde, floresce.

Algumas sementes são invisíveis, mas poderosas. Um gesto de bondade, uma oração em silêncio, um perdão oferecido sem ser solicitado, uma escolha honesta diante de uma tentação, tudo isso é semeadura. E há também aquelas sementes que lançamos sem perceber: a impaciência, o orgulho, o julgamento. Sementes que também germinam.

A Bíblia é clara: *"Pois o que o homem semear, isso também colherá"* (Gálatas 6.7). Parece simples, mas é profundo. A colheita não acontece no mesmo tempo da semeadura. Às vezes, ela vem rapidamente; outras vezes, leva tempo. Por isso, muitos se cansam de plantar o bem, mas é exatamente aí que está a questão: perseverar.

Há quem reclame da colheita sem perceber o que andou plantando. Por outro lado, há aqueles que seguem regando o solo com lágrimas, confiando que, no tempo certo, virá a alegria da colheita (Salmos 126.5).

Não negligencie o poder de uma semente pequena. Lembre-se: Deus não despreza o pouco; Ele apenas espera que sejamos fiéis. Continue plantando com fé, amor, paciência e verdade. Ainda que ninguém veja, Deus vê.

Se a sua colheita atual está difícil, peça a Deus discernimento. Talvez seja hora de mudar as sementes. É tempo de plantar boas sementes. Porque, quando a colheita vier — e ela virá —, você verá que valeu a pena.

ANOTAÇÕES

COMO VOCÊ REAGE

Sejam bondosos e compassivos uns para com os outros, perdoando-se mutuamente, como Deus os perdoou em Cristo.

EFÉSIOS 4.32

Certa vez, enquanto aguardava meu voo chegar, eu estava na cafeteria do aeroporto quando a atendente veio até mim, ao me servir café, ela acabou derramando-o em mim, e isso poderia ser motivo suficiente para eu reclamar. Foi então que, ao me perguntar se eu queria algo mais, eu afirmei que sim. E, quando ela me encarou com os olhos arregalados, esperando ser repreendida, eu lhe disse: "Quero lhe dizer que você é uma filha amada de Deus Pai!". Minha resposta inusitada imediatamente arrancou um sorriso do rosto daquela moça e fez que o seu dia, que provavelmente não corria bem, se transformasse.

Entenda que, no dia a dia, você será tentado a perder a sua identidade. Você foi criado para amar as pessoas, não para odiá-las. Você não tem controle do que as pessoas falam ou fazem com você. Mas tem controle do que faz e do que fala.

A correria, os imprevistos, os desafios e até as atitudes ríspidas de outras pessoas vão tentar moldá-lo de acordo com o mundo: reativo, impaciente, insensível. Mas nós fomos chamados para outro padrão. Muitas vezes, um olhar gentil, uma palavra doce ou um sorriso podem curar feridas que nem imaginamos que o outro carrega.

A moça da cafeteria talvez estivesse tendo um dos piores dias de sua vida. E uma palavra foi suficiente para lembrá-la de que, mesmo em meio ao caos, ela ainda era vista e amada por Deus.

Hoje talvez você encontre alguém como aquela moça. Que tal ser a resposta de Deus? Lembre-se de quem você é. Você foi chamado para amar, mesmo quando o mundo não responde de volta. Ou talvez você seja essa pessoa, à beira do colapso, esperando que alguém a enxergue além da sua pressa, do seu cansaço ou da sua frustração. Eu vim aqui para lhe dizer que você tem valor. Você é um filho amado, uma filha amada, de Deus Pai, e Ele tem grandes propósitos para realizar na sua vida.

Sua reação revela o seu coração.

@juniorrostirola

365 DEVOCIONAL
329/365

† LEITURA BÍBLICA
COLOSSENSES 3.12-13
MATEUS 6.14-15
1PEDRO 3.8-9

ANOTAÇÕES

PRESENÇA QUE TRAZ EQUILÍBRIO

Pai para os órfãos e defensor das viúvas é Deus em sua santa habitação. Deus dá um lar aos solitários, liberta os presos para a prosperidade [...].

SALMOS 68.5,6

café com Deus pai

Só o amor de Deus preenche o vazio gerado pelo abandono.

@juniorrostirola

DEVOCIONAL 365
330/365

LEITURA BÍBLICA †
SALMO 146.7-9

ANOTAÇÕES

No meu livro *Encontrei um Pai*, onde eu falo de paternidade, propósito e destino, cito uma história muito interessante e quero compartilhá-la com você.

Durante um tempo, na África do Sul, uma experiência feita com elefantes nos mostrou algo profundo sobre a importância da presença, especialmente da presença paterna. Para preservar a espécie, biólogos passaram a reproduzir elefantes por métodos científicos e, em pouco tempo, a população aumentou. Com a nova geração crescendo, decidiram transferir os mais jovens para outros parques naturais. Foi quando os problemas começaram. Rinocerontes, hipopótamos e outros animais apareceram feridos. Pensou-se em caçadores ou doenças. Mas, ao instalar câmeras de vigilância, descobriram algo surpreendente: os próprios elefantes jovens estavam agindo com violência.

Após estudar o caso, os especialistas chegaram a uma conclusão: o comportamento era fruto da ausência dos mais velhos. Aqueles elefantes cresceram sem a referência, cuidado e exemplo. Quando os adultos finalmente foram transferidos para junto deles, as agressões cessaram. A simples presença dos mais velhos trouxe equilíbrio.

A ausência de referências, especialmente a ausência da paternidade, gera desordem, confusão e feridas. Quando falta direção, perdemos o senso de pertencimento, de identidade, de propósito.

No entanto, a boa notícia é que, mesmo quando as figuras humanas falham, temos um Pai amado cuja presença é capaz de transformar todo o nosso comportamento, restaurar o nosso coração e reordenar nossa vida. Ele é aquele que nos guia pelo exemplo, nos ensina com amor e nos mostra o caminho da verdade.

Se você carrega marcas da ausência, saiba: o Pai está presente. A Sua presença transforma ambientes, histórias e gerações.

REALINHE SUAS ESCOLHAS

Não é bom ter anseio sem conhecimento;
muito menos ser precipitado e perder o caminho.

PROVÉRBIOS 19.2

Apressar ou atrasar os acontecimentos em nossa vida é como colher uma fruta fora de época. Se a colhermos cedo demais, ela estará verde e sem sabor; se demorarmos, pode estar estragada ou infestada de insetos. Em ambas as situações, os extremos trazem prejuízo. Assim também acontece com as estações que Deus estabelece em nossa vida. Quando uma estação se encerra, não há por que permanecer preso a ela.

O tempo é um presente precioso que Deus concede igualmente a todos. Cada dia tem vinte e quatro horas, cada semana tem sete dias, e os anos correm no mesmo ritmo para cada um de nós. No entanto, o que diferencia a vida de cada pessoa não é o tempo em si, mas como escolhe administrá-lo. Enquanto alguns constroem, avançam e prosperam, outros permanecem estagnados, como se estivessem presos em areia movediça, debatendo-se sem sair do lugar.

O segredo está nas prioridades. Como você tem usado o tempo que Deus colocou em suas mãos? Tem investido em coisas que realmente importam, alinhando suas decisões com o propósito que o Pai tem para a sua vida? Ainda há tempo para refletir, ajustar suas escolhas e começar a valorizar cada momento do seu dia.

Aproveite a oportunidade para rever seus princípios e reorganizar sua rotina, para que suas prioridades estejam alinhadas com os planos do Senhor. Valorize sua vida, vivendo com intencionalidade e propósito, sabendo que cada passo será determinante para desfrutar do extraordinário com Deus. O nível de comprometimento que você tem com Deus será o nível de rompimento com as áreas que o prendem hoje.

Deus deseja que você aprecie a vida, não se limite a apenas suportá-la.

@juniorrostirola

365 DEVOCIONAL
331/365

✝ LEITURA BÍBLICA
SALMOS 31.15
GÁLATAS 6.9
HABACUQUE 2.3

ANOTAÇÕES

RECOMECE

- O filho lhe disse: "Pai, pequei contra o céu e contra ti. Não sou mais digno de ser chamado teu filho".
- Contudo, o pai disse aos seus servos: "Depressa! Tragam a melhor roupa e vistam nele. Coloquem-lhe um anel no dedo e calçados nos pés".

LUCAS 15.21,22

A vida é repleta de desafios, e isso é assim para todos. Temos problemas e nós deparamos constantemente com circunstâncias contrárias. A vida pode nos apresentar os mais variados cenários, e, diante de todos eles, acabamos tomando diversas decisões. Essas decisões podem nos aproximar ou afastar de Deus.

Talvez no passado influências o tenham levado a caminhos sombrios, que lhe causaram feridas que machucam até hoje, e que o afastaram de Deus Pai. Mas a boa notícia é que hoje você tem uma nova oportunidade. Assim como o filho pródigo que, no texto que lemos, se arrependeu de seus maus caminhos e retornou à casa do Pai, você pode fazer o mesmo.

Jesus nos oferece uma nova oportunidade, e, para isso, precisamos abraçar as verdades de Deus a nosso respeito. Ainda que suas experiências anteriores não tenham sido boas com a religião, não estamos falando dela, mas sim do amor de um Pai que tem o melhor para seus filhos. Não importa o que você tenha feito, ou por onde tenha andado, entenda: nada jamais pode separar você do amor de Deus.

Entregue-se totalmente a Jesus, arrependa-se das decisões que tomou e dos erros que cometeu. Repita comigo: "Eu me arrependo, Senhor, dos meus erros, das minhas más escolhas, que me levaram para longe da Tua presença. Mas hoje, aqui estou, reconhecendo o quanto preciso de Ti e o quanto preciso mudar. 'Sonda-me, ó Deus, e conhece o meu coração; prova-me e conhece as minhas inquietações. Vê se no meu caminho algo te ofende e dirige-me pelo caminho eterno'".

Não viva mais em função do que falam a seu respeito, mas sim do que Deus pensa sobre você. Tenha certeza: Deus o perdoou e tem os melhores planos para a sua vida.

Você pode escolher enfrentar a mudança ou decidir ficar como está.

@juniorrostirola

DEVOCIONAL 365
332/365

LEITURA BÍBLICA
COLOSSENSES 1.13,14
1JOÃO 1.9
EFÉSIOS 4.32

ANOTAÇÕES

CORAGEM

Os céus declaram a glória de Deus; o firmamento proclama a obra das suas mãos. Um dia profere essa mensagem a outro dia; uma noite revela conhecimento a outra noite.

SALMOS 19.1,2

café com Deus pai

É comum ouvirmos frases tais como: "Não tive escolha"; "Não foi minha culpa"; "As coisas só dão errado para mim". Pode ser que você mesmo de vez em quando as pronuncie. O perigo é que, aos poucos, isso possa transformar as pessoas em reféns das circunstâncias. Mas a verdade é que Deus nos deu algo poderoso: o livre-arbítrio. Muitos dos problemas que enfrentamos retratam más escolhas que fizemos e, ainda que isso não seja verdade, na vida temos dois caminhos: nos vitimizar, lamentando as dores do passado, ou escolher ser curados, transformando as dores em testemunhos.

É claro que nem tudo está sob o nosso controle. Enfrentamos perdas, traições, injustiças. Mas a forma como reagimos a essas situações é, sim, uma escolha. Podemos decidir se vamos nos amargurar ou perdoar, desistir ou continuar, recuar ou crescer.

O próprio Jesus, mesmo sendo Deus, escolheu obedecer. Ele disse: "*Ninguém a tira de mim, mas eu a dou por espontânea vontade*" (João 10.18). Em outras palavras, Ele assumiu a responsabilidade pelo seu papel no plano de salvação. Poderia ter recuado. Mas escolheu nos amar até o fim.

Ser autor da própria história com Deus não é tentar controlar tudo sozinho, mas caminhar com coragem, assumindo responsabilidade pelas escolhas e confiando que Ele está no controle final. Quando entregamos a Ele o roteiro da nossa vida, recebemos direção, sabedoria e graça para recomeçar sempre que necessário.

Você tem feito escolhas que o aproximam ou o afastam do propósito de Deus? Tem assumido responsabilidade pela sua vida, ou vive apontando culpados?

Independentemente de qual seja a sua situação, escolha hoje virar a página com coragem. Deus o chama para escrever uma história nova, com liberdade, maturidade e fé. Ele lhe deu a faculdade de escolher; use-a com sabedoria.

Você não é aquilo que as pessoas ou circunstâncias fizeram com você.

@juniorrostirola

365 DEVOCIONAL
333/365

✝ LEITURA BÍBLICA
ROMANOS 1.19-20
JÓ 12.7-10

ANOTAÇÕES

SIMPLESMENTE AME

O meu mandamento é este:
Amem uns aos outros como eu os amei.

JOÃO 15.12

Amar é descobrir que a vida não faz sentido sem amor.

@juniorrostirola

DEVOCIONAL 365
334/365

LEITURA BÍBLICA
1JOÃO 3.11-18
MATEUS 22.37-40

ANOTAÇÕES

Jesus deixou esse mandamento para que ele atravessasse os séculos e chegasse até nós, a fim de que, de modo semelhante a Ele, mostrássemos ao mundo que é possível amar uns aos outros da forma que Ele nos amou. Muitas pessoas vivem sofrendo porque se esquecem que amar é mais que um sentimento; é uma decisão e um mandamento. Mesmo quando nos magoam, nos ferem e até desejam o nosso mal, devemos pôr em prática essa escolha.

Muitos não sabem que a vida não diz respeito apenas a nós, mas sobretudo a Deus e às pessoas. Dessa forma, quando amamos ao próximo, além de obedecer ao mandamento de Jesus, estamos construindo uma vida alicerçada nos princípios corretos, e isso muda tudo. Passamos a compreender que o amor não funciona como moeda de troca; o desafio é amar mesmo quando o sentimento não parece recíproco.

Quando penso nisso, lembro-me da minha infância. Por muito tempo sofremos com o alcoolismo do meu pai. Apesar de tudo o que passamos, hoje consigo olhar para trás e amá-lo, por entender que ninguém pode dar o que não recebeu. Isso é exercer o amor de Jesus, entender que amar não depende de circunstâncias, mas é uma decisão capaz de curar e libertar.

Amar é uma decisão que tomamos diariamente não por julgarmos alguém merecedor ou não, mas porque somos amados por Jesus. Se dependêssemos de mérito, Deus Pai não teria enviado seu filho para morrer por nós, provando seu grande amor. A partir de hoje, expresse e manifeste esse amor, pois, ao fazer isso, obedeceremos a Deus e tornaremos o mundo um lugar melhor.

AMAR
UNS AOS OUTROS

É ESTAR SENSÍVEL A PONTO DE SE DOAR AO PRÓXIMO.

HOJE É DIA DE
Espalhar o Amor
Vamos juntos!

E O ATO DE AMOR DE HOJE É...
Mandar uma mensagem.

Envie-a a uma pessoa que é importante na sua história e que faz tempo que você não demonstra a importância dela, por esquecimento ou até mesmo afastamento; àquela que você precisa inúmeras vezes demonstrar o quanto é importante para você; ou, ainda, àquela a quem você precisa liberar perdão ou pedir perdão. Você está a uma mensagem de distância da pessoa que você precisa contagiar com amor.

Juntos vamos impactar o Brasil espalhando o amor!

Junto com o ato de amor, deixe um bilhete escrito assim:

"Você é importante e amado por Deus Pai".

Assista para entender melhor.

Compartilhe o seu ato de amor para inspirar alguém!

Unidos no mesmo propósito, espalhando o amor.

Em um mundo onde as máscaras são cada vez mais comuns, Michelle Rostirola, minha esposa, convida cada mulher para uma jornada de descoberta da *autenticidade verdadeira*, que é encontrada na identidade firmada em Deus Pai. Mergulhe em ensinamentos, testemunhos e experiências que irão despertar em você a mulher que Deus a criou para ser.

LANÇAMENTO

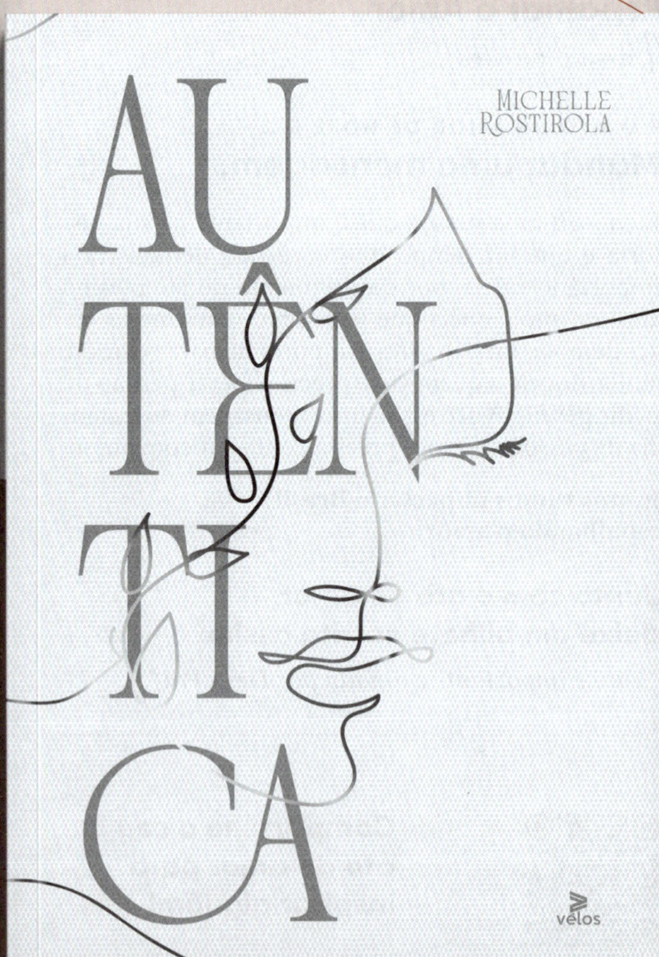

DEUS **NUNCA VERÁ** ALGUÉM QUE ELE NÃO POSSA **AMAR**.

@juniorrostirola

Assista ao vídeo com a palavra e oração para este mês.

DE
ZEM
BRO

café
com
Deus
pai

01 | DEZ

ELE NÃO DESISTE DE VOCÊ

— Ó Israel, será que eu não posso agir com vocês como fez o oleiro? — pergunta o SENHOR. *— Como o barro nas mãos do oleiro, assim são vocês nas minhas mãos, ó Israel.*

JEREMIAS 18.6

O primeiro ponto a ser observado ao analisarmos esse texto, é que nesse momento em que o profeta Jeremias vivia o cenário era totalmente desfavorável para o seu povo, pois as dez tribos do Norte já haviam sido levadas cativas pelo Império Assírio, e o reino de Judá oscilava entre obediência e desobediência à palavra de Deus. Esse comportamento instável do povo refletia em todos os aspectos da nação, alternando entre prosperidade e escassez, fé e iniquidade. Nesse contexto, o juízo de Deus já estava se levantando, pois, caso Israel não viesse a mudar de atitude, estaria fadado a ter o mesmo destino das dez tribos do Norte, que sofreram nas mãos da Assíria.

Em meio a esse cenário de iminente ruína, Deus manda o profeta ir até a casa do oleiro e observar como ele trabalhava. Ao obedecer a essa ordem, Jeremias compreende que Deus lhe falava algo profundo, pois, ao aparecerem defeitos no vaso durante o processo de moldagem, o oleiro não desprezava a argila em suas mãos; antes, reiniciava todo o processo.

Isso nos ensina que, apesar de nossas imperfeições, Deus não desiste dos seus filhos. Quando permitimos ser moldados por Ele, o Pai nos leva ao recomeço, retirando de cada um de nós todas as lacunas e imperfeições que têm fragmentado a nossa alma e o nosso coração.

Deus insiste, mesmo quando não acreditamos em nós mesmos, reiniciando sua obra em nós quantas vezes isso for necessário, para que possamos ser completos e alcançar o propósito para o qual Ele projetou nossa vida. Entenda: nas mãos do Oleiro, nenhum vaso é descartado, mas transformado, para cumprir os planos eternos de Deus.

Você não pode desistir. Existem situações na sua vida a serem vencidas hoje.

@juniorrostirola

365 DEVOCIONAL
335/365

✝ LEITURA BÍBLICA
ROMANOS 9.20,21
ISAÍAS 64.8
2CORÍNTIOS 4.7

ANOTAÇÕES

BUSQUE O SEU MILAGRE

Clame a mim, e eu responderei; e direi a você coisas grandiosas e insondáveis que você não conhece.
JEREMIAS 33.3

café com Deus Pai

Sua fé será determinante para o seu milagre.

@juniorrostirola

DEVOCIONAL 365
336/365

LEITURA BÍBLICA
1SAMUEL 1.1-20

Quando João Pedro, meu filho, ainda era bebê, minha esposa desenvolveu uma doença autoimune. A contagem normal de plaquetas no sangue de um adulto é de, no mínimo, 140 mil, mas a da Michelle chegou a 3 mil. Vê-la entre a vida e a morte foi terrível. Eu tinha vontade de tirar todo o sofrimento dela e, se necessário, trazê-lo para mim.

Embora me sentisse impotente, havia algo que eu podia fazer naquela situação: agir pela fé. Lembro-me do dia em que parei o carro à beira da estrada e orei ao Pai. No auge do desespero, mas também da fé, eu gritava e clamava: "Senhor, cura a minha esposa! Nós temos muitos sonhos, muitas palavras liberadas sobre nossa vida, e temos o João Pedro para criar...".

No dia seguinte, a médica pediu que eu fosse ao hospital. Quando cheguei, ela contou que havia acontecido um milagre na vida da Michelle durante a noite. A medicação que lhe deram poderia aumentar as plaquetas para no máximo 30 mil, o que ainda era considerado baixo. Contudo, suas plaquetas aumentaram de 3 mil para 231 mil.

Eu não sei qual o seu impossível hoje, mas posso afirmar por experiência que Deus é especialista em causas impossíveis. Independentemente da área de sua vida que precise de intervenção, Ele pode. O Senhor é soberano sobre tudo e todos. Assim como tive fé de que Deus faria o milagre na vida da minha esposa, quero encorajá-lo a crer no Deus do impossível. Deus é especialista em causas impossíveis, não desista!

ANOTAÇÕES

PONTO DE VIRADA

— Caindo em si, disse: "Quantos empregados do meu pai têm comida com fartura, e eu aqui morrendo de fome! Vou me levantar, voltar para o meu pai e dizer a ele: 'Pai, pequei contra o céu e contra ti'".

LUCAS 15.17,18

Em uma parábola emocionante que ilustra o amor de Deus Pai por seus filhos e a alegria do Senhor quando um pecador se arrepende e retorna ao caminho, Jesus conta sobre um homem que tinha dois filhos. Certo dia, o caçula pediu ao pai o adiantamento de sua parte da herança. Pouco tempo depois, o jovem reuniu seus bens, foi para uma região distante e desperdiçou tudo o que tinha.

Quando a fome atingiu a região em que estava, começou a passar por dificuldades, a ponto de desejar comer a comida dos porcos. No entanto, em um ponto de virada, a Bíblia nos mostra que esse rapaz caiu em si. Isso significa que ele estava fora de si. Dessa forma, percebendo a situação em que se encontrava e tudo que rejeitara na casa de seu pai, o filho mais novo planejou retornar.

O seu plano era voltar, confessar seus erros, assumir sua responsabilidade e aceitar as consequências. Em sua misericórdia, porém, o pai recebeu o filho de braços abertos, pediu aos servos que trouxessem a melhor roupa para vestir o caçula, colocassem um anel em seu dedo e calçados em seus pés. E o mais surpreendente de tudo: ele deu um banquete para celebrar o retorno do filho.

Talvez, como esse rapaz, você tenha passado um tempo vagando, na tentativa de encontrar algo que pudesse preencher a sua vida, em busca de prazeres, escolhas e caminhos que se revelaram passageiros e vazios. Contudo, se você deseja viver uma transformação e entrar no tempo de celebração em sua vida, é necessário cair em si e confrontar seus erros, escolhas e caminhos que percorreu, para que, arrependido, possa retornar aos braços amorosos do Pai.

Para viver uma virada em sua vida, é necessário cair em si, se arrepender e voltar ao caminho certo.

@juniorrostirola

365 DEVOCIONAL
337/365

✝ LEITURA BÍBLICA
LUCAS 15.11-31

ANOTAÇÕES

LEGADO

Os filhos dos filhos são uma coroa para os idosos, e os pais são o orgulho dos seus filhos.
PROVÉRBIOS 17.6

O mais importante na vida não é como você começa, mas como termina.

@juniorrostirola

DEVOCIONAL 365
338/365

LEITURA BÍBLICA
SALMOS 128.6; 127.3-5
DEUTERONÔMIO 6.6,7

ANOTAÇÕES

Há algo especial em uma casa que é habitada por uma criança. Mesmo com toda a bagunça que ela pode fazer, sua simples presença enche o ambiente de pureza, alegria, energia e amor. Quando a criança não está, o silêncio é perceptível. Para quem já viu os filhos saírem de casa, a sensação de "ninho vazio" pode ser um pouco difícil, principalmente no começo.

No texto que lemos, a Bíblia diz que os netos são como uma coroa para os avós, um grande privilégio e dádiva por todo esforço e dedicação que tiveram na criação de seus filhos. Eles são um testemunho do êxito em sua criação, agora pais responsáveis e amorosos, e esse ciclo reflete justamente a reprodução de um legado.

Entenda que todos nós somos resultado de um legado deixado por nossos antepassados. O problema reside no fato de que nem sempre o que recebemos é algo bom. O legado pode ser positivo ou negativo. Eu mesmo não recebi um bom legado do meu pai, porque ele também não o recebeu do meu avô. E, se simplesmente aceitarmos aquilo que recebemos, estaremos fadados a repetir os erros do passado.

Se hoje você partisse, que legado deixaria para aqueles que estão à sua volta? Apenas uma repetição dos maus hábitos e vícios que perduraram gerações, ou uma vida completamente transformada e liberta por Jesus? Entenda que o importante não é como começa, mas como termina, por isso reflita a respeito daquilo que você tem deixado para aqueles que estão à sua volta. Permita que Jesus entre e transforme totalmente sua realidade e, consequentemente, a de todos aqueles que virão após você.

VOCÊ É UM VENCEDOR

Graças a Deus, que sempre nos conduz triunfantemente em Cristo e, por nosso intermédio, exala a fragrância do seu conhecimento em todo lugar.

2CORÍNTIOS 2.14

Por que tantas preocupações nos consomem? Ao ligarmos a TV ou lermos os jornais on-line, somos inundados por notícias desafiadoras - guerras, mortes, epidemias, que geram medo em nosso coração. Embora os perigos sejam reais, nossa fé deve permanecer inabalável, firmada em Deus. A fé nos faz descansar verdadeiramente, pois confia plenamente no agir Daquele que entregou seu melhor a cada um de nós.

O fato é que não devemos recuar diante do mundo e do cenário caótico, permitindo que o medo nos impeça de gerar frutos e de viver nossa vida de maneira dedicada ao Pai. Pelo contrário, somos chamados a ter atitudes que transformem a realidade à nossa volta. Todos nós compartilhamos do dever de tornar o mundo um lugar melhor, pondo em prática as boas-novas de Cristo, dando lugar à paz e ao verdadeiro amor, que vem de Deus.

Por mais que o cenário ao redor não seja favorável, não permita que o exterior afete o seu interior, porque Jesus nos convida a viver pela fé, crendo que Ele tem o melhor reservado para aqueles que o amam, ainda que não estejamos conseguindo visualizar um cenário favorável com nossos olhos físicos.

Em Cristo, podemos viver não pelo que vemos, mas pelo que cremos, e isso muda tudo. Uma fé vibrante e ativa, além de nos capacitar para uma vida plena, influencia os que estão ao nosso redor, compartilhando paz, tranquilidade e amor, independentemente do cenário que o mundo nos apresente. Não seja mais movido pelos noticiários ou por previsões pessimistas, mas pela fé, porque em Jesus você já é um vencedor.

Quando temos uma visão de fé e confiança em Deus, vencemos as adversidades da vida.

@juniorrostirola

365 DEVOCIONAL
339/365

✝ LEITURA BÍBLICA
ROMANOS 8.35-39
FILIPENSES 1.3-8

ANOTAÇÕES

ELE É O SENHOR

E a incomparável grandeza do seu poder para conosco, os que cremos, conforme a atuação da sua poderosa força. Deus exerceu esse poder em Cristo, ressuscitando-o dentre os mortos e assentando-o à sua direita nas regiões celestiais.

EFÉSIOS 1.19,20

café com Deus pai

Quando entendemos a grandeza de Deus, desfrutamos do extraordinário nos mais simples detalhes.

@juniorrostirola

DEVOCIONAL 365
340/365

LEITURA BÍBLICA †
COLOSSENSES 1.15-20
FILIPENSES 2.5-11

Quando os seguidores de Jesus refletiram sobre o dia em que Ele subiu aos céus, começaram a compreender como aquele momento marcou uma virada significativa no entendimento de cada um deles acerca de quem Jesus de fato é, e foi nesse dia que tudo mudou. Até então, eles haviam caminhado ao lado de Jesus, reconhecendo-o como um grande mestre, um professor poderoso e profundamente alinhado com o coração de Deus, capaz de realizar milagres que levavam as pessoas a reconhecer sua divindade. No entanto, após a ascensão de Jesus, esses homens passaram a perceber que de fato era o Messias prometido.

Entenda, há uma verdade que não pode ser negligenciada: o mesmo espírito que ressuscitou Cristo dentre os mortos habita naqueles que se entregaram a Jesus. Ele atua em nós e por meio de nós em todos os momentos; basta ouvirmos a sua voz e obedecermos às suas orientações.

Todos temos rotinas e compromissos diários, mas não podemos permitir que o ordinário faça com que nos esqueçamos do caráter extraordinário da obra de Jesus na terra. Inicie seus dias lembrando-se de que você serve a um Deus vivo, que se move, ama sua criação e escolheu nos adotar como filhos. Ele continua realizando milagres, curando doentes, restaurando casamentos, unindo famílias e transformando realidades, porque está escrito: *"Jesus Cristo é o mesmo ontem, hoje e para sempre"* (Hebreus 13.8). Creia, pois Ele mesmo restaurará sua vida, se você permitir.

ANOTAÇÕES

UM FAROL DE ESPERANÇA

Então, Jesus disse aos seus discípulos: - Por isso, digo a vocês que não se preocupem com a própria vida, quanto ao que comer; nem com o corpo, quanto ao que vestir. A vida é mais importante do que a comida, e o corpo é mais importante do que a roupa.

LUCAS 12.22,23

café com Deus pai

Em meio ao turbilhão de desafios e notícias desanimadoras que marcam nossos dias, é fácil sucumbir ao pessimismo e ao desânimo. Parece que cada notícia ruim adiciona um peso a uma carga já insustentável, ameaçando nossa saúde emocional, física e espiritual. No entanto, não devemos permitir que os momentos difíceis definam nossa vida. A questão crucial é: o que estamos permitindo que alimente nossa alma e nosso espírito?

Você pode procurar nos mais diversos lugares, mas o fato é que somente em Jesus encontrará descanso, paz e refrigério para sua alma. Se você continuar se alimentando de pessimismo e más notícias, terminará mal; mas, se decidir se alimentar da Palavra de Deus, sem dúvida enfrentará os desafios de forma diferente e, em Jesus, terá a vitória. *"Lancem sobre ele toda a sua ansiedade, porque ele cuida de vocês"* (1Pedro 5.7).

A ansiedade, frequentemente vista como uma resposta involuntária às incertezas da vida, tem raízes profundas na preocupação excessiva com o amanhã. Jesus, em sua sabedoria, nos alerta sobre essas inquietações, destacando que nosso padrão deve ser outro, de paz e tranquilidade.

Lembre-se de que o foco do seu coração determina a direção de sua vida. Quando focamos nas circunstâncias contrárias, somos consumidos pelas inquietações e problemas que não têm fim, mas, ao olhar para Jesus, o Autor e Consumador da nossa fé, encontramos o repouso e o descanso que nosso coração tanto precisa. Encorajo você a lançar todas as suas ansiedades sobre Jesus, confiando que Ele é tudo de que você precisa para ter uma vida plena, feliz e satisfeita.

Independentemente do que você esteja enfrentando na vida, saiba que em Jesus é possível vencer.

@juniorrostirola

365 DEVOCIONAL
341/365

✝ LEITURA BÍBLICA
MATEUS 6.25-34
FILIPENSES 4.6-13

ANOTAÇÕES

VOCÊ QUER SER CURADO?

Um dos que estavam ali era paralítico fazia trinta e oito anos. Quando o viu deitado e soube que ele vivia naquele estado havia tanto tempo, Jesus lhe perguntou:
— Você quer ser curado?

JOÃO 5.5,6

Imagine passar tanto tempo carregando uma necessidade tão grande e sem ninguém para ajudar. O texto de João 5 nos leva ao tanque de Betesda, onde muitos esperavam por um milagre. Entre eles, havia um homem que por trinta e oito anos estava paralisado pela enfermidade e pela falta de esperança.

Em meio à correria da vida, talvez você já tenha se sentido preso em uma situação que parece não ter fim. Um problema que o desgasta, uma dor que insiste em ficar, uma espera que parece eterna. Aquele homem se sentia invisível, esquecido, sem forças para mudar sua situação. Talvez ele já tivesse se acostumado a pensar que sua vida seria sempre assim.

Jesus, porém, apareceu e o viu. Ele sabia exatamente o que aquele homem estava vivendo. Então, fez uma pergunta simples e poderosa: "*Você quer ser curado?*". É curioso como Jesus vai direto ao ponto. Ele não apenas enxergou o problema físico, mas também a condição do coração daquele homem, preso no desânimo e na solidão. E então Jesus disse: "Levante-se! Pegue a sua maca e ande".

Em um instante, tudo mudou. A paralisia de trinta e oito anos foi embora, e o homem começou a caminhar. Jesus não só curou o corpo, mas também restaurou a dignidade, a esperança e a vida daquele homem. Onde havia tristeza, agora havia liberdade; onde havia desamparo, agora havia encontro.

Jesus continua nos perguntando: "Você quer ser curado?". Não importa há quanto tempo você carregue essa dor ou quanto você se sinta sozinho, Deus vê você. Hoje ouça a voz Dele e permita que o Salvador levante sua vida, porque, onde Jesus chega, nada permanece igual. Confie e permita que o milagre comece agora mesmo em você.

Onde Jesus chega, nada permanece igual.

@juniorrostirola

DEVOCIONAL 365
342/365

LEITURA BÍBLICA ✝
MATEUS 9.20-22
MARCOS 10.51,52
LUCAS 13.11-13
ISAÍAS 61.1
SALMOS 103.2,3

ANOTAÇÕES

SEJA GENEROSO

Mande que façam o bem, que sejam ricos em boas ações, que sejam generosos e estejam prontos para repartir com os outros aquilo que eles têm. [...] E assim conseguirão receber a vida, a verdadeira vida.

1TIMÓTEO 6.18,19, NTLH

café com Deus Pai

Existe um paradigma que precisa ser quebrado. Ser bem-sucedido não é sinônimo de ter muito dinheiro ou bens acumulados, mas é sobre ser próspero, ou seja, não ter falta de nada. Muitos são ricos segundo os padrões deste mundo, mas pobres em relação a todo o resto, porque tudo o que têm é o dinheiro.

No texto que lemos, Paulo fala a respeito da importância de sermos ricos em boas ações e em generosidade, repartindo e não retendo, porque é dessa forma que encontramos a verdadeira vida. Às vezes, investimos todo o nosso tempo e esforços em tentativas de enriquecer, quase sempre com boas intenções, como dar melhores condições a quem amamos. Entretanto, esses esforços não podem ser o centro da nossa vida, tomando o lugar de Deus, prejudicando-nos em vez de nos ajudar.

Às vezes, coisas aparentemente boas podem se tornar prejudiciais em nossa vida se não soubermos lidar com elas. Existem pessoas que, na busca por enriquecer, se distraem e acabam se afastando do Pai. É necessário manter os olhos sempre fixos nos propósitos que Deus tem para a sua vida, buscando o Reino e a justiça Dele, e então as demais coisas lhe serão acrescentadas.

Entenda, não é sobre quanto você tem em sua conta bancária, mas o quanto você é generoso e rico em boas ações. Muitos esperam que as condições cheguem para começar a ajudar o próximo e praticar a generosidade, mas o fato é que, se não fizermos com o pouco que temos hoje, não fará sentido o Pai confiar-nos muito amanhã. Foque no que é prioritário, obedeça, e assim você deixará um legado para as próximas gerações, mostrando que as coisas não se resumem no que você tem, mas em quem você se tornou em Deus.

As coisas não se resumem no que temos, mas em quem nos tornamos em Deus.

@juniorrostirola

365 DEVOCIONAL
343/365

✝ LEITURA BÍBLICA
MATEUS 6.19-24
2CORÍNTIOS 9.6-10

ANOTAÇÕES

10 | DEZ

MUITO ALÉM DE UM SÍMBOLO

Ele, porém, foi traspassado por causa das nossas transgressões e esmagado por causa das nossas iniquidades; o castigo que nos trouxe a paz estava sobre ele, e pelas suas feridas fomos curados.

ISAÍAS 53.5

A cruz não é o fim, mas o começo de uma vida livre, perdoada e cheia de propósito em Jesus.

@juniorrostirola

DEVOCIONAL 365
344/365

LEITURA BÍBLICA †
1PEDRO 2.24
ROMANOS 5.8
2CORÍNTIOS 5.21
JOÃO 1.29
HEBREUS 9.28

ANOTAÇÕES

Quando você olha para uma cruz vazia, o que vê? Talvez um símbolo religioso ou uma história distante. Mas, para aqueles que creem, ela é um gesto de amor, um presente eterno de Deus para a humanidade.

Na cruz, Jesus fez algo que nenhum de nós poderia fazer: Ele nos reconciliou com Deus. Esta era a nossa condição: distantes de Deus por causa do pecado. Mas Jesus, com seu sangue, cancelou essa distância e nos trouxe paz. Não é incrível pensar que, por meio Dele, você pode ter um relacionamento íntimo e real com o Criador do Universo?

Além disso, a cruz nos lembra que Jesus está acima de tudo. Isso significa que Ele não apenas cuida de você, mas também tem poder para o protegê-lo nas tempestades da vida. Não é que Ele prometa ausência de problemas, mas garante que estará com você em meio a eles. Ele é a rocha firme que sustenta sua casa quando os ventos sopram forte.

Mais que isso, o sacrifício de Jesus tem um efeito eterno. Na cruz, nossas dívidas espirituais foram canceladas. Cada acusação que o pecado trazia contra nós foi apagada. Imagine um tribunal onde, em vez de ser condenado, você é declarado livre porque alguém já pagou o preço. É isso que Jesus fez. Ele desarmou as forças do mal, triunfando sobre elas, e nos deu liberdade.

O que a cruz significa para você hoje? Significa que você pode experimentar o perdão, a proteção e a direção de Deus. Significa que você pode viver uma vida livre das amarras do pecado, com um propósito que reflete o amor e a graça de Deus.

A cruz não é apenas uma história antiga; é um convite para uma vida nova e eterna com Cristo. Aceite esse presente e permita que Cristo transforme sua vida todos os dias.

CASA EM ORDEM

Acaso não sabem que o corpo de vocês é templo do Espírito Santo, que está em vocês, o qual receberam de Deus? Vocês não são de vocês mesmos; foram comprados por um preço. Portanto, glorifiquem a Deus com o corpo de vocês.

1CORÍNTIOS 6.19,20

É comum pensarmos que a vida é um conjunto de áreas, como uma casa que tem diversos cômodos. Assim como cuidamos da nossa casa ao limpar, organizar, decorar e retirar o que não é útil, precisamos colocar cada parte da nossa vida em ordem.

Quando entregamos a vida a Jesus, recebemos o Espírito Santo, que passa a habitar em nós. Se somos o templo, se somos o lugar onde Ele habita, se somos sua casa, precisamos ser edificados por Ele, para que nossa vida glorifique totalmente a Deus. Isso significa que não basta entregar nosso coração a Deus; devemos dar ao Senhor tudo o que temos e somos.

Muitas pessoas dizem que desejam viver um relacionamento com Deus, porém não se disponibilizam a abrir mão de seus hábitos nocivos, aqueles que apenas prejudicam, contaminam e corrompem. Contudo, cada um de nós foi criado para glorificar a Deus em todas as coisas: nas falas, nos pensamentos, nos hábitos, no estilo de vida, nos relacionamentos, no cuidado com a saúde física, mental e espiritual, na forma como usamos nosso tempo e dinheiro, nos lugares que frequentamos e em todo o resto.

Se realmente queremos glorificar a Deus com a nossa vida, não podemos escolher algumas áreas nas quais Ele pode atuar e outras nas quais Ele não pode. Nós também não podemos tentar esconder do Senhor o que é desagradável, como se tivéssemos um quartinho para a bagunça. Deus não quer somente um cômodo; Ele quer a casa inteira. Talvez tudo de que você precise é convidar Deus para reformar, limpar e arrumar cada canto de sua vida. Sua escolha hoje determinará onde você estará amanhã. Escolha estar com a casa cheia da presença de Deus!

Há situações que só serão transformadas quando fizermos o que nos cabe.

@juniorrostirola

365 DEVOCIONAL
345/365

✝ LEITURA BÍBLICA
DANIEL 1

ANOTAÇÕES

café com Deus pai

OBRIGADO, JESUS

Ele é a imagem do Deus invisível, o primogênito sobre toda a criação, pois por meio dele foram criadas todas as coisas nos céus e na terra, as visíveis e as invisíveis, [...] todas as coisas foram criadas por ele e para ele.

COLOSSENSES 1.15,16

Ser feliz não é o que faz você ser grato; ser grato é o que faz você ser feliz.

@juniorrostirola

DEVOCIONAL 365
346/365

LEITURA BÍBLICA ✝
HEBREUS 1.1-4
EFÉSIOS 1.20-23

ANOTAÇÕES

Você já deve ter ouvido o ditado popular que diz: "Tal pai, tal filho!". Mas você sabia que esse ditado também reflete a relação entre Jesus, o Filho, e Deus Pai? De fato, é impossível separar um do outro, ou amar e servir apenas a um em detrimento do outro. Pai, Filho e Espírito Santo são um.

Compreender e vivenciar essa verdade é de fundamental importância. Deus se fez homem, esvaziou-se e habitou entre nós como um servo humilde que se sujeitou a tamanho sofrimento, tudo por amor a nós. Como lemos, todas as coisas foram criadas por Ele e para Ele. Isso quer dizer que em nenhum outro lugar você encontrará plenitude, paz e propósito, a não ser na presença Dele. Essa é uma verdade simples, porém reveladora, que, quando reconhecida, tem o poder de transformar toda a nossa vida.

O amor de Deus pela humanidade é indescritível, incomparável, imensurável, profundo e verdadeiro. É o tipo de amor que levou Jesus a estender os braços na cruz, demonstrando o quanto Ele está disposto a nos levar com Ele para a eternidade. Ele não precisava de nós, mas decidiu nos reconciliar e nos fazer herdeiros das promessas. Que motivo de gratidão! Como somos amados pelo próprio Deus, Rei e criador de todas as coisas!

Hoje convido você a agradecer a Deus por isso. Tire um tempo para falar com Ele e apenas exerça gratidão. Agradeça pelo que Ele fez em seu favor na cruz, diga o quanto Ele é importante para você e o quanto você o ama. Tenho certeza de que, ao fim dessa oração de gratidão, a paz que excede todo o entendimento tomará sua mente e o seu coração.

AMOR É RELACIONAMENTO

Nisto consiste o amor: não em que nós tenhamos amado a Deus, mas em que ele nos amou e enviou o seu Filho como expiação pelos nossos pecados.

1JOÃO 4.10

Existe um tema que percorre toda a Bíblia, o amor. Esse é o assunto principal das Escrituras, porque Deus é amor! O pastor, evangelista e romancista Gene Edwards, em seu livro *O romance divino*, mostrou exatamente como a Palavra de Deus conta a história do amor do Criador pela humanidade, *"porque Deus tanto amou o mundo que deu o seu Filho Unigênito, para que todo aquele que nele crer não pereça, mas tenha a vida eterna"* (João 3.16).

Edwards enfatizou que, desde o jardim do Éden, toda a criação foi pensada como um ato de amor e cuidado com os filhos de Deus Pai. Então, quando a humanidade caiu em pecado e teve de ir embora de onde tinha comunhão perfeita, o próprio Senhor agiu — e age todos os dias — na história para resgatar esse relacionamento.

O amor é a única base dos relacionamentos saudáveis e duradouros. Foi por amor que Jesus veio à terra para pagar o preço pelo nosso pecado. O amor de Deus é tão grandioso que Cristo preferiu morrer na cruz em nosso lugar a passar a eternidade longe de nós. No fim dos tempos, Ele vencerá todo o mal, e poderemos viver em completa harmonia com Deus.

Como você tem respondido a esse amor surpreendente e abnegado? Entregue sua vida ao Salvador e Senhor e viva, hoje mesmo, um relacionamento com Ele.

O amor de Deus é a base de tudo!

@juniorrostirola

365 DEVOCIONAL
347/365

✝ LEITURA BÍBLICA
ROMANOS 5.8,10
EFÉSIOS 2.4,5
TITO 3.4,5
ROMANOS 5.8

ANOTAÇÕES

TANQUES CHEIOS

[...] Aquele que vem a mim nunca terá fome; aquele que crê em mim nunca terá sede

JOÃO 6.35

Na vida, andar com o tanque vazio é permitir-se ficar à beira do caminho.

@juniorrostirola

DEVOCIONAL 365
348/365

LEITURA BÍBLICA
JOÃO 6.25-51

ANOTAÇÕES

Algumas pessoas parecem passar pela vida com o tanque vazio e uma luz vermelha constantemente acesa no painel, indicando que é necessário abastecer. De tempo em tempo, elas buscam encontrar algo que possa preenchê-las, mas não encontram nada além de combustível adulterado, que somente corrói e causa danos. Contudo, não fomos criados para viver na escassez, tampouco para nos corromper com aquilo que não nos faz bem.

A verdade é que todos buscam plenitude e querem preencher o vazio que carregam na alma. Quando, porém, recorrem a pessoas, recursos, lugares ou sensações, a busca não é somente frustrada, como também prejudicada. Muita gente não identifica a razão do vazio; por isso, vai atrás de prazeres momentâneos, relacionamentos rasos ou da validação de outras pessoas. Entretanto, nada pode preencher nosso vazio, a não ser a presença de Jesus em nossa vida.

Quem tem Jesus não vive na escassez; pelo contrário, é pleno, completo e satisfeito. Somente em Jesus há verdadeira satisfação. Apenas Ele é capaz de encher o tanque. Do contrário, viveremos uma vida vazia, cheia de incertezas, e não poderemos chegar muito longe. O Senhor quer que andemos com o tanque cheio, a fim de alcançarmos o propósito da vida.

Com Jesus, experimentamos tanta plenitude que transbordamos para a vida daqueles que estão ao nosso redor. Deus deseja que você percorra seu caminho sem ter de se preocupar em não ter combustível, porque, em Jesus, nada nos falta. Abasteça sua vida em Jesus, e seu tanque nunca mais ficará vazio!

AINDA HÁ TEMPO

[...] O sol parou no meio do céu e por quase um dia inteiro não se pôs. Nunca antes nem depois houve um dia como aquele, quando o SENHOR atendeu ao pedido de um homem. Sem dúvida, o SENHOR lutava por Israel!

JOSUÉ 10.13,14

café com Deus pai

O final de mais um ano se aproxima, e, ao olhar para trás, podemos ver uma jornada marcada por conquistas, desafios, momentos de superação e, talvez, até algumas lágrimas. É um tempo natural de reflexão, mas também de expectativa: será que há algo mais reservado para esses últimos dias? Quais sonhos, planos ou promessas ainda podem ser realizados antes do ano terminar?

A história de Josué nos lembra de que o tempo não é um limitador para Deus. Em meio a uma batalha decisiva, Josué teve fé para pedir algo extraordinário: que o sol e a lua parassem. E o Senhor atendeu, alterando o curso natural do universo para conceder vitória a Israel. Essa passagem nos inspira a acreditar que, mesmo quando o tempo parece curto ou as circunstâncias adversas, Deus é poderoso para agir e mudar tudo em nosso favor.

Assim como aconteceu com Josué, você ainda tem a oportunidade de alinhar sua atitude e atrair o favor de Deus sobre o tempo que resta deste ano. Não importa como você começou — o que realmente conta é como você vai terminar. Ainda há espaço para milagres, para a transformação da sua história e para a realização de sonhos.

Este é o momento de usar bem o tempo que ainda temos. Faça a sua parte, pois, no que depender de Deus, Ele é fiel para cumprir. Reflita neste ensinamento: a lebre, confiante em sua velocidade, perde a corrida para a tartaruga, que avança constantemente provando que a persistência é uma virtude. Então, continue, persevere para terminar bem e começar um novo ano ainda melhor!

Quando o tempo parece se esgotar e a força ir embora, entenda: pode ser o início de uma nova história.

@juniorrostirola

365 DEVOCIONAL
349/365

✝ LEITURA BÍBLICA
HEBREUS 7

ANOTAÇÕES

NÃO ANDE SOZINHO

Talvez eu permaneça com vocês durante algum tempo ou até mesmo passe o inverno aí, [...]. Desta vez, não quero apenas vê-los e fazer uma visita de passagem, espero ficar algum tempo com vocês, se o Senhor permitir.

1CORÍNTIOS 16.6,7

Em um mundo de falsidade, tenha à sua mesa os leais.

@juniorrostirola

DEVOCIONAL 365
350/365

LEITURA BÍBLICA
2CORÍNTIOS 1.15-17
ROMANOS 1.11,12
TIAGO 4.15
FILIPENSES 1.8

ANOTAÇÕES

Paulo, em sua coragem e determinação, nos inspira com sua dedicação ao Reino de Deus. Essa passagem destaca a importância das parcerias e amizades na jornada da vida. Sua vontade de permanecer mais tempo em Corinto revela que ele valorizava profundamente as conexões, ensinando-nos a importância de compartilhar o que há em nosso coração com os que estão ao redor.

Isso reflete a importância da comunhão. Aprendi que ninguém faz nada grande sozinho. Pelas páginas do Novo Testamento, é fácil observar Paulo citar diversos nomes, pessoas que contribuíram grandemente para o seu ministério, a fim de que o evangelho se espalhasse por todo o mundo. Se o evangelho chegou em sua casa é porque Deus usou muitas pessoas no decorrer da história para que isso acontecesse, e muitas delas nem sequer são mencionadas nos livros, mas certamente foram vistas e honradas por Deus.

Em momentos de desânimo, confesso a você que já pensei em desistir. Contudo, ter pessoas de fé ao meu lado e estar inserido em uma igreja local foi essencial para que eu pudesse prosseguir firmemente nas promessas de Deus, sem ceder à desesperança.

Quer um conselho? Se você deseja ir mais longe, não vá sozinho! Na jornada da vida, é necessário estar bem acompanhado. Então, reflita acerca das pessoas que estão ao seu redor e, ainda que por algum momento pessoas o machuquem, não se isole. Há pessoas que o ajudam, que o levam à cura. Estar conectados uns aos outros em direção a um mesmo propósito é essencial para cumprirmos a vontade de Deus. Lembre-se de que, juntos, somos melhores.

A CURA COMEÇA

Ainda que o meu pai e a minha mãe me abandonem, o SENHOR *me acolherá.*

SALMOS 27.10

A rejeição não grita: ela cala. Não rasga por fora, mas corrói por dentro, levando-nos ao isolamento e a uma vida completamente fora da realidade criada por Deus.

Por muito tempo, tentei ser forte, ser aceito. Mas, lá dentro, a pergunta ecoava:

"Será que sou suficiente?". E, quando o "não" vinha, mesmo disfarçado, tudo em mim desanimava, roubando a pouca força que existia dentro de mim para continuar.

Quem passou pelo caminho da rejeição sabe o quanto é doloroso, difícil e traumático, pois abre feridas profundas que nos causam outros tipos de problemas, como, por exemplo, acreditar na mentira de que, se não o quiseram, é porque há algo errado em você. Essa é a realidade de muitos, como era a minha.

Contudo, foi na presença de Deus que eu consegui vencer todas as mentiras que acreditava a meu respeito e curar as feridas que foram abertas em consequência da rejeição. Pude perceber que, antes que alguém me visse, Deus Pai me escolheu. Ele me amou antes de qualquer desempenho. Foi a voz do Pai, firme e amorosa, que curou o que a rejeição tentou apagar.

A verdade é: você não precisa ser aceito por todos, quando já é amado por Aquele que o criou. A cura começa quando você para de tentar provar valor. A cura começa quando você passa a crer no amor que o formou. A cura começa quando você decide buscar a sua real identidade em Deus. A cura começa quando você deixa de fazer parcerias com as mentiras e decide fazer parcerias com as verdades do Pai. A cura começa a partir de você.

café com Deus Pai

A rejeição me feriu, mas foi o amor de Deus que me curou por inteiro.

@juniorrostirola

365 DEVOCIONAL
351/365

✝ LEITURA BÍBLICA
2TIMÓTEO 4.16,17

ANOTAÇÕES

O EXTRAORDINÁRIO NO ORDINÁRIO

Tudo o que fizerem, façam de todo o coração, como para o SENHOR, não para os homens.

COLOSSENSES 3.23

O simples fato de acordar é um grande motivo de agradecer.

@juniorrostirola

DEVOCIONAL 365
352/365

LEITURA BÍBLICA †
EFÉSIOS 6.6,7

ANOTAÇÕES

Nem todo dia será memorável. Às vezes, não acontece nada fora do comum: acordamos, fazemos nosso café, cuidamos da casa ou vamos ao trabalho, lidamos com tarefas repetitivas e dormimos com a sensação de que foi apenas mais um dia. Mas e se aprendêssemos a enxergar o extraordinário no meio do ordinário?

Jesus viveu anos inteiros sem holofotes, milagres ou grandes feitos públicos. Antes de ser conhecido como Mestre, Salvador e Senhor, Ele era conhecido apenas como o "filho do carpinteiro". Ainda assim, ali, entre ferramentas, madeira e pregos, o Filho de Deus estava cumprindo seu propósito. Ele não desprezou a rotina nem esperou grandes dias para viver com propósito. Mas fez do simples o seu altar.

Salomão escreveu: "*Tudo o que vier às suas mãos para fazer, faça-o com toda a sua força, pois na sepultura, para onde você vai, não há atividade nem planejamento, não há conhecimento nem sabedoria*" (Eclesiastes 9.10). Isso significa que até os dias rotineiros têm valor quando vividos com o coração no lugar certo.

Talvez hoje seja um dia comum. Mas o simples fato de você ter acordado e estar respirando já é um milagre. A rotina pode ser o palco onde Deus realiza curas silenciosas, sorrisos que acalmam e encontros que transformam.

Nossa insatisfação nos leva ao caminho da ingratidão e, muitas vezes, deixamos de perceber que dia a dia vivemos o extraordinário. Torne também o cotidiano significativo e seja grato a Deus pelos detalhes simples da sua caminhada.

SURFANDO A ONDA

Tendo os olhos fitos em Jesus, autor e consumador da nossa fé [...].

HEBREUS 12.2

Certa vez, quando eu acompanhava um projeto de *surf* da minha igreja, tomei coragem e finalmente decidi surfar uma onda. A adrenalina foi incrível! Eu me senti vitorioso por ter vencido o medo e superado tantas tentativas frustradas. Entendi, naquele instante, o entusiasmo que move tantos surfistas. No entanto, enquanto eu deslizava pela onda, algo aconteceu. Em vez de permanecer focado no momento, comecei a olhar para a praia, curioso para ver se alguém estava registrando aquele momento tão emocionante para mim. O resultado? Perdi o equilíbrio, escorreguei, bati com a boca na prancha e levei um corte. A cicatriz está comigo até hoje.

Nunca fique autoconfiante demais. E, acima de tudo, nunca perca o foco. Pedro viveu algo semelhante. Ele teve a ousadia de andar sobre as águas com Jesus. Mas, assim como eu naquela onda, Pedro desviou os olhos do essencial. Quando se distraiu com o vento, afundou. As demais coisas ao redor sempre vão tentar chamar a sua atenção. O risco é o mesmo: escorregar bem no meio do milagre.

Focar em Jesus é mais do que um conselho; é uma necessidade. Quando mantemos os olhos fixos Nele, a caminhada continua, mesmo quando as ondas aumentam. Mas, se nos deixarmos levar por vaidades, por inseguranças ou pela necessidade de aprovação, nos afastaremos da essência.

Permanecer focado em Deus e na sua Palavra é o mais importante, pois a Palavra de Deus é o nosso prumo. Quando a temos no coração e na mente, meditamos nela dia e noite, conseguimos permanecer firmes, mesmo quando os ventos são contrários. Não permita que qualquer distração leve você para longe da intimidade com Deus. Não perca a bênção no meio do milagre. Continue firme com os olhos fixos Nele, com o coração alinhado à sua voz. E, por mais que não seja fotografado na terra, seu nome será lembrado no céu.

Cuide para não se distrair com o que pode impedir você de alcançar o que deseja.

@juniorrostirola

365 DEVOCIONAL
353/365

✝ LEITURA BÍBLICA
MATEUS 14

ANOTAÇÕES

VIDA AUTÊNTICA

café com Deus Pai

Quem crer em mim, como diz a Escritura, do seu interior fluirão rios de água viva.
JOÃO 7.38

Autenticidade é viver a liberdade de ser quem você é.
@michellerostirola

DEVOCIONAL 365
354/365

LEITURA BÍBLICA
JOÃO 4.13,14
ISAÍAS 44.3
EZEQUIEL 47.9
APOCALIPSE 22.1

ANOTAÇÕES

Nos dias de hoje, aquilo que é original é cada vez mais valorizado, e isso acontece porque o mundo está cansado de cópias e falsificações. O que é original carrega autenticidade e acaba inspirando confiança, e não estou falando apenas de produtos, mas sobre algo mais profundo: nossa vida.

Michelle, minha esposa, fala com muita propriedade em um dos livros mais incríveis que eu já li sobre a autenticidade, intitulado *Autêntica: a liberdade de ser quem você é.* Ela diz: "A vida pode ser autêntica, ou algo vazio e sem essência. Muitas vezes, algo que vem de fora ganha proporções gigantes dentro de nós, pois inconscientemente damos espaço para que isso aconteça".

Isso me faz refletir sobre o quanto somos facilmente moldados por expectativas, pressões sociais e comparações. É como se, aos poucos, nos esquecêssemos de quem somos, para nos tornarmos o que os outros esperam. E, quanto mais nos afastamos da nossa essência, mais difícil se torna ouvir a voz de Deus, porque Ele fala com quem somos, não com as máscaras que usamos.

Viver de forma autêntica é um ato de coragem e fé. Coragem para não ceder à comparação, e fé para acreditar que quem você é, com sua história, seu jeito, suas marcas, é o que tem valor. A autenticidade não exige perfeição; exige entrega. Entregar-se ao processo de se conhecer, de se curar e de se alinhar com a vontade do Pai.

O mundo não precisa de mais versões editadas; precisa do brilho único que Deus colocou em você. Então, pare por um instante e pergunte-se: "Quem sou eu quando ninguém está olhando?". Essa é uma pergunta que pode levar você de volta à sua essência, à sua verdade, à sua autenticidade.

O MELHOR CAMINHO

Os que confiam no SENHOR são como o monte Sião, que não pode ser abalado, mas permanece para sempre. Como os montes cercam Jerusalém, assim o SENHOR protege o seu povo, desde agora e para sempre.

SALMOS 125.1,2

É natural fazermos planos, tanto para o futuro distante quanto para as atividades do dia a dia. No entanto, nem sempre as coisas saem como planejamos. Variáveis inesperadas surgem, situações que não podemos prever ou controlar nos surpreendem, e, muitas vezes, esses contratempos nos deixam frustrados e com um sentimento de impotência. Mas precisamos entender uma verdade fundamental: não temos o controle absoluto sobre os acontecimentos, e confiar no Senhor para nos conduzir nos livra de uma vida de constantes decepções.

Nossa vida pode ser comparada a uma folha que, ao se desprender da árvore, é conduzida pelo vento para onde ele quiser. Quando aceitamos essa realidade e permitimos que o Espírito Santo nos guie, aprendemos a descansar na certeza de que Ele nos levará aos melhores lugares, mesmo que o caminho pareça incerto.

Talvez você já tenha se perguntado por que algumas situações aconteceram, ou até mesmo questionado a razão de ter nascido na família em que nasceu. Esses pensamentos muitas vezes revelam um desejo de viver algo além da realidade que estamos enfrentando, mas também apontam para uma dificuldade em reconhecer o propósito de Deus no cenário em que vivemos. Eu mesmo já tive questionamentos assim. Mas hoje, ao olhar para minha jornada, percebo claramente que havia um propósito maior e entendo que Deus sempre esteve me conduzindo.

Comece a enxergar sua jornada como parte do plano perfeito de Deus. Mesmo os momentos difíceis fazem parte do caminho para um destino maior. Com Jesus ao seu lado, ainda que o caminho seja difícil, o final sempre será melhor.

café com Deus pai

Caminhar com Jesus sempre será a sua melhor escolha.

@juniorrostirola

365 DEVOCIONAL
355/365

✝ LEITURA BÍBLICA
ISAÍAS 54.10
JEREMIAS 17.7,8
MATEUS 7.24,25

ANOTAÇÕES

O AMANHÃ VIRÁ

Noé fez tudo como o SENHOR lhe tinha ordenado.

GÊNESIS 7.5

Há coisas que você não vai entender; apenas confie.

@juniorrostirola

DEVOCIONAL 365
356/365

LEITURA BÍBLICA
ÊXODO 40.16
JOSUÉ 11.15
1SAMUEL 15.22
HEBREUS 11.7

ANOTAÇÕES

Quantas vezes nos perguntamos por que os sonhos que planejamos parecem demorar tanto para se realizar? A história de Noé nos ensina uma lição valiosa sobre isso. Ele passou muitos anos construindo uma arca, obedecendo fielmente à ordem de Deus. Imagine o quanto isso foi sacrificial. Noé acabou abrindo mão durante muitos anos de seu próprio tempo, simplesmente por um ato de obediência. Ele entendeu que o que realmente importa não são os nossos planos, mas o propósito de Deus para a nossa vida.

O verdadeiro desafio da vida é encontrar o projeto de Deus para nós e para a nossa família. Não se trata de seguir nossos desejos imediatos, mas de alinhar nosso coração ao que Ele quer, aprova e planejou, e isso é o que dá sentido à nossa existência.

Durante anos, eu acreditei em mentiras sobre mim mesmo e consequentemente vivi afastado dos planos de Deus para a minha vida, mas, quando conheci Jesus, não perdi mais tempo: entreguei minha vida a ele e, assim como Noé, passei a confiar, mesmo sem entender. Escolhi viver sob a paternidade de Deus, e então tudo mudou.

A história de Noé nos mostra que o cuidado de Deus alcança todos aqueles que confiam Nele. O propósito que o Pai tem para você pode ser diferente do que Ele teve para mim ou para Noé, mas uma coisa é certa: o Senhor tem grandes planos para realizar em sua vida. Ele não tarda em cumprir suas promessas. Não se preocupe: o que Deus tem para a sua vida não foi esquecido, está guardado, e será liberado no tempo oportuno. Por isso, caminhe em entrega e obediência ao Senhor. Abandone o pecado, as mentiras em que você acreditou sobre você mesmo, e se prepare porque o amanhã virá para cumprir o que Deus lhe prometeu.

ANTES DE PEDIR, AGRADEÇA

Deem graças em todas as circunstâncias, pois esta é a vontade de Deus para vocês em Cristo Jesus.

1TESSALONICENSES 5.18

café com Deus pai

Existem pessoas que esperam grandes milagres, mas não são capazes de agradecer os pequenos feitos; que pedem portas abertas, mas não são gratos pelas janelas que já foram escancaradas. E assim, sem perceber, perdem bênçãos no caminho por falta de gratidão no coração.

A verdade é que a gratidão nos leva a lugares que a ingratidão jamais nos permitiria chegar. Porque quem reconhece o que tem valoriza cada detalhe do cuidado de Deus. E a quem é grato com o pouco Deus confiará o muito.

Em Lucas 17.11-19, em que dez leprosos vão até Jesus, todos foram curados, mas só um voltou para agradecer. E a esse, além da cura física, Jesus declarou: *"A sua fé o salvou"*. Gratidão não muda só o momento; muda o destino. Gratidão não só reconhece o milagre, mas ativa novas possibilidades.

Ser grato não é negar as dificuldades, mas escolher focar na fidelidade de Deus, mesmo em meio aos desertos. É olhar para a vida com olhos renovados e dizer: "Senhor, obrigado pelo que tenho, pelo que sou e até pelo que ainda não entendo".

Gratidão é como uma semente. Quem a planta colhe. Quem agradece atrai favor. Quem reconhece o que recebeu está pronto para receber mais.

Hoje, antes de pedir, agradeça. Antes de reclamar, respire fundo e reconheça quantas coisas Deus já lhe deu: proteção, sustento, pessoas, aprendizados. Pode ser que a sua próxima porta se abra com uma simples chave: um coração grato.

O grato vivencia a cada partir do pão o milagre da multiplicação.

@juniorrostirola

365 DEVOCIONAL
357/365

✝ LEITURA BÍBLICA
LAMENTAÇÕES 3.22-23
COLOSSENSES 3.15-17
EFÉSIOS 5.20

ANOTAÇÕES

ESTÁ CHEGANDO O NATAL

[...] — Não tenham medo, pois trago boas-novas de grande alegria para vocês, que são para todo o povo. Hoje, na cidade de Davi, nasceu o Salvador, que é Cristo, o Senhor.

LUCAS 2.10,11

café com Deus pai

Ele nasceu por nós, e nós renascemos por Ele. Ele é Jesus!

@juniorrostirola

DEVOCIONAL 365
358/365

LEITURA BÍBLICA †
JOÃO 3.16-17
MATEUS 1.21

ANOTAÇÕES

Estamos vivendo uma semana carregada de significados e sentimentos especiais, às vésperas do Natal, um evento celebrado no mundo inteiro pelos cristãos, que aliás tem algumas divergências quanto à sua datação, mas isso é o que menos importa diante de seu tão grande significado, não é mesmo?

Você já se deu conta de que Deus visitou a terra pessoalmente? Ele veio à terra como um ser humano, e isso simplesmente dividiu a história em antes de Cristo e depois de Cristo, tamanha a sua importância. Foi o evento mais significativo da história da humanidade. Mas isso ainda não é a boa-nova; a boa-nova é a razão pela qual Ele veio, o verdadeiro significado do Natal: o relacionamento de amor de Deus com o homem, como está escrito: *"Eu sou o bom pastor; conheço as minhas ovelhas, e elas me conhecem, assim como o Pai me conhece e eu o conheço, e dou a minha vida pelas ovelhas"* (João 10.14,15). É isso: o Natal não pode ser entendido à parte do significado da cruz. Jesus entregou a sua vida em nosso favor.

A relevância: Deus veio ao mundo;
O motivo: Deus veio por você e para você;
O resultado: você pode conhecer a Deus.

Natal é tempo de fé, paz, alegria, comunhão, perdão e amor. Deus veio para você porque Ele o ama. Você jamais compreenderá tamanho amor. Que a celebração do nascimento de Jesus faça sentido para sua vida. Celebre este momento, independentemente de onde esteja. Você não está sozinho; Jesus está presente. Aliás, Ele é o presente. O melhor que você poderia receber em toda a sua vida!

JESUS, O VERDADEIRO NATAL

25 | DEZ

Isto servirá de sinal para vocês: encontrarão o bebê envolto em panos e deitado em uma manjedoura.

LUCAS 2.12

Imagine a cena: pastores simples cuidando de seus rebanhos sob o céu estrelado de Belém. De repente, um brilho incomum os envolve e um anjo anuncia a maior notícia de todos os tempos. Esse momento mudou a história deles — e mudou a nossa também.

Os pastores poderiam ter ficado onde estavam, mas decidiram agir. "Vamos até Belém e vejamos isso que aconteceu", eles disseram diante da notícia do anjo. Eles nos ensinam que o Natal não é só ouvir sobre Jesus, mas tomar a decisão de ir até Ele. Muitas vezes, estamos ocupados com nossos "rebanhos" — preocupações e rotinas. Mas o Natal é o momento para deixarmos tudo de lado e encontrar o que verdadeiramente importa — Jesus, o Salvador.

Quando os pastores chegaram, encontraram o que o anjo prometera: um bebê, envolto em panos, deitado numa manjedoura. Simples, mas cheio de poder. Eles foram impactados, a ponto de não conseguirem guardar a notícia para si. Voltaram glorificando e louvando a Deus, anunciando a todos o que viram e ouviram: *"Hoje, na cidade de Davi, nasceu o Salvador, que é Cristo, o Senhor"* (Lucas 2.11).

O Natal é isto: um encontro com Jesus que transforma. Hoje temos a oportunidade de não estar sozinhos, pois Ele nos convida a estar na sua presença, experimentar sua paz e compartilhar essa alegria com o mundo. Como os pastores, vá até Ele, entregue seus fardos, e permita que o nascimento de Cristo transforme seu coração. Afinal, o maior presente não está embaixo da árvore, mas em um Salvador que nasceu para nos dar vida abundante.

Que neste Natal você encontre a verdadeira paz que só Jesus pode oferecer e que reviva no seu interior o amor, a alegria e o renovo que a presença de Jesus nos traz. Então, é Natal e, mesmo de longe, juntos celebramos Aquele que nos une, Jesus!

Porque temos Jesus, temos vida plena na terra e vida eterna no céu!

@juniorrostirola

365 DEVOCIONAL
359/365

✝ LEITURA BÍBLICA
FILIPENSES 2.10,11
ISAÍAS 9.6
JOÃO 3.16,17
MATEUS 1.21

ANOTAÇÕES

NÃO ESPERE ESTAR PRONTO

Aproximem-se de Deus, e ele se aproximará de vocês! [...]

TIAGO 4.8

Você não precisa mudar para se aproximar de Deus. O fato é que, quando você se aproxima, tudo muda.

@juniorrostirola

DEVOCIONAL 365
360/365

LEITURA BÍBLICA †
SALMOS 145.18
SALMOS 24.3-4

ANOTAÇÕES

Muita gente acredita que precisa arrumar a vida inteira antes de se aproximar de Jesus, como se houvesse uma lista de pendências a resolver, pecados a abandonar, feridas a curar, antes de entrar na presença Dele. Mas a verdade é exatamente o contrário: não é você quem precisa mudar para encontrar Jesus; é o encontro com Jesus que transforma tudo em você.

A luz de Cristo não exige que você esteja limpo para se achegar. Ela simplesmente brilha. E, ao brilhar, revela, aquece, cura, transforma.

Os Evangelhos estão cheios de histórias de pessoas que chegaram até Jesus do jeito que estavam: leprosos, pecadores públicos, mulheres rejeitadas, homens atormentados, religiosos confusos. Nenhum deles foi rejeitado e impedido de ir até Ele. Todos foram acolhidos. E todos saíram diferentes do modo como chegaram.

Quando nos aproximamos de Jesus com o coração aberto, Ele nos mostra que não se trata de perfeição, mas de disposição. Ele não quer a versão idealizada de você; quer o seu "você de hoje", com falhas, dúvidas, cansaço e medo. Com esse cenário atual, mas de busca, Ele transforma a sua realidade.

É no relacionamento com Cristo que começamos a enxergar quem mostramos ser e quem, de fato, fomos criados para ser. É libertador quando você deixa a falsa maneira de viver e desfruta de uma nova vida em Cristo Jesus. Tudo começa a ser mudado: sua mente, seu coração, seu estilo de vida. Pois Ele é capaz de mudar pensamentos, curar memórias, renovar sonhos e transformar a nossa essência com seu amor.

Não espere estar pronto. Aproxime-se Dele hoje, e aquilo que não estiver de acordo será transformado.

ABRA OS OLHOS

Quando acabou a água da vasilha, ela abandonou o menino debaixo de um arbusto [...] porque pensou: "Não posso ver o menino morrer". [...] Então, Deus lhe abriu os olhos, e ela viu um poço de água. Foi até lá, encheu de água a vasilha e deu de beber ao menino.

GÊNESIS 21.15,16,19

café com Deus pai

Você já perdeu alguma coisa em sua casa? Eu sou campeão em perder chaves, celular e carteira, e quem convive comigo já está acostumado com isso. Quando perdemos algo em casa, nossa primeira resposta é procurar em todos os cômodos, nos lugares em que mais permanecemos, refazer todos os últimos passos, e isso acaba deixando a casa uma verdadeira bagunça. Essa sensação de não encontrar o que procuramos pode nos levar ao desespero, desviando nosso foco totalmente das demais coisas. No momento em que estamos em desespero, não conseguimos encontrar o que tanto procuramos e, por vezes, quando encontramos, nos damos conta de que estava diante dos nossos olhos, não é verdade?

Com Hagar não foi diferente. No contexto dessa passagem, ela estava com seu filho, Ismael, no deserto e, após se ver sem água, entrega-se ao desespero e ao desânimo, porque focou apenas no problema. Mas Deus não deixa Hagar desamparada e abre-lhe os olhos, mostrando que a solução estava bem diante dela: um poço de água que o tempo todo estava ali.

Quando permitimos que o desespero tome conta, até o menor dos problemas se torna um gigante. Costumo dizer que tudo o que você foca cresce; por isso, se você focar nos problemas, tenderá a ser uma pessoa pessimista e murmuradora, mas, se o seu foco estiver em Deus, Ele dará paz ao seu coração e abrirá prontamente os seus olhos.

Entenda que você não está lançado ao acaso neste mundo, mas tem um Pai que detém o controle de todas as coisas em suas mãos. E determinará o que você viverá e até onde você pode chegar; por isso, não foque nas dificuldades, nas circunstâncias contrárias, simplesmente acredite, porque, se for preciso Deus trazer à existência o que não existe para o abençoá-lo, Ele o fará. Decida hoje confiar.

Em um estalar de dedos, Deus tem uma virada para a situação.

@juniorrostirola

365 DEVOCIONAL
361/365

✝ LEITURA BÍBLICA
SALMOS 107.4-6
ISAÍAS 41.17,18
MATEUS 6.31,32
ÊXODO 15.23-25

ANOTAÇÕES

café com Deus pai

O SENTIDO DA VIDA

Na sua mão está a vida de cada criatura e o fôlego de toda a humanidade.
JÓ 12.10

A idolatria existe desde que o pecado entrou no mundo. Em diversas situações no Antigo Testamento, o povo israelita quebrou o mandamento de adorar somente a Deus ao escolher outros deuses, construir ídolos e participar de rituais e cerimônias pagãs.

Seria um erro pensar que a idolatria deixou de existir em nosso tempo. A realidade é que a humanidade continua a adorar outras coisas e pessoas além de Deus. Dentre os objetos de idolatria, talvez um dos mais comuns seja o próprio eu.

O egocentrismo é uma armadilha muito perigosa. Algumas pessoas pensam que o mundo gira em torno delas. Precisamos refletir se isso tem acontecido conosco. Muitas vezes, fazemos perguntas egocêntricas, vivemos em busca da satisfação pessoal e do cumprimento de nossos planos e projetos, pensamos apenas em nossos desejos e interesses, e nos esquecemos de que há mais nesta vida do que nós mesmos.

Ao contrário do que muitos livros e filmes apontam, o sentido da vida não está relacionado a você mesmo ou a satisfazer seus prazeres, mas a adorar e glorificar a Deus em tudo o que você fizer. Por isso, é tão importante deixar de se concentrar somente em você e em seus planos e voltar-se para o Senhor e para a vontade soberana Dele.

Enquanto você não for capaz de amar a Deus sobre todas as coisas e confiar na vontade Dele, não poderá adorar somente a Ele nem obedecer a seus mandamentos. Você foi feito por Deus e para Ele e, até que compreenda isso, a vida jamais fará sentido.

Não há sentido na vida sem cumprir a vontade de Deus.

@juniorrostirola

DEVOCIONAL 365
362/365

LEITURA BÍBLICA ✝
DANIEL 2

ANOTAÇÕES

AVANTE!

O SENHOR é Deus, e ele fez resplandecer sobre nós a sua luz. Juntem-se ao cortejo festivo, levando ramos até os chifres do altar.

SALMOS 118.27

café com Deus pai

Deus é o autor da nossa alegria, Aquele que renova nossas forças e nos conduz a celebrar cada conquista. Em sua presença, experimentamos momentos extraordinários, que nos marcam e edificam nossa fé. Agora, ao nos aproximarmos do final de mais um ano, somos chamados a olhar para trás com um coração grato, refletindo sobre tudo o que vivemos nos últimos meses.

Foi um ano de altos e baixos, de risos e lágrimas. Alguns dias nos trouxeram crescimento, enquanto outros testaram nossa paciência. Houve pessoas que caminharam ao nosso lado e marcaram profundamente nossa história, e, embora algumas hoje estejam apenas em nossa memória, elas deixaram lições preciosas.

No salmo que lemos, Davi nos chama a celebrar e reconhecer a bondade de Deus. Tente tirar um tempo para você e avalie como foi sua jornada neste ano até então. Reflita sobre os acertos e erros, ganhos e perdas. Permita que a gratidão seja maior do que qualquer sentimento de amargura. Ainda que as perdas pareçam pesar mais, lembre-se: o Senhor é bom! Que essa verdade seja uma âncora no seu coração.

Governar suas emoções é necessário para não ser vencido pelos obstáculos que a vida muitas vezes lhe impõe. Somos chamados para avançar, crescer, não para fracassar e desistir. Utilize as dificuldades sempre como oportunidades para expandir o conhecimento, aperfeiçoar as habilidades e avançar rumo ao novo de Deus.

Oro para que cada palavra deste livro, lida ao longo do ano, se faça verdade em sua vida. Não perca o que foi construído; mantenha-se firme, com um coração cheio de fé e a certeza de que, como filho amado, você viverá o melhor que o Pai preparou para o próximo ano que está por vir.

Seu futuro está guardado nas mãos de Deus, e Ele tem planos para você.

@juniorrostirola

365 DEVOCIONAL
363/365

✝ LEITURA BÍBLICA
ISAÍAS 60.1
HEBREUS 13.15
ÊXODO 27.1-8

ANOTAÇÕES

O NOVO VIRÁ

Quando se aproximava o dia da sua morte, Davi deu instruções a Salomão, o seu filho: - Estou para seguir o caminho de toda a terra. Por isso, seja forte e aja como homem.

1REIS 2.1,2

café com Deus pai

O novo ano será melhor não porque tudo será fácil, mas porque seus passos estarão firmados em Deus.

@juniorrostirola

DEVOCIONAL 365
364/365

LEITURA BÍBLICA
DEUTERONÔMIO 31.6-7
1CRÔNICAS 28.9-10
JOSUÉ 1.6-7

Estamos no penúltimo dia do ano, e talvez o seu coração esteja cheio de memórias e aquela sensação de "como passou rápido". O ano foi longo. Houve dias bons e dias desafiadores. Houve risos, lágrimas e momentos em que você pensou em parar, mas não parou. Está aqui. E isso já é um milagre.

Davi, antes de partir, chamou seu filho Salomão para uma conversa. Era o fim de uma jornada e o início de outra. E o que ele disse ecoa até hoje: *"Estou para seguir o caminho de toda a terra. Por isso, seja forte e aja como homem"* (1Reis 2.2).

Hoje Deus o está chamando para uma conversa. Meu conselho é que você abra o coração e deixe-o falar ao mais profundo de seu ser. É tempo de rever os caminhos trilhados, as escolhas feitas, as atitudes tomadas e analisar se nessa jornada passada faltou mais discernimento, amor e perdão. Não termine o ano deixando alguma lacuna, pois, para que o novo de Deus se realize na sua vida, é preciso ter um coração puro. Como diz Mateus 5.8: *"Bem-aventurados os puros de coração, pois verão a Deus"*.

O próximo ano ainda nem começou, mas já está nas mãos de Deus. Você não precisa saber todos os detalhes. Você precisa apenas estar preparado e confiar. Depois de amanhã, o calendário vai mudar, mas o que importa mesmo é o quanto estamos dispostos a deixar Deus nos mudar.

Liberar perdão, soltar a culpa, reconhecer os erros, amar como se fosse o último dia, fechar o ciclo, agradecer pelo que ficou e abrir espaço para o que vem o deixará preparado para o melhor ano da sua vida até aqui. Não porque tudo vai dar certo, mas porque você decidiu caminhar com Deus e deixar que Ele transforme os seus dias.

ANOTAÇÕES

OBRIGADO, DEUS PAI

Deem graças em todas as circunstâncias, pois esta é a vontade de Deus para vocês em Cristo Jesus.

1TESSALONICENSES 5.18

Chegamos ao último dia do ano. Antes de olhar para o que vem, precisamos fazer algo essencial: agradecer. Gratidão por tudo o que vivemos, por todos e cada dia, pelas bênçãos visíveis e também pelas que passaram despercebidas, pela força nos momentos difíceis, pelo consolo nas perdas de pessoas tão amadas... sim, eu sei quanto dói, mas o fato é que a presença Dele se fez constante em todos os dias para nos fortalecer.

Talvez você tenha alcançado sonhos, ou pode ser que tenha perdido algumas coisas no caminho. Mas hoje, mesmo sem entender tudo, escolha confiar e agradecer, porque nada foge do controle do nosso Pai. Mesmo aquilo que doeu carrega um propósito maior que, um dia, fará sentido.

A gratidão transforma o nosso coração. Ela tira o foco do que faltou e nos ensina a valorizar o que ficou. Quando somos gratos, mostramos que confiamos em Deus mais do que nas circunstâncias.

Hoje, antes da contagem regressiva, pare um instante, feche os olhos e agradeça: Deus foi bom o tempo todo e o será também no ano vindouro, inclusive seguiremos juntos com *Café com Deus Pai*, que já posso adiantar: está lindíssimo, pois Deus falou fortemente ao meu coração no processo da escrita. Eu lhe desejo um feliz 31 de dezembro! Que sua última oração do ano seja um "muito obrigado" cheio de amor e fé.

Ore comigo: *"Senhor, obrigado por mais um ano, pelas bênçãos que me alegraram e pelas lutas que me ensinaram, pelos livramentos que vi e pelos que nem percebi, pelo que recebi e pelo que perdi, pelo que ficou e até pelo que ainda não chegou. Neste último dia do ano, eu escolho te louvar com gratidão. Consagro a ti o novo tempo que virá. Que o Senhor caminhe comigo, abra portas certas, feche as erradas, me sustente em cada estação e renove em mim a fé, a esperança e o amor. Em nome de Jesus. Amém!"*.

Com Deus, todo fim pode ser um novo começo.

@juniorrostirola

365 DEVOCIONAL
365/365

✝ LEITURA BÍBLICA
LAMENTAÇÕES 3.22-23
COLOSSENSES 3.17
EFÉSIOS 5.20

ANOTAÇÕES

Que ***alegria*** ter você aqui!

Estou certo de que ao longo deste ano você experimentou muitos encontros com Deus Pai através das páginas deste livro. Que tal relembrar alguns deles?

Houve dias em que a mensagem veio como resposta exata para aquilo que o seu coração buscava.

Em outros, a Palavra trouxe consolo, paz, direção...

Sabe por que isso aconteceu?

Porque o Pai, com Sua ternura, esteve presente em cada detalhe, conduzindo você com amor e convidando-o para uma comunhão mais profunda com Ele.

É assim que Ele é: íntimo, amoroso, constante. E sempre será, se você permitir.

Desde que ***Encontrei um Pai***, até mesmo os pequenos momentos do dia, como uma pausa para o café, ganharam novo significado. Tudo se transformou quando descobri o amor incondicional de Deus.

Ei, olha onde você pode me encontrar todos os dias também:

@juniorrostirola

Compartilho muitos conteúdos edificantes por lá.

Deus te abençoe!

Junior Rostirola

Todos querem ter uma vida melhor, mas nem todas as pessoas estão dispostas a percorrer o caminho necessário. Mudança de vida exige dedicação. Para a maioria das pessoas, é um processo longo e sofrido, mas o seu caminho pode ser mais leve se você pode seguir os passos de quem percorreu esse trajeto e pode fornecer direção, vida e propósito em um tempo muito menor.

Aprenda com Junior Rostira como chegar a um novo patamar, mover-se pela fé, conectar-se com Deus e encontrar sua ***identidade*** e seu ***propósito*** no Pai. São 30 estudos cuidadosamente elaborados para aplicação prática que conduzem à cura e à liberdade que Jesus conquistou na cruz para você.

Imagine mergulhar nos ***10 mandamentos*** de uma forma que você nunca viu antes.

10 passos para uma vida plena é um convite para entender e aplicar princípios milenares que irão levar você à plenitude de tudo o que Deus sonhou para a sua vida.

Neste livro, William Douglas e eu escrevemos com o intuito de proporcionar ao leitor uma experiência única a cada página.